# 金融创新中的
# 实践探索和理论思考

穆怀朋 ◎ 著

中国金融出版社

责任编辑：黄海清
责任校对：刘　明
责任印制：程　颖

**图书在版编目（CIP）数据**

金融创新中的实践探索和理论思考/穆怀朋著. —北京：中国金融
出版社，2023.5
ISBN 978 – 7 – 5220 – 1914 – 7

Ⅰ. ①金…　Ⅱ. ①穆…　Ⅲ. ①金融学—文集　Ⅳ. ①F830 – 53

中国国家版本馆 CIP 数据核字（2023）第 035751 号

金融创新中的实践探索和理论思考
JINRONG CHUANGXINZHONG DE SHIJIAN TANSUO HE LILUN SIKAO

出版
发行　**中国金融出版社**

社址　北京市丰台区益泽路 2 号
市场开发部　（010）66024766，63805472，63439533（传真）
网 上 书 店　www. cfph. cn
　　　　　　　（010）66024766，63372837（传真）
读者服务部　（010）66070833，62568380
邮编　100071
经销　新华书店
印刷　保利达印务有限公司
尺寸　169 毫米 ×239 毫米
印张　25. 75
字数　376 千
版次　2023 年 5 月第 1 版
印次　2023 年 5 月第 1 次印刷
定价　98. 00 元
ISBN 978 – 7 – 5220 – 1914 – 7
如出现印装错误本社负责调换　联系电话（010）63263947

# 前　言

2018 年 11 月，党中央召开了纪念改革开放 40 周年大会。这个月我办理了退休手续，回想从 1978 年考入大学到退休的 40 年人生经历，刚好与改革开放 40 年相一致，不胜感慨。作为新中国成立后出生的第一代人，我们在改革开放前度过了童年和青少年时代。在改革开放之后，我考入了大学和中国人民银行总行研究生部，完成了大学本科和研究生阶段的学习，掌握了经济和金融专业知识，具备了对经济金融问题的研究能力。1984 年 12 月研究生毕业之后，我来到中国人民银行总行，在金融研究所、货币政策司、研究局、金融市场司、条法司、人事司等多个司局和沈阳市分行工作过，也借调到中央政府驻香港特别行政区联络办公室和香港金融管理局工作过，使自己有机会参与了中国金融改革与发展的实践，见证了中国经济和金融改革波澜壮阔的历史画卷在中华大地上徐徐展开。投身于这个伟大实践，针对实践中提出的问题进行理论思考，成为我们这代人的历史使命。

几十年来，无论是在专门的研究机构，还是在业务司局，我的大部分工作都与研究有关，因此写了一些文章和研究报告，也在一些研讨会上作过讲演。我感到在自己的工作经历中，有时确实处在特殊的岗位，有过独特的平台观察和研究问题，把一些金融改革中的实践探索和理论思考整理出来，可以为新时代的金融工作者提供参考。

本书是一部论文集，选录了我 30 多年来在学习和工作中所写的论文、调研报告和在一些论坛上的讲演。在这些文章中，有些是纯理论性的研究，有些是关于实际业务的研究；有些是关于改革开放早期问题的研究，有些是关于近几年问题的研究；各部分文章主题大致反映了不同时期我所参与的金融创新的实践探索和理论思考。有些文章和讲演当年并没有在刊物上公开发表，我认为还有参考价值，也收录在内。本书将所选的文章分成六个部分，介绍如下。

第一部分货币理论和货币政策。这部分收录了 8 篇文章，大部分是早年在人民银行金融研究所工作时期写的，内容涉及货币理论和货币政策，以及货币增长与经济增长关系方面的研究。1984 年，国务院决定中国人民银行专门行使中央银行职能，在传统计划经济下的信贷规模管理和现金管理，要转变为利用与市场经济相适应的货币政策工具对货币供应量进行管理。怎样控制货币供应量？货币增长与经济增长的关系如何？都是当时理论界需要研究的问题。这部分的文章主要研究了以下问题。

关于坚持适度货币供给。1989 年撰写的"论适度货币供给增长率"，分析了货币供给增长率、充分就业水平的国民生产总值增长率和价格水平之间的关系，提出了确定适度货币供给增长率的模型。文章提出，适度货币供给增长率等于充分就业水平的国民生产总值增长率加上通货膨胀控制目标，并根据"未预测到的通货膨胀率"作为调节变量。模型中设计了负反馈机制，保证货币供给增长率最终与经济增长、价格增长控制目标和货币深化需要相适应。"坚持适度的货币供给"一文针对 1994 年至 1995 年的严重通货膨胀进行了分析，证明了较高的货币供给增长率，必然伴随较高的通货膨胀率，并明确提出要坚持适度的货币供给政策。

关于经济增长波动与货币供给量增长波动相互关系的实证研究。1991 年撰写的"论经济增长波动与货币供给量增长波动的相互关系"一文，发表在《金融研究》1991 年第 3 期，并于 1992 年获得全国金融研究优秀论文三等奖。货币供给量增长波动比较大的国家，经济增长的波动是否也很大？在一个比较长的时期内，经济增长率与货币供给量的增长率会不会趋近于同一水平？通货膨胀率是否以统计规律趋近于货币供给量的增长率与实际经济增长率之差？文章建立了经济计量模型，提出了衡量经济增长波动和货币供应量增长波动的方法，分析了 41 个国家经济增长率和货币供给量增长率时间序列波动的相互关系，证明了货币供给量增长的波动，会导致名义经济增长率的波动。在样本国家中，货币供给量增长相对稳定的国家，经济增长也相对稳定。货币供给量的过高增长，不会引起实际经济增长。货币供给量增长率超过实际经济增长率过多，只能导致通货膨胀。在制定货币供给量增长率的时候，应分别对待不同的货币层次。狭义货币供给量的增长率应该大致等于实际经济增长率，而广义货币供给量和货币供给总量的增长率应略高于实际经济增长率。这样才能满足公众对于货币性金融资产的需求，又不至于导致明显的通货膨胀。

关于金融储蓄与经济增长关系。"金融储蓄与经济增长关系的分析与验证"一文，是 1993 年基于博士论文部分内容撰写的。在关于金融发展理论分析的基础上，文章对金融储蓄与经济增长之间的数量关系进行了验证。文章检验了四个数据关系，即金融储蓄率（一定范围的金融资产总量比 GNP）较高的国家，是否有较高的国内总储蓄率、是否有较高的国内资本形成对国民生产总值比率、是否有较高的产出/资本比率，以及金融储蓄增长率高的国家，是否有较高的经济增长率。文章利用经济计量模型分析了 39 个国家的数据，研究发现，除平均产出/资本比率与金融储蓄没有表现出明显的关系外，其他三个假设都得到了数据的支持。因此，文章不仅从理论上分析了金融储蓄同国内总储蓄和经济增长之间的关系，而且从实证上验证了金融储蓄增长率同国民生产总值增长率之间存在相关关系，证明了金融储蓄率的提高会显著提高经济增长率。因而，促进金融储蓄的增长，有助于提高总储蓄水平，从而有利于经济增长。这对金融发展理论观点是一个验证。

关于香港货币流通问题。"浅析香港的货币流通"一文分析了香港联系汇率制下的货币供给机制、香港特区政府应对金融危机完善联系汇率制的主要措施、香港货币流通中的二元结构特征，并对香港货币需求进行了计量分析。研究发现，香港的货币总量具有稳定的结构特征，并同经济总量有高度的相关关系。香港的货币供给是经济体系的一个内生变量，是同整体经济运行相适应的。虽然这篇文章的内容与内地金融没有关系，但是因为香港的货币制度具有特殊性，这篇文章有一定的理论价值，所以也收录在这个部分。

本部分其他几篇文章，主要是对当时的货币政策操作以及宏观经济形势的分析。"回眸 2003：灵活的工具，有效的操作"介绍了 2003 年中国人民银行公开市场操作的措施与成效。2004 年写的"关于当前宏观经济形势的几点分析"则是对当时信贷增长过快，一些行业出现投资过热，各种物价指数出现明显上升问题的分析。

第二部分汇率和国际收支。这部分收录了 4 篇文章，是早年在人民银行金融研究所和研究局工作时期写的，涉及有关汇率理论、人民币汇率制度、国际收支和偿债率问题的研究。20 世纪 80 年代初期，拉美国家爆发了大规模的债务危机，对本国经济发展造成严重的影响。对于刚刚实行改革开放的中国，如何更好地利用外资，如何确定适度的外债规模，是一个非常现实的政策问题。汇率制度的改革不仅关系到对外贸易、引进外资，对国内经济平衡也有影响。应该建立一个什么样的人民币汇率制度，如何判别人民币汇率均衡水平？是当时需要回答的理论与政策问题。这部分的文章主要研究了以下问题。

关于人民币汇率均衡水平判别原理。如何判断人民币汇率的均衡水平？1985 年撰写的"试论人民币汇率均衡水平的判别原理"一文尝试从纯理论角度说明这一问题。本文认为，国际贸易中商品流通和货币流通有特殊性，外币成为本国商品实现价值和外国商品实现价值的交换媒介。在国际贸易中，进出口商会通过国际贸易实现超额剩余价值，称为比较剩余价值。在竞争性的国际贸易市场上，出口商的出口比较利润率和进口商的进口比较利润率会趋于相等，只有当外汇买卖双方利润率相等时，外汇的供给与需求才能相等，从而实现均衡汇率。数学论证表明，均衡汇率等于出口比较利润率和进口比较利润率的几何平均值，可以称为比较利润率平价。限于当时的研究条件，对这个判别公式没有进行实证分析，但我认为，基本原理与购买力平价和利息平价理论是相似的。

关于适度偿债率问题。"论适度偿债率"一文是根据我的硕士论文核心内容撰写的，发表在《国际金融研究》1986 年第 2 期上，并于 1988 年获得首届国际金融研究优秀论文二等奖。论文提出，用于归还外债本息的价值来源不仅是国内的剩余劳动，而且是转化为外汇的剩余劳动。因此，偿还能力受到国民收入增长和外汇收入增长的制约。国民收入所决定的适度偿付外债本息额等于边际储蓄量，外汇收入所决定的适度偿付外债本息额等于外汇收入增长额。在理论分析基础上，建立了适度偿债率的判别公式，并对几个债务严重的国家进行实证分析，证明了公式的可行性。

本部分的另外两篇文章也研究了汇率问题。1993 年撰写的"购买力平价学说及其计算方法"一文，介绍了国际上购买力平价理论原理以及计算方法，对国际货币基金组织和世界银行以购买力平价计算各国经济权重的统计进行了介绍和分析。2004 年撰写的"汇率制度安排和对外贸易发展"一文，分析了世界各国汇率制度的划分和变化，研究了选择汇率制度的几个决定因素，说明了对我国来讲有管理的浮动汇率是最佳汇率机制。

第三部分债券市场创新与发展。本部分收录了 5 篇文章，主要是我在人民银行金融市场司工作时期撰写的文章和在论坛上的讲演，有一篇是 2018 年为纪念改革开放 40 周年而撰写的，内容主要涉及银行间债券市场的产品创新和制度建设、债券市场的模式选择、债券市场发展的经验以及对外开放等。我国的银行间债券市场是 1997 年形成的，而真正进入快速发展时期是在 2004 年以后。2004 年初，国务院出台了《国务院关于推进资本市场改革开放和稳定发展的若干意见》，明确提出发展债券市场是金融改革与发展中的一项重要任务。为贯彻落实党中央、国务院的决策部署，中国人民银行依托银行间债券市场，坚持正确的债券市场发展模式，大力开展债券产品创新，加强市场制度建设，债券市场取得了显著成绩。2004 年后，我在金融市场司工作 5 年，参与了这一时期的创新实践。这一时期写的文章多数是综合性的，是对实践的总结。归纳起来，这部分文章主要研究了以下问题。

关于银行间债券市场的产品创新和制度建设。2004 年以后，在短短的几年时间里，银行间债券市场产品创新方面，推出了证券公司短期融资券、商业银行金融债券、企业短期融资券、中期票据、资产支持证券等新的债券产品，推出了买断式回购、远期交易、债券借贷等交易方式和衍生产品。在制度创新方面，率先建立了企业短期融资券的发行备案管理制度、强化信息披露要求等制度。在对外开放方面，引入国际开发机构、金融机构和外国政府类机构等境外机构在中国境内发行债券，引入泛亚债券指数基金、境外中央银行或货币当局、中国香港和澳门地区人民币业务清算行、跨境贸易人民币结算境外参加银行等投资银行间债券市场。同时，不断完善债券市场发行、登记、托管、交易、结算方面的行政法规、部门规章和规范性文件。这方面的文章，向社会系统地介绍了银行间债券市场发展的成绩，营造了大胆创新，加快发展的氛围。"银行间债券市场的产品创新与制度建设"和"银行间债券市场的开放与创新"这两篇文章，比较全面地介绍了这方面的情况。

关于银行间债券市场的地位与作用。"银行间债券市场的产品创新与制度建设"一文，对银行间债券市场的特征以及地位进行了系统的分析，指出银行间债券市场是金融市场的重要组成部分，与其他市场相比，具有几个明显的特征，主要表现在：银行间债券市场是机构投资者市场、产品多元化的市场、多层次的市场和场外市场。银行间债券市场发挥了重要的作用，主要表现在：银行间债券市场已经是资本市场的重要组成部分，成为政府、金融机构、企业的筹资平台；银行间债券市场已经是货币市场的重要组成部分，成为中央银行货币政策的操作平台；银行间债券市场已经是债券市场的主板市场，成为金融机构进行投资和资产运作的平台；银行间债券市场上已经形成市场化的利率体系，成为市场化利率形成的重要机制。

关于债券市场发展模式和经验。在推动银行间债券市场发展的实践中，我们加深了对债券市场发展规律的认识，积累了经验。"中国金融市场发展的成绩与经验"和"坚持科学发展观　积极推动中国债券市场发展"这两篇文章，都对债券市场发展经验进行了总结。文章认为，债券市场发展的主要经验，一是中国人民银行根据债券产品的本质属性和债券市场发展的客观规律，确定了债券市场发展中应该将投资主体定位于机构投资者，把引入和培育机构投资者作为首要任务。债券市场发展应该主要依托于场外市场，同时，进一步推动场内市场与场外市场的互通互联。二是发展债券市场要坚持创新理念，创新是推动债券市场发展的源泉，必须坚持产品创新和制度创新。三是债券市场发展应该坚持市场化方向，要建立规范的市场机制。在发挥监管部门作用的同时，也要充分发挥行业自律的作用。四是必须坚持防范风险。防范风险的关键是搞好制度设计，避免出现系统性风险。要加强对市场风险的监测，掌握市场的风险预警信号，始终把风险控制在可控的程度之内。

第四部分香港人民币离岸市场。本部分收录了5篇文章，主要是我在香港金融管理局担任高级顾问期间写的文章和在论坛上的讲演，内容涉及香港人民币离岸市场的形成、发展与重要地位、人民币国际化的策略、人民币国际化中的风险防范等方面。2004年开始在香港银行开办人民币个人存款业务，2007年7月开始在香港发行人民币债券，2009年开始在香港办理人民币跨境贸易结算，随后香港人民币离岸市场逐渐形成并迅速发展。我在人民银行金融市场司时，参与了关于香港人民币业务的一些研究，2010年至2012年在香港金融管理局担任高级顾问，更深度参与了香港人民币业务的发展研究。这部分的文章与讲演的内容有所重复，但对有关问题的研究也随着实践的深入而深化。归纳起来，这部分的文章和讲演主要研究了以下问题。

关于香港人民币离岸市场形成、发展与重要地位。"关于发展香港人民币离岸市场的几点分析""关于人民币国际化和香港人民币离岸市场"这两篇文章，比较系统地介绍了这方面的情况。在发展人民币离岸市场方面，香港具有独特的地缘优势、金融优势、营商环境优势和先行优势。在2010年跨境贸易人民币结算试点范围扩大以及推出了一系列配套政策之后，香港人民币存款、跨境贸易人民币结算、人民币债券发行和其他人民币标价的金融产品迅速增加。人民币结算从贸易结算扩展到直接投资的结算。内地银行间债券市场率先允许境外央行或货币当局、港澳地区人民币清算行和境外跨境贸易人民币结算参加行进行投资。实践证明，对内地来讲，发展香港人民币离岸业务，对于人民币国际化具有重要战略意义。因为香港是一个特别行政区，实行货币自由兑换和资本自由流动，利用香港金融市场的优势，发展香港人民币离岸市场，让香港地区成为一个缓冲区，让人民币可以实现更大程度的可兑换，无疑使我们有了特殊条件来观察人民币国际化过程中可能面临的问题，取得经验，稳步推进。

关于人民币国际化可能带来的风险。"人民币跨境流动谜题解析"一文对这一问题作了比较系统的分析。文章认为，人民币国际化会增加对人民币的国际交易需求、增加非居民对人民币的资产需求、产生人民币的跨境双向流通，境外人民币也会产生派生存款。同时，人民币国际收支不同于外汇国际收支，用人民币结算与用外汇结算最大的区别是不涉及储备资产的变化，只涉及人民币负债的变化，大大减少了对外汇的依赖，产生了本币对外支付能力。货币国际化对国际收支逆差的要求并不是绝对的，在人民币国际化的起步阶段，实现适度的人民币结算的国际收支逆差是可以做到的。通过资本项目和经常项目的交叉流通，可以实现国际收支平衡下的人民币结算。在对境内货币流通量的影响方面，外汇和人民币的流出和流入是等价的，但人民币资金的流出与流入，只是人民币资金在居民与非居民之间的转移，会影响境内货币流通量，但不会影响中央银行和商业银行资产负债总量。因此，境外人民币资金会有派生机制，但是流回内地时，不会多于流出的总量，而且都是在中央银行和商业银行的资产负债表内，比外汇资金的流入风险更加可控。

关于人民币国际化对香港金融地位影响。"关于香港人民币离岸市场的几点分析"一文重点分析了这方面的问题。研究认为，从 2010 年发展情况看，人民币业务的发展对香港金融的影响是正面的，会大大推动香港国际金融中心建设，提升国际化水平。香港货币结构会发生显著变化，人民币将成为货币总量，特别是外币总量中重要的组成部分。如果香港的银行参与推动境外人民币贷款和直接投资，境外人民币贷款就会成为香港银行贷款的新的增长点。香港人民币债券的发行，会大大促进香港债券市场的发展，完善金融市场结构。人民币业务规模的扩大，不仅会增加香港的货币、银行信贷总量，也会继续增大资本市场融资总量，增大外汇市场、金融衍生产品市场、保险市场人民币业务和资产管理业务总量。香港金融总量的增加，必将有利于巩固和提升香港国际金融中心的地位。

第五部分互联网金融。本部分收录了 4 篇文章，其中 3 篇是 2014 年至 2018 年在不同的工作岗位上写的，"非现金支付的发展及其规律性探析"一文是在 2019 年写的。本部分内容涉及正确认识互联网和互联网金融的发展、互联网金融的风险与监管、非现金支付对货币流通的影响，以及非现金支付的规律性。2013 年后，以支付宝、微信为代表的非银行支付机构业务迅速发展，从线上电子商务交易进入日常零售环节，以互联网支付、网络借贷（P2P）、股权众筹融资、互联网基金销售、互联网保险、互联网信托和互联网消费金融等为主要业态的互联网金融规模迅速扩大。为规范互联网金融发展，防范金融风险，根据国务院要求，人民银行牵头制定《关于促进互联网金融健康发展的指导意见》。当时，我正在条法司工作，在参与制定相关指导意见等规范性文件的过程中，对互联网金融的问题进行了研究。当时参加了一些论坛，撰写了一些讲话稿。有些当时没有来得及研究的问题，在后来继续进行了研究。归纳起来，这部分文章主要研究了以下问题。

关于互联网金融和金融互联网的区别与关系。什么是互联网金融，与传统金融机构的金融互联网是什么关系？这是当时争议较多的问题。一些人认为，新出现的以互联网技术为基础的互联网金融是与传统的银行、证券、保险等完全不同的金融模式。"关于互联网金融的风险与监管"和"正确认识互联网和互联网金融的发展"两篇文章，对这个问题作了较为深入的分析。研究认为，互联网金融是互联网技术对金融业进行变革的结果。互联网金融出现的基础，是互联网技术、金融机构互联网业务和电子商务的发展。本质上，金融互联网和互联网金融是同源的，都是广义互联网金融的组成部分。互联网金融是传统金融机构与互联网企业利用互联网技术和信息通信技术实现资金融通、支付、投资和信息中介服务的新型金融业务模式。互联网金融的本质仍然是金融。传统金融机构的互联网金融业务与互联网企业开展的新型金融业务是互补的、共生的。互联网企业开展的金融业务，在满足海量、小额金融服务方面能够发挥独特的功能和作用。同时，互联网企业开展的金融业务也是以传统银行、证券公司的互联网业务为基础的，在业务上也有合作的必要性，应该培育良好的互联网金融生态环境和产业链。

关于互联网金融风险和监管。互联网金融产品创新速度快，产品规模增长快，机构之间跨界融合快，在给消费者带来新的金融服务体验的同时，也暴露出一些风险。"关于互联网金融的风险与监管"一文对这些问题进行了分析。互联网金融的主要风险是：机构的法律定位不明确，业务边界模糊；资金存管存在隐患；公司内部风险管理机制不健全。为防范互联网金融风险，在监管方面提出的总要求是，坚持服务实体经济的本质要求，不能脱离金融监管、脱离服务实体经济抽象地谈金融创新；要服从宏观调控和金融稳定的总体要求；要切实维护消费者合法权益；要维护公平竞争的市场秩序。

关于非银行支付机构业务的发展对货币流通的影响。2013 年以后，非银行支付机构业务规模迅速增长，由于移动支付在线下生活交费、购物消费、出外旅行方面的广泛应用，出现了小额现金和传统非现金支付工具被非银行支付机构的支付工具所替代的情况。"关于非银行支付机构业务的发展对货币流通影响的分析"一文是 2017 年撰写的一份调查报告。调查发现，非银行支付机构业务发展对货币流通和银行非现金结算业务产生了明显的影响。从全国看，现金流通量已经进入中低速增长态势。从商业银行看，现金出纳、企业现金收款量都出现大幅下降。对银行非现金结算业务也产生影响。非银行支付工具已经具备了货币流通手段的功能，对货币管理的统一性形成了一定影响。文章建议进一步完善非银行支付机构的职能定位和业务分类，加强对系统重要性非银行支付机构的监管，规范非银行支付机构业务市场秩序，建立非银行支付机构账户的专项统计分析，加快推进央行主导的小额非现金支付工具。

关于非现金支付的发展及其规律性。非现金支付工具种类繁多，在特定的支付场景中，为什么要选择一种工具而不是另一种工具？"非现金支付的发展及其规律性探析"一文系统地分析了这些问题。文章分析了非现金支付的种类及其发展现状，从趋势来看，主要规律是传统的、纸质的票据业务规模大幅度下降，电子化支付手段业务规模正在迅速发展，固定支付向移动支付转移，非银行支付机构服务正在迅速发展，尤其是非银行移动支付的发展大大超过银行机构。文章分析了影响非现金支付工具使用的因素，认为非现金支付工具的使用是对特定工具的需求偏好决定的，而对某类非现金支付工具的需求偏好，主要由安全性、便利性和使用成本决定。因此，可以认为，对某类支付工具的需求偏好，是安全性、便利性和使用成本三个变量的函数。在对偏好函数进行分析的基础上，文章提出的主要观点是：对某种非现金支付工具的偏好，与该工具的安全性和便利性成正相关，与该工具的使用成本成负相关。交易规模越大，人们对支付工具的安全性要求越高，对便利性要求越低，也可以接受付费和较高的使用成本；交易规模越小，人们对支付工具的便利性要求越高，对安全性要求越低，越不愿接受付费和较高的使用成本；在交易规模一定的情况下，越安全、越便利、使用成本越低的支付工具越能得到使用。通过对 2013 年至 2017 年非现金支付数据的分析，验证了上述推论，揭示了非现金支付领域的规律。

第六部分金融稳定与金融治理。本部分收录了 7 篇文章，大部分是在人民银行不同业务司局工作时写的，内容涉及中国金融安全、金融改革与发展、治理通货膨胀、整顿金融秩序、金融监管方式、改善金融生态环境等方面。"香港金融管理局关于住房按揭贷款审慎监管的主要措施"一文是 2017 年写的，"建设现代中央银行制度的几点思考"一文是在 2020 年写的。这部分的文章都有相对独立的主题，比较重要的文章涉及关于以下几个问题的研究。

关于中国的金融安全问题。"中国的金融安全：措施与成效"一文，分析了治理 1985 年至 1989 年和 1993 年至 1996 年两次通货膨胀的情况，以及治理 1993 年金融秩序混乱的情况。在国务院的领导下，中国人民银行通过采取有效货币政策措施，抑制通货膨胀，整顿金融秩序，加强金融监管，有效降低不良贷款，建立适合的汇率制度，有效管理资本流动等方面的措施，治理了严重的通货膨胀，维护了金融秩序。事实上，从那时起，长期实行稳健的货币政策和加强金融监管，为经济改革与发展维护了一个稳定的金融环境。

关于金融业经营与监管方式的关系。金融业是分业经营还是综合经营？金融监管是分业监管还是综合监管？这是伴随着中国金融发展过程的一个重要的问题。经过改革初期的探索，特别是 20 世纪 90 年代的金融秩序混乱和整顿，1997 年 11 月召开的全国金融工作会议，确定了金融业分业经营、分业监管的架构，在银行、证券、保险逐步实现了分业经营之后，相关的监管机构也相继成立。2004 年撰写的"促进金融市场发展　妥善处理金融业经营与监管方式的关系"一文，回顾了中国金融业分业经营和分业监管体制的设立背景，分析了金融业务的发展对监管体制的挑战，以及金融机构在产品融合、业务合作、产权相互渗透、成立金融服务集团等方面综合经营的表现，提出了"合理分业、适度综合、行业自律、协调监管"的原则。在监管方面，要加强行业自律，建立分业监管机构之间的协调机制。在对机构进行分业监管的基础上，还要对综合经营的金融机构业务进行分业监管。

关于香港对住房按揭贷款审慎监管的分析。1997 年以后，香港金融管理局多次出台加强按揭贷款审慎监管措施，抑制房地产过分投机和投资，有些措施很有特色，有一定的借鉴意义。2017 年撰写的"香港金融管理局关于住房按揭贷款审慎监管的主要措施"一文，介绍了香港金融管理局关于住房按揭贷款的管理措施。其中，香港关于按揭贷款规定的特色是按照购买的物业价值总额来确定成数。交易额越大，按揭贷款成数越低，可以得到的按揭贷款不会按比例增高，因此，对房价的上升和过高的住房面积需求起到了抑制作用。文章认为，这些措施对于内地银行住房抵押贷款的管理是有参考价值的。

关于建立现代中央银行制度。中央银行是现代国家经济中最重要的制度安排之一，建设现代中央银行制度是推进国家治理体系和治理能力现代化的重要组成部分，党的十九届四中全会明确提出了总体目标和要求。"建设现代中央银行制度的几点思考"一文，在深入学习党的十九届四中全会精神的基础上，就进一步完善我国中央银行治理体系，提高履职能力，推进现代中央银行制度建设谈了几点体会。文章认为，目前，我国已经基本确立了一个与国际接轨的现代中央银行制度，职能体系、机构体系、履职的基础设施都基本建立，国际地位不断提高。面对社会经济发展、金融发展、进一步对外开放、金融科技发展等方面提出的挑战，为适应中国特色社会主义新时代的要求，中国人民银行必须加快建设现代中央银行制度。主要是加快中央银行法的修改、完善中央银行的机构体系、完善中央银行基础货币投放机制的结构性改革、利用金融科技提高中央银行履职水平、加强中央银行干部队伍建设、坚持党对中央银行的领导，建设有中国特色的现代中央银行制度。

在这部分中，还有几篇文章是对一些特定问题的研究，涉及的内容主要有金融发展、优化金融环境和改善金融生态、巨灾应对的金融支持。

以上是对全书各部分内容的简介。这些文章所研究的内容，反映了我对过去参与的金融创新的实践探索和理论思考。中国特色社会主义已经进入新时代。新时代的金融工作者的历史使命，是要加快金融改革与发展，建设有中国特色的现代金融制度，为实现建成社会主义现代化强国的伟大奋斗目标作出应有的贡献。我希望本书能为新时代的金融工作者提供有意义的参考。

在撰写这些文章的过程中，得到过领导、老师和同事们的指导与帮助，特别是中国人民银行金融研究所、研究局、金融市场司、条法司、人事司和参事室的同事，以及香港金融管理局的同事，在我的工作和研究中给予了热情支持，中国金融出版社对本书的出版给予了大力支持，在此深表感谢！

本书所有内容仅为作者个人思考，并不一定代表当时所供职机构的观点。

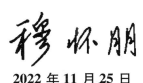

2022 年 11 月 25 日

# 目　　录

# 第一部分

# 货币理论和货币政策

# 论适度货币供给增长率[①]

【内容简介】改革开放初期，中国出现过两次严重的通货膨胀，中央银行如何控制货币供给的增长，做到既能适合于经济增长的需要，又不会产生通货膨胀，是货币政策面临的理论和现实问题。本文分析了货币供给增长率、充分就业水平的国民生产总值增长率和价格水平之间的关系，提出了确定适度货币供给增长率的模型。文章提出，适度货币供给增长率应该以"充分就业水平"的国民生产总值增长率加上通货膨胀控制目标为基本增长率，并根据"未预测到的通货膨胀率"进行调整。"未预测到的通货膨胀率"是前一年实际的通货膨胀率减去通货膨胀率的控制目标水平。调整幅度可以"未预测到的通货膨胀率"的一半进行。

确定适度货币供给增长率的理论模型，要解决三个问题：第一个问题是要说明制定适度货币供给增长率所依据的因素变量。第二个问题是要解决如何从量上确定适度货币供给增长率的水平。第三个问题是要说明如何根据政策执行的结果调整适度货币供给增长率。本文拟就这些问题进行粗浅的探讨。

## 一、货币供给增长率同经济增长率的关系

适度的货币供给首先应能够满足对货币的需求。因此，首先应该分析决定货币需求的函数。根据现代货币主义的货币需求理论，对货币的需求由下列因素决定。第一，总的财富。令 $Y_p$ 代表持久收入，作为总财

---

① 本文原载于《金融研究》1989 年第 7 期。

富的代表。真正的财富必须包括人力资本，因为人力资本不可直接测量，作为另一种选择，可以将总财富的一部分作为人力资本。令 $x$ 表示这一比例。第二，货币和其他财产的预期收益率。货币主义把资产范围限制为三种，货币、固定利率证券和股票。它们的收益率分别由 $i_m$、$i_b$ 和 $i_e$ 表示。每一个收益率中都包括资产价格的预期变化。第三，商品和劳务价格的预期变化率 $P_e$。第四，其他变量，以 $U$ 表示。因此，货币需求函数为：

$$M_d/P = M(Y_p, x, i_m, i_b, i_e, P_e; U) \tag{1}$$

注意，方程左边是 $M_d/P$，表示对实际货币余额的需求。

根据剑桥货币需求方程式，可以进而分析经济增长与货币供给之间的相互关系。剑桥货币需求方程式为：

$$M_d = k(i)Y \tag{2}$$

其中，$k$ 表示货币对名义收入的比率，$k(i)$ 表示货币对名义收入的比率 $k$ 是利率 $i$ 的函数。$Y$ 是名义货币收入。由于货币供给由货币当局所决定，如令 $M_s$ 表示名义货币供给，并假定货币供给持续地等于货币需求，则有：

$$M_s = M_d \tag{3}$$

如以 $M$ 表示名义货币存量（为了不使分析复杂起见，本文的分析中，货币存量定义为通常意义上的 M2），以 $V$ 表示收入货币流通速度，则剑桥货币需求方程可以改为：

$$Y = M/k(i) = V(i)M \tag{4}$$

为了探讨变量间的增长率之间的关系，对方程式（4）取自然对数后取对时间的微分，有：

$$y = v \times d_i/d_t + m \tag{5}$$

式中，$y$ 是名义收入增长率，$m$ 是名义货币供给增长率。$v$ 是收入货币流通速度变化率。该式表明，名义收入 $Y$ 的变化率等于货币量的增长率加收入货币流通速度的变化率与利率变化率的乘积。

又因为名义货币利率预期由下列等式决定：

$$i_e = r + P_e \tag{6}$$

式中，$i_e$ 是预期名义利率，$r$ 是实际利率，$P_e$ 是预期通货膨胀率。因为在长期中实际名义利率水平将是预期名义利率，所以有 $i = i_e$。再者，因为实际利率 $r$ 由生产投资的边际资本产出比率决定，可以视为一个常量。所以，如果对式（6）取对时间的微分，可得：

$$d_i/d_t = dP_e/d_t \qquad (7)$$

根据适应性预期理论，人们将根据未预期到的通货膨胀率，也就是实际发生的通货膨胀率与预期到的通货膨胀率之差来改变通货膨胀预期。根据这一假定，有下式成立：

$$dP_e/d_t = b(p - P_e) \qquad (8)$$

式中，$b$ 是调节系数，且 $0 < b < 1$，$p$ 是实际通货膨胀率。将式（8）代入式（5），有：

$$y = v \times b(p - P_e) + m \qquad (9)$$

货币主义认为，从长期发展来看，人们的通货膨胀预期将等于实际的通货膨胀率，也就是说，$p - P_e = 0$。此外，收入货币流通速度在长期中是稳定的，因此，货币流通速度的变化率的极限是 0。所以，式（9）中的第一项在长期中收敛为 0。可以得出结论，对应于一个不变的货币增长率，经济将最终收敛于一个均衡状态，名义收入增长率将收敛于名义货币供给增长率，即

$$y = m \qquad (10)$$

这也就是货币主义提出以"单一原则"控制货币供给增长率的依据。

同样可以推论，如果货币供给的增长率被控制在某一个幅度之内，名义收入的增长率也将收敛于这个幅度之内。

## 二、货币供给增长率同"充分就业水平"的经济增长率和通货膨胀率的关系

实现"充分就业水平"的经济增长，是所有政府所追求的经济目标，也是货币政策的目标之一。货币供给增长率的确定，应该考虑"充分就业水平"的国民收入本身的增长。西方经济学基本原理说明，如果

货币市场均衡所要求的国民收入等于"充分就业水平"的国民收入，就不会发生通货膨胀。可以推论，如果货币供给增长率同"充分就业水平"的国民收入的增长率相适应，就会实现没有通货膨胀，至少是只有轻微通货膨胀的经济增长。

因此，不应该根据预期的实际国民生产总值增长率，而是要根据"充分就业水平"的国民生产总值增长率来计算货币供给的增长率。

从理论上讲，"充分就业水平"的国民生产总值是由在人力、资本、自然资源、科学技术已经充分利用条件下实现的国民收入。但实际上，人力、资本和自然资源的充分利用程度是很难测量的。在西方经济学中，一般以"潜在的国民生产总值"（Potential GNP）来代表"充分就业水平"的国民生产总值。将实际国民生产总值增长轨迹的高峰点连接起来，可以得到"潜在的"国民生产总值的增长轨迹。因而，可以根据"潜在的"国民生产总值的增长率推算"充分就业水平"的国民生产总值的增长率。

那么，名义国民生产总值、价格水平和"充分就业水平"的国民生产总值之间是什么关系呢？根据定义，名义国民生产总值等于价格水平与实际国民生产总量的乘积。仍设 $Y$ 代表国民生产总值，$P$ 代表价格水平，$X$ 代表实际国民生产总量。则有：

$$Y = P \times X \qquad (11)$$

现令 $X_f$ 代表"充分就业水平"的国民生产总值。下列恒等式是成立的：

$$X = (X/X_f) \times X_f \qquad (12)$$

其中，$X/X_f$ 表示实现的国民生产总值同"充分就业水平"的国民生产总值之比，可作为资源运用程度的测量标准。将式（12）代入式（11），有：

$$Y = P \times (X/X_f) \times X_f \qquad (13)$$

对式（13）取自然对数，然后取对时间 $t$ 的微分，可以得到：

$$y = p + (x/x_f) + x_f \qquad (14)$$

即，名义国民生产总值增长率可以分解为通货膨胀率、资源运用程度变化率和"充分就业水平"的国民生产总值或"潜在的"国民生产总值的增长率 $x_f$。

由于"充分就业水平"的国民生产总值的增长率主要受实际经济资源的制约，而且，经济将最终达到资源运用程度的极限，可以假定资源运用程度的变化率的极限为0，即 $x/x_f$ 的极限为0。因此，式（14）的极限是：

$$y = p + x_f \tag{15}$$

可见，在达到"充分就业水平"的经济增长后，任何试图提高资源运用程度，刺激经济增长的努力最终只能导致通货膨胀。

前面已经证明，如果货币供给增长率不变，名义国民收入或名义国民生产总值的增长率最终会收敛于货币供给增长率。我们可以将式（10）代入式（14），得：

$$m = p + x/x_f + x_f \tag{16}$$

分析式（16）可以看出，在资源运用程度没有达到"充分就业水平"时，实现的国民生产总值小于"充分就业水平"的国民生产总值，这时，货币供给的增长会促进资源运用程度的提高，并满足"充分就业水平"的国民生产总值增长的需要，不会引起价格水平的大幅度提高。如果资源运用程度接近于"充分就业水平"，即实现的国民生产总值接近于"充分就业水平"的国民生产总值时，货币供给的增长将主要满足"充分就业水平"的国民生产总值的增长和价格水平的增长需要。如果货币供给增长率大大超过"充分就业水平"的国民生产总值的增长率，物价水平就会大幅度上升，通货膨胀就是不可避免的了。因为 $x/x_f$ 最终收敛为0，所以，式（16）的极限是：

$$m = p + x_f \tag{17}$$

式（17）说明了货币供给增长率与价格水平增长率和"充分就业水平"的国民生产总值增长率之间的关系。

## 三、适度货币供给增长率的确定

式（17）说明了货币供给增长率同"充分就业水平"的国民生产总值增长率和价格水平增长率之间的关系。能不能根据式（17）确定适度货币供给增长率呢？笔者认为不能简单地以这一公式计算适度的货币供给增长率。适度货币供给增长率应能满足"充分就业水平"上的经济增长的需要，所以对式（17）中所包含的 $x_f$ 项一般不会有什么争议。问题是如何对待价格水平的增长率。

式（17）中，$p$ 所表示的是实际价格水平的增长率，显然，以前期的实际价格水平的增长率计入下一期的货币供给增长率是不适当的。我们在确定 $p$ 的水平时，必然要依据价值判断。有的同志主张选择"适度的"、"不可避免的"或"可承受的"通货膨胀率。但是，这些通货膨胀水平的确定，没有客观标准。其实，无论是"不可避免的"通货膨胀率，还是"可承受的"通货膨胀率，都是人们根据主观价值判断决定的。从现实出发，唯一存在的是政府所确定的通货膨胀率的控制目标。因此，笔者认为，在计算适度货币供给增长率时，应该参考政府所确定的通货膨胀率的控制目标。

实际的通货膨胀率同通货膨胀率的控制目标往往是不相等的。确定适度货币供给增长率的模型还应当解决货币供给增长率的调节问题。

在实际通货膨胀率偏离通货膨胀率的控制目标时，如何调整货币供给增长率？是随意地调整还是有规则地调整？如果是有规则地调整，那么应该依据什么规则来调整？笔者认为，在计算适度货币供给增长率的时候，要考虑到实际通货膨胀率，但不是实际通货膨胀率本身，而是实际通货膨胀率与通货膨胀率控制目标之间的差距。令 $P_d$ 代表通货膨胀率的控制目标，$P$ 为实际发生的通货膨胀率。如果说通货膨胀率的控制目标是预测到的通货膨胀率，那么实际通货膨胀率与通货膨胀率控制目标之差，即（$P - P_d$）可以称为"未预测到的通货膨胀率"。适度货币供给增长率应该根据"未预测到的通货膨胀率"进行调整。

根据以上分析，笔者认为，确定适度货币供给增长率的理论公式应该是：

$$m_t = x_f + P_d - 0.5(P_{t-1} - P_d) \qquad (18)$$

式中，$m_t$ 是为 $t$ 期确定的货币供给增长率，$x_f$ 是"充分就业水平"的国民生产总值增长率，可根据历史上实际国民生产总值的增长率推算。$P_d$

为通货膨胀率控制目标，$P_{t-1}$ 是 $t-1$ 期的实际通货膨胀率。0.5 是调整系数。之所以取值为 0.5，主要是为了保证在调整时的幅度不致过大或过小。比如，当实际通货膨胀率超出通货膨胀率控制目标 4 个百分点时，将货币供给的增长率降低 2 个百分点显然是现实的。也就是说，以"未预测到的"通货膨胀率的一半作为货币供给增长率的调整量。式（18）的含义是，根据"充分就业水平"的国民生产总值增长率、通货膨胀率控制目标和经过调整的 $t-1$ 期的"未预测到的"通货膨胀率确定 $t$ 期的适度货币供给增长率。

式（18）具有以下三个性质：第一，在货币供给增长率和实际通货膨胀率之间存在负反馈关系，实际通货膨胀率越高，货币供给增长率越低，当货币供给增长率降低后，有利于通货膨胀率的下降；实际通货膨胀率越低，货币供给增长率越高，而货币增长率升高后，通货膨胀率也可以相应提高。可见，式（18）不仅可以确定适度货币供给增长率，也可以确定如何调整货币供给的增长率。

第二，货币供给增长率最终收敛于"充分就业水平"的国民生产总值增长率加通货膨胀控制目标的水平上。由 $(P_{t-1}-P_d)$ 可见：

当 $P_{t-1}=P_d$ 时，$(P_{t-1}-P_d)=0$，因此，$m=x_f+P_d$。

当 $P_{t-1}>P_d$ 时，$(P_{t-1}-P_d)>0$，因而 $m<x_f+P_d$。当货币供给增长率下降后，价格水平也会下降，因而使下一期的 $m$ 相应上升，恢复到 $m=x_f+P_d$ 的水平。

当 $P_{t-1}<P_d$ 时，$(P_{t-1}-P_d)<0$，使 $m>x_f+P_d$。当货币供给增长率上升后，实际通货膨胀率上升，因而使下一期的 $m$ 下降，趋向于 $m=x_f+P_d$。

所以货币供给增长率将收敛于"充分就业水平"的国民生产总值增长率加通货膨胀率的控制目标的水平上。

第三，通货膨胀率会收敛于通货膨胀率的控制目标。由式（18）可知，当 $P_{t-1}>P_d$ 时，$m<x_f+P_d$，随着货币供给增长率的下降，价格会下降，趋向通货膨胀率的控制目标水平。当 $P_{t-1}<P_d$ 时，$m>x_f+P_d$，随着货币供给增长率的提高，价格水平会上升，因而使实际通货膨胀率趋向于通货膨胀率的控制目标 $P_d$。

能不能利用这一公式计算我国的适度货币供给增长率？在回答这一问题之前，还要说明两点。首先，在以上的分析中，一直假定货币需求对经济增长和价格增长的弹性为1，也就是说，经济增长或价格增长为1%时，货币需求也增长1%。对于西方主要国家来说，这是比较符合实际的假设。但是，因为我国经济正处于货币深化过程中，货币供给对经济增长的弹性和对价格增长的弹性未必等于1。货币供给增长中，有一定的部分会被货币深化过程吸收。因此，在确定货币供给的增长率时，应该考虑货币供给对经济增长和价格增长的弹性。然而，笔者认为，在现在的情况下可暂时不考虑这一因素，原因有三：一是从经济计量统计上讲，没有足够有效的数据可以计算货币供给对经济增长和价格增长的弹性。二是经济增长是由许多因素决定的，这些因素主要是实际因素和制度因素，如土地、资源、技术、管理等，实际上很难分解货币因素对经济增长的影响和其他因素对经济增长的影响。三是即使计算出了货币供给对经济增长和对价格增长的弹性，这些弹性的数值也只是略大于1或略小于1。当利用本文所建立的公式计算货币供给增长率时，只会使货币供给增长率有1%到2%的偏差。笔者认为，在确定货币供给增长率的适度水平时，重要的不是仅仅确定这一水平是多少，而是要确定适度货币供给增长率的合理波动区间。这可以说是一种次优选择。公式中的调节项保证了这一目标的实现。

其次，还要说明一下政府所确定的通货膨胀率的控制目标。如何确定这一目标不是本文的研究对象。这一目标的适度水平也不容易确定。但是，可以说明的是，这种通货膨胀应该是由非货币因素所引起的。严格地讲，这不是通货膨胀，而是合理的价格上升。然而，当非货币因素引起价格上升后，货币实际余额下降，如果名义货币供给量不能相应增长，实际货币供给就不能满足实际货币需求的增长。计算名义货币供给增长率的公式中包括通货膨胀控制目标的目的，正是要补充由于价格上升所缩减的实际货币余额，这同允许名义货币供给量的增长引起一定程度的通货膨胀有本质区别。

如何计算我国的适度货币供给增长率？现在中央已经决定要在今后几年内，将通货膨胀率控制在每年 10% 的水平上，因此，我们在计算货币供给增长率的水平时，可以参考这一目标。也就是说，在计算的时候，$P_d$ 可以取值为 10%。

那么如何确定我国的"充分就业水平"的经济增长率呢？因为明显的通货膨胀往往是在国民经济已经达到充分就业水平以后出现，笔者认为，可以根据近几年来的实际国民生产总值的增长率作为我国目前的"充分就业水平"的国民生产总值增长率的参考值。根据《中国统计年鉴（1988）》的统计资料，1979—1987 年，我国的实际国民生产总值的平均年增长率是 9.4%，1981—1987 年的实际国民生产总值平均年增长率是 9.9%。因此，在计算我国的适度的货币供给增长率时，$x_f$ 的值可以取 9.4% 或 9.9%。如果我们取 1981—1987 年的国民生产总值年平均增长率作为我国今后几年的"充分就业水平"的国民生产总值增长率，那么，计算我国近期的适度货币供给增长率的公式是：

$$m_t = 9.9\% + 10\% - 0.5(P_{t-1} - 10\%)$$

去年的实际通货膨胀率是 18.5%，根据这一通货膨胀率计算，今年的适度货币供给增长率应该是 15.65%［9.9% + 10% − 0.5（18.5% − 10%）］。随着实际通货膨胀率的下降，货币供给的增长率会相应提高。如果我们能最终将通货膨胀率控制在 10% 的水平上，我们的适度货币供给增长率将是 19.9%。无论是同历史水平相比，还是同世界上实现了稳定的经济增长和低通货膨胀率的国家相比，这一货币供给增长率并不低。也可以看出，在条件成熟的时候，还应把通货膨胀的控制目标适当地降低。从这一推算结果可以看出，依据本文所建立的适度货币供给增长率的计算模型，确定我国的适度货币供给增长率是可行的。

## 参考文献

本文第一部分和第二部分的公式推导可参见詹姆斯·A. 特维塞克和查尔斯·缪尔维（James A. Trevithick & Charles Mulvey）《通货膨胀经济学》第八章，马丁·罗伯森出版有限公司 1975 年版。

# 论经济增长波动与
# 货币供给量增长波动的相互关系[①]

【内容简介】 本文利用经济计量方法分析了 41 个国家经济增长率和货币供给增长率时间序列波动的相互关系，证明名义国内生产总值增长的波动和货币供给量增长的波动之间存在较强的相关关系，而在实际国内生产总值增长的波动和货币供给量增长的波动之间则不存在相关关系。货币供给量增长相对稳定的国家，经济增长也相对稳定。在一个较长的时期内，名义国内生产总值的增长率同狭义货币供给量增长率将趋近于同一水平，狭义货币供给增长率超过实际国内生产总值增长率的部分，与通货膨胀率趋近于同一水平。而准货币供给量增长率则略为超过名义国内生产总值的增长率，准货币供给量增长率与实际国内生产总值增长率之差，也略为超过通货膨胀率。

实现稳定的经济增长是一项重要的经济政策目标。控制货币供给量的增长，使之适应经济增长的需要，是不是实现这一目标的必要条件？显然，如果货币供给量的增长同经济增长之间没有关系或关系不显著，货币政策对经济增长的影响也就无从谈起。因此，关于经济增长和货币供给量增长之间相互关系的理论分析和经验数据的统计分析，是制定有助于经济稳定增长的货币政策的理论依据。

可以从两个角度分析经济增长与货币供给量增长之间的相互关系。一个角度是分析经济增长的趋势与货币供给量增长的趋势之间的相互关系。比如，利用计量经济分析方法，验证经济增长的主要指标国民生产

---

① 本文原载于《金融研究》1991 年第 3 期，并于 1992 年获得全国金融研究优秀论文三等奖。

总值（GNP）或国内生产总值（GDP）的时间序列数据和货币供给量的时间序列数据之间的关系。无论理论分析还是实际的经济计量分析，都证明了两者之间存在着高度的相关关系。一般也以此为依据，认为控制货币供给量的增长率，可以直接和间接地影响经济增长的稳定。

然而，事实上，由于国民生产总值或国内生产总值与货币供给量都是时间序列数据，都是随时间而增长的序列，两者之间必然存在高度的相关关系。这是任何时间序列数据之间都可能存在的关系，并非国民生产总值或国内生产总值与货币供给量之间才具有的特殊关系。如果我们试图以稳定货币供给量的增长率来实现经济增长的稳定的话，我们还应该从另一个角度分析货币供给量增长与经济增长之间的相互关系，这就是研究货币供给量增长的波动与经济增长的波动之间的相互关系。我们现在需要研究以下问题。

第一，经济增长的波动和货币供给量增长的波动之间是否存在着同样的高度相关关系？也就是说，货币供给量增长波动比较大的国家，经济增长的波动是否也很大？

第二，经济增长率与货币供给量的增长率之间存在什么关系？在一个比较长的时期内，这两个增长率会不会趋近于同一水平？

第三，如果货币供给量的增长率超过了实际经济的增长率，会不会引起相应程度的通货膨胀？通货膨胀率是否以统计规律趋近于货币供给量的增长率与实际经济增长率之差？

这些问题不解决，我们也就不能正确地制定货币政策。本文拟对以上三个问题进行分析和验证。

## 一、经济增长波动与货币供给量增长波动之间的关系

在本文中，我们规定，任何一项经济变量的稳定增长，表现为该变量在一段时期内的增长率不变。由此确定的稳定增长的数学模型是：

$$Y(t) = Y(0)e^{at} \tag{1}$$

式中，$Y(t)$ 是 $t$ 期的数值，$Y(0)$ 是基期的数值，$e$ 是自然数，$a$ 是增长率，$t$ 是时间。

在本文的讨论中，规定稳定的经济增长表现为名义国内生产总值和实际国内生产总值在一段时期内的增长率不变，稳定的货币供给量的增长也表现为货币供给量在一段时期内的增长率不变。为了便于分析不同层次的货币量同经济的关系，我们取狭义货币量和准货币量两个层次。之所以分别计算狭义货币和准货币的回归分析标准差，是因为这两个层次的货币量在统计上和经济意义上都有比较大的差别。在计量分析中分别对待有利于分析两个层次的货币量同经济之间的不同关系。这两个层次的货币量的统计，在国际货币基金组织的《国际金融统计》中都有比较详细的可比较的数据。

很明显，所有国家的国内生产总值和货币供给量的增长变化曲线都不会是一条平滑的指数曲线。如果我们将每个国家的国内生产总值和货币供给量的理论发展曲线定义为形如式（1）的指数曲线的话，实际数值偏离理论曲线的程度是不一样的。因此，真实的曲线可用下式描述：

$$Y(t) = Y(0) \cdot e^{at} e^{u(t)} \tag{2}$$

式中，$e^{u(t)}$ 是随机项，表示实际数值与理论数值的偏差。因此，我们的问题也就是要证明，货币供给量偏离理论曲线程度高的国家，国内生产总值的实际值偏离理论曲线的程度是否也相应高？

那么，如何确定经济增长的波动和货币供给量增长的波动呢？笔者认为，为了能够考察一段时期内的波动情况，应该以实际增长曲线同理论上的指数曲线的总体偏差作为波动的指标。我们要直接计算某个变量每一年的数值偏离指数曲线的程度是很繁杂的。而且，各国指标的货币单位不同，不可以直接进行比较。为此，我们可以将式（2）转换为下列模型：

$$\ln Y(t) = C + at + u(t) \tag{3}$$

式中，$\ln Y(t)$ 是 $Y(t)$ 的自然对数，$t$ 仍是时间，$u(t)$ 是随机项，$C = \ln Y(0)$。

我们先取时间序列数据的自然对数，然后对式（3）进行最小二乘回归。得到回归方程：

$$\ln Y(t) = \hat{C} + \hat{a}t + \hat{d}(t) \tag{4}$$

式中，$\hat{d}(t)$ 是回归残差。

我们知道，如果对一个只有一个变量的线性回归方程进行最小二乘估计后，可以得到回归残差 $\hat{d}(t)$，即每个样本值距离回归直线的距离。同时，还可以得到回归方程的回归标准差，定义为：

$$S = \sqrt{\sum d^2(t)/(n-k)}$$

其中，$k$ 是方程中包括常数在内的变量个数。这项指标是对式（3）中的扰动项标准差的估计。而随机项的标准差，说明了随机项的离散程度。因为，按最小二乘法进行估计时，假设 $E(u) = 0$，所以，方程的标准差也就刻画了样本点在回归直线周围分布的离散程度。笔者认为，我们可以以这一标准差作为该项数据在该时期内增长波动程度的整体指标。这样做有以下优点：

第一，这样做可以消除各国货币单位对时间序列数据波动程度描述的影响。因为，如将时间序列按汇率换算后，并不影响对式（3）进行估计的回归标准差。①

第二，式（3）中，$a$ 是平均增长率，乘以时间 $t$ 后，表示按回归方程计算的累积增长率。因此，残差 $\hat{d}(t)$ 所表示的也应是增长率，残差项所表示的正是没有被方程所解释的增长率，说明该项数据某年增长率偏离平均增长率的大小。而回归方程的标准差正是利用残差项对随机项的标准差的估计，是某项数据各年的增长率偏离稳定增长状态下的平均增长率的离散程度的刻画。因此，用该项指标可以从整体上描述该项数据增长的波动程度。

---

① 设：$\ln\hat{Y}(t) = \hat{C} + \hat{a}t$

则：$\hat{d}(t) = \ln Y(t) - \ln\hat{Y}(t)$

而：$\ln(AY(t)) - \ln(A\hat{Y}(t))$

$= \ln A + \ln Y(t) - \ln A - \ln\hat{Y}(t) = \ln Y(t) - \ln\hat{Y}(t)$

$= \hat{d}(t)$

式中，$Y$ 可以作为原始数据，$A$ 可以作为汇率换算因子。

按照式（3）根据国际货币基金组织《国际金融统计（年报）》（1989）和《国际金融统计》（1990 年 6 月号）的统计资料，在可以得到 1960—1988 年资料的国家中，笔者计算了 41 个国家 1960—1988 年名义国内生产总值、狭义货币供给量、准货币供给量的时间序列回归方程，同时计算了其中 37 个国家的实际国内生产总值的时间序列回归方程。从计算结果来看，41 个国家的总共 160 个方程的 $R^2$ 都在 0.90 以上，说明了式（1）的假定是成立的。在进行了回归计算之后，也就得到了这些国家各类数值的回归标准差。这样，我们也就得到了样本国家在一段时期内经济增长和货币供给量增长波动程度的数据。

现代货币主义理论认为，货币供给量的波动只能影响名义经济增长的波动，不会影响实际经济增长。为了验证经济增长的波动和货币供给量增长波动之间的关系，我们可以分别分析名义国内生产总值及实际国内生产总值同狭义货币供给量和准货币供给量增长波动之间的关系。为此，设定下列回归模型：

$$SEG_{(i)} = C + \alpha SEM_{(i)} + \beta SEQM_{(i)} + u_{(i)} \qquad i = 1,\cdots,41 \qquad (5)$$

$$SERG_{(j)} = C + \gamma SEM_{(j)} + \delta SEQM_{(j)} + v_{(j)} \qquad j = 1,\cdots,37 \qquad (6)$$

式中，$SEG$ 表示按式（3）计算的名义国内生产总值的回归标准差，$SEM$ 表示狭义货币供给量的回归标准差，$SEQM$ 表示准货币供给量的回归标准差。$SERG$ 表示实际国内生产总值的回归标准差。下标 $i$ 和 $j$ 表示国别，$i$ 取 41，$j$ 取 37。

利用所得到的各国各类数据的回归标准差数据，然后，对式（5）和式（6）进行的最小二乘回归计算的结果如下：

$$SEG = 0.59081\ SEM + 0.29218\ SEQM$$
$$(8.4178) \qquad (4.5950)$$
$$R^2 = 0.7241 \qquad \overline{R^2} = 0.7170$$
$$D - W = 1.9272 \qquad F = 102.35$$

$$(5')$$

$$SERG = 0.0453 + 0.2410\ SEM - 0.0324\ SEQM$$
$$(3.4479)(2.7584) \qquad (-0.4476)$$
$$R^2 = 0.2137 \qquad \overline{R^2} = 0.1674$$

$$(6')$$

$$D - W = 2.340 \qquad F = 4.619$$

式中，括号中的数值是 $t$ 统计量。

如果分析式（5）的计算结果，可以得出以下几点结论：

第一，名义国内生产总值的回归标准差同狭义货币供给量和准货币供给量的回归标准差之间的回归方程的最小二乘估计是可以通过计量检验的。$F$ 统计量是 102.35，超过了 5% 显著性水平下，自由度为（1，39）的 $F$ 分布的临界值（约为 4.09）。说明方程总体检验是通过的。$R^2$ 值所说明的是一个回归方程的总体解释能力，$F$ 统计量是对回归方程总体解释能力的检验。从所得到的回归方程的 $R^2$ 来看，回归方程的解释能力达到了 72.4% 左右。如果考虑到回归方程所使用的是横断面资料，这一水平的解释能力是较高的。

第二，在 5% 的显著性水平上，两个解释变量的系数的 $t$ 统计检验都可以通过。另外，两个解释量的系数都是正数，这说明了所选取的 41 个国家，货币供给量的回归标准差同名义国内生产总值的回归标准差之间存在正相关关系。货币供给量增长趋势偏离理论稳定增长曲线的程度越大，该国经济增长趋势偏离理论稳定增长曲线的程度也就越大。这就从计量经济检验上证明了，货币供给的波动可以解释名义国内生产总值增长的波动。

第三，在一个线性回归方程中，如果截距 $C$ 的数值是显著不为零的话，说明在解释变量为 0 的情况下，被解释变量仍然不为零。在对名义国内生产总值进行分析所得到的回归方程中，$C$ 的估计不显著，从理论上讲，可以说货币供给增长的波动同名义国内生产总值增长的波动存在着相对独立的相关关系。

第四，从狭义货币供给量标准差与准货币供给量的标准差的系数来看，狭义货币供给量标准差的系数大于准货币供给量标准差的系数，说明狭义货币供给量增长的波动与国内生产总值的增长波动的关系相对来说要强。从数值上看，按式（5'）计算，如果狭义货币供给量增长的标准差和准货币供给量的标准差为 1 的话，名义国内生产总值增长的标准差是 0.8830，这说明，如果狭义货币供给量的增长率和准货币供给量的增长率偏离平均增长率为一个百分点的话，名义国内生产总值的增长率将偏离平均增长率约为 0.883 个百分点。

如果分析式（6）的计算结果，可以看到，实际国内生产总值的标准差同狭义货币供给的标准差和准货币供给量的标准差之间不存在相关关系，回归方程的 $F$ 统计量和 $R^2$ 表明，这一回归方程是不能通过统计检验的。上面所得到的回归分析结果似乎证明了货币主义关于货币供给量的增长波动只能影响名义经济增长的波动，而不能影响实际经济增长的波动这一理论观点。可以推知，货币供给量的波动，只影响价格水平的波动。

## 二、名义经济增长率、实际经济增长率和通货膨胀率同货币供给量增长率的相互关系

下面，我们来分析在一个相对较长的时期内，名义经济增长率与货币供给量增长率会不会趋近于同一水平的增长率。如果货币供给量增长率超过实际经济增长率，货币供给量增长率超过实际经济增长率的部分，会不会表现为价格增长率，即通货膨胀率。

根据剑桥学派的货币需求理论，货币需求是名义国民收入的函数，如果令 $Y$ 表示名义国民收入，用 $M_d$ 表示对货币的需求，用 $k$ 表示货币需求对名义国民收入的比率，则下式成立：

$$M_d = kY \tag{7}$$

如果货币供给 $M_s$ 满足货币需求，则有：

$$M_s = M_d \tag{8}$$

在这一条件下，必然有下式成立：

$$M_s = kY \tag{9}$$

对上式取自然对数，然后对时间微分，可以得到：

$$\dot{M}_s = \dot{k} + \dot{Y} \tag{10}$$

式中，$\dot{M}_s$ 为货币供给量增长率，$\dot{k}$ 为货币需求对名义国民收入的比率的增长率，$\dot{Y}$ 为国民收入增长率。上式表明，货币供给量增长率等

于货币需求对国民收入的比率的增长率加上名义国民收入增长率。如果货币需求是国民收入的稳定函数，货币需求对国民收入比率不变，即如果 $\dot{k}=0$，则有：

$$\dot{M}_s = \dot{Y} \tag{11}$$

也就是说，货币供给量增长率同名义国民收入增长率会趋近于同一增长率。

从经济统计原理出发，我们可以得到名义经济增长同实际经济增长的关系：

$$Y = Py \tag{12}$$

式中，$Y$ 仍是名义国民收入，$P$ 是价格水平，$y$ 是实际国民收入。如果对上式取自然对数，然后对时间微分，则可以得到：

$$\dot{Y} = \dot{P} + \dot{y} \tag{13}$$

式中，$\dot{Y}$ 是名义国民收入的增长率，$\dot{P}$ 是价格增长率，$\dot{y}$ 是实际国民收入的增长率。该式表明，名义国民收入增长率可以分解为价格水平增长率和实际国民收入增长率。

如果名义国民收入增长率趋近于货币供给量增长率的话，价格水平的增长率加实际国民收入增长率也必然趋近于货币供给增长率。即有下式存在：

$$\dot{M}_s = \dot{P} + \dot{y} \tag{14}$$

或

$$\dot{M}_s - \dot{y} = \dot{P} \tag{15}$$

即，货币供给量增长率超过实际国民收入增长率的部分，必然表现为价格水平的增长率，或通货膨胀率。上述两个理论观点能不能被实际数据所证明呢？

笔者所提出的理论假设是，如果我们以国内生产总值代替国民收入的话，可以把任何一个国家的货币供给量的增长率、名义国内生产总值增长率、实际国内生产总值增长率以及价格水平增长率都看作随机变量。

因此，货币供给量增长率减去名义国内生产总值增长率所得到的差，也是一个随机变量，货币供给量增长率减去实际国内生产总值增长率和价格水平增长率后的差也是一个随机变量。这样对于货币供给量增长率和名义国内生产总值增长率是否趋近于同一水平的增长率的检验，及对于货币供给量增长率超过实际国内生产总值增长率的部分是否表现为通货膨胀率的检验，也就转化为对这两个随机变量的数字特征的检验。我们所要证明的问题是：在本文所取的样本期内，这41个国家货币供给量的增长率减去名义国内生产总值增长率后所得到的差遵从什么统计分布？37个国家的货币供给量增长率减去实际国内生产总值增长率和价格水平增长率后所得到的差遵从什么分布？

我们假定，各国货币供给量增长率减去名义国内生产总值增长率的差和货币供给量增长率减去实际国内生产总值增长率加价格增长率之和的差是遵从正态分布的随机变量。我们所实际得到的样本是从这两个随机变量总体中随机抽取的样本值。设有随机变量：

$$A_i = \dot{M}_{si} - \dot{Y}_i \qquad i = 1, \cdots, 41$$

$$B_i = \dot{M}_{si} - \dot{y}_i - \dot{P}_i \qquad i = 1, \cdots, 37$$

式中，$\dot{M}_s$ 是货币供给量增长率，$\dot{Y}$ 是名义国内生产总值的增长率，$\dot{y}$ 是实际国内生产总值的增长率，$\dot{P}$ 是价格水平的增长率，$i$ 表示国别。

那么，根据上述数理统计原理，设 $E(A)$ 和 $E(B)$ 为 $A$ 和 $B$ 的期望，$S^2a$ 和 $S^2b$ 为 $A$ 和 $B$ 的方差，可设：

$$\xi a = (\overline{A} - E(A)) / \sqrt{S^2a/41}$$

$$\xi b = (\overline{B} - E(B)) / \sqrt{S^2b/37}$$

则 $\xi a$ 应遵从 40 个自由度的 $t$ 分布，$\xi b$ 应遵从 36 个自由度的 $t$ 分布。因此，若使：

$$P\{|\xi a| \leqslant \lambda a\} = 0.95$$

$$P\{|\xi b| \leqslant \lambda b\} = 0.95$$

成立的话，$\lambda a = 2.021$，$\lambda b = 2.147$。

因此,

$$E(A) = \overline{A} - / + \lambda a \sqrt{S^2 a/41}$$

$$E(b) = \overline{B} - / + \lambda b \sqrt{S^2 b/37}$$

为了计算以上两个随机变量,笔者计算了 41 个国家 1960—1988 年名义国内生产总值、狭义货币供给量、准货币供给量、货币供给总量(狭义货币量加准货币供给量)的平均年增长率,计算了 37 个国家在 1960—1988 年实际国内生产总值的平均年增长率和价格水平的平均年增长率。根据这些数据所计算的 A 和 B 的平均值和样本方差的数值见表 1。

表 1                A 和 B 的平均值与方差

| 各项增长率之差 | 平均值 | 方差 |
|---|---|---|
| $M - G$ | 0.085 | 5.126 |
| $QM - G$ | 3.935 | 10.082 |
| $TM - G$ | 2.207 | 5.718 |
| $M - RG - P$ | 0.064 | 4.307 |
| $QM - RG - P$ | 3.903 | 9.425 |
| $TM - RG - P$ | 2.169 | 3.489 |

根据这些计算结果,可以计算对应于各种货币供给量定义的 A 和 B 的数学期望和统计推断。

自由度等于 40 的 t 分布,显著性水平等于 5% 的临界值为 2.021,自由度为 36 的 t 分布,显著性水平等于 5% 的临界值为 2.147。计算结果见表 2。

表 2                A 和 B 的期望的区间估计(置信水平为 95%)

| 各项增长率之差 | 平均值 | 区间估计 |
|---|---|---|
| $M - G$ | 0.085 | 0.085 - / + 0.715 |
| $QM - G$ | 3.936 | 3.936 - / + 1.002 |
| $TM - G$ | 2.207 | 2.207 - / + 0.755 |
| $M - RG - P$ | 0.064 | 0.064 - / + 0.733 |
| $QM - RG - P$ | 3.903 | 3.903 - / + 1.084 |
| $TM - RG - P$ | 2.169 | 2.169 - / + 0.659 |

在对 $A$ 和 $B$ 的区间进行估计后，我们可以对 $A$ 和 $B$ 的期望进行假设检验，检验其是否为零。

假设为：

$$\text{H0:E}(A) = 0 \qquad\qquad \text{H1:E}(A) \neq 0$$
$$\text{H0:E}(B) = 0 \qquad\qquad \text{H1:E}(B) \neq 0$$

$t$ 统计量的计算公式是：

$$t_a = \overline{A} / \sqrt{S^2 a / n(41)}$$
$$t_b = \overline{B} / \sqrt{S^2 b / n(37)}$$

根据表 1 中的数值所计算的 $t_a$ 和 $t_b$ 列在表 3 中。

表3           $A$ 和 $B$ 的统计推断

| 货币量 | $t_a$ | $t_b$ |
|---|---|---|
| 狭义货币 | 0.240 | 0.187 |
| 准货币 | 7.935 | 7.733 |
| 货币总量 | 5.910 | 7.063 |

在自由度为 40，显著性水平为 5% 的条件下，$t$ 统计量的临界值为 2.021。从以上计算结果来看，狭义货币量的 $t_a$ 小于临界值，所以可以接受 H0 假设，即 $A$ 的期望可以认为是零，也就是货币供给量的平均增长率趋近于名义国内生产总值的平均增长率。而准货币量和货币总量的 $t_a$ 大于临界值，所以应该拒绝 H0 假设，即 $A$ 的期望不等于零，由区间估计来看，货币供给量的平均增长率大于国内生产总值的平均增长率。

在自由度为 36，显著性水平为 5% 的条件下，$t$ 统计量的临界值为 2.147，对于狭义货币来说，$t_b$ 小于临界值，所以可以接受 H0 假设，即 $B$ 的期望为零，也就是货币供给量的平均增长率减去实际国内生产总值的平均增长率等于通货膨胀率。而对于准货币量和货币总量来说，$t_b$ 的值大于临界值，所以应该拒绝 H0 假设，即 $B$ 的期望不为零，由区间估计来看，货币供给量的平均增长率减去实际国内生产总值的平均增长率大于通货膨胀率。

从以上统计推断计算中可以得出以下结论：

第一，只有狭义货币供给量的平均增长率同名义国内生产总值的平均增长率会趋近于同一水平的增长率。也只有狭义货币供给量平均增长率超过实际国内生产总值的平均增长率的部分会趋近于价格水平增长率。

第二，对于准货币和货币总量来说，货币供给量的平均增长率在一段时期内会大于名义国内生产总值的平均增长率。货币供给量的平均增长率减去实际经济平均增长率后的差大于通货膨胀率。从统计计算来看，准货币供给量的平均增长率超过名义经济平均增长率的期望是在 2.93 个百分点到 4.94 个百分点之间，货币总量平均增长率超过名义经济平均增长率的期望是在 1.45 个百分点到 2.96 个百分点之间。

## 三、几点结论

从本文的分析中，我们可以得出以下几点初步的结论。

第一，中央银行的货币政策的根本任务是，保持货币供给量的稳定增长，并使之适应经济稳定增长的需要。货币供给量增长的波动，会导致名义经济增长率的波动。在样本国家中，货币供给量增长相对稳定的国家，经济增长也相对稳定，正说明了这一点。

第二，货币供给量的增长率应该保持适度的水平。货币供给量过高的增长，不会引起实际的经济增长。货币供给量的增长率超过实际经济增长率过多，只能导致通货膨胀。

第三，在制定货币供给量的增长率的时候，应分别对待不同的货币层次。狭义货币供给量的增长率应该大致等于实际经济增长率，而广义货币供给量和货币供给总量的增长率应略高于实际经济增长率。这样才能满足公众对于货币性金融资产的需求，又不至于导致明显的通货膨胀。

（在本文写作过程中，得到了北京大学秦宛顺教授的精心指导，在此表示衷心的谢意。）

# 金融储蓄与经济增长关系的
# 分析与验证[①]

【内容简介】本文是 1993 年基于笔者博士论文部分内容撰写的。发展金融，促进经济增长，是金融改革的一个目标。实现这一目标的前提，是金融部门能够动员更多的储蓄，提高总投资水平，并提高投资的效率。文章不仅从理论上分析了金融储蓄同国内总储蓄和经济增长之间的关系，而且对 41 个国家的金融储蓄增长与经济增长之间的相关关系进行了计量经济学的分析，从实证上验证了金融储蓄增长率与国民生产总值增长率之间存在着相关关系，证明了金融储蓄率的提高会显著提高经济增长率。因而，促进金融储蓄的增长有助于提高总储蓄水平，从而有利于经济增长。这对金融发展理论观点是一个验证。

发展金融，促进经济增长，是金融改革的一个目标。实现这一目标的前提，是金融部门能够动员更多的储蓄，提高总投资水平，并提高投资的效率。因而，从理论上说明金融发展同经济增长的一般关系，对金融储蓄同经济增长之间的数量关系进行验证，是很有必要的。本文将从金融储蓄与经济增长之间的相关性的角度探讨这一问题。

## 一、金融储蓄、资本形成与经济增长

一般的经济增长速度要受到生产要素短缺的制约，而资本正是一些不发达国家最稀缺的资源。对于发展中国家来讲，要摆脱资本短缺和不发达之间的恶性循环，确定最有效的和最适宜的资本积累率，是经济发

---

① 本文原载于《金融研究》1993 年第 9 期，与原稿相比略有删改。

展的关键问题。

资本积累需要投资，而更多的投资需要更多的储蓄或外资。利用外资的程度，要受到将来还本付息能力的限制，而还本付息的能力又取决于将来国内储蓄的水平。因此，归根到底，国内储蓄是摆脱资本短缺和不发达之间恶性循环的最可靠的投资来源。①

无论是依靠内部资金还是依靠外部资金，资本积累需要动员剩余资金。如果要增加投资，就要在现期消费之外还有剩余资金。

资本形成过程有三个基本的阶段：第一，实际储蓄增加，使资源可以用于投资；第二，通过金融和信用机制广泛地聚集可投资资金，将储蓄融通给投资者；第三，投资并通过投资增加资本存量。第一个阶段，即实际储蓄的增加，是非常重要的。在这方面，金融机构可以起到非常重要的作用，因为金融机构可以利用各种手段有效地动员储蓄。一个国家越贫穷，越需要金融机构来聚集储蓄，并将储蓄资金导向最有效的投资。②

戈里和肖认为，金融和自给自足是互为反义的，鲁滨逊认为不会积累债务和金融资产。金融同分工的联系表现在三个方面。第一，生产过程中的分工会导致生产要素和商品的交换，从而导致借贷关系的产生。在初级市场经济中，金融交易是以实物进行的。随后，以实物进行借贷的不经济性导致货币化。一般的规律是，货币化的速度超过实际经济增长速度的程度是逐渐降低的。在实际财富和人均收入达到了一定程度后，支付工具的存量就会以财富和收入一样的速度增加，甚至增长得要慢。当货币支付普及后，货币对收入或货币对财富的比率，就会保持在长期水平上。

第二，金融还同储蓄与投资之间的分工相联系。当经济中一个部门在消费之外有了剩余，另一个部门吸收这些剩余进行投资时，货币和非货币形式的金融资产就会积累起来。积累的速度取决于储蓄与投资之间融通的方式。

---

① 迈耶. 经济发展中的主要问题 [M]. 牛津：牛津大学出版社，1984：220－222.
② 迈耶. 经济发展中的主要问题 [M]. 牛津：牛津大学出版社，1984：234.

劳动的分工导致最终借款者（投资者）发行初级证券，而最终贷款者（储蓄者）购买证券，在它们之间的分工变得更加复杂，初级证券和金融资产的积累快于实际财富的积累。同样，在一段时期内，金融部门比其他部门发展要快，但最终会和其他部门平衡发展。

第三，金融所导致的劳动分工还会导致金融资产的数量增加和种类的多样化。储蓄和初级证券之间所有的分工发展了。金融中介机构吸收储蓄，支付给储蓄者储蓄利率，负责储蓄的分配，并对借款人收取贷款利率，存贷利率差用来弥补中介机构所投入要素的成本和风险。①

在研究金融发展对经济发展的促进作用方面，美国经济学家戈德史密斯进行了重要的分析。他认为，金融发展对经济增长有积极的作用。这种作用表现在四个方面。②

第一，金融资产的发展和金融活动的出现使储蓄与投资分离为两个相互独立的职能，这种分工的意义类似于间接交易给商品市场带来的利益。间接交易，即通过货币进行的交易，克服了商品市场的物物交易在时间与空间上的局限性，金融活动则克服了资金运动中收支不平衡产生的矛盾。一方面使投资者的支出可以超过本期收入，另一方面又为储蓄者本期积累的收入带来了增值。正因为如此，无论是储蓄者还是投资者都非常乐于接受金融活动带来的社会分工。这是在商品经济发展之后，又一次重要的社会分工。从社会分工的原理出发，在一定的生产技术水平条件下，假设消费者的储蓄偏好、投资的风险大小均为不变因素，那么金融机构与金融资产种类越丰富，金融活动对经济的渗透力越强，经济发展水平提高越快。

金融工具的出现使得家庭和其他经济单位从它们自己的储蓄与投资之间的约束中解放出来。如果没有金融工具，每个单位的储蓄就必须等于其投资。金融工具一旦存在，一个单位的投资就可大于其储蓄，这就

---

① 戈里和肖. 金融发展和经济发展 [J]. 经济发展和文化变化, 1967, 15（3）: 257 – 268. 见迈耶, 前引文, 241.

② 李弘. 货币、金融与经济发展 [M]. 北京: 中国金融出版社, 1988: 24 – 25. 戈德史密斯. 金融结构与金融发展 [M]. 上海: 上海三联书店, 1990: 391 – 397.

是非货币金融工具的作用所在，因为未投资于本单位的储蓄现在也能取得收益。

第二，金融活动不但使储蓄与投资职能相分离，而且使它们在新的意义上重新结合起来。戈德史密斯认为，即使人们的经营能力与冒险精神是相同的，进行投资和经营的机会在人们之间的分布也是不均衡的。如果每个人都有同样的机会，即都能用同样的投资获得同样的收益，那么储蓄与投资职能的分离只会给储蓄者与投资者带来好处，对整个社会经济发展并没有什么意义。正由于存在机会不均等，储蓄与投资职能的分离才能对经济增长起积极作用。通过金融机构与金融资产的多样化，金融活动为那些没有投资机会的储蓄者创造了新的投资机会，这不单使他们也能分享投资带来的好处，而且推动了整个社会经济的发展，为全社会带来好处。

许多项目，通常是那些预期收益高的投资项目的不可分性，大大地强化了投资机会与能力的不平均分布。有时，这种项目所要求的储蓄量远远超过任何一个经济单位的剩余储蓄。利用金融工具筹资，可以为这类项目提供资金。

第三，金融机构可以促进储蓄。很明显，从储蓄者的角度来看，非金融部门的证券并不是金融机构提供的资产的十全十美的替代品，非金融部门所发行的证券，并不能完全代替金融机构所创造的金融资产，如各种存款等。如果没有银行存款可供选择，一些小额的储蓄者，特别是家庭，就不会进行那么多的储蓄。

第四，金融中介可以提高投资的效率。金融机构既不储蓄，也不投资，金融机构促进增长的作用是通过两方面实现的，一方面是提高储蓄和投资的总量，另一方面是提高投资的边际收益率。这是通过更有效地分配储蓄而实现的。金融机构可以更有效地改变资产的分配，实现资源的有效配置。

在金融发展与经济发展的问题上，存在两种观点，一种观点是"需求跟随论"（Demand Following），另一种观点是"供给引导论"（Supply-Leading）。在"欠发达国家的金融发展和经济增长"一文中，帕特里克指出了这两种理论的区别。①

所谓"需求跟随"是指现代金融机构、金融资产与负债的发展，是实际经济中投资者和储蓄者对它们需求的反应。在这种情况下，金融体系的逐渐发展是经济发展的结果，金融体系的发展变化，既受到客观机会（如经济环境和制度结构）的影响，也受到主观认识（如个人的动机、态度、兴趣和偏好等）的影响。

对金融服务的需求，取决于实际经济的增长和农业以及其他传统部门的商业化和货币化程度。实际国民收入增长越快，企业对外部资金的需求越大，因而对金融中介需求越大，这是因为随着经营规模的扩大，内部的折旧和利润不足以满足扩大生产规模的需求。

刘易斯也认为，金融业中的企业家对于金融业的利润机会是很敏感的，因此，金融机构的数量和种类会充分扩张。法律、制度和经济环境、政府的态度、经济目标和经济政策，以及政府债务的规模和增长率，对经济环境有重要影响。随着经济的增长，金融市场会发展、扩大，并更加完善，因而增加获得资金和减少风险的机会，从而刺激经济增长。"需求跟随论"认为，在经济发展中，金融的发展基本上是被动的。②

相反，"供给引导论"则认为，事实上，在欠发达国家，金融业的发展并不是自动的，19世纪初的法国、19世纪末期的意大利和当今世界上的发展中国家，都存在对金融发展的种种人为的限制。这种理论认为，金融发展基本上是"供给引导型"的。"供给引导"现象是指，金融机构的建立、金融资产和负债以及有关的金融服务的供给，在需求产生之前，特别是在一些现代的增长引导部门的企业家对它们的需求产生之前产生。"供给引导"有两个功能，一个功能是将资金从传统（非增长的）部门转移到现代部门，另一个功能是刺激现代部门中的企业家的需求。金融中介将传统部门的储蓄转移到现代部门，很像熊彼特所讲的创新。

不过，"供给引导型"的金融体系最初可能不会有很好的利润。要

---

① 帕特里克. 欠发达国家的金融发展和经济增长［M］//迈耶. 经济发展中的重要问题. 牛津：牛津大学出版社，1984：251 – 253.

② 刘易斯. 经济增长理论［M］. 纳维罗图书出版公司，1963：267 – 268.

使新生的金融机构能够生存下去，有几个措施。第一，由政府建立金融机构，利用政府的资本会得到政府补贴的支持。第二，私人金融机构可以直接或间接地得到政府的补贴，通常是间接补贴。第三，新的现代金融机构可以在开始时将它们的大部分资金贷给传统部门，如农业和商业，并获得利润，然后逐渐转向现代工业部门。

当然，不能说"供给引导型"金融是经济发展的先决条件。这只不过是通过金融手段引导经济发展的一种机会。在经济发展初期比在后期更有意义。一个国家越落后，越应该重视"供给引导型"的金融发展。

帕特里克认为，实际上存在的是"供给引导"和"需求跟随"的相互影响。在持续的现代工业增长开始之前，"供给引导型"金融可能能够促进实际创新型的投资。随着实际经济增长，"供给引导型"金融逐渐不重要了，"需求跟随型"金融占据了主要地位。对一个部门的发展起来也是如此。一个部门在发展的初期可能是靠金融支持的，在发展起来以后，金融就要满足该部门的需求了。

## 二、关于金融储蓄与经济增长相关性的检验

从上面的理论分析中可以提出四个假设。第一，金融发展能够促进储蓄的增长。第二，金融发展能够促进资本形成。第三，金融发展可以提高投资效率。如果前三个假设成立，那么，可以提出第四个假设，金融发展可以提高经济增长率。为了利用经验数据进行检验，笔者将上面的四个假设转换成对下面四个数据关系的检验：第一，金融储蓄率（一定范围的金融资产总量比 GNP）较高的国家，有较高的国内总储蓄率。第二，金融储蓄率较高的国家，也有较高的国内资本形成对国民生产总值比率。第三，金融储蓄率较高的国家，也有较高的产出/资本比率。第四，金融储蓄增长率较高的国家，也有较高的经济增长率。

利用国际货币基金组织《国际金融统计》和世界银行《世界发展报告》中的数据，笔者分析了 41 个有可比资料的国家 1960—1990 年的情况，研究发现，平均产出/资本比率与金融资产积累没有表现出明显的关系外，其他三个假设都得到了数据的支持。因为投资率（资本形成对国

民生产总值比率）同国内总储蓄率有相同的趋势，在同金融储蓄率的关系方面有相同的特征，而且因为本文分析重点是金融储蓄在提高国内储蓄水平方面的作用，而在总资本形成中，包括了利用国外资本的因素，所以，在此就不分析投资率同金融储蓄率的关系了。①

（一）金融储蓄率的比较

从大致分类来看，可以按照储蓄的来源将储蓄分为家庭部门的储蓄、企业部门的储蓄、政府部门的储蓄和国外储蓄。如按照储蓄的形式，则可以将储蓄分为实物储蓄与金融储蓄。

在下面的分析中，主要分析国内储蓄（Domestic Saving）同金融储蓄的关系。国内总储蓄的概念是指一个国家国内所能动员的储蓄总额，它等于国内生产总值减国内总消费，因此，国内储蓄中不包括一国总投资中外贸逆差构成的国外储蓄，但包括外贸顺差外流的国内储蓄。国内总储蓄率定义为国内总储蓄与国民生产总值的比率。

如果按形式划分，储蓄可以分为实物储蓄和金融储蓄。一般所分析的金融储蓄由流通中的现金、所有类型的存款（除去政府和银行间存款），以及在非银行机构内的存款构成。在低收入的发展中国家和大多数较高收入的发展中国家中，这一总量是公众可以得到的大部分金融资产。一般认为，根据通货膨胀进行了调整的或实际的 M3 可以作为金融储蓄总量。②

在下面的检验中，金融储蓄的总量定义为各国所有金融机构的流动性负债总额（Liquid Liability），该指标包括狭义货币、准货币和非银行金融机构的存款。因为无法得到各国非银行企业债券的长期的和可比较的资料（尤其对于发展中国家更是如此），流动性负债总额成为可以得到的范围最广的金融储蓄。另外，因为非银行企业发行债务后，吸收了

---

① 在世界银行《1989 年世界发展报告》中，对利率与产出/资本比率的关系进行了分析，发现在投资率相同的条件下，实际利率是正的国家经济增长率高于实际利率是负的国家。以此作为金融可提高投资效率的证明。参见世界银行：《1989 年世界发展报告》，第 33 页专栏附图 2.3。

② 参见世界银行：《1989 年世界发展报告》，第 156 页。

公众的货币，也必然表现为企业在银行和非银行金融机构中的存款的增加，所以一个国家流动性负债这一概念，也包括非银行企业发行的金融资产所吸收的储蓄。无法得到这一统计指标的国家，笔者取货币＋准货币为金融储蓄。这并没有影响数据的可比较性，因为，对于金融不发达的国家，非银行金融机构不发达，货币和准货币是最广泛的金融储蓄概念。因此，本文所定义的金融储蓄，主要反映通过金融机构所能动员的金融储蓄。在本文下面的检验中，定义金融储蓄率为流动负债比国民生产总值。笔者计算了41个国家（见表1中的国家加上沙特阿拉伯和塞浦路斯）1960—1991年金融储蓄率。

表1　　　　　　　　一些国家的国内储蓄率与金融储蓄率　　　　　　单位：%

| 国家 | 国内储蓄率 | | 金融储蓄率 | |
|---|---|---|---|---|
| | 1980 年 | 1990 年 | 1980 年 | 1990 年 |
| 澳大利亚 | 22 | 21 | 40.8 | 61.2 |
| 奥地利 | 27 | 27 | 77.6 | 90.6 |
| 比利时 | 18 | 24 | 56.9 | 61.2 |
| 加拿大 | 24 | 21 | 70.0 | 76.9 |
| 丹麦 | 17 | 23 | 46.1 | 63.4 |
| 芬兰 | 27 | 26 | 43.5 | 54.2 |
| 法国 | 21 | 22 | 74.8 | 64.9 |
| 德国 | 25 | 28 | 61.6 | 71.1 |
| 希腊 | 20 | 8 | 65.6 | 91.0 |
| 爱尔兰 | 15 | 29 | 66.1 | 53.5 |
| 意大利 | 22 | 21 | 86.6 | 82.0 |
| 日本 | 31 | 34 | 140.7 | 187.9 |
| 荷兰 | 21 | 26 | 70.3 | 85.6 |
| 新西兰 | 22 | 21 | 55.3 | 59.3 |
| 挪威 | 34 | 29 | 57.5 | 67.1 |
| 葡萄牙 | 11 | 21 | 111.6 | 73.8 |
| 西班牙 | 18 | 22 | 81.4 | 71.6 |
| 瑞典 | 19 | 21 | 56.8 | 48.7 |
| 瑞士 | 23 | 30 | 114.2 | 141.3 |

| 国家 | 国内储蓄率 | | 金融储蓄率 | |
|---|---|---|---|---|
| | 1980 年 | 1990 年 | 1980 年 | 1990 年 |
| 英国 | 19 | 17 | 32.3 | 96.6 |
| 美国 | 17 | 15 | 60.3 | 67.0 |
| 中国 | 30 | 43 | 37.2 | 86.4 |
| 印度 | 20 | 20 | 88.9 | 79.9 |
| 印度尼西亚 | 30 | 37 | 17.7 | 45.1 |
| 韩国 | 23 | 37 | 37.1 | 56.9 |
| 马来西亚 | 32 | 33 | 80.4 | 126.9 |
| 巴基斯坦 | 6 | 12 | 39.0 | 38.0 |
| 菲律宾 | 25 | 16 | 25.6 | 36.8 |
| 斯里兰卡 | 14 | 15 | 39.7 | 35.9 |
| 新加坡 | 30 | 45 | 84.7 | 127.3 |
| 泰国 | 22 | 34 | 48.3 | 80.6 |
| 埃及 | 16 | 10 | 60.1 | 104.6 |
| 叙利亚 | 10 | 14 | 46.9 | 51.3 |
| 土耳其 | 13 | 18 | 21.3 | 25.0 |
| 委内瑞拉 | 32 | 29 | 54.6 | 42.2 |
| 尼日利亚 | 28 | 29 | 28.9 | 24.1 |
| 南非 | 37 | 25 | 55.9 | 61.2 |
| 突尼斯 | 25 | 19 | 46.2 | 49.7 |
| 赞比亚 | 18 | 17 | 28.3 | 44.8 |

资料来源：1980 年国内储蓄率：世界银行《1982 年世界发展报告》。

1990 年国内储蓄率：世界银行《1992 年世界发展报告》。

金融储蓄率：根据国际货币基金组织《国际金融统计年报（1991）》计算中国的金融储蓄率：根据《中国金融年鉴（1992 年）》第451 页和第624 页数据计算。

数据表明了以下几点：

第一，在 1960—1990 年，除比利时、爱尔兰、新西兰、葡萄牙、瑞典、巴基斯坦、土耳其外，其余国家的金融储蓄率都不同程度地提高了。发展中国家提高的幅度大于发达国家。

第二，发达国家的金融储蓄率的一般水平比发展中国家高。1970年，在 21 个发达国家中，金融储蓄率低于 50% 的有 6 个国家，在 20 个发展中国家中，金融储蓄率低于 50% 的有 16 个国家。1990 年，除瑞典的金融储蓄率是 48.66% 之外，20 个发达国家的金融储蓄率都在 50% 以上。而在 20 个发展中国家中，低于 50% 的仍有 9 个国家。

第三，根据流动负债总量比国民生产总值所计算的金融储蓄率，一般不超过 100%。在 41 个国家中，1990 年该比率超过 100% 的只有 4 个国家。

（二）金融储蓄率与国内储蓄率的相关性

表 1 是 39 个国家 1980 年和 1990 年两个年度的国内储蓄率和金融储蓄率。

从表中的数据可见，国内储蓄率较高的国家，金融储蓄率也是较高的。1980 年和 1990 年两年，国内储蓄率都超过 20% 的国家有 21 个。这些国家是澳大利亚、奥地利、加拿大、芬兰、德国、意大利、日本、荷兰、新西兰、挪威、瑞士、中国、印度、印度尼西亚、韩国、马来西亚、新加坡、泰国、委内瑞拉、尼日利亚和南非。1980 年，这些国家中，金融储蓄率没有超过 50% 的有澳大利亚、芬兰、中国、印度尼西亚、韩国、泰国和尼日利亚，1990 年，只有印度尼西亚、委内瑞拉和尼日利亚 3 个国家没有超过 50%。

从以上分析可以得出这样一个初步的结论，只有对发展中国家来说，金融储蓄率越高，国内储蓄率才越高，发达国家并不存在这一关系。为什么呢？如果比较一下金融储蓄率就会发现，在发达国家之间，这一比率一般不存在太大的差别，只有日本和瑞士大大高于其他国家，其他国家基本在 50% 到 80% 之间。而在发展中国家间差距比较大，以 1990 年为例，比率高的国家是：新加坡 127%、马来西亚 126%、中国 86.47%、印度 79%、泰国 80%、埃及 104%，而比率低的尼日利亚 24%。比率在 25% 至 50% 的有 9 个国家。可以说，金融储蓄率同国内储蓄率之间的正向相关趋势，对发达国家和发展中国家混合样本和对发展中国家分组样本成立，这一点表明，金融资产的积累促进国民储蓄是在一定阶段内成立的，当金融储蓄率低于 50% 时，加快金融资产的积累，会有助于国内储蓄提高。当金融储蓄率达到 50% 以上后，对国内储蓄率的影响就不明显了。其他影响储蓄的因素决定了国家间国内储蓄率的差别。

（三）金融储蓄增长率同经济增长率的相关性

同样，笔者利用国际货币基金组织《国际金融统计》资料，分析了包括21个发达国家和20个发展中国家在内的41个国家的金融储蓄增长率同经济增长率的关系。这里，金融储蓄增长率是以一国的流动负债总量的增长率作为代表，经济增长率则以国民生产总值增长率作为代表。笔者检验了1960—1990年41个国家的金融储蓄增长率同国民生产总值增长率之间的相关关系，对两个总量的实际增长率和名义增长率之间的关系，以及实际增长率和名义增长率之间的交叉关系，作了最小二乘回归分析。发现在名义国民生产总值增长率与名义金融储蓄增长率之间，存在相关关系，在实际国民生产总值增长率与实际金融储蓄增长率之间也存在相关关系，可以得到通过显著性检验的回归方程。在名义国民生产总值增长率与实际金融储蓄增长率和实际国民生产总值增长率与名义金融储蓄增长率之间，不存在相关关系。笔者将30年分为四个时期间隔，以验证相关关系的稳定性。

设以下符号代表各个时期的变量增长率：

$GR$：名义国民生产总值平均年增长率

$RGR$：实际国民生产总值平均年增长率

$LR$：名义金融储蓄平均年增长率

$RLR$：实际金融储蓄平均年增长率

利用最小二乘法（OLS）所得到的回归方程结果如表2a、表2b所示。

**表2a　　名义国民生产总值增长率与名义金融储蓄增长率回归结果**

| 被解释变量：$GRi$ | | | | | | | | |
|---|---|---|---|---|---|---|---|---|
| 时期 | $C$ | $t$ | $\alpha$ | $t$ | $R^2$ | $D-W$ | $S.E.$ | $n$ |
| 1960—1970年 | 3.956 | 6.220 | 0.477 | 10.783 | 0.779 | 1.772 | 1.759 | 35 |
| 1970—1980年 | 2.373 | 2.418 | 0.749 | 14.494 | 0.850 | 2.479 | 2.094 | 39 |
| 1980—1990年 | 3.002 | 2.437 | 0.632 | 8.557 | 0.664 | 1.539 | 3.132 | 39 |
| 1970—1990年 | … | … | 0.872 | 43.350 | 0.874 | 2.382 | 2.382 | 41 |

注：方程：$GRi = C + \alpha LRi + u$

1970—1990年的方程是：$GRi = \alpha LRi + u$

$i$ 表示国家；$n$ 是样本数（国家数）。

**表 2b**　　　　实际国民生产总值增长率与实际金融储蓄增长率回归结果

| 被解释变量：$RGRi$ | | | | | | | | |
|---|---|---|---|---|---|---|---|---|
| 时期 | $C$ | $t$ | $\alpha$ | $t$ | $R^2$ | $D-W$ | $S.E.$ | $n$ |
| 1960—1970 年 | 3.470 | 6.231 | 0.263 | 4.230 | 0.359 | 1.447 | 1.517 | 35 |
| 1970—1980 年 | 1.420 | 4.080 | 0.494 | 10.882 | 0.762 | 2.094 | 1.201 | 39 |
| 1980—1990 年 | 1.081 | 2.850 | 0.393 | 7.262 | 0.588 | 2.067 | 1.624 | 39 |
| 1970—1990 年 | 1.275 | 3.852 | 0.456 | 9.456 | 0.696 | 1.951 | 1.112 | 41 |

注：方程：$RGRi = C + \alpha RLRi + u$

$i$ 表示国家；$n$ 是样本数（国家数）。

分析表中的结果可以看出，对于名义国民生产总值增长率与名义金融储蓄增长率的回归方程来讲，1980—1990 年的方程的 $R^2$ 比较低，对于实际国民生产总值增长率与实际金融储蓄增长率的回归方程来讲，1960—1970 年和 1980—1990 年的方程的 $R^2$ 比较低，尤其是 1960—1970 年，仅为 0.359，说明方程没有解释效力。

从系数的显著性来看，如取显著性水平是 0.95，$n$ 是 32 的方程的 $t$ 值是 1.697，$n$ 是 42 的方程的 $t$ 值是 1.684，我们的方程的样本数是 35，39 和 41，只要 $t$ 统计量大于 1.697 就可以通过显著性检验。可见，所有系数都能通过 95% 水平上的显著性检验，即系数是有效的。

从 $D-W$ 检验来看，如果 $D-W$ 统计值在 $du$ 和 $4-du$ 之间，则不存在自相关。$D-W$ 统计检验标准是，$n$ 为 35 时，$du$ 是 1.52，$4-du$ 是 2.48，$n$ 为 39 和 40 时，$du$ 是 1.54，$4-du$ 是 2.46，$n$ 为 45 时，$du$ 是 1.57，$4-du$ 是 2.43。可见，只有实际增长率的 1960—1970 年方程的 $D-W$ 处于不确定区域，其余方程都不存在自相关问题。[1]

从回归结果可以得出结论，金融储蓄增长率同国民生产总值增长率之间存在着相关关系。除 1970—1990 年名义金融储蓄同名义国民生产总值的方程的 $C$ 的值没有通过显著性检验外，其他值都能够通过显著性检验。这说明，经济增长有独立于金融储蓄增长的自发趋势，这是由其他经济因素所决定的。这也是符合理论分析与实际情况的。名义国民生产

---

① 周复恭，黄运成. 应用线性回归分析 [M]. 北京：中国人民大学出版社，1989：302.

总值增长率的自发趋势是 2 个 ~ 4 个百分点，实际国民生产总值增长率的自发趋势是 1 个 ~ 1.5 个百分点。

从解释变量的系数看，名义增长率之间的系数比较高，最高的是 1970—1990 年的 0.872，最低是的 1960—1970 年的 0.477。实际增长率之间的系数相对低，最高的是 1970—1980 年的 0.494，最低的是 1960—1970 年的 0.263。如果以 1970—1990 年的系数值作为代表，可以说，名义增长率的系数关系是 0.872，标准差是 0.02（0.872/43.35），实际增长率的系数关系是 0.456，标准差是 0.05（0.456/9.456）。如果取系数回归值的一个标准差作为区间估计，那么，从 41 个国家平均来讲，名义金融储蓄增长 1 个百分点，名义国民生产总值增长 0.85 个至 0.87 个百分点；实际金融储蓄增长 1 个百分点，实际国民生产总值增长 0.41 个至 0.51 个百分点。实际金融资产的积累，可以说明近 50% 的实际经济增长。

以上，我们从理论上分析了金融储蓄同国内总储蓄和经济增长之间的关系，并从实证分析上证明了在金融储蓄与国内总储蓄和经济增长之间存在相关关系。无疑，促进金融储蓄的增长，有助于提高总储蓄水平，从而有利于经济增长。影响金融储蓄的因素很多，如收入水平、金融机构的发展程度、利率水平等。分析表明，人均收入水平越高，金融储蓄率越高，实际存款利率越高，金融储蓄增长率也越高。人均收入水平的提高是金融发展的必要条件，而发展金融部门，充分利用利率手段，是促进金融储蓄的主要政策工具。

# 货币量对国民生产总值比率的
# 理论分析与验证[①]

**【内容简介】** 货币量对国民生产总值比率的水平及其变化，在一定程度上反映了一国经济货币化的程度和宏观货币需求。本文在理论分析的基础上，计算了 21 个发达国家和 20 个发展中国家 1960—1990 年的狭义货币量和准货币量对国民生产总值（GNP）的比率，分析了这一比率的变化，并对发达国家和发展中国家之间的差别进行了横向比较。

根据研究发现，狭义货币量对国民生产总值的比率是稳定的，在发达国家和发展中国家之间没有显著的差异；而准货币量更具资产的性质，在发达国家和发展中国家之间，准货币量对国民生产总值比率有显著的差异。在经济发展中，准货币量对国民生产总值的比率是上升的。当经济发达之后，这一比率会趋于稳定。

在货币需求理论的分析中，关于货币量对国民收入的比率分析，占有很重要的地位。货币量对国民收入比率的水平及其变化，在一定程度上反映一国经济货币化的程度和宏观货币需求。对货币理论中关于货币量对国民收入比率的理论观点进行分析和验证，有助于我们了解货币化水平和货币需求发展的一般规律。本文拟对这方面的理论进行分析和验证。

## 一、关于货币量对国民生产总值比率的理论分析

在货币理论中，剑桥学派货币需求理论和凯恩斯的流动偏好理论，

---

① 本文写于 1994 年 3 月。

分析了货币对国民收入比率问题。

（一）剑桥学派的理论

马歇尔是剑桥学派的创始人，他认为，人们以实物形式持有财富可以称为"实物余额"，而根据实物余额相对应所持有货币数量，可以称为"现金余额"。在现金余额和实物余额之间，有一定的比例。这一理论观点，被庇古发展成为货币数量论的"现金余额数量论"。因为他们是剑桥学派的代表人物，他们所提出的货币需求量方程式，也被称为剑桥方程式。

为了使购买行为能够同销售行为分开，必须有一种在交换中每一个人都可以接受的作为"一般购买力"的东西。货币的这一性质是交易方程式所强调的。但是，也要有某种东西可以作为销售与购买相隔期间的购买力的"暂息所"。货币的这一性质是现金余额方程式所强调的。

人们或企业愿意持有多少货币作为购买力的"暂息所"？剑桥方程式正是从解释这一问题出发的。剑桥方程式假定，人们或企业所持有的货币数量同收入有一定的关系，因为收入可以作为潜在的购买量。这样，可以得到以下剑桥方程式：

$$M = kPNy = kPy' \qquad (1)$$

式中，$M$ 表示货币量、$P$ 表示价格指数、$N$ 表示人口数量、$y$ 表示不变价格的人均收入、$y' = Ny$ 表示不变价格的国民收入，$k$ 是货币存量对收入的比例。这一比率是可以观察到的比例，这样计算的比例使方程式（1）成为一个恒等式；也可以是"期望"的比例，这样，$M$ 是"期望"的货币量，这一数量不必同实际量相等。无论是实际的比例还是"期望"的比例，$k$ 在数量上都等于费雪方程式中货币流通速度 $V$ 的倒数。但它表明交易论所强调的货币性质和现金余额论所强调的性质之间的鲜明区别。这一区别自然导致有不同的货币定义，并导致强调不同的影响货币需求的变量和分析方法。[①]

_____

① 弗里德曼和舒尔茨. 美国和英国货币趋势 ［M］. 芝加哥：芝加哥大学出版社，1982：24，52.

交易论根据在支付中是否作为交换中介来定义货币。由于强调货币作为购买力"暂息所"的职能，现金余额论认为，可以将一些价值贮藏的手段如活期存款、定期存款和不可开转账支票的存款包括在货币中。

由于对货币作用的解释不同，对于决定货币需求量的因素的解释也不同。交易论强调支付过程，因而，交易论强调支付习惯、影响交易的金融和经济协定、通信和交通的速度等因素，因为这些因素影响进行支付所需要的时间。现金余额论强调货币在资产组合中的作用，因而强调一些影响持有货币而不是其他资产的成本和收益，以及未来的不确定性等因素。

同费雪方程式相比，剑桥方程式更易于利用一般的马歇尔需求——供给方法进行货币需求分析。方程式（1）可以作为货币需求方程，$P$、$N$和 $y$ 等右边的三个变量，是货币需求所依赖的变量，$k$ 代表所有其他变量，所以 $k$ 不被看作常量，而是其他变量的函数。在分析供给与需求的均衡时，还要求将货币供给表示为其他变量的函数。因而，价格水平或名义收入水平是需求与供给函数相互作用的结果。

（二）凯恩斯的流动偏好理论

凯恩斯的流动偏好理论进一步强调货币可作为一种资产。尽管严格地遵循剑桥现金余额论传统，但在强调货币是一种资产方面，凯恩斯要更为明确，他明确强调利息是持有货币的机会成本。

凯恩斯认为，货币需求量可以分为两部分。一部分是 M1，主要是为满足"交易和谨慎的动机"；另一部分是 M2，主要是为满足投机动机。他认为 M1 同收入保持大约不变的比率。他认为对 M2 的短期需求来自对将来预期利率的不确定性，货币需求量取决于现期利率和将来预期利率的关系。当然，凯恩斯强调一系列利率，然而，为简便起见，他只用"利率"一词，通常指破产风险最小的长期证券的利率，例如，政府债券利率。

如果利用所使用的符号来表示凯恩斯的理论，可以把他的货币需求方程表示为：

$$M/P = M1/P + M2/P$$
$$= k_1 y' + f(R - R_e, R_e) \tag{2}$$

式中，$R$ 是现期利率，$R_e$ 是预期利率，$k_1$ 是类似于收入货币流通速度的倒数，是由支付过程决定的，因此，至少在短期内是不变的。现期利率 $R$ 是一个观测到的量，对所有货币持有人都是一样的。预期利率 $R_e$ 是不可观测的，每个持有者都有不同的预期。可以将其解释为概率分布的均值，而不是可以确定预期的单值。对于一个总量方程，$R$ 应该严格地作为一个矢量，而不是一个常数。尽管我们在方程中引入了 $P$，以同前面的方程一致，但凯恩斯假定价格 $P$（或更精确地讲是工资率）是常数。①

另外，在货币需求理论研究方面，现代货币主义学者们进行了大量的研究，他们不仅在理论分析上使我们对货币的认识前进了一步，在实证分析方面，也开拓了许多分析方法。

货币主义者更加强调货币是金融资产的一部分，人们对货币的需求，是同人们的财富水平、收入水平相关的，货币需求量决定于人们对全部财富组合的调整。

货币主义者分析的是最终财富持有者对货币的需求。他们认为，对最终财富持有者来讲，对实际货币的需求是下列变量的函数。（1）财富总量；（2）人力资本和非人力资本的区分；（3）货币和其他资产的预期收益；（4）货币相对其他资产所具有的效用。根据现代货币主义的货币需求分析，可以建立一个货币需求方程，如果这个方程是对数形式的话，收入项的系数表示的是货币需求的收入弹性，而不是货币需求量对收入的比率。在他们的分析中，不强调货币存量对收入的比率。

## 二、货币量对国民生产总值比率的国际比较

从以上的分析中可以看出，根据剑桥学派的理论观点，货币不仅是一种交易中介，而且是一种资产，在人们的财富总量中，有一部分是以货币形式持有的。在一定时期内，人们所持有的货币余额对其财富总量

---

① 弗里德曼和舒尔茨. 美国和英国货币趋势［M］. 芝加哥：芝加哥大学出版社，1982：24，52.

的比率是稳定的。作为假定，如以收入作为财富的代表，根据剑桥学派的理论，货币余额与收入之间就会保持一个稳定的比率。

另外，在凯恩斯的理论分析中，把货币需求动机分为交易动机、谨慎动机和投机动机。他认为，货币需求量可以分为两部分，一部分是M1，主要是为了满足"交易和谨慎的动机"，另一部分是 M2，主要是为了满足投机动机。他认为，M1 是收入大约不变的一部分。而 M2 则受更多变量的影响，如受利率的影响。

为了对这一观点进行验证，必须对较长一段时期内较大数量的国家的实际情况进行分析比较。因为国民生产总值的统计口径更具有国际可比性，在下面的检验中，将用国民生产总值代替理论分析中的国民收入，这也是一般计量验证的做法。我们可以提出三个假设：第一，狭义货币量对国民生产总值的比率是否保持相对稳定？第二，准货币量对国民生产总值的比率是否保持稳定？第三，在发达国家与发展中国家之间狭义货币量和准货币量对国民生产总值的比率有无显著的差异？

为了使分析更有一般性，按照国际货币基金组织《国际金融统计》中的可比较口径，本文计算了 21 个发达国家和 20 个发展中国家 1960—1990 年的狭义货币量和准货币量对国民生产总值（GNP）的比率，分析了这一比率的变化，并对发达国家和发展中国家之间的差别进行了横向的比较。在该统计中，狭义货币量的统计范围基本上是各国的流通中的现金和商业银行中的活期存款，准货币量的统计范围则包括了商业银行的定期存款，以及一些金融机构的定期存款和储蓄存款。

（一）狭义货币量对国民生产总值比率的比较分析

表 1 是对 21 个发达国家和 20 个发展中国家的狭义货币名义货币量对当年名义国民生产总值的比率所作的分析。

如果我们按该比率变化幅度 5% 作为划分标准，比率提高 5% 的国家作为比率上升的国家，比率下降 5% 的国家作为比率下降的国家，变化幅度在 5% 以内的国家作为比率稳定的国家，并将比率划分为 10% 以下、10%～20%、20%～30%、30% 以上四个区间，可以得到这 41 个国家的狭义货币量对国民生产总值比率的分布表（见表 1）。

**表 1　　1960—1990 年 41 个国家狭义货币量对国民生产总值比率分布**

| 比率 | 全部国家 | 发达国家 | 发展中国家 |
|---|---|---|---|
| 1960—1990 年 | | | |
| 上升 | 8 | 4 | 4 |
| 稳定 | 25 | 12 * | 13 |
| 下降 | 8 | 5 | 3 |
| 1990 年 | | | |
| 10% 以下 | 5 | 2 | 3 |
| 10% ~20% | 15 | 7 | 8 |
| 20% ~30% | 13 | 7 | 6 |
| 30% 以上 | 8 | 5 | 3 |

注：＊丹麦和德国：1960—1985 年；澳大利亚、奥地利、法国：1970—1990 年。

分析表 1 可以得出以下几点结论：

第一，在样本期间内，狭义货币量对国民生产总值的比率，基本上保持不变。如果比较 1960—1990 年的数据，比率上升的国家就只有 8 个，比率下降的国家有 8 个，而比率稳定的国家有 25 个。

第二，该比率的范围基本在 10% ~30%，其中以 10% ~20% 的国家为最多。以 1990 年为例，比率在 10% 以下的国家有 5 个，比率在 10% ~20% 的国家有 15 个，比率在 20% ~30% 的国家有 13 个，比率在 30% 以上的国家有 8 个。

第三，该比率在发达国家和发展中国家之间没有显著的差异。在发达国家，以 1990 年为例，比率在 10% 以下的有 2 个，比率在 10% ~20% 的有 7 个，比率在 20% ~30% 的有 7 个，30% 以上的有 5 个。而发展中国家的情况是，10% 以下的有 3 个，10% ~20% 的有 8 个，20% ~30% 的有 6 个，30% 以上的有 3 个。无论是发达国家还是发展中国家，比率在 10% ~30% 的国家都占大多数。

第四，在发达国家中，比率上升或下降的幅度都不很大，除葡萄牙之外，基本上是在 10% 左右。在发达国家中，比率上升的基本上是一些相对落后的国家，如意大利和新西兰。在发展中国家中，比率上升的基本上是原来货币化程度相对不高的国家，如中国、沙特阿拉伯、叙利亚和赞比亚。

从以上的比较中可以看出大致的趋势，这种趋势同理论上的假设，即货币量对收入的比率是基本稳定的假设是吻合的。因为样本国包括了绝大多数有一定经济规模的国家，这种分析的结论是有参考意义的。

（二）准货币量对国民生产总值比率的比较分析

准货币量与国民生产总值的比率有什么特征呢？表2是对41个国家准货币的名义货币量对当年的名义国民生产总值的比率。

同样，如果我们按该比率变化幅度5%作为划分标准，比率提高5%的国家作为比率上升的国家，比率下降5%的国家作为比率下降的国家，变化幅度在5%以内的国家作为比率稳定的国家，并将比率划分为10%以下、10%～30%、30%～50%、50%以上（1960年是30%以上）四个区间，则可以得到这41个国家准货币量对国民生产总值比率的分布情况（见表2）。

表2　　1960—1990年41个国家准货币量对国民生产总值比率分布

| 比率 | 全部国家 | 发达国家 | 发展中国家 |
|---|---|---|---|
| 1960—1990 年 | | | |
| 上升 | 35 | 16 | 19 |
| 稳定 | 6 | 5 * | 1 |
| 下降 | 0 | 0 | 0 |
| 1960 年 | | | |
| 10% 以下 | 20 | 3 | 17 |
| 10%～30% | 12 | 9 | 3 |
| 30% 以上 | 9 | 9 | 0 |
| 1990 年 | | | |
| 10% 以下 | 2 | 0 | 2 |
| 10%～30% | 11 | 2 | 9 |
| 30%～50% | 18 | 13 | 5 |
| 50% 以上 | 10 | 6 | 4 |

注：＊法国：1970—1990年的情况。

分析表 2 的数据可以得出以下几点结论。

第一，准货币量对国民生产总值的比率在长期中有上升的趋势。在 1960—1990 年，41 个国家中有 35 个国家的比率是上升的，比率基本稳定的国家有 6 个。

第二，从 1990 年的数字统计看，该比率的范围分布是，在 10% 以下的有 2 个国家，在 10% ~ 30% 的国家有 11 个，30% ~ 50% 的国家有 18 个，50% 以上的国家有 10 个。30% ~ 50% 的国家比重最高。

第三，在发达国家和发展中国家之间，准货币量对国民生产总值比率有显著的差异。以 1990 年为例，从发达国家情况看，没有一个国家的比率低于 10%，比率在 10% ~ 30% 之间的国家只有 2 个，30% ~ 50% 的国家有 13 个，50% 以上的国家有 6 个。而发展中国家中有 2 个国家的比率低于 10%，10% ~ 30% 的国家有 9 个，30% ~ 50% 的国家有 5 个，50% 以上的国家有 4 个，这 4 个国家是新加坡、泰国、埃及和塞浦路斯。大多数发达国家的比率在 30% ~ 50%，而大多数发展中国家的比率在 10% ~ 30%，与发达国家平均相差 20 个百分点。

第四，如果比较该比率的变化情况，则可以看出，发达国家的变化幅度是较小的，而发展中国家的变化幅度是较大的。1960 年，在 21 个发达国家中，有 9 个国家的比率是在 10% ~ 30%，9 个国家在 30% 以上。1960 年，在 20 个发展中国家中，只有 3 个国家达到 10% 以上，17 个国家都在 10% 以下。1990 年，在 21 个发达国家中，比率在 30% 以上的国家有 19 个，而在 20 个发展中国家中，比率在 10% ~ 30% 的有 9 个国家，只有 9 个国家在 30% 以上，已经达到当前大多数发达国家所具有的水平了。这些国家是中国、印度、印度尼西亚、韩国、马来西亚、新加坡、泰国、埃及、塞浦路斯。一部分发展中国家还处于发达国家在 20 世纪 60 年代的水平。

由此看来，准货币量对国民生产总值的比率是在经济发展过程中增加的，但当到达一定水平，基本上是 30% 以上的水平后，其增长趋势将减缓。

根据以上分析，我们可以认为，狭义货币更多地用于交易，该层次的货币量与收入的比率是稳定的；而准货币量更具有资产的性质，在经济发展中，准货币量对收入的比率是上升的。但可以认为，当经济发达之后，这一比率会趋于稳定。剑桥学派和凯恩斯的理论假设，只对狭义货币来讲是成立的，对准货币来讲，只有对发达的经济体才成立。

应当承认，本文所作的数据分析和比较只是粗略的。不过，因为分析中包括主要的发达国家和发展中国家，数据时间范围跨越了 30 年，从比较分析中所发现的现象，在一定程度上反映了货币对国民生产总值比率的一般水平及其历史变化规律。

# 坚持适度的货币供给[①]

【内容简介】本文认为，保持币值稳定的关键，就是保持适度的货币供给。通过对 1988—1989 年和 1993—1994 年的严重通货膨胀的分析，可以看出，凡是连续出现较高的货币供给增长率之后，必然伴随着较高的通货膨胀率；控制住货币供给增长率，有利于控制通货膨胀。文章还提出，不能混淆货币与资金的区别，不能靠大量发行货币来解决经济发展中的资金短缺问题。要根据"潜在的国民生产总值"增长率和通货膨胀控制目标来确定货币供给增长率。无论从短期控制通货膨胀的目标来看，还是从长期保持稳定的经济增长来看，保持一个稳定的适度的货币供给增长率，是中央银行的基本政策。

根据《中华人民共和国中国人民银行法》规定，我国货币政策的目标是保持货币币值的稳定，并以此促进经济的增长，而保持币值稳定的关键，就是保持适度的货币供给。

首先，从近几年的情况看，凡是连续出现较高的货币供给增长率之后，必然伴随着较高的通货膨胀率。比如，1988 年和 1989 年，M2 的增长率是 21.0%、18.3%，同期，全国零售物价总指数的年增长率是 18.5%、17.8%。1991—1994 年，M2 的增长率是 26.52%、31.27%、24.0% 和 34.4%，同期，全国零售物价总指数的年增长率分别是 2.9%、5.4%、13.2% 和 21.7%。1993 年和 1994 年的通货膨胀与前几年的货币过度供给是有联系的。

其次，1995 年控制通货膨胀的经验也表明，控制住货币供给的增长

① 本文原载于 1995 年 10 月《金融研究报告》，1995 年第 34 期，总第 358 期。

率，有利于控制通货膨胀。1995 年 M1 的年增长率已经从第一季度的 27.9% 降到第二季度的 21.2%，同期，通货膨胀率已从年初的 21.2% 降至 6 月的 16%。事实证明，只要中央银行保持适度的货币供给，就会起到釜底抽薪的作用，通货膨胀是不可能持续的。

最近，各方面要求放松银根的呼声又起，一方面是一些企业感到资金紧张，有的甚至出现正常生产难以为继的局面；另一方面，有些同志从宏观经济层次上分析，认为我国目前许多生产资料和劳动力都还没有充分利用起来，也就是说，经济还没有达到"充分就业水平"，因此，应该加大货币供给，扩大信贷，增加政府的借债规模，通过充分利用闲置的人力、物力，加大基础产业投资力度，就会促进经济更快的发展，降低通货膨胀。这两种认识都是值得商讨的。

的确，我国仍然是一个发展中国家，实现经济的快速发展是一个迫切的任务，而资金短缺是制约投资的一个因素。但是，我们能不能靠大量发行货币来解决经济发展中的资金短缺问题呢？回答是否定的。这种认识的根本错误是混淆了货币与资金的区别。货币的职能是作为价值尺度、交换中介、支付手段和价值储藏手段，银行体系发行更多的货币，只是为社会提供了更多的交换手段和支付手段，用于社会新创造的商品的交换，从而实现价值，包括资本品的流通和价值实现。货币资本是货币形态的资本，是同生产过程中的生产资本和商品资本形态相联系的。货币资本的循环过程是 $G - W \cdots P \cdots W' - G'$。在这个公式中，$G$ 表示货币，$W$ 表示货币资本，$P$ 表示生产过程，虚线表示流通过程的中断，$W'$ 和 $G'$ 表示由剩余价值增大了的 $W$ 和 $G$。可见，货币资本首先表现为资本的预付形式，而后表现为包含有剩余价值的商品的价值实现的结果。如果没有生产过程的顺利完成，如果生产出来的商品价值不能实现，也就没有货币资本的正常循环。银行发行再多的货币，也不可能使无用的商品实现价值。

现在，一些企业感到资金紧张，但这并不意味作为价值尺度、交换中介和支付手段的货币太少了，以至于不足以衡量社会所创造的总价值，媒介社会的商品流通，实现社会所创造的商品价值，而是由于生产的商品不适应市场的需要，使产成品大量压库，使资金的流通过程中断，商品资金不能及时地转化为货币资金。据有关部门统计，目前，全国工业企业产成品资金占用近 4300 亿元，应收未收账款高达 7300 亿元。至 1995 年 6 月末，M1 的企业活期存款余额是 14414 亿元，从中减去机关团体存款和农村存款后，企业的活期存款约有 12000 亿元，这可以近似地代表企业的支付能力和可周转的资金，显然，企业不可以周转的资金与可以周转的资金之比，已经接近于 1:1 了。另外，近几年全国的平均货币流通速度一直在减慢。1986 年，我国的国内生产总值是 9687.6 亿元，M2 是 6721 亿元，货币流通速度是 1.441。到 1994 年，国内生产总值是 43800 亿元，M2 是 46933.3 亿元，货币流通速度是 0.933。这就是说，为实现 10 元的国内生产总值，现在要比 1986 年多用约 4 元的货币流通量。资金短缺的原因，不是货币存量太小，而是周转太慢。个别企业资金周转不灵，还会影响其他企业的资金周转，形成连锁式的资金短缺。对这类企业投入多少资金，也只会变成无用的库存。只要适应市场需要，生产适销对路的商品，使资金周转加快，资金短缺的问题就会得到缓解。

至于我国目前是否处于非充分就业状态，也需要进行分析。为回答这一问题，首先要搞明白什么是充分就业。充分就业并不是指一个国家的所有资源都已经开发，所有的劳动力都在工作，充分就业水平的确定取决于一个国家在一定时点上的现有生产能力。仍然有矿藏没有被开发，有农村剩余劳动力没有成为工人，并不能说明我们还没有实现充分就业。根据经济学的一般定义，可以用"潜在的国民生产总值"来代表充分就业情况下的国民生产总值。这种"潜在的国民生产总值"可以用一段时期内的国民生产总值的实际水平来代表。一般来讲，实际经济增长率是受实物资本存量、人力资本、技术水平等因素决定的，不是由人们的主观愿望所任意确定的。适度的货币供给增长率，必须以一定时期内的实际经济增长率为基础，如果货币供给的增长率持续超过实际经济增长率，经济最终会达到它的充分就业水平，当达到充分就业水平状态时，货币供给的增长率持续超过实际经济增长率，必然引起通货膨胀，最终，经济的实际增长率加上通货膨胀率会接近名义货币供给增长率。可以说，是否出现了通货膨胀，是检验是否达到充分就业状态的一个标志。我国已经连续两年出现高通货膨胀率了，怎么能说我国还没有达到充分就业呢？

1980年以来，我国的实际国民生产总值平均年增长率接近9.7%，可以说，这代表了我国"潜在的国民生产总值"增长的趋势。1995年，我们的通货膨胀率控制目标是15%，所确定的货币供给量M2增长率在23%~25%，这一增长率水平，相对于过去接近30%的增长率而言是"从紧的"，但相对于长期的经济实际增长率而言，还是偏松的。1995年1—8月平均零售物价与上年同期相比涨幅为17.2%，距全年调控目标15%仍有较大差距。随着通货膨胀率的降低，我们不是要放松货币供给，而是还要向适度的水平下调货币供给增长率。无论从短期控制通货膨胀的目标来看，还是从长期保持稳定的经济增长来看，保持一个稳定的适度的货币供给增长率，保证币值的稳定，并以此促进经济的稳定增长，是中央银行的基本政策。

# 回眸 2003:
# 灵活的工具，有效的操作<sup>①</sup>

【内容简介】本文是以访谈形式发表的文章。中央银行的公开市场操作是货币政策主要工具之一。2003 年，为控制货币供应量和信贷的过快增长，中国人民银行采取了一系列政策措施，并取得了显著成效。其中，每周进行的公开市场操作都会引起市场的关注，调控作用越来越明显。本文介绍了什么是公开市场操作、人民银行的公开市场操作是怎样进行的、公开市场操作发挥作用的机制，以及在 2003 年公开市场操作的成效和特点，对社会公众理解中央银行的货币政策，起到了答疑解惑的作用。

2003 年，为控制货币供应量和信贷的过快增长，央行采取了一系列政策措施，取得了显著成效。其中，每周进行的公开市场操作，都会引起市场的关注，调控作用越来越明显。什么是央行的公开市场操作？央行的公开市场操作是怎样进行的？过去的一年中的公开市场操作成效如何？2004 年会面临什么问题？如何通过观察公开市场操作了解货币政策意图？就这些问题，《财经时报》对履新不久的央行研究局局长穆怀朋进行了一次专访。

《财经时报》：我们注意到，1998 年以来，中央银行越来越多地使用间接手段进行宏观金融调控。要实现一定的货币政策目标，央行就需要运用一些货币政策工具。目前中国的货币政策工具主要有哪些？您认为最为有效的是哪几种？

---

① 本文原载于 2004 年 1 月 17 日《财经时报》。

**穆怀朋：** 政策工具是一种形象的比喻，其实指的是为实现货币政策目标所采取的措施、制定的规定、从事的业务操作等。有句话叫"工欲善其事，必先利其器"，为进行有效的宏观金融调控，中央银行也必须掌握一些政策工具。自从 1984 年人民银行独立行使中央银行职能以来，经过近 20 年的探索、选择，目前的货币政策工具主要有 5 种，即公开市场操作、再贴现及再贷款、法定存款准备金、利率、信贷政策等。1998 年取消商业银行的贷款规模管理以后，央行最有效、最重要的货币政策工具就是公开市场操作，其已经成为央行一种日常性业务。其次是法定存款准备金和利率管理。法定存款准备金率不经常变动，它是一种制度变量，不变则已，一变惊人。2003 年法定存款准备金率从 6% 调到 7%，只调了一个百分点，意在温和调整，但市场的反应是有目共睹的。目前管理的利率种类有 34 种，不过对金融资产的覆盖面是很广的，特别是央行的基准利率的调整，对市场会产生很大的影响。比如 12 月下调了商业银行超额存款准备金利率。受管理的利率也是个制度变量，不会定期调整。

**《财经时报》：** 请您介绍一下公开市场操作是什么时候开始的？

**穆怀朋：** 我国的央行公开市场操作始于 1996 年。但是当年仅做了几笔交易，交易量仅 20 多亿元。1997 年实际上停止了公开市场操作，主要原因是缺乏市场基础条件。1998 年 1 月取消了贷款规模管理，标志着宏观调控从直接调控向间接调控转变。同年 3 月改革存款准备金制度，将法定存款准备金账户和备付金账户合二为一。1998 年 5 月 26 日，正式恢复公开市场操作。从那时起，货币市场取得了长足的发展，公开市场操作也一直没有停过。

**《财经时报》：** 公开市场操作是一个专业名词，也是央行一项很具体的业务，您能不能简单介绍一下公开市场操作的运作机制？

**穆怀朋：** 公开市场操作的英文是 Open Market Operation。从英文看，这是一种公开的运作，而不是隐蔽的、秘密的运作。其他政策工具往往带有秘密的性质，如调整利率或法定存款准备金率，调整决定公布前都是秘密甚至是绝密。市场操作说明了这是一种通过市场实现的政策操作，而不是依靠行政权力，或法律规定的强制性操作。

第一，人民银行进行的公开市场操作是在银行间债券市场上进行的。从 1997 年开始，不再允许银行从事股票交易所中的证券交易。为了建立间接宏观调控的货币市场机制，人民银行花了非常大的精力推动中国银行间债券市场的发展。1997 年末，银行间债券市场的债券余额是 3800 亿元，到 2003 年末，中央国债登记结算有限责任公司托管的债券已经超过了 32000 亿元。债券品种主要是国债约占 48%、国家开发银行和进出口银行的政策性金融债占 32%，央行票据占 13%。市场成员有 2400 多家，包括银行、证券公司、保险公司、基金管理公司等 1140 家金融机构，通过结算代理关系，还有 1260 多家非金融机构法人也可以参加市场运作。

第二，央行并不是同所有市场交易成员进行交易，而是确定了一些有实力的商业银行作为公开市场操作的一级交易商，目前有 43 家。央行同这些机构进行交易，方式有正回购、逆回购和现券买卖。通过这些机构在市场上的债券交易，使中央银行的货币政策影响扩散到整个金融体系和经济当中。

第三，央行的公开市场操作一般在每周二和每周四进行。2003 年的操作大部分是在周二进行的。在进行公开市场操作时，央行要在前一天下午发布操作公告，当天上午操作人员通过央行的债券发行系统在规定的时间内向所有一级交易商公开发出标书。招标方式有数量招标、价格招标等。有时根据需要也同一定的大机构做专场操作。一级交易商在规定时间内投标，电子交易系统根据招标规则自动生成中标结果并反馈给一级交易商。中午即可以确定招标结果，下午即可公布。央行通过中央国债登记结算有限责任公司的"中国债券信息网"和全国银行间同业拆借中心的"中国货币网"同时向社会公开发布操作结果，内容包括当日交易品种、期限、招标量、招标利率以及中标利率等信息。一般实行 T+1 交易结算，特殊情况下实行 T+0 交易结算。可以说，我国央行的公开市场操作方式是符合国际惯例的，信息披露甚至超过了一些西方国家。

**《财经时报》**：听起来是比较规范。进行公开市场操作时依据什么指标确定操作方案，目标是什么？

**穆怀朋**：从西方国家的情况看，公开市场操作主要是为了影响利率。但是中国货币政策中间目标仍然是货币供应量，公开市场操作的目标自然是为了实现一定水平的货币供应量增长，具体目标就是调控基础货币。大家知道，商业银行在央行有存款准备金账户。准备金存款属于基础货币。目前的法定存款准备金率是 7%。商业银行除了法定存款准备金外，在央行还要有一定数量的超额存款准备金以满足清算的需要。所谓超额存款准备金是指商业银行在央行的准备金账户中超过法定存款准备金的部分。一般来说，按照目前的支付清算体系的运行条件，超额存款准备金率有 3%~4% 就够用了。过多的流动性显示商业银行还有进一步扩张信贷的能力。为了及时掌握商业银行的流动性情况，央行建立了对商业银行流动性每日监测的制度。当央行认为商业银行的流动性偏高时，就会通过正回购的方式收回部分流动性，也就是降低商业银行的超额存款准备金；而当商业银行资金短缺时，可以通过逆回购投放资金，增加商业银行的支付能力。

不过，数量目标同价格目标是分不开的，公开市场操作必然会影响到货币市场上的资金供求，从而影响利率水平。虽然货币市场利率变动对实体经济的影响有很长的传导过程，但对金融机构的资金运用的影响越来越明显。因此，央行选择商业银行超额存款准备金作为主要的操作目标，而将货币市场利率作为辅助目标。

事实上，在 2003 年的公开市场操作中，9 月之前关注的目标是商业银行的超额存款准备金，而在 9 月之后，当货币和信贷过快增长的势头受到抑制后，在货币市场利率居高不下的情况下，又转而关注利率，并引导利率下行。去年 11 月中旬以来操作都是数量招标，虽经三次流标而不改初衷，终于将市场利率引导到央行确定的水平，就说明了这个意图。

**《财经时报》**：刚才讲过，2003 年，在控制货币供应量和信贷过快增长方面，公开市场操作发挥了重要的作用，那么公开市场操作的成效如何？都有哪些特点？

**穆怀朋**：2003 年的公开市场操作所面临的形势是比较严峻的。从

2002 年开始的外汇储备急剧增长，导致央行的外汇占款大量增加，使基础货币增长率达到了 11.85%，到 2003 年 1 月同比增长率达到了 15%。公开市场操作的最明显的成效，就是控制了基础货币的过快增长。从 2003 年前三个季度的情况看，人民银行公开市场操作，净回笼基础货币 3346 亿元，通过外汇公开市场操作投放基础货币 6505 亿元，本外币操作相抵，净投放基础货币 3159 亿元。全年看，人民币公开市场业务净回笼也将在 3000 亿元左右，抵销了通过购汇而投放的部分基础货币。金融机构的平均超额存款准备金率由年初最高时的 5.61%，最低下降到 9 月的 3.39%，达到 2 个百分点以上。

与往年相比，2003 年的公开市场操作有三个明显的特点：

第一，操作交易量大。全年通过公开市场操作累计回笼基础货币超过 13000 亿元，累计投放基础货币 10000 亿元，交易总额超过 23000 亿元。而在 2002 年，共进行 50 次公开市场操作，交易总额为 4621.4 亿元，累计投放基础货币 1801.6 亿元，累计回笼基础货币 2819.8 亿元，投放、回笼相抵，净回笼基础货币 1018.2 亿元。

第二，操作方式灵活多样。公开市场操作是一种灵活的政策工具，每一次操作都有操作方向、规模、招标方式、利率水平等要素。面对不同的形势，2003 年的操作采取了非常灵活的策略。从方向上看，有正回购回笼基础货币，也有逆回购为商业银行提供短期流动性，有时甚至在同一天进行双向操作。如 8 月末至 9 月初的两次操作，在发行 3 个月的央行票据的同时，又进行 7 天的逆回购，长期内收回资金，短期内投放资金。从规模上看，有的操作交易规模达到 600 亿元，有的仅有 50 亿元或 100 亿元。从方式上看，大部分时候是进行价格招标，不惜代价收回流动性，而在年末又进行数量招标，引导市场利率按央行意图下行。从交易品种看，有回购交易，也有现券交易，甚至有对央行票据的赎回交易。

第三，交易品种创新。2003 年公开市场操作的一大亮点是央行直接发行央行票据。2002 年 9 月，曾将部分正回购交易转换为央行票据，共 19 只，总计 1937.5 亿元。到 2003 年 4 月，央行再次面临持有的债券不足的局面，进行正回购操作难以为继。为了增加公开市场业务操作工具，从 4 月 22 日起，央行开始直接发行央行票据，进行正回购操作。全年共发行 63 期央行票据，累计发行量超过 7000 亿元，第三季度末的余额约为 4250 亿元，年末余额约为 3000 亿元。这个余额占基础货币的 6% ~ 7%，相当于法定存款准备金的 15% 左右。发行央行票据不受量的制约，在冻结商业银行过多的流动性方面，有更大的空间。实际上是将负债方的商业银行部分超额存款准备金，转换为票据，效果相当于提高了商业银行法定存款准备金率，但又比提高法定存款准备金率具有更多的弹性。

《财经时报》：与其他政策工具相比，公开市场操作有什么优点？

穆怀朋：我刚才提到目前有 5 种货币政策工具，其中，公开市场操作、再贴现和再贷款以及改变法定存款准备金率的操作，都会影响商业银行在央行的存款准备金，改变基础货币量。但与其他两种工具相比，公开市场操作具有两个明显的优点：一是在收缩超额存款准备金总量的同时，个别商业银行可以调整自身的存款准备金水平。比如商业银行购买央行票据时，超额存款准备金减少了，贷款扩张能力下降。但是由于央行票据可以在债券市场上交易，缺乏资金的商业银行又可以卖掉持有债券或央行票据，增加流动性。用提高法定存款准备金率的办法也可锁定部分超额存款准备金，但商业银行再也不能把这部分资金运用出去，也就是缺乏弹性。2003 年，银行间债券市场现券交易量接近 3.2 万亿元，央行票据交易量约占 40%，成为市场上流动性非常好的短期工具，正说明了商业银行利用央行票据进行流动性管理的情况。

二是央行的操作具有弹性。公开市场操作比较灵活，方向、数量可以由央行灵活决定，形成各种操作组合，这是其他货币政策工具不具备的。例如再贷款，发放出去后，没到期是不宜收回来的。现在大部分再贷款都具有政策性，整体上缺乏灵活性。而公开市场操作就不一样，2003 年 8 月底公布法定存款准备金率调整后的两个星期内，央行在公开市场上都进行了双向操作。当时市场就有一些疑问，央行同时进行正回购和逆回购，似乎是政策取向自我矛盾。但大家可能没注意到，发行的央行票据是 3 个月的，而逆回购操作仅是 7 天的。这实际上是针对市场的短期反应采取的措施：短期投放流动性，长期收回流动性。这种政策组合所达到的效果是其他政策很难实现的。当然，还有一些其他优点，大家可以参考一些其他资料。

**《财经时报》**：您一直在讲公开市场操作的优点和效果，公开市场操作有没有局限性？

**穆怀朋**：当然有，尺有所短，寸有所长。公开市场操作也是有局限性的，主要表现在以下几个方面：一是受到市场参与者意愿的影响，不具有强制性。虽然规定一级交易商有义务参加投标，但并不要求每一次都参加投标，参加投标的银行可以确定投标数量、价格等。在采取收缩措施时，必然提高利率水平，使公开市场操作的成本增加。相反，法定存款准备金率是制度性工具，具有强制性的。当提高法定存款准备金率后，有资金要交，没有资金，拆借来也要交；利率高要交，利率降低了也要交。

二是在做现券买入操作或逆回购向市场投放资金时，央行似乎具有无限的能力和空间，但在做现券卖出操作或正回购收回资金时，会受到央行债券资产持有量的限制。发行央行票据不受规模限制，但如果央行票据收益率与法定存款准备金利率差距过大时，会使央行的财务成本增加。央行票据发行量在一定限度内还可以承受，如果量太大，也许会出问题，起码会引起有关部门的关注。这时，最好的办法是提高法定存款准备金率。

三是受到市场结构的影响。公开市场操作所依托的货币市场应该是一个完全竞争性的市场，这样效果比较好。但我国的货币市场并不是一个完全竞争的市场，大的银行很大，小的银行又很小。少数几家银行交易量的比例达到 70% 以上。这种市场结构有可能导致市场化工具行政化。

四是公开市场操作更适合作为熨平基础货币增长或利率水平周期波动的一个工具。现券总是要到期的，回购操作总要对应一个逆向操作，因此，从一个较长时间的视角看，公开市场操作是个"零和"的游戏：正回购操作时收回资金，到期时又投放资金；逆回购操作时投放资金，到期时又收回资金。要维持一定的操作力度，就必须增加央行票据的存量，存量加大后，又给滚动发行带来难度。如果停止发行，效果就会自动消失，不像再贷款、法定存款准备金等工具，发生作用的时间长，不具有自动逆向操作的性质。

**《财经时报》：**现在已经进入 2004 年了，您对今年的公开市场操作有什么预期？公开市场操作会面临什么问题？

**穆怀朋：**前面已经讲过，2003 年公开市场操作的重点是"对冲"操作，也就是通过人民币的公开市场操作，收回因购买外汇而投放出去的基础货币。2004 年公开市场操作的方向、规模、方式，主要取决于两个方面的因素，一方面是国内的货币和信贷形势，要看货币和信贷是否还会有高速的增长；另一方面是国际收支的形势，要看外汇储备是否还会有大幅度的增长。从 2003 年下半年的形势看，货币和信贷迅速增长的势头得到了抑制。到 11 月末，货币供应量增长速度回落，M2 同比增长 20.4%，信贷增长幅度也下降，上半年人民币贷款平均每月比上年多增 1578 亿元，第三季度平均每月多增 553 亿元，10 月和 11 月少增 106 亿元和 514 亿元。由于其他限制局部和行业过快增长的宏观措施逐步到位，加上 2003 年信贷总量基数增大，2004 年信贷增长不会超过 2003 年。这样，调控压力至少不会加大。

外汇储备快速增长的趋势已经持续了两年，2004 年的趋势会是怎样呢？我认为会有所减弱。去年 1—11 月，对外贸易顺差只有 197.5 亿美元，而外汇储备增加可能超过 1200 亿美元，可见大部分外汇流入不是经常项下的真实贸易形成的，更不是当年贸易顺差形成的。外汇资金流入的来源大致是进口推迟付汇、出口提前收汇、外债增长、货币兑换等。这里虽然没有国际投机资本操作的迹象，但可以看到过去几年外逃的资本回流的表现。主要诱因：一是对人民币汇率升值的预期；二是中外利差较大。经过我们的努力，目前关于人民币汇率升值的预期减弱了。如境外的人民币不交收合约（NDF）的价格已经回升，远期结售汇顺差大幅度回落。2003 年年末，中外短期利差也明显缩小。10 月初至 11 月末，我国货币市场 7 天回购利率明显回落，从 3.2% 降至 2.1%，与同期 LI-

BOR 利差从 2.18 个百分点缩小至 1.09 个百分点，弱化了短期资本流入的动机。投机资本是打不起持久战的，赚钱的机会小了，流入的资本就会减少。所以，总的来看，公开市场操作的"对冲"压力会减轻。当然，还要看其他因素造成的货币供应量增长的压力。

另外，还要关注物价的走势。从居民消费价格指数的环比增长情况来看，已经连续三个月上涨了，同比的情况也不乐观。如果价格继续上升，即使货币供应量、信贷量和外汇储备增长不加快，也要适当加大操作的力度。

我个人认为，在这种情况下，2004 年的公开市场操作的取向有两个重点：一是保持一定的央行票据余额。年末时央行票据余额约为 3000 亿元，这些票据 2004 年都要到期。要大幅度增加央行票据存量是比较困难的，但至少要"对冲"因票据到期所投放回去的基础货币。

二是要控制住中外货币市场的利差。利率走高，就会引导短期外汇资金大量流入，短期外债增加。因为利差大，既可以调入外汇，换成人民币，在货币市场上进行短期投资，也可以借入外汇，换成人民币使用，节省利息支出。总之会得到好处。我们应该看到，我国金融市场的开放程度已经使我们不能完全抵制国际市场的影响了，应该因势利导，争取主动。

货币政策理论中有一个说法，为了实现 n 个目标，就要使用 n 个政策工具。我们不能让公开市场操作实现太多的目标，作为一个政策工具，在一个时期只能实现一个目标，或者控制基础货币量的增长，或者控制货币市场利率的走势，在这两者之间实现平衡已经不容易了。至于外汇储备的增长、信贷的增长，还可以选用其他更直接的政策工具。治病要对症下药，宏观调控似乎也是这样。

《**财经时报**》：谢谢您给我们介绍了这些情况。

# 关于当前宏观经济形势的几点分析[①]

【内容简介】2003 年，中国经济出现高速增长的同时，在宏观经济运行中也出现了一些问题，最为突出的是信贷增长过快，一些行业出现投资过热，各种物价指数出现明显上升。本文分析了 2003 年宏观经济运行的新特点和当年物价上涨的原因，同时，对金融稳定问题进行了分析，在学术界较早提出了关于货币稳定和金融稳定的区别。文章指出，在金融稳定方面存在着信贷资产增长过快、房地产投资增长过快、市场利率波动、短期资本流入、部分行业产能过剩等问题。针对当年的经济金融形势，文章提出了宏观调控的策略。

2003 年，我国国民经济出现了快速增长的形势，国内生产总值达到 116694 亿元，增长 9.1%，进出口贸易总额达到 8512 亿美元，增长 37.1%，财政收入 20253 亿元，增长 20%。企业经济效益大幅度提高，国有企业和国有控股企业实现利润 3784 亿元，增长 45%。同时，在宏观经济运行中也出现了一些问题，最为突出的是信贷增长过快，一些行业出现投资过热的倾向，各种物价指数出现明显的上升。在中央出台了一系列宏观调控措施后，投资过热的趋势得到了一定程度的控制。但是，2004 年的经济仍会受到 2003 年的经济发展的影响。在此，笔者仅就宏观经济运行中出现的新特点、物价形势以及金融稳定的有关问题谈几点看法，供大家讨论。

---

① 本文原载于《金融纵横》2004 年第 6 期。

# 一、2003 年宏观经济运行的新特点

## （一）经济增长达到了潜在增长水平

从中长期看，一个经济体的潜在产出水平是由资本积累、劳动力数量和质量的提高以及生产要素配置和使用效率决定的。产出缺口是指实际产出与潜在产出之间的缺口，它反映了总需求与总供给之间的差异。产出缺口理论认为，当一个国家的实际产出低于潜在产出水平时，产出缺口为负，说明总需求比总供给增加得慢，这将对物价水平产生下降的压力；当一个国家的实际产出高于潜在产出增长水平时，产出缺口为正，说明总需求比总供给增加得快，出现通货膨胀的压力会加大。据有关增长模型测算表明，在 1978—2002 年我国经济平均年增长 9.3%，2004 年潜在产出增长率约在 9%。

现在有三个现象说明我国经济的实际产出水平已经超过了潜在的产出水平：

第一，2003 年，我国国内生产总值 116694 亿元，增长 9.1%。2004 年第一季度国内生产总值 27106 亿元，同比增长 9.7%。这说明，我国实际产出增长不仅超过了近年来的增长率，而且已经达到了潜在产出增长率。

第二，各种物价指数开始出现全面上升。物价上升表明，由市场供求决定的商品需求超过了供给。

第三，一些重要的生产要素出现严重短缺，如煤、电、油、运。从资源约束来看，我国经济也达到了潜在的水平。资源短缺表明，由政府控制价格的商品需求超过了供给。

## （二）投资增长率接近历史最高水平

2003 年，投资增长处于改革开放以来的最快时期。全年国有及其他经济类型工业企业累计完成固定资产投资 42643 亿元，增长 28.4%。其中，基本建设投资 22729 亿元，增长 28.7%；更新改造投资 8444 亿元，

增长 25.1%，房地产开发投资 10106 亿元，增长 29.7%。尽管在宏观经济调控政策的影响下，投资增速有所回落，但 2004 年第一季度，固定资产投资仍然在高速增长，第一季度，全社会固定资产投资 8799 亿元，增长 43%。在城镇投资项目中，房地产开发投资增长 41.1%。

1991 年固定资产投资增长率是 23.8%，1992 年是 42.6%，1993 年是 50.6%，1994 年是 27.8%，可见，2003 年以来的投资增长规模已经接近历史最高水平。投资规模达到这个速度，往往是不可持续的，必然会伴随着长期的调整。

（三）各种物价水平普遍上升

2003 年全国居民消费价格总水平比上年上涨 1.2%，其中，城市上涨 0.9%，农村上涨 1.6%。2003 年物价形势发生了较大的变化。物价水平呈现整体上升之势，居民消费价格指数、商品零售价格指数、原材料购进价格指数等，全部进入上涨阶段；初级、中间、最终三个层次的产品价格几乎是同步由负增长转为正增长。特别是与投资相关性较大的价格指数领先上涨。上下游产品价格涨幅差异较大，上游产品价格涨幅大大高于下游产品价格涨幅。2003 年第四季度 CPI 涨势加快，全国居民消费价格指数总水平较上年同期上升 3.2%。2004 年 1—4 月，CPI 累计同比上涨 3%，4 月当月上涨 3.8%。4 月企业商品价格比上年同期上升 9.3%，初级产品价格同比上涨 17%，而中间产品和最终产品分别为 8.5% 和 7.3%。

（四）国际收支出现大幅度顺差

十几年来，我国国际收支一直保持顺差，但是 2000 年以来，顺差有迅速扩大的趋势。2000 年顺差 105.48 亿美元，2001 年顺差 473.25 亿美元，2002 年顺差 755.07 亿美元，2003 年顺差 1170.23 亿美元。国际收支顺差也是一种不平衡，对宏观经济运行产生不利的影响。特别值得关注的是，资本和金融项目的顺差超过了经常项目的顺差。2000 年，经常项目顺差 205.19 亿美元，资本和金融项目顺差 19.22 亿美元；2001 年，经常项目顺差 174.05 亿美元，资本和金融项目顺差 347.75 亿美元，超过了经常项目顺差。到 2003 年，经常项目顺差 458.75 亿美元，资本和金融项目顺差 527.26 亿美元。国际收支不平衡既说明总供给和总需求不平衡，也说明了货币市场的不平衡。

（五）货币政策独立性受到严重考验

货币政策的独立性从来没有像 2003 年这样受到严峻的挑战。由于国际收支顺差，在国内外汇市场上必然表现为结汇大于售汇。在现行的外汇管理制度下，为保持汇率水平稳定，中央银行持续买进外汇，一方面形成国家外汇储备，另一方面投放出基础货币。2003 年末，国家外汇储备 4032.5 亿美元，比年初增加 1168.4 亿美元，通过外汇占款投放基础货币 11459 亿元。为对冲过度的基础货币投放，中央银行加大了公开市场操作力度。全年共开展 59 次公开市场操作，通过公开市场债券交易累计回笼基础货币 13186 亿元，累计投放基础货币 10492 亿元，投放、回笼相抵，净回笼基础货币 2694 亿元。外汇、人民币公开市场操作相抵，净投放基础货币 8765 亿元。年末，基础货币 5.23 万亿元，比上年增长 16.7%，增幅比上年提高 4.9 个百分点。金融机构超额存款准备金率为 5.38%。2004 年以来，外汇储备仍继续增加，第一季度末，外汇储备已达 4398.2 亿美元。面对大规模的资本流入，人民币的对冲操作显得力不从心。

以上这些现象是相互联系的，比如，国际收支顺差导致外汇储备增加，而外汇储备增加又导致基础货币的超额投放。在商业银行超额存款准备金增加后，又提高了发放贷款的能力，而银行信贷又是投资的重要来源。投资的快速增长，带动了商品价格的上涨。

## 二、关于当前的物价形势

（一）2003 年以来物价上涨的背景特点

1. 从发生的时间来看，这次物价上涨是在近 6 年的物价保持低水平之后发生的，因此，有些商品的价格是恢复性增长还是持续性上升，值得关注。

中国实行改革开放以来，发生了两次严重的通货膨胀（见图1）。第一次通货膨胀发生在1985—1989年，当时，消费物价指数增长率由1985年的8.8%上升到1988年的18.8%和1989年的18%。这次通货膨胀是在经济改革的初期发生的，价格改革因素、城镇居民收入的提高和金融改革因素都起到了重要作用。由于金融体系还相对简单，工商信贷业务刚刚从人民银行中分离，人民银行专门行使中央银行的职能不久，当时主要的宏观调控手段是信贷计划管理，控制商业银行的贷款规模。因为没有其他货币投放的来源，当中央银行控制了货币供给总闸门后，商业银行无从得到资金来源，通货膨胀很快得到了控制。

第二次通货膨胀发生在1993—1996年。1992—1993年，中国经济出现了过热的现象，固定资产投资增长率分别达到了42.6%和50.6%，城镇人均年收入增长率分别达到了18.6%和27.2%，货币流通量（M0）增长率达到了36.5%和35.3%，自然灾害导致农副产品减产造成供给不足，经济中所累积的通货膨胀压力终于在1993年爆发了。当年通货膨胀率达到了14.7%，随后的1994年和1995年，通货膨胀率分别是24.1%和17.1%。

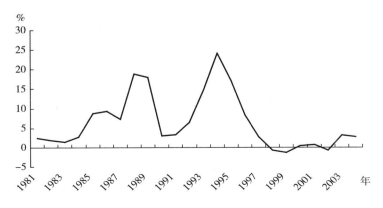

**图1 改革开放以来的通货膨胀**

2. 从各国比较来看，2003 年，世界主要工业化国家中，以 CPI 衡量的通货膨胀率，2%～3% 的国家有澳大利亚、加拿大、法国、意大利、荷兰、西班牙。其他国家都低于 2%，日本是 -0.3%（见图2）。中国的物价上升，是在世界各国仍然保持低水平的物价情况下发生的。因此，中国这次的物价上涨基本上是独立的上升，世界各国并没有出现普遍的物价上升。

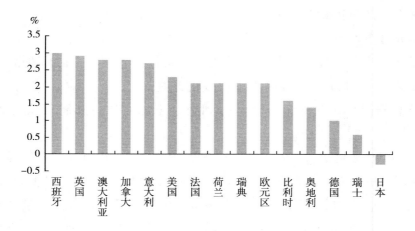

**图 2  主要工业化国家通货膨胀率的比较**

3. 从制度环境来看，这次物价上升，是在我国经济已经基本上实现市场化的条件下发生的，因此，政府提高物价的因素已经不存在，对物价上升的各种体制性限制因素也不复存在，相反，供给与需求的因素对物价的影响已经起到决定性作用。一是目前绝大部分商品价格已经由市场决定。按照国际公认的标准测定，2001 年我国市场经济发展程度为 69%，超过了划分市场经济国家的临界水平。二是企业的所有制形式更加多元化。工业产值中，国有工业总产值的比重下降为四分之一左右，非公有制经济占我国国内生产总值总量的比重超过三分之一。三是我国经济的开放程度。中国经济的对外开放程度的提高也是非常迅速的。1990 年，中国对外贸易总额对国内生产总值的比重是 32%，到 2003 年，比重已达 60%，其中，出口比重是 31%，进口比重是 29%。这说明，目前中国国内生产总值中有 60% 是同国际市场相关的。

4. 从政策影响来看，这次物价上升，是在政府没有追求通货膨胀的条件下发生的。恰恰相反，党的十六大和十六届三中全会提出了全面、协调、可持续的发展观。中央政府的经济增长目标确定在 7% 的水平。2003 年初，中央银行已经开始采取宏观调控措施。货币供应量的增加，并不是因为中央银行主动地增加了货币供应水平，而是因为外汇储备的增加所投放的货币，造成商业银行的头寸宽松。

以上背景，决定了这次发生的通货膨胀具有明显的特殊性，这些背景因素，在决定物价上升、物价的传导方面，都有重要的作用。制定调控政策过程中，必须充分注意这几个特征。

(二) 物价上涨原因分析

1. 供给因素：粮食供给短缺对 CPI 的上升起到了决定性的作用。如何判断是需求拉动还是供给短缺造成的通货膨胀，一个标准就是：在有效需求没有大幅度增加的情况下，供给大幅度减少而导致的通货膨胀是供给短缺造成的通货膨胀；在供给没有大幅度减少的情况下，需求大幅度上升而导致的通货膨胀是需求拉动的通货膨胀。由此可知，20 世纪 80 年代中期和 90 年代初期的通货膨胀与收入提高是有关系的，因此是需求拉动的通货膨胀。而当前出现的 CPI 上升是供给短缺造成的通货膨胀。2003 年粮食的减产是众所周知的，据统计，2003 年，粮食减产 5.8%，油料减产 3.2%。粮食产量已经降到几年来的最低水平。

2003 年 9 月以后，居民消费价格的上涨从统计上看主要受食品价格上涨的推动。9—12 月，居民消费价格当月同比上涨分别为 1.1%、1.8%、3% 和 3.2%，其中食品价格分别上涨 3.2%、5.1%、8.1% 和 8.6%，由于在 CPI 的计算中，食品的权重为 33.5%，因此，2003 年 9—12 月，食品价格的上涨分别推动消费价格上涨 1.1%、1.7%、2.7% 和 2.8%。剔除食品和能源后的核心价格指数涨幅很小或没有增长。对 CPI 上涨贡献最大的分别为肉禽及其制品、鲜菜、粮食和油脂。

2. 需求拉动：以信贷资金支持的投资需求快速增长，对生产资料的价格增长起到了决定性的作用。

在导致通货膨胀发生的原因中，需求从来就是一个重要的因素。在决定 2003 年的物价形势的各种因素中，需求拉动是最为重要的，尤其是对生产资料价格的影响。

在这次涨价中，生产资料价格从 2002 年第四季度开始就以高于 CPI 的幅度快速上涨，其间受"非典"影响一度回落，2003 年 9 月以后部分原材料和能源出现瓶颈制约，价格涨势迅猛。人民银行统计的企业商品价格连续上升，2003 年 12 月同比上涨 6.3%，其中初级产品同比上涨 10.9%，中间产品上涨 6.5%，最终产品上涨 4.1%。

生产资料价格上升是由投资需求拉动的。2003 年，全社会固定资产投资总额名义增长率为 26.7%，固定资产投资价格指数上升 2.2%，实际投资增长 24.5% 左右。新开工项目超过 12 万个，计划总投资 3.8 万亿元，增长 54.7%，仅次于 1992 年和 1993 年经济过热的时期。2004 年第一季度，固定资产投资高速增长，全社会固定资产投资 8799 亿元，增长 43%。2003 年，房地产开发投资增长 29.7%，是 1995 年以来增长速度最高的一年。2004 年 1—2 月，房地产投资增长 52%。

固定资产投资规模扩大，是由信贷资金支持的。从资金投向看，2003 年末，金融机构（含外资）中长期贷款余额为 5.7 万亿元，比年初增加 1.4 万亿元，余额占各项贷款总额的 36%，当年新增占新增各项贷款总额的 51%。

就个人消费贷款而言，2003 年个人住房贷款当年新增额占全部贷款当年新增额的 69%，汽车贷款占 14%，其他贷款占 17%。若将金融机构发放的个人住房贷款、房地产业贷款合并考察，则 2003 年金融机构新投放的房地产类贷款占到了 21%。

另据人民银行所做的一项调查显示，在钢铁、水泥、电解铝、房地产和汽车五个行业的投资资金来源中，资金平均有 27.2% 来自银行贷款，企业自筹资金比重平均 59.9%，根据调查数据测算，这部分以企业自筹的名义，间接来自银行贷款的资金所占比重约为 12.8%。因此，五个行业的投资项目中，银行贷款占全部资金来源的平均比重为 40%。

很明显，需求拉动的传导机制是：

信贷投放——→投资增长——→对原材料需求上升——→价格上升

因此，可以说，粮食供给短缺因素对 CPI 的上涨具有明显的影响，生产资料和投资品价格的上升，是由货币因素造成的。控制信贷的增长，是控制这次物价上涨的最重要的手段。

## 三、关于金融稳定状况的分析

在 2003 年以来的物价形势发展中，值得注意的现象是，消费价格水平上升的幅度大大低于原材料购进价格指数和企业商品价格指数的变化程度，上游产品价格涨幅大大高于下游产品价格涨幅。一些最终产品的价格甚至出现下降。在消费物价水平上升的同时，耐用消费品价格 2 月同比下降 1.6%。从对 2003 年 12 月企业商品价格的分析中，可看出上下游产品市场供求状态的差异。

对物价传导机制的深入分析表明，由于消费结构的变化，原材料价格变化的传导机制和传导的最终产品发生了变化。从传导机制来看，过去，从制作食品和一般耐用消费品的原材料价格上涨，可以很快传导到日常消费品；现在，制造汽车的原材料和建筑用材料的价格上涨，传导到汽车和房地产的链条长，中间环节的利润空间比较大，上游产品的价

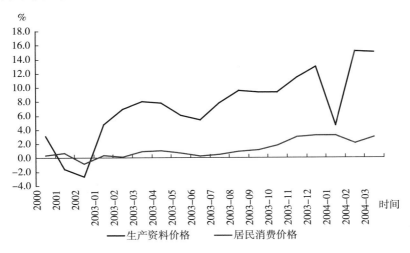

**图 3　生产资料价格与居民消费价格的比较**

格上升被中游产品的利润空间压缩所吸纳。因此，在原材料价格大幅度上升的同时，汽车价格甚至下降，房地产价格上升幅度仅为 5% 左右。从传导的最终产品来看，已经不单是普通的消费品，而是某种资产，如房地产、工业生产能力等。因此，我们现在不仅要注意传统的以居民消费物价上涨为特征的通货膨胀，这是传统的货币稳定的问题；还要注意资产价格的上升，这是近年来世界各国中央银行所关注的金融稳定的问题。

（一）货币稳定与金融稳定的区别

关于货币稳定（Monetary Stability）的概念是普遍接受的，主要指一般的商品和服务的价格变化稳定地保持在较低的水平上。而金融稳定（Financial Stability）的概念并没有普遍接受的定义和分析理论框架，但可以接受的定义是资产价格水平比较稳定，金融体系内所产生的冲击，不会广泛扩散并影响到储蓄与投资的计划。

货币稳定和金融稳定有以下非常典型的差异：

——货币稳定涉及的是流量的概念，指一个时期以内发生的变量，而金融稳定涉及的是存量的概念，指可以跨越各个时期的变量；

——货币稳定具有收入效应，而金融稳定具有财富效应，影响企业和个人的资产负债表；

——货币稳定影响的是当前的消费，而金融稳定影响的是所有将来消费总和（贴现值）；

——货币稳定涉及的是一般商品和服务的价格，而金融稳定影响的是资产价格；

——货币稳定影响国民收入账户，而金融稳定影响国民资产负债。

货币稳定与金融稳定是紧密相关的，可以说是一个硬币的两面。一个国家出现的情况往往是货币不稳定促成金融不稳定；金融不稳定促成货币不稳定；更为重要的是，金融体系内的冲突会影响货币政策的传导机制。

目前，西方国家应对通货膨胀的经验是比较丰富的，货币政策目标是稳定的低通货膨胀，工具是利率政策。在长期内，产量增长不会发生替代。但是面临的挑战是政策与实际发生的情况有时间方面的不一致性，即时滞。政策实施过程中，存在很大的不确定性，会遇到冲击和结构性的变化。

金融稳定政策所面临的问题有两个风险来源：一是系统性的宏观总量的变化，二是来自公司层面的微观风险，这种风险也会因为相互联系而被放大。一般来讲，系统的相互联系越强，非线性的程度越大，金融系统越脆弱。

对于通货膨胀所造成的损失已经有广泛的研究，一般认为会影响到货币的购买力，进而影响居民的消费、储蓄，发生严重通货膨胀时，会影响到社会的支付体系效率等。要实现低通货膨胀的目标，应该保持稳定的货币供应增长率。

而金融危机的影响是大不一样的，往往会导致系统性的银行危机以及连带的宏观经济损失；导致个人和企业重大的财富损失；迫使政府进行财政转移；所造成的产量损失的规模往往平均会达到国内生产总值的 15%～20%。

(二) 当前影响金融稳定的几种因素

由以上分析可见，资产价格的波动对于维持金融稳定具有十分重要的意义。那么，当前应该关注哪几种影响中国金融稳定的因素呢？

1. 信贷资产增长过快隐含着新的风险。毫无疑问，当前对金融稳定影响最大的是银行信贷资产的迅速增长。自 2002 年下半年开始，贷款投放加快，2002 年全年新增人民币贷款 18475 亿元，远远超过年初规划的贷款规模。而 2003 年，金融机构（含外资）本外币贷款余额 17 万亿元，比年初增加 3 万亿元，增长 21.1%。人民币贷款累计增加 27652 亿元，比上年多增加 9177 亿元。

贷款行业分类统计显示，2003 年金融机构（不含外资）全年发放的制造业贷款占贷款新增额的 20%，比上年上升 3 个百分点；个人消费贷款占比为 19%，租赁和商务服务业占比为 10%，水利、环境和公共设施管理业占比为9%，房地产业占比为8%，交通运输、仓储和邮政业占比为8%。

2003年末，银行业金融机构本外币不良贷款余额2.4万亿元，比年初下降1574亿元；不良贷款率15.19%，比年初减少4.69个百分点。实现了不良贷款比例和不良贷款余额"双下降"的目标。但是，在贷款大量增长并集中投放到房地产业和过热行业之后，将会形成多少不良贷款，不应掉以轻心。

2. 房地产投资增长过快。房地产价格是关系金融稳定的最重要的价格，如果房地产价格的上涨超过了实际购买力的需求，就会出现泡沫。房地产泡沫最终会以破灭告终，从而引发长期的经济衰退和通货紧缩。日本和中国香港的经历已经证明了这一点。

房地产价格上升的效应是不同于消费物价上升的。房地产价格上升一个百分点所消耗的购买力能量，是日常消费品价格上升一个百分点远远不能相比的。同时，房地产价格的上升会带来财富效应，使人们增加了购买力。总体来讲，我国的房地产市场还没有积聚起很大的泡沫，目前只是投资规模过大，增长过快，应当引起政策决策者的注意。

在2003年的物价形势变化中，房地产价格的变化是非常值得关注的。1998年以后，随着城乡居民收入持续增长，消费政策和消费环境不断改善，居民的消费结构出现了明显的升级趋势。在新的消费中，住房和汽车消费占有特别重要的地位。不仅拉动了房地产的价格，而且带动了上游产品的价格。过去6年来全国的房屋价格持续上涨，且上升的幅度在2001年第二季度各类房屋均上涨3.7%～4.8%；而到2002年第三季度以后，上涨幅度就达到了4.6%～5.5%。房地产价格2003年的涨幅明显高于2002年，且呈加速趋势。个别城市房地产价格上涨更猛。2004年第一季度，杭州的地价比三年前上涨了1.45倍，是大中城市地价上涨最快的城市；天津土地价格涨幅前几年都在3%以下，而2004年第一季度上涨了18%。上海土地价格第一季度上涨了22.6%，虽比2003年底有所回落，但仍处较高水平。2003年底的地价已经比2001年底上升了47%。

3. 市场利率波动。利率是借贷资金的价格，不仅涉及居民储蓄、银行的信贷，而且涉及金融市场的各种产品，股票、债券以及衍生金融产品。利率的波动，必然会影响金融市场，股票、债券的价格也要随之波动，从而影响金融的稳定。

股票市场的波动同样值得关注。股票市场价格波动所产生的财富效应是巨大和长期性的。近年来，虽然我国的股票市场还没有产生典型的泡沫，但是，股票市场的巨大波动和市场利率波动的影响已经不容忽视了。股票市场市盈率最高为 80 倍，最低为 20 倍，平均 35 倍。特别是 1999 年 5 月 19 日行情以来，市场波动剧烈。上海证券交易所综合指数从低谷上升到 2001 年 6 月 14 日的 2245 点后，下跌到 2003 年 1 月 6 日的 1311 点，最大跌幅达 41.5%，市值缩水超过 8000 亿元。2004 年 4 月 7 日反弹到 1783 点，比 2003 年底上涨了 36%。现在又跌回到 1500 点上下。市值约 4 万亿元人民币，股指波动 1%，就会是 400 亿元的市值缩水或升值。

在货币市场上，利率波动也同样会产生重大影响。2003 年，货币市场利率出现了大幅度的波动，以银行间同业拆借月加权平均利率为例，出现下降—回升—上升—下降的走势：2003 年初，7 天回购利率为 2.32%，2004 年 4 月末为 2.28%，这期间 7 天回购利率最高达 3.64%，最低为 1.86%；2003 年初 7 天拆借利率为 2.21%，2004 年 4 月末为 2.66%，这期间 7 天拆借利率最高达 3.51%，最低为 1.95%。利率水平波动的直观表现就是债券价格的波动，债券投资者所面临的风险是很明显的。

4. 短期资本流入，汇率改革进退两难。汇率是本币的对外价值。汇率本质上是本币作为货币资产，以外币表示的价格。像其他资产价格一样，无论是浮动汇率制度下的汇率巨大波动，还是在固定汇率制度下汇率所面临的巨大升值和贬值的压力，都表明金融不稳定。对于外汇资产持有者来讲，本币汇率的升值意味着外汇资产的缩水；对于外汇负债人来讲，本币汇率的升值意味着负担的减轻。当前，我国人民币面临升值的压力，对于外汇资产持有人来讲，人民币汇率的升值，必然带来资产的损失。

从国际收支情况来看，短期资本流入出现明显的变化。资本项目的顺差从 2000 年的 19.22 亿美元增加到 2003 年的 527.26 亿美元，其中，证券投资项目从 2000—2002 年的逆差转为 2003 年的顺差 114.27 亿美元。更为值得关注的是净误差与遗漏项目的变化，2000 年和 2001 年该项是 −118.93 亿美元和 −48.56 亿美元，表明资金流出；2002 年和 2003 年，该项是 77.94 亿美元和 184.22 亿美元，表明出现了不明的资金流入。这些资金，大部分是追求人民币预期升值可能带来的收益。但是，许多发展中国家的经验表明，投机性的资金流入，在环境发生变化时，往往会出现"急停"（Sudden – stop），然后是急速外流。我们也应该注意这种形势逆转的可能性。如果在资本流入时大大放松资本账户管制，在资本流出时，将会失去控制，引发国际收支危机。

5. 部分产能过剩。工业资本也是一种重要的资产，巨大的固定资产投资会增加一个国家的资本存量。这种资本存量没有统一的价格，与金融稳定相关的是，投资能否形成固定资产，所形成的产能是否过剩。过度信贷支持所导致的过度投资，往往会形成过剩的生产能力，过度的供给又会引致产品价格下降，甚至通货紧缩。商品滞销导致企业盈利减少，企业倒闭又会增加银行信贷的风险。在经济危机中，大量企业倒闭和银行呆坏账的增加往往是同时发生的。

据估计，到 2003 年底，我国钢铁生产能力将达到 2.5 亿吨，目前在建能力约 0.8 亿吨，各地拟建能力约 0.7 亿吨。预计到 2005 年底将形成 3.3 亿吨钢铁生产能力，大大超过 2005 年市场需求。此外，2003 年新增的钢材有 60% 以上都是长线产品，新建的炼铁高炉 81 座，规模符合国家产业政策的仅有 6 座。

## 四、宏观调控的策略

通过以上分析可见，当前出现的宏观经济过热和物价上升问题是由多方面的因素造成的，调控政策要注意把握以下几个重点。

控制总量，把握力度。在 2003 年投资的资金来源中，银行贷款是最主要的资金来源之一，因此，要遏制目前固定资产投资过快增长态势，通过货币政策的有效调控，放慢银行贷款增长速度，尤其是中长期贷款的增长速度，是防止经济过热、避免通货膨胀的根本途径。由于已经上马的项目完成大多不足一半，全部完成投资计划需要一个过程，在这种情况下，投资增长的高速度都会保持一段时间。如果调控力度过大，导致"硬着陆"，反而会引起更大的风险。因此，在这些宏观经济调控中，把握力度很重要。

区别对待，扶优限劣。有的企业产品已经供过于求，有的企业产品还供不应求，即使某一行业整体看已经供过于求，但少数企业，由于产品质量优良，也应该支持。在这轮投资过快增长中，市场导向的投资占了很大的一部分，对于这部分投资，单单靠市场竞争实现优胜劣汰是不够的，还应该通过政策措施扶优限劣，抑制低水平的重复建设。这样经济增长的质量才能提高。

风险预警，积极防范。目前，已经采取了一些调控措施，措施的效果将很快显现出来，风险也会很快暴露。历史经验表明，对于过快的投资增长，早一点控制会减少损失，但是，只要是控制，必然又会早暴露问题。因此，银行应做好准备，积极应对。

协调配合，综合治理。很明显，信贷增长是支持投资规模快速增长的一个重要原因，但并不是唯一的原因，应分清导致物价水平上升的货币因素和非货币因素。在加强货币政策操作的同时，应该加大对造成物价上升的非货币因素的治理。土地制度的不完善、工资低廉的劳动力、地方政府的投资冲动，都是原因。因此，需要各方面的政策协调配合。

# 浅析香港的货币流通[①]

**【内容简介】** 香港金融的一个特别重要的制度安排是实行联系汇率制。香港自 1983 年 10 月开始实行联系汇率制，这种安排既是一种汇率制度，也是一种货币制度。联系汇率制度是香港经济稳定发展的重要条件，抵御了多次金融风暴的冲击，在亚洲金融危机中受到严重冲击并经受住了考验。本文分析了香港联系汇率制的基本安排和货币供给调节机制、香港特区政府应对金融危机完善联系汇率制的主要措施和香港货币流通中的二元结构特征。本文还建立了香港货币需求函数模型，对香港货币需求进行了计量经济学分析，得出了有价值的结果。

香港自 1983 年 10 月开始实行联系汇率制。联系汇率制既是一种汇率制度，也是一种货币制度。作为一种汇率制度，这种制度规定了港币与美元的汇率；作为一种货币制度，这种制度规定了货币供给与调节的机制。香港是一个小型开放经济体，金融管理当局并不能控制货币供应量，货币政策的唯一目标是保持汇率稳定。十几年来，联系汇率制度保证了香港经济的稳定发展，抵御了多次金融风暴的冲击。同时，在联系汇率制度下的香港货币流通，也呈现出独有的特征。探讨香港货币流通的基本特征以及货币流通量与经济的一般关系，无疑会增加我们对香港金融体系的了解。

## 一、香港的货币供给机制

### （一）联系汇率制的基本安排

历史上，香港曾于 1935—1972 年实行过英镑汇兑本位制，发钞银行

---

① 本文原载于《金融研究》1999 年第 8 期，有删节。

在发行港币时，需要将英镑交给外汇基金，换取"负债证明书"。1935年12月至1967年11月的兑换率是16港元兑换1英镑，1967年11月以后，兑换率为14.55港元兑换1英镑。1972年7月香港放弃英镑汇兑本位制，开始实行港币与美元挂钩的固定汇率制，1美元兑5.65港元。1974年11月至1983年10月实行浮动汇率制。直到1983年10月，为克服严重的港币危机，开始实行联系汇率制。在联系汇率制下，发钞行（目前为汇丰银行、渣打银行和中国银行）在发行港币钞票时，必须事先以1美元兑7.8港元的固定汇率向外汇基金提交等值美元，换取"负债证明书"作为港币钞票的法定发行准备。同样，发钞行也可以"负债证明书"和港币钞票以7.8的固定汇率向外汇基金赎回等值美元。这种发钞制度称为货币发行局制度（Currency Board System）。货币发行局制度的主要核心是发行货币须有外币支持，当发行某一数额的本国或本地区货币时，要有同等价值的外币作十足支持的情况下才能发行。如果香港的发钞行要发行780万港元，必须有同等价值的美元作十足支持，即需要有100万美元。历史上，货币发行局制度一般是在殖民地实行，殖民地的货币同宗主国的货币挂钩，但香港的联系汇率制不同于原有意义上的货币发行局制度，因为港币所挂钩的货币是美元，而不是英镑。

（二）联系汇率制度下的货币基础

在当前的联系汇率制度安排下，香港的货币基础主要由三部分组成：一是负债证明书及流通硬币；二是持牌银行在金管局所设结算账户内的总结余；三是所有已发行的外汇基金票据及债券。

负债证明书。如上所述，这是发钞银行在发行港币钞票时，向外汇基金交纳美元所换取的，由财政司司长发出的无息负债证明书，作为发行钞票的支持。这类证明书按照1美元兑7.8港元的固定汇率以美元发行及赎回。

银行体系结算余额。1988年7月以前，香港的结算系统由三层架构组成，分别是票据交换所的管理银行、10家结算银行和其他银行（统称为次级结算银行）。汇丰银行一直都是票据交换所的管理银行，又是10

家结算银行之一。次级结算银行在其各自的结算银行开设结算账户，结算银行在管理银行即汇丰银行开设结算账户。1987 年 7 月，港府实行了新的银行结算制度，即新会计安排制度。其主要内容是汇丰银行在外汇基金开设一个港币账户，该账户余额即为汇丰银行向银行体系内的其他银行的结算账户提供的流动资金净额，从 1988 年起，这一账户的余额计入货币基础。1996 年 12 月开始实行同业即时结算系统，所有持牌银行均须在金管局开设港币结算账户，并计在外汇基金的账目上。这些账户内的总结余代表银行同业市场的流动资金总额。实际上，香港的商业银行在金管局的结算总余额，很类似于原来内地各商业银行在中央银行的备付金。

1998 年 9 月，为了改善货币防卫机制，金管局提出了七项措施，第一项就是金管局也向持牌银行作出明确保证，所有银行在金管局的结算账户内的港币可按 1 美元兑 7.75 港元的固定汇率（也就是兑换保证汇率）兑换成美元，自 1998 年 9 月 7 日生效。金管局在 1998 年 11 月 26 日进一步宣布，从 1999 年 4 月 1 日起，兑换保证汇率由 7.75 水平，分 500 天，每天调整 1 点（0.0001 港元）至 7.8 水平。届时兑换保证汇率便会与负债证明书的兑换率达到一致水平。

外汇基金票据和债券。外汇基金票据于 1990 年 3 月开始发行，首先推出的是 90 天期的外汇基金票据。发行这种票据与发行国库券或财政债券的目的不同。后者计入一般财政收入，而外汇基金票据则是一种金融政策工具，发行的目的在于增加一种可在市场操作的金融工具。外汇基金通过在市场上买卖票据，就可以调节市场上的港币流通量，达到放松和抽紧银根的目的。它与控制银行体系净结算额的性质基本相同，但操作起来更加灵活便利，类似于美国联邦储备体系的公开市场业务。1991 年以后，又陆续推出了半年期和一年期票据，1993 年 5 月起开始发行两年期债券。目前，外汇基金票据和外汇债券仍由外汇基金发行，外汇票据到期日不超过 1 年，外汇基金债券年期分为 2 年、3 年、5 年、7 年和 10 年。

1998 年 9 月，为了改善货币防卫机制，金管局提出的七项措施中，有四项措施是关于外汇基金票据和债券的，包括取消重复使用外汇基金票据和债券，需要罚息的制度；必须有资金流入，才能发行新的外汇基金票据和债券；银行向金管局拆入头寸的贴现率，按其所持有债券及票据数量的百分比计算，最初的 50% 按基本利率计算，余下的 50% 按基本利率加 5 厘，或港币隔夜银行同业拆息当天的水平，两者以较高者为准；贴现窗不会接受外汇基金票据以外的新发行的债券，现有合资格的非外汇基金债券，仍受到"重复使用"条款的限制，以及需要支付较高借贷利率。这样，外汇基金票据和债券的发行也同资本流入联系起来，并成为金管局调节货币流通量的主要工具。

根据香港金融管理局《金融数据月报》1999 年 5 月号的统计，1999 年 3 月末，在货币基础中，负债证明书占 46.4%，流通硬币只占 2.9%，外汇基金票据及债券占有 48.9%，银行体系结余占 1.74%。可见，负债证明书和外汇基金票据及债券是货币基础的主要部分。事实上，1990 年发行外汇基金票据及债券之前，负债证明书占货币基础的比重，一般在 90% 以上。1996 年，外汇基金票据及债券的数额达到 835.1 亿港元，而负债证明书为 824.8 亿港元，外汇票据及债券超过了负债证明书成为货币基础的最主要成分。

在一般中央银行体制下，中央银行购进外汇，在中央银行的资产负债中会形成外汇占款，也会提供基础货币，但一般不是投放基础货币的主要渠道，如实行浮动汇率，汇率也不确定。但在当前联系汇率制下，香港的货币基础由外币储备提供十足保证，货币基础的任何变动，都必须先有外汇储备相应变动。因此，香港的货币供给机制的一个主要特征，是货币供应量的增加主要由外资流入决定，货币发行局可以通过外汇基金票据及债券来调节。

（三）香港货币总量

在香港的货币总量统计中，既包括港币，也包括外币。根据香港金融管理局的规定，无论是港币还是外币，货币总量均分为三个层次，即 M1、M2 和 M3。关于港币与外币在货币总量中的比重问题，下节将作分析，在此先分析货币总量。各层次货币的定义如下：

M1 ＝由公众持有的纸币和辅币＋由持牌银行持有的活期存款

M2 ＝M1＋持牌银行持有的储蓄存款

＋由持牌银行持有的定期存款

＋由持牌银行发行及由公众持有的可转让存款证

M3 ＝M2＋由有限制牌照银行及接受存款公司持有的存款

＋由有限制牌照银行及接受存款公司发行及由公众持有的

可转让存款证

香港银行业实行三级制管理，由持牌银行、有限制牌照银行和接受存款公司三类认可机构组成。持牌银行可接受任何数额及期限的公众存款，并经营结算和储蓄账户业务，因此，可以从事全面性的银行服务。有限制牌照银行只可接受 50 万港元以上的存款，存款期限不受限制，主要从事批发性和投资银行业务。接受存款公司只准接受 10 万港元或以上的存款，存款期限最少为 3 个月，主要从事批发性业务。由以上货币层次定义可以看出，M1 包括纸币、硬币和活期存款，这些层次的货币具有完全的流通手段和支付手段的职能。M2 比 M1 增加了持牌银行所持有的储蓄存款、定期存款和可转让存款证，这些层次的货币类似于很多国家的准货币，不具有流通手段和支付手段的职能，主要是价值储藏手段。但在香港的现代化的支付体系中，这类准货币可以很快转换为 M1，因此，也具有一定程度的流动性。至于 M3，则比 M2 又增加了有限制牌照银行与存款公司所持有的存款和发行的可转让存款证。这两类机构所吸收的存款流动性较差。

表 1 是 1981—1999 年香港各层次货币量及其比重的统计。

表 1　　　　　　　　　1981—1999 年香港各层次货币量及其比重

| 年份 | M1/M2（%） | M1/M3（%） | M2/M3（%） | M1（亿港元） | M2（亿港元） | M3（亿港元） |
|---|---|---|---|---|---|---|
| 1981 | 21.6 | 14.2 | 66.0 | 251.94 | 1167.56 | 1768.18 |
| 1982 | 13.3 | 10.9 | 82.2 | 274.85 | 2066.88 | 2515.47 |
| 1983 | 12.0 | 9.9 | 82.8 | 308.96 | 2576.85 | 3111.46 |
| 1984 | 11.7 | 9.5 | 80.9 | 367.91 | 3140.81 | 3883.01 |

续表

| 年份 | M1/M2（％） | M1/M3（％） | M2/M3（％） | M1（亿港元） | M2（亿港元） | M3（亿港元） |
|---|---|---|---|---|---|---|
| 1985 | 11.6 | 9.5 | 82.0 | 452.66 | 3902.39 | 4759.60 |
| 1986 | 10.8 | 9.6 | 89.0 | 560.94 | 5181.31 | 5822.08 |
| 1987 | 12.1 | 11.0 | 91.1 | 819.02 | 6770.42 | 7433.53 |
| 1988 | 10.8 | 9.9 | 92.3 | 888.34 | 8246.48 | 8933.42 |
| 1989 | 9.6 | 8.9 | 93.3 | 948.58 | 9888.36 | 10602.07 |
| 1990 | 8.9 | 8.3 | 93.9 | 1075.09 | 12100.50 | 12880.28 |
| 1991 | 9.4 | 8.9 | 95.5 | 1284.97 | 13710.29 | 14357.43 |
| 1992 | 10.2 | 9.9 | 96.5 | 1555.57 | 15187.77 | 15742.65 |
| 1993 | 10.6 | 10.3 | 96.8 | 1876.08 | 17644.16 | 18231.08 |
| 1994 | 9.3 | 8.9 | 96.2 | 1853.34 | 19923.51 | 20708.31 |
| 1995 | 8.3 | 8.1 | 96.6 | 1904.71 | 22828.49 | 23639.63 |
| 1996 | 8.6 | 8.3 | 97.0 | 2174.60 | 25322.36 | 26116.36 |
| 1997 | 7.6 | 7.4 | 97.1 | 2080.93 | 27429.93 | 28256.09 |
| 1998 | 6.4 | 6.3 | 98.2 | 1976.56 | 30660.79 | 31223.35 |
| 1999 * | 6.5 | 6.4 | 98.4 | 2001.63 | 30751.39 | 31256.30 |
| 平均 | 10.5 | 9.3 | 90.8 | — | — | — |
| 最低 | 6.4 | 6.3 | 66.0 | — | — | — |
| 最高 | 21.6 | 14.2 | 98.4 | — | — | — |

注：＊1999 年数据截止到 3 月。

资料来源：1981—1985 年：Hong Kong Annual Digest of Statistics；

1986—1990 年：《香港统计年刊》（1991 年）；

1991—1993 年：《香港统计年刊》（1995 年）；

1994—1999 年 3 月《金融数据月报》（1999 年 5 月号）。

分析表 1 中的统计数据可以看出，香港货币总量的结构有两个特征：

第一，从 M1 占 M2 的比重来看，平均比重是 10.5％，最高比重是 1981 年的 21.6％，如果看 1982 年以后，则最高比重是 1982 年的 13.3％。最低比重是 1999 年 3 月的 6.5％。在 1981—1999 年的 18 年间，在 1994 年以前比较稳定，一般都在 9％～11％。而自 1995 年起，持续下降，到 1999 年 3 月，已经降到 6.5％，这说明香港的货币流动性在减弱。

第二，M2 占 M3 中的比重，在 1987 年以前是 90％以下，1988—1991 年，比重升至 95％，1992 年以后，比重升到 96％以上，目前，更达到98%的比重。可见，M3 与 M2 的总量相差不多，香港的货币总量，以 M2 最有意义。香港货币总量中，90%以上是由持牌银行所持有的定期存款和储蓄存款构成的。

## 二、香港货币流通的二元性

香港金融的国际化，不仅表现在具有众多的国外银行分行，资本自由流动，货币自由兑换，还表现在货币流通的二元性。所谓货币流通的二元性，即指在货币总量中，不仅有港币，还有外币，而且外币还占有相当的比重。这是香港货币流通的又一个显著特征。

（一）货币总量中港币和外币的分布

为了分析香港货币流通总量中港币与外币的分布，本文根据货币总量的定义，计算了各层次货币量中港币与外币的比重。表2是1994—1999年3月末各层次货币流通量中港币与外币的比重。

分析表2中的数据可以看出以下几个现象：

第一，由公众持有纸币和硬币百分之百都是港币。这是因为，港币是香港法定的货币，纸币和硬币的主要职能是交易手段和流通手段，用于满足日常小额的支付。外国的纸币和硬币是不允许在市场上流通的。在持牌银行的活期存款中，港币所占比重平均达到85%，外币所占比重达到15%左右。这说明，即使在最具有流动性的货币层次中，外币也只是一种账面上的货币。

在 M1 总量中，港币平均占有90.6%的比重，外币平均只占9.4%，外币的组成主要是持牌银行的活期存款。这说明，港币是流动性最强的货币量中的主体。

第二，1990年以来，M2 中港币比重是58%，外币平均比重是42.0%。在 M2 中，外币比重与港币比重基本持平的成分是持牌银行的定期存款，各占约50%。外币比重低于港币比重的成分是储蓄存款和可转让存款证。其中，以可转让存款证比重最低，平均是23.2%，而在储

## 表2　货币总量不同成分中的港币与外币的比重

单位：%

| 年份 | 港币所占的比重 | | | | | | | | | |
|---|---|---|---|---|---|---|---|---|---|---|
| | 由公众持有法定纸币和硬币 | 由持牌银行的持期存款 | 货币供应定义一（M1） | 由持牌银行持有的储蓄存款 | 由持牌银行持有的定期存款 | 由持牌银行发行及由公众持有的可转让存款证 | 货币供应定义二（M2） | 由有限牌照银行及接受存款公司持有的存款 | 由有限牌照银行及接受存款公司发行及由公众持有的可转让存款证 | 货币供应定义三（M3） |
| 1994 | 100.0 | 85.2 | 90.6 | 68.6 | 45.6 | 73.7 | 54.9 | 28.0 | 6.5 | 53.7 |
| 1995 | 100.0 | 84.2 | 90.1 | 68.4 | 46.8 | 79.7 | 55.2 | 28.0 | 8.3 | 54.1 |
| 1996 | 100.0 | 86.4 | 91.2 | 70.3 | 51.6 | 74.8 | 59.4 | 25.3 | 9.8 | 58.2 |
| 1997 | 100.0 | 84.3 | 90.4 | 68.4 | 54.5 | 77.5 | 60.2 | 23.5 | 14.1 | 59.1 |
| 1998 | 100.0 | 83.3 | 90.2 | 71.0 | 52.7 | 75.6 | 59.2 | 22.4 | 17.9 | 58.5 |
| 1999* | 100.0 | 84.0 | 90.8 | 70.5 | 52.8 | 79.4 | 59.2 | 23.0 | 20.7 | 58.7 |
| 平均 | 100.0 | 84.6 | 90.6 | 69.6 | 50.7 | 76.8 | 58.0 | 25.0 | 12.9 | 57.0 |

续表

外币所占的比重

| 年份 | 由公众持有的法定纸币和硬币 | 由持牌银行持有的活期存款 | 货币供应定义一（M1） | 由持牌银行持有的储蓄存款 | 由持牌银行持有的定期存款 | 由持牌银行发行及由公众持有的可转让存款证 | 货币供应定义二（M2） | 由有限制牌照银行及接受存款公司持有的存款 | 由有限制牌照银行及接受存款公司发行及由公众持有的可转让存款证 | 货币供应定义三（M3） |
|---|---|---|---|---|---|---|---|---|---|---|
| 1994 | — | 14.8 | 9.4 | 31.4 | 54.4 | 26.3 | 45.1 | 72.0 | 93.5 | 46.3 |
| 1995 | — | 15.8 | 9.9 | 31.6 | 53.2 | 20.3 | 44.8 | 72.0 | 91.7 | 45.9 |
| 1996 | — | 13.6 | 8.8 | 29.7 | 48.4 | 25.2 | 40.6 | 74.7 | 90.2 | 41.8 |
| 1997 | — | 15.7 | 9.6 | 31.6 | 45.5 | 22.5 | 39.8 | 76.5 | 85.9 | 40.9 |
| 1998 | — | 16.7 | 9.8 | 29.0 | 47.3 | 24.4 | 40.8 | 77.6 | 82.2 | 41.5 |
| 1999* | — | 16.0 | 9.2 | 29.5 | 47.2 | 20.6 | 40.8 | 77.0 | 79.3 | 41.3 |
| 平均 | — | 15.4 | 9.4 | 30.4 | 49.3 | 23.2 | 42.0 | 75.0 | 87.1 | 43.0 |

注：1999年数据截至3月。

资料来源：根据香港金融管理局《金融数据月报》1999年5月号第11至12页数据计算。

蓄存款中，外币所占平均比重为 30.4%。相反，港币在储蓄存款中的平均比重是 69.6%，在可转让存款证中的平均比重是 76.8%。从表 2 的分析中已知，M2 中 90% 以上是持牌银行所吸收的储蓄，可见，在金融储蓄方面，港币与外币几乎平分秋色。

第三，由于 M2 占 M3 的比重达 95% 以上，M3 中港币和外币的比重与 M2 的分布相似。但是在所增加的成分中，外币占有较高的比重。在有限制牌照银行和接受存款公司所持有的存款中，外币所占比重平均高达 75%，在有限制牌照银行和接受存款公司所发行而由公众所持有可转让存款证中，外币比重平均为 87.1%，1994 年高达约 93.5%，与持牌银行的可转让存款证外币比重较低形成鲜明对照。可见，有限制牌照银行和接受存款公司的储蓄来源中，绝大部分是外币。

（二）存款中外币的结构

从上面的分析中可以看出，外币在各类存款中都占有一定的比重。在这些外币中，各种货币的比重又如何呢？表 3 是香港外币存款中各种货币的结构。

表 3 　　　　　　　　银行客户存款中各种货币所占比重

| 年份 | 港币（%） | 美元（%） | 非美元外币（%） | 所有外币（%） | 所有货币（%，亿港元） |
|---|---|---|---|---|---|
| 1994 | 52.2 | 25.3 | 22.4 | 47.8 | 100.0 | 19455.72 |
| 1995 | 52.6 | 23.6 | 23.8 | 47.4 | 100.0 | 22262.38 |
| 1996 | 57.0 | 21.1 | 22.0 | 43.0 | 100.0 | 24582.56 |
| 1997 | 57.7 | 22.7 | 19.6 | 42.3 | 100.0 | 26644.67 |
| 1998 | 57.0 | 24.5 | 18.5 | 43.0 | 100.0 | 29541.63 |
| 1999 * | 57.0 | 24.7 | 18.3 | 43.0 | 100.0 | 29527.40 |

注：1999 年数据截至 3 月。

资料来源：根据香港金融管理局《金融数据月报》1999 年 5 月号第 13 页有关数据计算。

分析表 3 可以看出，在银行的客户存款中，外币存款的总体比重从 1994 年的 47% 左右，下降到 1998 年和 1999 年的 43%。其中，美元存款占存款总额的近 25%，也就是存款总额的四分之一，1999 年与 1994 年相比，基本没有变化。其他货币则从 1994 年占存款总额的22.4%下降到 1999 年的 18.3%，下降了近 4 个百分点，不到存款总额的五分之一。另外，也可以看出，美元是香港外币存款中的主要部分，1999 年占外币存款总额的 57% 左右。这也反映了在联系汇率制下，港币是以美元作为挂钩货币的特点。

## 三、香港货币需求的估计

香港金融管理局的主要政策目标是维持港币汇率的稳定，货币供应量的多少完全由市场需求决定。香港是一个小型开放经济体系，对于这样一个经济体系来讲，货币需求函数必然与其他经济体系有所不同。从香港的经济特征出发，笔者假设有四个因素对香港的货币需求有重要的影响。

一是本地生产总值。这个概念等同于主权国家的国内生产总值。本地生产总值反映了所有居民和非居民在香港本地生产的商品和服务总量。假设是本地生产总值越大，货币需求越大，对港币需求和对外币的需求的影响应该是同方向的。

二是对外贸易总额。香港是个完全开放的经济体系，对外贸易的总量比本地生产总值的数额还要大。在香港的贸易总额统计中，包括进口、转口和香港产品出口，无论是哪种形式的贸易，都会影响相应的货币流通。假定贸易总额与货币需求正相关，对港币和外币的需求的影响是不一样的。

三是社会零售总额。货币的主要职能是作为商品交换的流通手段，商品交换规模越大，货币需求越大。本文以社会零售总额作为商品交换的代表变量。假设社会零售总额所引起的对港币需求与对外币需求应该是不同的，对 M1 的需求和对 M2 与 M3 的需求也是不同的。社会零售总额越大，对 M1 的需求也越大，尤其是对港币 M1 的需求最敏感。由于 M2 比 M1 增加了储蓄存款和定期存款的成分，零售总额越大，对 M2 需求越小，无论是港币 M2 还是外币 M2。零售总额与 M3 应该没有关系。

四是股市交易额。香港的资本市场非常发达，参加股市交易的不仅有机构投资者，散户也是股市交易中的主要力量，因此，股市交易额越大，所需求的货币量越大。但是，股市交易额对不同层次货币的影响是不一样的，股票交易额越大，对港币 M1 的需求越大，对外币需求越小，因为，更多的外币会转换为港币参加股市交易。同样，股市交易额越大，M2 的需求越小，因为，M2 中的储蓄会转化为其他形式的金融资产。

为使分析简便，还假设这些因素同货币量是线性关系，对不同层次的货币量可以用一个线性回归方程来进行计量分析。为此，假设货币需求的函数如下：

$$M = a_1 GDP + a_2 RT + a_3 TT + a_4 ST + b$$

式中，$M$ 代表不同层次的货币量，包括 M1、M2、M3，港币 M1、港币 M2 和港币 M3；外币 M1、外币 M2 和外币 M3，以及 M2 与 M1 的差和 M3 与 M2 的差等；$GDP$ 代表本地生产总值；$RT$ 代表零售总额；$TT$ 代表贸易总额；$ST$ 代表股市交易额；$a_i$ 代表变量的系数，$i = 1$，2，3，4；$b$ 代表截距。

笔者按照以上回归方程，根据 1981—1998 年的数据进行最小二乘估计。分析是按如下步骤进行的：第一步，根据假设的货币需求函数对所有层次的货币量进行回归分析，得出各个变量的回归系数。第二步，根据第一次分析的结果，将系数不显著的变量去掉，再进行第二次回归，以便得到更好的回归结果。第三步，根据第二次分析的结果，将再次出现的系数不显著的变量去掉，再进行第三次回归分析，最后得出与该层次货币量关系最为显著的变量所构成的回归方程。

第一次分析结果表明，所有层次的货币量需求函数中，贸易总额的系数都不显著，M3 – M2 的回归方程可决系数过低。因此，在第二步回归分析中，去掉了贸易总额，也没有对 M3 – M2 进行分析。

第二次分析结果表明，M1、港币 M1 对本地生产总值和股市交易系数不显著；外币 M1 对所有变量的关系都不显著；M2、M3 和 M2 – M1 对三个变量的关系都同时显著，但港币 M3 和 M2 – M1 的截距都不显著；港币 M2 和港币 M3 对股市交易额不显著，而外币 M2 和外币 M3 对零售额不显著。

在第三次分析中，去掉了各个方程中不显著的变量，再次进行回归，得到了第三次回归结果。在分析中，外币 M1 的需求函数中不能同时包括两个变量，分别对各个变量进行了一元回归方程的分析，最后选取了外币 M1 对 GDP 的分析结果。同时，港币 M2、外币 M2、港币 M3 和外币 M3 中的截距都不显著，在最后的计算中取 0 截距。经过三次迭代分析的结果列在表 4 中。

表中第一列是各个层次的货币量，分为 M1、M2 等，共 10 个层次。第二列至第四列是各个层次的货币量回归方程中本地生产总值、零售总额、股市交易额的系数，系数下面括号中的数字，是相对应系数的 T 统计量。第五列是方程的截距，单位是亿港元。第六列是可决系数，第七列是 F 统计量，第八列是回归方程的自由度。

表 4　　　　　　　　　　香港各层次货币量的需求分析

| 项目 | GDP | 零售总额 | 股市交易额 | 截距 | $R^2$ | F | D |
|------|------|----------|------------|------|-------|------|------|
| M1 | | 1.0645<br>(27.79) | | −220.63<br>(−4.02) | 0.980 | 772.38 | 16 |
| 港币 M1 | | 0.9597<br>(29.48) | | −200.65<br>(−4.30) | 0.982 | 868.92 | 16 |
| 外币 M1 | 0.0176<br>(21.54) | | | 0<br>0 | 0.870 | 113.75 | 17 |
| M2 | 3.7489<br>(24.33) | −7.7289<br>(−8.71) | −0.1105<br>(−5.83) | −582.06<br>(−1.94) | 0.999 | 3348.35 | 14 |
| 港币 M2 | 2.4947<br>(15.36) | −7.1427<br>(−8.39) | | 0 | 0.988 | 639.84 | 16 |
| 外币 M2 | 1.0385<br>(19.28) | | −0.0812<br>(−2.30) | 0 | 0.956 | 175.78 | 16 |
| M3 | 3.7077<br>(27.11) | −7.4632<br>(−11.71) | −0.1070<br>(−5.28) | 0 | 0.998 | 2887.63 | 15 |
| 港币 M3 | 2.3411<br>(14.47) | −6.1986<br>(−7.31) | | 0 | 0.987 | 626.09 | 16 |
| 外币 M3 | 1.1034<br>(21.38) | | −0.0900<br>(−2.66) | 0 | 0.962 | 204.21 | 16 |
| M2 − M1 | 3.8046<br>(30.32) | −9.3953<br>(−16.07) | −0.0976<br>(−5.24) | 0 | 0.998 | 2934.61 | 15 |

如果将表中的数字转换为方程形式，可得到下面的结果：

M1 = 1.0645 零售总额 − 220.63

M2 = 3.7489GDP − 7.7289 零售总额 − 0.1105 股市交易额 − 582.06

余类推。

对于表 4 中的回归计算结果，可以作出以下解释：

1. 关于回归结果的总体检验。

第一，所有方程的 $R^2$ 都有很高的数值，最低的是外币 M1 的 0.870，最高的是 M2、M3 和 M2 − M1 的 0.998。可见，所有函数整体上都是可以通过的。

第二，所有系数和截距的 T 统计检验也是通过的，M2 函数中截距的 T 统计最低，为 − 1.943，也可以通过检验。

2. 对各个方程的分析。

第一，货币总量 M1 和港币 M1 与零售总额有最为密切的相关关系。从货币定义可知，M1 分为流通中的纸币和硬币，以及在持牌银行的活期存款。M1 中，90% 是港币，其中，纸币和硬币百分之百都是港币，活期存款中 85% 是港币，只有 15% 是外币。因此，M1 同零售总额相关是符合实际的。港币作为法定货币，在零售商品流通中占主体地位。

外币 M1 同本地生产总值、贸易总额和零售总额进行一元回归时，系数都能通过显著性检验，但与两个变量同时进行回归时，所有变量的系数都不能通过显著性检验。从经济意义上讲，本文选取本地生产总值解释的方程。结果显示，外币 M1 与本地生产总值正相关。

第二，M2、M3 和 M2 − M1 都可以用本地生产总值、零售总额和股市交易额解释。因为 M2 在 M3 中平均占 90% 的比重，M1 在 M2 中平均占 10% 的比重，所以 M2、M3 和 M2 − M1 的需求函数表现出同样的特征。三个层次的货币量与本地生产总值成正相关，而与股市交易和零售总额成负相关。在 M2 中，90% 以上是持牌银行的储蓄存款和定期存款。储蓄存款和定期存款与本地生产总值正相关，说明了随着收入的增加，人们的金融储蓄越高。同时，储蓄与股票交易和零售总额成负相关，说明为了消费和进行股票投资，人们要减少储蓄。

第三，港币 M2 与外币 M2 同股票交易和零售总额的相关关系正相反，港币 M3 与外币 M3 也有同样的关系。港币 M2 和港币 M3 与本地生产总值正相关，而与零售总额负相关，与股票交易无关；外币 M2 和外币 M3 与本地生产总值正相关，而与股票交易负相关，与零售总额无关。这点似乎可说明，当人们消费增加，从而零售总额增加时，人们首先要减少的是港币储蓄；但当人们要进行股票投资，股市交易额增加时，人们要减少的则是外币储蓄。港币储蓄与本地消费和商品流通关系密切，而外币储蓄与股市行情和资本流动关系密切。

第四，在多变量回归方程中，贸易总额与各层次的货币量的关系都不显著，说明对货币的需求主要由本地因素决定。

## 四、几点启示

通过以上对香港货币流通的分析，不仅获得了对货币流通情况的了解，似乎还可以得到以下几点启示：

第一，虽然香港是一个小型开放经济体系，金融管理局并不能以控制货币供应量作为货币政策的目标，但是，货币流通量同样具有相当程度的规律性，这些规律性突出地表现在货币总量具有稳定的结构特征，并同经济总量有高度相关关系。这说明，香港的货币供给是经济体系内的一个内生变量，是同整体经济运行相适应的。从这个角度讲，联系汇率制是适应香港经济运行的。

第二，在香港的货币总量中，外币占有近 40% 的比重，但并不影响在香港港币的流通。港币与外币在香港的整体货币流通中，担当着不同的角色，发挥不同的作用。在 1998 年 9 月香港金融管理局实行了加强联系汇率制的措施之后，特别是银行体系的结余可以按保证汇率兑换为美元后，全部货币基础都可以按保证汇率兑换成美元，从而所有存款货币也可以迅速转换成美元，使港币在更大程度上成为美元的替代品，对港币汇率的狙击更加困难，人们对港币的信心更强，在香港实行"美元化"已毫无必要。

第三，目前，香港的货币供给量的增加已完全依靠资本的流入，同时，本文的计量分析表明，货币需求同对外贸易不相关，这说明，出于金融交易动机流入香港的资本对于货币流通具有重要的影响，而非实际对外经济交易。因此，金融资产的价格，尤其是利率、股价的变动会对货币流通产生重要影响。当利率等金融资产价格的水平不利于实际经济发展时，货币供应量也不能作出独立的调整，有可能出现不适当的收缩或扩张。

第四，虽然香港是一个完全开放的经济体系，但仍然有本地因素导致的对货币量的需求。在货币供应增量完全由外资流入所决定的条件下，由于内部经济交易所导致的货币需求，有可能得不到满足，从而引发货币供给不足，影响经济增长。在大量资本外流时，还会导致通货紧缩。

# 第二部分

# 汇率和国际收支

# 试论人民币汇率均衡水平的判别原理[①]

【内容简介】改革开放前，人民币汇率实行的是固定汇率制度，改革开放后，人民币汇率制度改革也随之开始，1981 年制定的贸易外汇内部结算价是 2.8 元兑 1 美元，1985 年是 3.2 元兑 1 美元。人民币汇率的均衡水平是多少？如何判断？本文认为，国际贸易中的商品流通和货币流通有特殊性。在国际贸易中，进出口商会通过国际贸易实现超额剩余价值，称为比较剩余价值，或比较利润。在进出口商进行外汇买卖时，双方都要通过每一美元的交易获得等量的利润，只有当外汇买卖双方平均利润率相等时，外汇的供给与需求才能相等，从而实现均衡的汇率。根据这一观点所建立的公式表明，均衡汇率等于平均出口换汇成本与平均进口用汇收益的几何平均值，可以称为比较利润率平价。

货币作为一般等价物和流通手段，在国内商品交换中起着媒介作用，形成了与商品流通并存的货币流通运动。同样，商品在国际上的流通，需要用世界货币作为媒介。但在黄金已不再作为货币的条件下，只能由国别货币来承担世界货币职能。因此，商品在国际上的流通所引起的两国之间货币的交换比率，成为货币流通向世界范围延伸过程中所不可避免的阶梯，是商品在国际交换过程中实现价值的又一次"惊险的跳跃"。因此，研究汇率问题，必须研究商品流通和货币流通在国际交易中的特殊形态，研究商品价值在国际市场上实现的特殊方式。这样才能发现决

---

① 本文是提交给 1985 年 11 月中国金融学会和中国人民银行金融研究所召开的"全国人民币汇价理论与政策讨论会"的论文。

定汇率水平的客观因素，从而为调节汇率提供理论依据。

目前，我国的人民币是不可自由兑换货币，我国与其他国家之间的资本不能自由流动，这就决定了影响人民币汇率水平均衡的条件，主要是贸易收支。在贸易收支中，有商品贸易和劳务收入之分，但劳务也可以看作一种商品，在价值实现方面与贸易收支有其共性。从共性出发，研究对外贸易中的货币流通对汇率的影响，更带有普遍性。

## 一、国际贸易中商品流通和货币流通的特殊性

### （一）进出口商品的使用价值和价值实现的特点

商品是使用价值和交换价值的统一体，无论是国内市场上的商品还是国际市场上的商品，都是如此。但是，两者在使用价值和价值表现方面，却具有不同的特点。

在国内市场中，商品对卖者来讲仅仅是价值，而不是使用价值。商品的价值可以直接表现为一定的本币数量。商品买卖双方衡量商品价值的价值尺度是统一的，都是本国货币。商品价值在交换完成后马上得到实现。国内市场中的商品交换的形式可以表示为：

$$W - G - W$$

其中，$W$ 表示商品，$G$ 表示货币。公式所表明的实际内容是，两种使用价值不同的商品在商品所有者之间进行了等价交换。

在国际市场中，商品的使用价值表现具有不同的特点。无论商品卖给国内买者还是卖给国外买者，对卖者来讲，商品都不是使用价值。但是，对国内市场来讲，出口商品也具有使用价值，对国内消费者来讲，是有用的。然而，作为商品向国外出售，意味着出口商品对国内市场来讲应该是没有使用价值的。理解这一矛盾的关键在于，商品对于国内市场来讲不是使用价值是有条件的、相对的。这一条件就是价格水平，相对性则表现为在一定价格水平上，某种商品的总供给大于国内的需求，形成了过剩供给。

同样，进口商品既是使用价值又是价值。对国内市场来讲，进口商

品同国内商品是一样的。但是，进口商品在使用价值方面，补充了国内的供给。国内商品流通的结果，丝毫不会改变国内商品的使用价值量和价值量，而国际商品交换的结果，却可以改变一国的使用价值量及其构成，因而有可能增加商品价值总量。

进出口商品的价值有特殊的实现方式。出口商品首先得到外汇，以某一国货币实现了商品价值。当出口商将外汇卖出时，实现了外汇的国内价值，也最终实现了商品的价值。这一过程可表示为：

$$W_d - G_f - G_d$$

式中，小写字母 $d$ 表示国内因素，$f$ 表示国外因素。进口商品的交换过程正好相反。国内进口商首先在国内用本币购买外汇，然后进口商品，这一过程可以表示为：

$$G_d - G_f - W_f$$

可见，进出口商品的买卖过程有三个鲜明的特征：第一，外汇成为本国商品与本币之间和本币与外国商品之间的交换媒介。在本国商品以本国货币实现价值和在用本币购买国外商品之前，都经过价值尺度转换。第二，外汇经历了买和卖两个阶段，外汇成为特殊的货币商品。第三，由于发生了价值尺度的转换，出口商品换得外汇，再卖出外汇所得的本币，与直接卖出商品得到本币的数量，有不相等的可能性。同样，用本币先购买外汇，再进口商品的数量，与直接用本币在国内市场上买到的数量，也有不相等的可能性。这种可能性在进出口商品的货币资金循环中直接表现出来了。

进出口商品流通中的资金循环形式也具有特殊性和本质特征。我们假定进出口分别由专门经销商从事。

出口商品的资金循环形式是：

$$G_d - W_d - G_f - G'_d$$

该式表明，出口经销商用本币从国内市场中购买商品，然后出口换汇，再将外汇卖出换得本币资金。$G_d' = G_d + \Delta G_d$，$\Delta G_d$ 表示得到的利润。

进口商品的资金循环形式是：

$$G_d - G_f - W_f - G'_d$$

该式表明，进口经销商用本币购买外汇然后进口国外商品，在国内市场上卖出后得到本币。$G'_d = G_d + \Delta G_d$，表示得到一定的利润。

从事进出口贸易的资金为什么能够增值？在出口商品 $W_d$ 和进口商品 $W_f$ 中，没有新增劳动（价值）因素，而且我们已假定，出口商和进口商按同类商品的国内价格在国内和国外市场上购买和出售。这种在国际商品流通中增值的价值是哪里来的？为了分析清楚这一问题，要搞清楚进出口商品的价值构成及其表现。

### （二）国际贸易商品的价值构成和比较利润

国际贸易商品的价值由四个部分组成。第一部分，不变成本，即由原材料、折旧，以及其他物化劳动转移的价值。第二部分，可变成本，即支付给工人的工资。第三部分，是剩余劳动形成的在国内市场上可以实现的剩余价值。第四部分，是国民价值与国际价值差额构成的超额剩余价值。生产同一类商品各国所付出的劳动不同，当把商品的价值折合成一种货币单位时会表现为不同的量。这部分价值，只有通过国际贸易才能实现。这个超额剩余价值，笔者认为应该称为比较剩余价值，或比较利润。它可能是正数、负数或是零，表示一个国家某项商品的价值可以大于、小于或等于另一个国家该类商品的价值。

那么，进出口商品的比较剩余价值能够实现的条件是什么呢？

我们假定，汇率对于某一项进口商品和出口商品来讲是既定的外生变量，也就是说，汇率不受该商品的价格水平、进口或出口数量的影响。并假定汇率处于均衡水平，设汇率为 $E$，数值为 1 美元等于 3 元人民币，即 $E = ¥3/\$1$。

如果某类商品 A 在国内的价格是（每单位）4 元人民币，即 $P_d = ¥4$，而该商品在外国的价格是 2 美元，即 $P_f = \$2$，那么，该商品的国内价格与国外价格的比率为 $E_A = ¥4/\$2 = ¥2/\$1$。可见，如果出口商品 A，那么，每出口一个单位，耗费 4 元人民币成本，但能得到 2 美元外汇收入，当出口商将 2 美元卖出后可得 6 元人民币（$\$2 × ¥3/\$1$）。这样，该出口商每出口一单位商品 A，可得 2 元人民币的利润，这个利润额就是商品 A 通过国际交换所实现的超额剩余价值，或比较剩余价值。可以推论，只要某类商品的国内价格与国外价格之比小于汇率，即 $E_i = P_d/P_f < E$，出口该商品就可以盈利，实现正数的比较剩余价值，即比较利润。

设 $M_i$ 为出口单位比较利润，$E_i$ 为 $i$ 类商品的国内价格与国外价格的比率。则：

$$M_i = E - E_i \qquad (1)$$

表示第 $i$ 类商品每出口 1 美元所实现的比较利润。设 $M'_E$ 为出口比较利润率，则：

$$M'_E = M_i/E_i \qquad (2)$$

如果某类商品 B 在国内的价格是 6 元，即 $P_d = ¥6$，而该商品在国外的价格是 1 美元，即 $P_f = \$1$。那么，该商品的国内价格与国外价格的比率 $E_B = ¥6/\$1$。这时出口 1 单位商品 B，只能得到 1 美元，换得了 3 元人民币，发生亏损。相反，如果用 3 元人民币购买 1 美元，然后进口商品 B，在国内可换得 6 元人民币，可以得到 3 元人民币利润。这个利润额是商品 B 通过国际交换在本国实现的超额剩余价值，或比较剩余价值。同样可以推论，只要某类商品的国内价格与国外价格之比大于汇率，即 $P_d/P_f = E_j > E$，进口该商品就可以盈利，实现正的比较剩余价值，即比较利润，而出口该商品就会亏损。

设 $M_j$ 为进口单位比较利润，$E_j$ 为 $j$ 类商品的国内价格与国外价格的比率，则：

$$M_j = E_j - E \qquad (3)$$

表示第 $j$ 类商品每进口 1 美元所实现的比较利润。设 $M'_X$ 为进口比较利润率，则：

$$M'_X = M_j/E \qquad (4)$$

根据同样原理可知，如果某类商品的国内价格与国外价格比率等于汇率，那么进口和出口将都是不盈不亏。但这样，用于出口或进口的资金就不可能实现增值了。当进出口经营由专门经销商从事时，这类商品将不参加国际贸易。

在宏观总量上也可以作出同样的结论，收购出口商品的本币总成本，应该小于出口商品销售后所最终得到的本币收入。两者之差为出口的比较利润总额。进口商购买外汇的本币总成本，应该小于进口商品在国内的销售本币总收入，其差额为进口比较利润总额。出口比较利润总额与出口商品的总成本的比率为出口平均比较利润率，进口比较利润与购买外汇的总成本的比率为进口平均比较利润率。

对于某类商品来讲汇率是既定的，汇率水平的高低，决定了该商品是适宜出口还是适宜进口，决定了该商品通过国际交换所能实现的比较利润量。然而，汇率水平是怎么决定的呢？比较利润对汇率有没有反作用？进出口的平均比较利润率与汇率均衡水平是什么关系呢？

## 二、进出口比较利润率与均衡汇率

人们对生活资料和生产资料的需求是基本需求，为满足基本需求，人们需要货币。因此，对商品和劳务的基本需求中派生出对货币的需求，称为派生需求。同样，人们对外国商品和劳务的需求也会派生出对外汇的需求，从进口商品购买公式 $G_d - G_f - W_f$ 中可以看出，为了购买外国商品和劳务，首先要购买外汇。从出口商品价值实现公式 $W_d - G_f - G_d$ 中可以看出，对外国商品和劳务的供给，派生出对国内外汇市场的外汇供给。

因此，如果把外汇看作一种特殊的商品，外汇市场就是特殊的货币商品市场。在这个市场中，外汇需求方是进口商，进口商品的外汇价值就是对外汇的需求量；外汇供给方是出口商，出口商品的外汇价值是对外汇的供给。汇率是外汇的本币价格，既然是价格，就会同其他商品价格一样，决定于供给与需求，只有当外汇供给等于外汇需求时，才能达到均衡汇率。因此，必须分析外汇供给与需求的均衡条件。

（一）价格比率与汇率

如果在某一时刻考察两国可贸易商品的价格比率，会得到不相等的一系列数值。假设有七类商品，A、B、C、D、E、F、G。七类商品国内价格和国外价格的比率 $E_i$ 分别为 $E_a = 1$，$E_b = 2$，$\cdots$，$E_g = 7$。比率的实质说明，不同商品换回 1 美元需要付出的本币成本。

很显然，如出口 1 元人民币 A 商品，进口 1 美元 G 商品，在国内可以卖得 7 元人民币。国内市场上，A 商品与 G 商品的交换比率是 7:1，而通过国际贸易可以实现 1:1 的交换比率。相对于 G 来讲，出口 A 至 F 都是合适的。而相对于 A 来讲，进口 B 至 G 都是合适的。

到底出口什么、进口什么？这是由汇率决定的。如果汇率 $E=1$，则对 A 来讲，出口后换汇收入等于在国内销售收入，不亏不盈，不参加贸易。对 B 至 G 来讲，出口都将亏损，而进口盈利。这样，只有外汇需求而没有外汇供给。如果汇率 $E=7$，则对 G 来讲，进口不亏不盈，不参加贸易，而进口 A 至 F 都会亏损，出口却会盈利。这时，在外汇市场上只有外汇供给而没有外汇需求。

可见，均衡汇率只能在 1 和 7 之间，也就是说，在两国可贸易商品的价格比率的最高水平和最低水平之间。然而，汇率在什么水平上才是均衡的呢？

（二）平均比较利润率与汇率

现在，假定汇率 $E=4$。这时，A、B、C 都可以出口，而且盈利；E、F、G 都可以进口，而且盈利。商品 D 不参加贸易。A、B、C 三种商品的出口换汇成本分别是 $E_a=1$，$E_b=2$，$E_c=3$。总的平均换汇成本是三类商品各自换汇成本的加权平均，权数是出口的外汇收入。设 C 代表平均换汇成本，则：

$$C = \frac{\sum E_i q_i}{\sum q_i} \tag{5}$$

式中，$E_i$ 是 $i$ 类商品的换汇成本，$q_i$ 是 $i$ 类商品出口外汇收入。在汇率 $E=4$ 时，$C<E$。

在 $E=4$ 时，进口 E、F、G 可以盈利，进口 E、F、G 商品的用汇收益分别为 $E_e=5$，$E_f=6$，$E_g=7$。进口的平均用汇收益是各类商品进口收益的加权平均，权数是进口的外汇支付数量。设 $I$ 为进口平均用汇收益，则：

$$I = \frac{\sum E_j q_j}{\sum q_j} \tag{6}$$

式中，$E_j$ 是 $j$ 类商品的用汇收益，$q_j$ 是 $j$ 类商品的进口用汇额。可见，在汇率 $E = 4$ 时，$I > E$。

因为不同类别的出口商品有不同的出口换汇成本，不同的进口商品有不同的进口用汇收益，所以，在进行国际贸易时，会实现不同的比较利润，因此有不同的比较利润率。在本文假定的例子里，出口 1 元 $A$ 商品，得到 1 美元收入，折成 4 元人民币，可实现 3 元比较利润，比较利润率为 300%。商品 $B$、$C$ 出口后可分别实现比较利润 2 元和 1 元人民币，实现 100% 和 33% 的比较利润率。设 $M_E$ 为出口商品的比较利润总额，则：

$$M_E = \sum E q_i - \sum E_i q_i \tag{7}$$

设比较利润率为 $M'_E$，则：

$$M'_E = M_E / \sum E_i q_i = ( \sum E q_i - \sum E_i q_i ) / \sum E_i q_i \tag{8}$$

设 $\sum q_i = U$，表示出口总外汇收入，$\sum E_i q_i = V$ 表示出口人民币成本，又有 $\sum E q_i = E \sum q_i = E \cdot U$，所以有：

$$M'_E = \frac{E \cdot U - V}{V} \tag{9}$$

因此，出口的平均比较利润率等于出口人民币收入减去出口人民币成本与出口人民币成本的比率。

同样，在进口方面，也可以得到比较利润和比较利润率。在本文假定的例子里，进口 1 美元的商品 $E$、$F$、$G$，用人民币成本都是 4 元，销售后可得 5 元、6 元和 7 元，分别实现 1 元、2 元和 3 元人民币的比较利润，比较利润率分别为 25%、50% 和 75%。设 $M_X$ 表示进口商品的比较利润总额，则：

$$M_X = \sum E_j q_j - \sum E q_j \tag{10}$$

设比较利润率为 $M'_X$，则：

$$M'_X = M_X / \sum E q_j = ( \sum E_j q_j - \sum E q_j ) / \sum E q_j \tag{11}$$

设进口商品的国内人民币销售收入为 $R$，则 $R = \sum E_j q_j$，进口用汇额为 $S$，$S = \sum q_j$，又因 $\sum Eq_j = E \sum q_j = E \times S$，所以，进口比较利润率为

$$M'_X = \frac{R - E \cdot S}{E \cdot S} \qquad (12)$$

因此，进口的平均利润率等于进口商品的国内人民币销售总收入减去进口人民币总成本与进口人民币总成本的比率。

从进口平均比较利润率公式可以看出，在出口外汇收入和国内出口本币成本不变的情况下，汇率贬值，出口比较利润率升高，汇率升值，出口比较利润率下降；在进口的国内销售收入和外汇成本不变的情况下，汇率贬值，进口比较利润率下降，汇率升值，进口比较利润率升高。出口比较利润率上升时，对外汇的供给增加，而进口比较利润率上升时，对外汇的需求增加。因此，进出口的比较利润率的相对水平决定了外汇市场上外汇供给与需求的相对水平。

如果出口比较利润率大于进口比较利润率，出口积极性就会大于进口积极性，出口增加。但是，这时会有两个方面的力量使出口比较利润率下降。一方面，出口商品的国内价格上升，导致出口成本上升。另一方面，进口商在购买外汇时只肯支付比较低的价格，导致汇率升值。这样，出口比较利润率下降。

如果进口比较利润率大于出口比较利润率，进口积极性就会大于出口积极性，进口增加，对外汇需求增加。但是，这时也会遇到两个方面的力量迫使进口比较利润率下降。一方面，进口商品的国内销售价格会下降，使销售收入减少；另一方面，出口商在卖出外汇时会抬高外汇成本的本币价值，导致汇率贬值，进口比较利润率下降。

外汇是特殊商品，在进出口商进行外汇买卖时，双方都要通过每 1 美元的交易获得等量的利润。因为，当外汇卖方每卖出 1 美元所能实现的利润低于买方用 1 美元所能实现的利润时，必然会提高价格。反之，买方会降低出价。因此，只有在外汇买卖双方利润相等时，外汇的供给与需求才能相等，从而实现均衡汇率。

设出口比较利润率等于进口比较利润率，即 $M'_E = M'_X$，则：

$$\frac{E \cdot U - V}{V} = \frac{R - E \cdot S}{E \cdot S}$$

整理得：

$$\frac{E \cdot U}{V} - 1 = \frac{R}{E \cdot S} - 1$$

可推出：

$$\frac{E \cdot U}{V} = \frac{R}{E \cdot S}$$

整理得：

$$E^2 = \frac{R \cdot V}{S \cdot U}$$

上式中，$R/S$ 是进口人民币收入与进口用汇额的比率，是进口商品平均比价。$V/U$ 是出口商品人民币成本与出口收汇额的比率，相当于出口商品平均比价。

两边开方，有：

$$E = \sqrt{R \cdot V / S \cdot U} \qquad (13)$$

这就是均衡汇率的计算公式，可以定义为比较利润率平价。该式有以下性质。

第一，均衡汇率与进口商品人民币收入 $R$ 和出口商品人民币成本 $V$ 的平方根成正比，与进口用汇额 $S$ 和出口收汇额 $U$ 的平方根成反比。均衡汇率等于进口商品平均比价和出口商品平均比价的几何平均值。

第二，如果实际汇率 $E_r < E$，说明出口比较利润小于进口比较利润，只有使汇率贬值，提高出口比较利润，才能实现均衡。

第三，如果实际汇率 $E_r > E$，说明出口比较利润率大于进口比较利润率，只有使汇率升值，提高进口比较利润率，才能实现均衡。

因此，根据本文所建立的公式，可以计算出使进出口比较利润率相等的均衡汇率。调整实际汇率使其达到均衡水平，才能使汇率稳定。有关资料的统计是容易得到的，只是因为时间关系，本文没有收集并计算验证所提出来的公式，有待于以后继续进行研究。

本文从纯理论角度分析了人民币汇率均衡水平的判别原理。有些假定还没有完全实现，实际情况非常复杂，但是对自由市场调节的分析可以提供一个最基本的原理。在这些原理基础上，根据实际情况，可以作相应调整，从而得到更近于实际的理论说明。但愿本文对进一步开展人民币汇率的理论研究提供一些有价值的参考。

# 论适度偿债率①

【内容简介】本文是根据笔者的硕士论文核心观点写的文章。根据对 20 世纪 80 年代拉美国家债务问题的研究，文章分析了外债还本付息的特殊性，认为用于归还外债本息的价值来源不仅是国内的剩余劳动，而且是转化为外汇的剩余劳动。因此，偿还能力受到国民收入增长和外汇收入增长的制约。国民收入所决定的适度偿付外债本息额等于边际储蓄量，外汇收入所决定的适度偿付外债本息额等于外汇收入增长额。在理论分析基础上，建立了适度偿债率的判别公式，并对几个债务严重的国家进行了实证分析，证明了公式的可行性。同时，对我国利用外资的适度规模进行了估算。

一国利用外资的适度规模，取决于适度偿债能力。国际上衡量一国偿债能力的主要指标是偿债率，即外债还本付息额对当年外汇经常收入的比率。一般认为，偿债率不高于 20% 是安全水平。然而，这一判别标准缺乏理论上的论证，在实践中也不能作出有效的解释。有的国家偿债率高于 20% 但没有发生问题，有的国家偿债率低于 20%，却发生了偿债困难。因此，从理论上深入探讨决定还本付息的因素，建立有理论根据的，对任何国家、任何年度都有一定适用性的适度偿债率的判别公式，是理论和实践所提出来的一个迫切需要解决的问题。

---

① 本文原载于《国际金融研究》1986 年第 2 期，并于 1988 年获得首届国际金融研究优秀论文二等奖。

## 一、外债还本付息的特殊性

国际资本流动实际上是各国闲置资本在国际范围内的循环和周转。外资与国内资本的一个共性是循环形式相同，两者都从货币形态出发，经过生产资料形态和商品资本形态最后回到货币资本形态。但外资的特殊性是外汇，因此，资本不仅要回到货币形态，而且要回到外国货币形态。可见，用于归还外债本息的价值来源不仅是国内的剩余劳动，而且是转化为外汇收入的剩余劳动。

社会总产品的价值是在两个市场上实现的，一部分在国内市场上以本币资金实现，另一部分在国际市场上以外汇资金实现。以外汇实现的社会总产品价值，减去全部社会总产品价值中所有外汇成本而构成的纯收入，是国民收入的一个组成部分，是偿还外债本息的基本保证。

因此，一国偿还能力宏观上受到两个因素的制约：一是国民收入水平，即一国新增价值总量；二是外汇收入水平，即以外汇形式实现的劳动价值。这两个因素对偿还能力限制的性质和程度不同，需要分别考察。

## 二、国民收入对偿付外债本息能力的制约

一国经常外汇收入占国民生产总值的比重越高，可以实现的顺差越大，则偿付外债本息，支付利润的外汇供给能力越强。然而，偿付外债本息必然要分掉一部分国民收入。因此，必须说明还本付息同国民收入的一般关系。

在西方宏观经济学中，国民收入等于国民生产总值减去折旧，再减去政府间接税。所以，如果以 $C$ 代表总消费，$I$ 代表净投资（不包括折旧），$C$ 和 $I$ 中都不包含政府间接税所导致的消费和投资，则国民收入的使用可表示为：

$$N = C + I + X - M \tag{1}$$

从式（1）中可以看出，如果 $X - M = 0$，则 $N = C + I$，说明当出口与进口平衡时，国民收入等于消费和净投资。如果 $X - M < 0$，则 $C + I > N$，即当进口大于出口时，当年消费和净投资大于当年国民收入，这时，

必须动用一部分外汇储备或引进外资。如果 $X - M > 0$，则 $C + I < N$，即出口大于进口，说明为实现还本付息，贸易收支必须是顺差，这时，国内消费和净投资将小于当年的国民收入。

还本付息对国民收入的比率说明一国新创造的价值中，外国资本所占有的比重。这一比率越高，对国内消费和净投资支出的压力越大。因此，只有国民收入增长才能保证偿还能力。

偿还外债本息的价值来源是一国国民的剩余劳动，在宏观经济总量中表现为储蓄。储蓄在国民收入中占的比重越高，相对于国民收入增长越快，就越能充分满足偿付外债本息和进行国内投资的需要。

消费应当随着国民收入的增长而增长，为了保证人民生活水平，不能压缩消费来保证偿付外债本息。同样，在总储蓄中，偿付外债本息越多，用于国内投资的部分就越少。为了维持经济增长，积累投资部分也不能减少，而应该随着国民收入的增长而增长。

那么，偿付外债本息的适度量及其对国民收入比率的适度水平如何确定呢？笔者认为应该遵循这样的原则：消费占国民收入的比重不减，用于净投资的部分又能够不断增加。因此，偿付外债本息的适度量，不是由储蓄量总额决定，而是由储蓄的增量决定。根据这个原则，一国对外偿付外债本息额的适度量应该等于该国国民收入使用中的边际储蓄量，即国民收入增量中用于储蓄的部分。

根据这一标准，可以确定国民收入所决定的适度偿还能力的衡量公式。已知国民收入为 $N$，边际消费倾向为 $S$，设国民收入增长率为 $\alpha$，偿付外债本息额为 $D$。因为规定适度偿付外债本息额等于边际储蓄量，所以有：

$$(N_t - N_{t-1}) \times S = D_t \tag{2}$$

又因为：$N_t = (1 + \alpha_t) \times N_{t-1}$，所以有：

$$D_t = (N_t - \frac{N_t}{1 + \alpha_t}) \times S = \frac{\alpha_t \times S}{1 + \alpha_t} \times N_t$$

设 $U_N$ 代表适度国民收入偿债率，则有：

$$U_N = \frac{D_t}{N_t} = \frac{\alpha_t \times S}{1 + \alpha_t} \tag{3}$$

笔者认为，实际比率高于理论适度偿债率的国家是债务负担比较重的国家，反之，则是债务负担不重，或是正常的国家。

按照式（3），可以计算一个国家适度国民收入偿债率的理论值。以巴西为例，根据国际货币基金组织《国际金融统计》1983 年年报和《国际收支统计》第 33 卷 1982 年年报第一部分的资料可知，1974 年巴西国民收入为 6980 亿克鲁塞罗，1975 年为 9860 亿克鲁塞罗，增长率 $\alpha$ 为 11%。另外，根据巴西储蓄与国民收入的相关分析，可知边际储蓄率 $S$ 为 0.118。因此，对巴西来讲，1975 年适度国民收入偿债率 $U_N = 0.41 \times 0.118/1.41 = 0.034$，即 3.4%。当年，巴西外偿还本付息额 $D$ 为 372.8 亿克鲁塞罗，实际国民收入偿债率 $U_N = 372.8 \div 9860 = 0.038$，即 3.8%。可见，实际偿债率高于理论偿债率。

根据同样方法，分别计算了巴西、印度尼西亚、韩国、印度四个国家在 1975—1981 年各年的适度国民收入偿债率的理论值及实际国民收入偿债率。计算结果如表 1 所示。

表 1　　　　适度国民收入偿债率与实际国民收入偿债率的比较　　单位：%

| 国别 | 比率类别 | 1975 | 1976 | 1977 | 1978 | 1979 | 1980 | 1981 |
|------|------|------|------|------|------|------|------|------|
| 巴西 | 实际值 | 3.8 | 4.0 | 4.7 | 5.3 | 6.2 | 6.6 | 7.3 |
|      | 理论值 | 3.4 | 4.2 | 3.7 | 3.5 | 4.5 | 5.9 | 5.6 |
| 印度尼西亚 | 实际值 | 6.5 | 5.2 | 6.1 | 7.7 | 8.0 | 6.7 | 5.7 |
|      | 理论值 | 4.3 | 5.6 | 5.0 | 4.4 | 7.8 | 8.2 | 4.4 |
| 韩国 | 实际值 | 4.1 | 3.8 | 4.3 | 4.8 | 5.0 | 7.7 | — |
|      | 理论值 | 4.4 | 4.4 | 3.7 | 4.5 | 3.3 | 2.4 | — |
| 印度 | 实际值 | 0.9 | 0.9 | 1.0 | 0.9 | 0.9 | — | — |
|      | 理论值 | 1.1 | 1.6 | 2.2 | 1.5 | 1.8 | — | — |

表 1 的数据表明，20 世纪 70 年代后期，实际国民收入偿债率同适度国民收入偿债率相比，除印度的实际值小于理论值外，其他国家的实际值在大多数年度中都超过了理论值。这与印度利用外资的政策比较谨慎，债务负担比较轻，其他国家利用外资规模过大，债务负担比较严重的实

际情况基本相符。这说明利用式（3）所计算的适度国民收入偿债率有一定的参考价值。

根据对我国储蓄与国民收入的回归分析，我国长期以来边际储蓄倾向为 0.275，如果我们假定国民收入的增长率为 7.2%，那么我国国民收入偿债率的适度水平就是 $U_N = 0.072 \times 0.275/1.072 = 0.0185$，也就是说，适度偿付外债本息额为国民收入的 1.85%。

## 三、外汇收入对偿付外债本息能力的制约

国民收入增长，国内储蓄增加，是偿付外债本息的基础。然而，偿付外债本息必须用外汇，只有一部分储蓄转化为外汇收入，才会形成实际偿还能力。

理论分析和实际经验都已证明，储蓄的增长依赖国民收入的增长，而没有外汇收入更快的增长来满足进口和其他外汇支出，就不能取得持续的收入增长。国民收入和储蓄的增长同外汇经常性收入的增长之间的相互依存，不过是经济增长过程的两个方面。

外汇收入对偿付外债本息能力的制约首先决定于进口弹性的大小。进口弹性系数等于可压缩进口额对进口总额的比率。进口弹性系数越高，偿还能力越高。当必须压缩进口偿付外债本息时，所要遵循的原则应该是保证社会简单再生产和人民群众基本消费水平不受影响。所以，压缩进口的主要项目应该是用于扩大再生产的机器设备以及耐用消费品。对我国来说，可压缩进口占总进口的比率一般为 20%～25%，进口弹性系数还是比较高的。不过，我国出口商品中以进养出形成出口的部分约占40%，比重也很大。如果为偿付外债本息必须削减原料的进口，就不利于出口收入的增长，从而影响偿付外债本息的能力。

从动态观点看，外汇收入对偿付外债本息能力的制约应该决定于外汇收入的增长。外汇收入的水平能够满足偿付外债本息，但不能满足进口增长对外汇的需求，就很难保证国民收入的增长。外汇收入的增长必须充分，才能保证支付外债本息后还有能力支付更多的进口，从而保证国民收入和储蓄的增长。

偿付外债本息后余留下来的外汇收入能否增长是非常重要的，外汇收入停滞或下降的国家，偿付外债本息能力也要下降，而外汇收入增长较快的国家，不仅有较高的偿付外债本息能力，而且可以提高支付进口的能力。偿付外债本息后国内实际可支配外汇收入的增长率可以说明利用外债国家的经济地位是否得到加强。

本文规定偿付外债本息对国际收支中经常项目外汇收入的比率为外汇收入偿债率，这一偿债率说明外汇收入中不可支配收入对总收入的比率，可以作为一国债务负担程度的标志。偿债率越高，债务负担越重。

那么，如何确定外汇收入偿债率的适度水平呢？笔者认为其原则应该是：在外汇收入不断增长的基础上，偿付外债本息后的可支配外汇收入的平均增长率应不低于全部外汇收入的平均增长率。因此，适度偿付外债本息额应该等于当年外汇收入增长额。这就是说，通过利用外资，外汇收入应该有相应的增长，增长额必须大于利用外资所投入的外汇成本，如同有外汇来源的企业，创汇额应高于外汇资本利息成本。

根据这一标准，可以确定外汇收入所决定的适度偿还能力的衡量公式。已知外汇经常收入为 $X$，偿付外债本息额为 $D$，设 $\beta$ 为外汇收入增长率。因规定适度偿付外债本息额等于外汇收入增长额，所以有：

$$D_t = X_t - X_{t-1} \tag{4}$$

又因为：$X_t = (1 + \beta_t) \times X_{t-1}$ 所以有：

$$D_t = \left( X_t - \frac{X_t}{1 + \beta_t} \right) = \frac{\beta_t}{1 + \beta_t} \times X_t$$

设 $U_X$ 代表适度外汇收入偿债率，则有：

$$U_X = \frac{D_t}{X_t} = \frac{\beta_t}{1 + \beta_t} \tag{5}$$

实际外汇收入偿债率高于适度外汇收入偿债率的国家是外汇收入承受的债务负担比较重的国家，反之，则是债务负担不重或正常的国家。如果实际外汇收入偿债率高于或低于适度外汇收入偿债率，偿付外债本息额就会大于或小于外汇收入增长额，因而影响可支配外汇收入增长的变化。

按照式（5），可以计算一个国家适度外汇收入偿债率。仍以巴西为例。根据国际货币基金组织《国际收支统计》第 33 卷（1982 年年报）的统计，1974 年，巴西经常性外汇收入为 636.6 亿克鲁塞罗，1975 年为 808.7 亿克鲁塞罗，增长率 $\beta$ 为 27%。因此，对巴西来讲，1975 年适度外汇收入偿债率 $U_X = 0.27/1.27 = 0.21$，即 21%。当年，巴西外债还本付息额 $D$ 为 372.8 亿克鲁塞罗，实际外汇收入偿债率 $U_X = 372.8/808.7 = 0.46$，即 46%。可见，实际外汇收入偿债率高于理论偿债率。

按同样的计算方法，分别计算巴西、印度尼西亚、韩国、印度四个国家在 1975—1981 年各年度的适度外汇偿债率的理论值与实际值，计算的结果如表 2 所示。

表 2　　　适度外汇收入偿债率与实际外汇收入偿债率的比较　　　单位：%

| 国别 | 比率类别 | 1975 | 1976 | 1977 | 1978 | 1979 | 1980 | 1981 |
|------|------|------|------|------|------|------|------|------|
| 巴西 | 实际值 | 4.61 | 52 | 58.6 | 70 | 74 | 65 | 72 |
| | 理论值 | 21 | 32 | 37 | 27 | 46 | 60 | 51 |
| 印度尼西亚 | 实际值 | 25 | 20 | 23 | 27 | 23 | 19 | 18 |
| | 理论值 | −8 | 24 | 19 | −3 | 25.8 | 29.6 | 15 |
| 韩国 | 实际值 | 15.2 | 9.9 | 10.5 | 12 | 13.9 | 17.3 | — |
| | 理论值 | 8.3 | 40.2 | 26.2 | 19.2 | 9.1 | 1.2 | |
| 印度 | 实际值 | 13 | 10.5 | 11 | 10 | 9.8 | — | |
| | 理论值 | 25.2 | 20.9 | 15.8 | 2.9 | 7.3 | | |

表 2 说明，20 世纪 70 年代后期，债务负担比较大的国家，实际外汇收入偿债率一般都超过了适度外汇收入偿债率，这同这些国家因偿付外债本息，在外汇支出方面遇到很大困难的实际情况是相符的，说明利用式（5）计算的适度外汇收入偿债率有一定的参考价值。

如果我们假定外汇收入的年增长为 7.2%，那么我国外汇收入偿债率的适度水平就是 $U_X = 0.072/1.072 = 0.067$，即 6.7%。如果外汇收入年增长率为 10%，则适度外汇偿债率为 0.091，即 9.1%。可见，我国外汇收入所决定的偿债能力并不高，必须努力提高出口收入的增长速度，才能提高我国的实际偿还能力。

　　大多数国家，按照适度国民收入偿债率和适度外汇收入偿债率可以得到两个不相等的适度偿债率。在这样的情况下，实际偿还能力往往决定于比较小的适度偿债额。根据上面的计算，如果按 1984 年我国国民收入为 5000 亿元人民币计算，我国的适度国民收入偿债率决定的偿债额为 92.5 亿元人民币（0.0185×5000）。如果按 1984 年我国外汇收入约为 550 亿元人民币计算，我国的适度外汇收入偿债率决定的偿债额为 36.85 亿元人民币。显然，外汇收入决定的偿还能力小于国民收入决定的偿还能力。因此，对我国来说，提高偿还外债能力的关键在于提高外汇收入的增长速度。利用增加外汇收入来保证外债到期本息的偿付，并通过如期偿付到期外债本息提高在国际金融市场上的信誉，确保利用外资规模能够不断扩大。

# 购买力平价学说及其计算方法①

**【内容简介】** 汇率水平不仅影响进出口商的利益，而且涉及正确估计我国经济实力与国际地位。国际货币基金组织 1993 年 5 月号的《世界经济展望》公布了以汇率计算的和以 PPP 计算的各国的权数。我国的权数从 1970 年的不足 3%，增加到 1990 年的略高于 6%，是继美国和日本之后的世界第三位。本文介绍了国际上购买力平价理论原理以及计算方法，对国际货币基金组织和世界银行的统计进行了介绍和分析。同时对利用这两种计算方法计算我国的国内生产总值可能产生的影响进行了分析，并提出了应采取的对策。

国际货币基金组织 1993 年 5 月所发表的《世界经济展望》，第一次公布了按购买力平价（PPP）方法计算的一些国家和地区的国内生产总值占世界总额的比重。根据这一统计，中国的比重达到了 6%，仅次于美国和日本。同时，其他一些机构和学者的计算表明，按 PPP 法计算的 1990 年的中国人均收入，最高的是 1950 美元，低的也有 800 ~ 900 美元，远远高于世界银行 1992 年《经济发展报告》中按汇率方法计算的 370 美元的水平。这些结果，引起了国际舆论和国内各界的广泛关注。什么是购买力平价理论？怎样计算购买力平价？在换算各国的国内生产总值时，按购买力平价法计算同按汇率计算有什么区别？我们应该如何对待这一问题？本文拟就这些问题，作一简单的介绍分析。

---

① 本文原载于《金融研究参考资料》1993 年第 21 期，第三部分以 "GDP 两种换算方法的比较" 为题被《金融研究》1993 年第 10 期刊载。

## 一、购买力平价理论的原理

在经济思想史上，正式提出购买力平价理论的，是瑞典经济学家古斯塔夫·卡塞尔，他把自己的汇率理论叫作购买力平价理论。

卡塞尔 1866 年生于瑞典的斯德哥尔摩，毕业于斯德哥尔摩大学与乌普萨拉大学。1904 年起任斯德哥尔摩大学经济学教授，直到 1938 年退休。

购买力平价理论是一种研究和比较各国货币购买力关系的理论。这一理论在经济学上有两个用处：

第一，作为一种汇率理论，购买力平价理论试图确定两国之间长期的均衡汇率，以期找到实际汇率波动的中心。

第二，作为一种换算方法，它可以将一国的国民经济主要指标，比如国民生产总值（GNP）、国内生产总值（GDP）等，由本国货币表示换算成用另一国货币表示，以便进行两国或多国间的比较。用这种方法来进行国家间的经济比较，能够避免一国现行汇率偏高或偏低时，按汇率换算对本国经济实际情况所造成的歪曲。因此，一般认为，用购买力平价来换算，比用实际汇率换算更为科学可靠。目前已经发展了一套较为完整的统计方法。

（一）理论基础

在一般经济理论方面，卡塞尔否认价值理论的重要性，也否认货币本身有其价值。他把一切经济问题都看成是价格形成问题，汇率也只是一种价格。于是，他就以货币数量论为基础，提出了购买力平价理论。他的购买力平价理论的思路是这样的：他考虑一国为什么需要外国货币。他认为这是因为需要用外币在外国市场上购买外国人生产的商品和劳务。对货币的需要既然与购买商品相联系，所以货币的价格取决于它对商品的购买力，一国货币对外汇率的升降则反映该国货币在国外市场上的购买力的大小。因此，两国货币的兑换比率由两国货币各自具有的购买力的比率来决定。购买力比率就是购买力平价。一国汇率变动的原因在于购买力的变动，而购买力变动的原因在于物价变动，这样，汇率的变动归根到底是由两国物价水平的比率变动所决定的。

（二）绝对购买力平价与相对购买力平价

根据卡塞尔的理论，购买力平价可以分为绝对购买力平价和相对购买力平价。把汇率定义为两个国家价格水平的比率，被称为购买力的绝对平价。把汇率定义为基期的汇率与两国价格指数的比率的乘积，被称为购买力的相对平价。

设以 $PPP_{abs}$ 代表绝对购买力平价，公式是：

$$PPP_{abs} = PLB_t / PLA_t$$

设以 $PPP_{rel}$ 代表相对购买力平价，公式是：

$$PPP_{rel} = R_0 \times PB_t / PA_t$$

其中，$PLA_t$ 表示 A 国家在 t 期时的价格水平，$PLB_t$ 表示 B 国家在 t 期时的价格水平，$PA_t$ 表示 A 国从基期到 t 期的价格指数，$PB_t$ 表示 B 国从基期到 t 期的价格指数，$R_0$ 表示基期的实际汇率。

根据绝对购买力平价，t 时期 B 国的物价水平是 A 国的 2 倍，则 $PPP=2$，也就是说，在均衡水平上，B 币与 A 币的汇率应该是 2:1，即一单位 A 国货币等于 2 单位 B 国货币。

根据相对购买力平价公式得出的，也是一单位 A 国货币所能代表的 B 国的货币量。比如，B 国货币对 A 国货币的基期汇率 $R_0$ 是 2:1，到 t 期时，B 国的物价指数是 120，而 A 国的物价指数是 110，那么，t 期的汇率应该是 $2 \times 120/110 = 2.182$，即一单位 A 国货币等于 2.182 单位的 B 国货币。

卡塞尔还区分了短期均衡汇率和长期均衡汇率的概念。短期均衡汇率就是在自由浮动汇率制度下的汇率，长期均衡汇率，就是在没有特定的政策去避免国际收支不平衡，在没有周期性波动对国际收支造成影响的时期里，能使国际收支达到平衡的固定汇率。

购买力平价理论有两个重要命题：第一，短期均衡汇率是长期均衡汇率的函数，短期均衡汇率趋向于长期均衡汇率。第二，长期均衡汇率就是购买力平价，或者说，购买力平价是长期均衡汇率的主要决定因素。

关于计算购买力平价的价格水平。用来定义绝对购买力平价的价格水平是指什么价格水平呢？显然，用来定义绝对购买力平价的价格水平只能是两个国家的总价格水平。卡塞尔指出，只有一个国家在市场上出售的全部商品的总价格水平，才能代表商品与劳务的价格水平。在这一点上，卡塞尔是非常明确的。他强调总价格水平代表一国货币的购买力，进出口商品的价格水平不能代表一国货币的综合购买力。

进一步说，最符合逻辑的应是国内生产总值范围的价格水平。但在卡塞尔时代，国民经济核算中还没有出现国内生产总值（GDP）这一概念。所以卡塞尔认为：在总价格水平的计算中，应排除进口商品，但应包括出口商品。因此，卡塞尔认为，一种货币的购买力必须对应于本国生产的商品与劳务。他的想法已接近于以国内生产总值作为货币购买力计算范围的想法。

（三）关于绝对购买力平价理论的适用问题

卡塞尔的看法是，在自由贸易的情况下，绝对购买力平价理论是最为适用的。但这绝不是说，绝对购买力平价的成立，是以不存在关税、进口数量限制和外汇管制以及不存在运输成本为前提的。相反，卡塞尔考虑了这一切限制条件，他认为，只要一国在进口与出口这两个方向上的限制程度对等，那么绝对购买力平价理论仍然成立。

关于相对购买力平价，第一，基期的汇率 $R_0$ 水平如何确定。卡塞尔明确指出，不是以前任何一个时期都可以用来作为基期的，必须选择"正常"的时期，而所谓"正常"就是指汇率等于绝对购买力平价的时期。否则，如果基期选择不当，则会使当前均衡汇率的计算发生系统偏差。

第二，按以上公式计算得出的相对购买力平价是否等于绝对购买力平价。卡塞尔认为，只要从基期以来发生的经济变化纯粹是货币性的，是由货币供给的变动引起的，而且这种货币量的变化不对实际经济变量（包括产量、产业结构和劳动生产率等）产生影响，那么，购买力绝对平价与购买力相对平价相等的假设肯定是成立的。

卡塞尔对于购买力平价理论局限性的承认，是他的购买力平价理论的重要组成部分。他在论述购买力平价时，始终承认这种理论有局限性，在实践中会有例外。在卡塞尔看来，至少有以下六个方面的原因会使浮动汇率偏离购买力平价：

1. 贸易限制会在某个方向上严于另一个方向，比如说，一国在进口上的贸易限制严于它对出口的限制，从而使该国货币的汇率超过购买力平价。

2. 外汇市场上的投机会对某一国的货币不利，从而使这一国家的货币的汇率低于购买力平价。

3. 对一国通货膨胀的预期会高于国外通货膨胀的预期，这会使该国货币的汇率低于购买力平价。

4. 一国内的相对价格变化是实际经济变化的反映，而不纯粹是货币量变化的反映，这就隐含了相对购买力平价与实际汇率之间的偏离。

5. 长期资本流动会使汇率偏离购买力平价，比如，长期的资本净流出会使一国货币的汇率低于购买力平价。

6. 政府有能力对外汇市场进行干预，例如，通过增加对某种外汇的需求，会使该种货币的汇率高于购买力平价。也可以相反，使某种货币的汇率低于购买力平价。

## 二、购买力平价的几种计算方法

以上所分析的是购买力平价的基本理论观点，在应用这一理论计算各国的购买力平价时，还有不同的方法，主要有双边单一商品的购买力平价、双边多种商品的购买力平价和多边多种商品的购买力平价。

### （一）双边单一商品的购买力平价

双边单一商品的购买力平价的计算方法，是根据两个国家中都有的一种同质商品的价格计算的。如以 PPP 表示购买力平价（以单位外币合本币数表示），以 $P_d$ 表示商品的本币价格，以 $P_f$ 表示商品的外币价格，那么，购买力平价可按下式计算：

$$PPP = P_d/P_f$$

在 1993 年 4 月 17 日的英国杂志《经济学家》上，有按"巨无霸"（Big Mac）汉堡包价格计算的各国货币对美元的购买力平价如表 1 所示。

表1中，列举了25个国家（地区）的汉堡包的本币价格，然后算出各国货币对美元的购买力平价。

表1　按"巨无霸"汉堡包价格计算的各国（地区）货币的购买力平价

| | 汉堡包价格 | | 实际汇率 | 美元的PPP② | 本币的低估（－）或高估（＋）③ |
|---|---|---|---|---|---|
| | 本币价格① | 美元价格 | | | |
| 美国④ | $ 2.28 | 2.28 | — | — | — |
| 阿根廷 | Peso 3.60 | 3.60 | 1.00 | 1.58 | +58 |
| 澳大利亚 | A $ 2.45 | 1.76 | 1.39 | 1.07 | −23 |
| 比利时 | BFr 109 | 3.36 | 32.45 | 47.81 | +47 |
| 巴西 | Cr 77000 | 2.80 | 27521 | 33.772 | +23 |
| 英国 | 1.79 | 2.79 | 1.56⑤ | 1.27⑤ | +23 |
| 加拿大 | C $ 2.76 | 2.19 | 1.26 | 1.21 | −4 |
| 中国 | Yuan 8.50 | 1.50 | 5.68 | 3.73 | −34 |
| 丹麦 | DKr 25.75 | 4.25 | 6.06 | 11.29 | +86 |
| 法国 | FFr 18.50 | 3.46 | 5.34 | 8.11 | +52 |
| 德国 | DM 4.60 | 2.91 | 1.58 | 2.02 | +28 |
| 荷兰 | Fl 5.45 | 3.07 | 1.77 | 2.39 | +35 |
| 中国香港 | HK $ 9.00 | 1.16 | 7.73 | 3.95 | −49 |
| 匈牙利 | Forint157 | 1.78 | 88.18 | 68.86 | −22 |
| 爱尔兰 | I 1.48 | 2.29 | 1.54⑤ | 1.54⑤ | 0 |
| 意大利 | Lire 4500 | 2.95 | 1523 | 1974 | +30 |
| 日本 | 391 | 3.45 | 113 | 171 | +51 |
| 马来西亚 | Ringgit 3.35 | 1.30 | 2.58 | 1.47 | −43 |
| 墨西哥 | Peso 7.09 | 2.29 | 3.10 | 3.11 | 0 |
| 俄罗斯 | Rouble 780 | 1.14 | 686⑥ | 342 | −50 |
| 韩国 | Won 2300 | 2.89 | 796 | 1009 | +27 |
| 西班牙 | Ptas 325 | 2.85 | 114 | 143 | +25 |
| 瑞典 | SKr25.50 | 3.43 | 7.43 | 11.18 | +50 |
| 瑞士 | SWFr 5.70 | 3.94 | 1.45 | 2.50 | +72 |
| 泰国 | Baht 48 | 1.91 | 25.16 | 21.05 | −16 |

注：①价格可因地区不同而变化；②购买力平价等于本币价格除以美国的价格；③对美元低估或高估；④纽约、芝加哥、旧金山和亚特兰大的平均价格；⑤每英镑等于美元数；⑥市场汇率。

资料来源：英国杂志《经济学家》1993年4月17日，第79页。

《经济学家》杂志于 1986 年开始公布按"巨无霸"汉堡包价格计算的购买力平价指数，虽然这不是一种精确估计汇率变化的手段，但是可以作为一个较易理解的粗略的指标，以表明一种货币的汇率水平是否合适。

计算"巨无霸"汉堡包购买力平价的理论根据，就是上面所介绍的购买力平价理论。这一理论认为，两个国家货币的均衡汇率是使一组可贸易的商品和劳务的价格相等的汇率。长期中，汇率趋向于它的购买力平价。"巨无霸"汉堡包已有 25 年的历史，在 66 个国家（地区）生产和销售，可以作为一种完善的一般商品。按"巨无霸"汉堡包计算的购买力平价，就是使汉堡包在所有国家（地区）的价格按同一货币计算都相等的汇率。把一个国家（地区）的实际汇率同它的购买力平价进行比较，就可以看出一国货币是低估还是高估了。

在表 1 中，第一栏是"巨无霸"汉堡包的本币价格，第二栏是按实际汇率计算的美元价格，第三栏是 4 月 13 日的实际汇率，第四栏是购买力平价，等于本币价格除以美国的价格，第五栏是本币低估（－）或高估（＋）的幅度。

例如，美国四个大城市的汉堡包的平均价格是 2.28 美元（包括销售税），在日本，同样的汉堡包是 391 日元，用日元价格除以美元价格，得到日元对美元的购买力平价是 171 日元等于 1 美元。而在 4 月 13 日，日元对美元汇率是 113 日元等于 1 美元，这说明日元对美元高估了 51%〔（171－113）／113〕。

同样，在中国，同样的汉堡包的价格是 8.50 元，除以美国的价格后，得到人民币对美元的购买力平价是 3.73 元等于 1 美元。而 4 月 13 日的实际汇率是 5.68 元人民币等于 1 美元，说明人民币对美元低估了 34%〔（3.73－5.68）／5.68〕。

其他国家（地区）货币对美元的购买力平价也可以按照这样的方法计算，计算结果见第四栏。

另外，其他货币之间的购买力平价，也可以按同样方法计算。如用德国的汉堡包价格除以英国的价格，得到马克和英镑之间的购买力平价是 2.57 马克等于 1 英镑。而市场汇率是 2.44 马克等于 1 英镑，可见，英镑对马克是低估了。

当然，根据一种商品计算的购买力平价并不能代表两国货币之间的综合购买力平价，因为，一种商品的消费量并不能代表总的生产结构和消费结构。根据一种商品价格计算的购买力平价只可作为一种粗略的估计。不过，英国《经济学家》杂志所发表的文章认为，按照汉堡包价格所计算的购买力平价，同根据更多的商品种类，按更为复杂的方法所计算的结果的趋势是一样的。

### （二）双边多种商品的购买力平价

按一种商品计算两国货币的购买力平价显然不具有代表性，为了计算更具有代表性的购买力平价，需要考虑多种商品的综合比价。一般来讲，有两种方法。第一种方法的计算公式是：

$$PPP = \frac{\sum P_i \alpha_i}{\sum P_i^* \alpha_i^*}$$

式中，$\alpha_i$ 表示本国商品 $i$ 的消费量在消费中的比重，$\alpha_i^*$ 表示外国商品 $i$ 的消费量在消费中的比重，$P_i$ 表示本国第 $i$ 种商品的价格，$P_i^*$ 表示外国第 $i$ 种商品的价格。

上式的含义是，购买力平价等于两国价格加权平均水平的比率，权数是各国每种商品的消费额占消费总额的比重。

另一种方法是以本国商品的数量作为权数，计算两国货币的购买力平价，公式如下：

$$PPP = \frac{\sum P_i Q_i}{\sum P_i^* Q_i}$$

式中，$Q_i$ 表示本国第 $i$ 种商品的消费量，$P_i$ 表示本国第 $i$ 种商品的价格，$P_i^*$ 表示外国第 $i$ 种商品的价格。

上式的含义是，购买力平价等于本币计算的一组商品的消费额除以同样一组商品按外国价格计算的消费额。

举例来讲，如果中国和美国有三种商品 A、B、C，商品价格、消费量和各种商品的消费额占总消费额的比重如表 2 所示。

表2　　　　　　　　　双边多种商品的购买力平价计算方法

| 美国 | | | | 中国 | | | |
|---|---|---|---|---|---|---|---|
| | A | B | C | 合计 | | A | B | C | 合计 |
| P | 2 | 3 | 8 | | P | 8 | 15 | 25 | |
| Q | 4 | 6 | 3 | 50 | Q | 5 | 4 | 2 | 150 |
| PQ | 8 | 18 | 24 | | PQ | 40 | 60 | 50 | |
| α | 0.16 | 0.36 | 0.48 | | α | 0.27 | 0.40 | 0.33 | |

注：均为假设数字。价格单位：美国是美元，中国是人民币。

根据上面所假设的数据，按第一种方法计算的人民币对美元的购买力平价是：

$$PPP = \frac{\sum P_i \alpha_i}{\sum P_i^* \alpha_i^*} = \frac{8 \times 0.27 + 15 \times 0.4 + 25 \times 0.33}{2 \times 0.16 + 3 \times 0.36 + 8 \times 0.48} = \frac{16.41}{5.24} = 2.382$$

按第二种方法计算的人民币对美元的购买力平价是：

$$PPP = \frac{\sum P_i Q_i}{\sum P_i^* Q_i} = \frac{40 + 60 + 50}{2 \times 5 + 3 \times 4 + 8 \times 2} = \frac{150}{38} = 3.95$$

可见，利用不同的计算方法，所得到的结果也是不一样的。但可以看出，如果两个国家的消费结构不一样，利用加权平均方法计算出来的购买力平价，同按单一商品价格所计算的购买力平价是不同的，如按第一种商品价格计算的购买力平价是 4，按第二种商品价格计算的购买力平价是 5，按第三种商品价格计算的购买力平价大约是 3，同按两个平均方法计算的购买力平价是不同的。

（三）多边多种商品的购买力平价

1. PPP 指数的预期性质。一个 PPP 指数本质上是一个国际价格指数，要满足一定的期望的性质。对于一对国家 $j$ 和 $k$，为了确定国家 $j$ 的货币对于国家 $k$ 货币的购买力平价，必须计算大量的商品价格的加权平均比率。因此，购买力平价是价格（$P$）和权数（$W$）的函数。

$$PPP_{jk} = f(P, W)$$

显然，所得到的 PPP 取决于 $P$ 和 $W$ 的构成，也取决于函数的形式。因此，在构成 PPP 指数时，核心问题是选择适当的价格、权数和确定函数的形式。为了得到解决估价这一问题的方法，有必要考虑一些 PPP 指数的期望性质。一般来讲，一个 PPP 指数应该满足以下条件：

第一，不变性。在比较中所有国家的地位应该是一样的，所得到的 PPP 同所选择的基准国家无关。

第二，传递性。在涉及至少三个国家 $(j, k, m)$ 的多国比较研究中，一个指数 $P_{jm}$，乘以 $P_{mk}$ 应该等于 $P_{jk}$。

第三，可加性。所得到的分量数值应该允许在一个国家内的分量之间进行比较和在国家间的任何分量之间进行比较。

第四，特征性。用于 PPP 指数构成的数量权数应该是有特征的，即它应该反映所涉及的国家实际消费的数量。

不过，一个 PPP 指数不可能同时满足所有这些性质。在这几个指标中有替代关系。例如，在传递性和特征性之间就有替代关系。

在实际中，PPP 指数的多国体系，可以从每个双边比较中得到。为了满足传递性要求，所有双边研究必须使用给定的基准国家的同样权数计算。这一方法，被称为"明星国家法"，所产生的指数随着基准国家的选择而改变。在一个多国比较框架内，作为一个一般规则，为使基准国家不变性和传递性能够实现，每一个双边比较都使用包括在比较内的所有国家的价格和权数的信息。

2. 国际比较规划（ICP）所使用的方法。最初建立的是国际比较项目（International Comparison Project），随后改称为国际比较规划（International Comparison Program，ICP）。它的任务是根据一定的基期年度的价格调查估计 PPP。ICP 开始于 20 世纪 60 年代，是联合国和美国宾夕法尼亚大学国际比较研究组的合作项目。在第一阶段和第二阶段集中研究了方法问题，并对少量的工业化国家和发展中国家按 PPP 计算的国民收入进行了比较，考察的年度是 1967 年、1970 年和 1973 年。从第三阶段开始，ICP 成了一个经常性的研究，对更多的国家计算了以五年为间隔的

PPP 基准估算。在 20 世纪 80 年代，随着地区间比较兴趣的增加，ICP 的工作逐步地区化。在有关 ICP 的统计中，地区性组织承担了主要角色。ICP 现在已经进入了第五阶段，对 1990 年进行了估算。现在，在各个地区中心对 PPP 的估计，包括 OECD 和欧共体统计局，都是根据 ICP 所建立的方法。

ICP 所选用的多边 PPP 指数的构成方法，是杰瑞—凯米斯法，简称 G – W 法。这一方法，最初是由杰瑞于 1958 年提出，后来由凯米斯等人于 70 年代进一步发展的。这种方法可以概括为下面的联立方程式：

$$\pi_i = \sum \frac{P_{ij}\left[ q_{ij} \big/ \sum q_{ij} \right]}{PPP_j} \qquad i = 1, \cdots, m$$

$$PPP_j = \frac{\sum P_{ij}q_{ij}}{\sum \pi_i q_{ij}} \qquad j = 1, \cdots, n$$

式中，$i$ 表示商品种类，共有 $m$ 种商品，$j$ 表示国家，共有 $n$ 个国家，$P_{ij}$ 表示国家 $j$ 的第 $i$ 种商品的价格，$q_{ij}$ 表示第 $j$ 个国家的第 $i$ 种商品量，$\pi_i$ 表示第 $i$ 种商品的国际价格，$PPP_j$ 表示第 $j$ 个国家的 PPP。

G – W 法的基本思想，是把一个给定国家 $j$ 的 PPP 表示为以该国货币价格 $P_{ij}$ 计算的总支出对以国际价格 $\pi_i$ 计算的总支出的比率。这些国际价格反过来又是参加比较的所有国家的国内价格的加权平均值，国内价格以该国的 PPP 转换为基准国家的货币，权数是每一种商品总量中各个国家所占的份额。各国的 PPP 和各种商品的 $\pi$ 可以从 $m + n$ 个方程中求得，每一个国家的商品价格和数量作为输入值。在方程组中，只有 $m + n - 1$ 个方程是不独立的，基准国家的 PPP 可以定为等于 1。

为了使方程组可操作，在 PPP 计算中的价格数量必须限制。ICP 的解决办法是把 GDP 分解为 150 种商品和服务的细类，包括 110 种消费类商品、35 种投资品和 5 种政府服务。求每种商品的价格时，仅求几个选定好的商品价格的简单几何平均数。

在这种方法中，主要的问题是所有国家必须有同样一组商品。一个解决办法是把那些不能在所有国家都有的商品除掉。然而，这又大大地减少了每类商品中可以考虑的数量，过度地限制了结果的特征性。对于一些服务类别，如政府服务和教育，直接的价格比较一般是不可能的，因为没有市场价格。在这些情况下，ICP使用了间接方法，这些方法根据投入成本或产出来计算。这些数据可以推出隐含的价格比较信息。

利用 G－W 方法所得到的 PPP 是以基准国家货币（通常是美元）表示的，但是它们同基准国家的选择是无关的。另外，它们满足传递性和可加性的要求。用各国的 PPP 除以各国价格和货币计算的所有支出类别的总量，可以得到以不变国际价格（美元）计算的支出总量。

从以上的分析可见，ICP 所使用的方法在以下几个方面是科学的：

第一，由于选用国际加权价格计算各国的 PPP，这种 PPP 指数具有基准国家的不变性。这里的国际价格，既不是某一个国家的国内市场价格，也不是国际市场上交易商品的价格，而是以各国所生产的各种商品在世界商品总量中所占比重作为权数计算出来的加权平均价格。因此，不受基准国选择的影响，即无论利用哪个国家的货币表示国际价格，计算出来的相对的购买力平价应该是一样的。

第二，这种指数可以反映各国的特征，因为在计算各国的 PPP 时，是以本国的实物量进行加权，这样可以反映各国的消费与生产结构，或国内生产总值的结构。

第三，这种 PPP 指数不是通过简单的双边价格计算的，而是通过一个联立方程组求解计算出来的，因而，在各种商品的分量与总量之间，以及在各国的 GDP 总量与分量之间具有可加性。

第四，各国的 PPP 之间，具有传递性。

这种方法的缺点是：

第一，数据收集困难。因为，要找到各国都可以进行比较的商品种类是有限的，因此，在公式中所包括的商品种类不应过多，但又不能过少，过多会出现有些国家不存在该种商品的现象，过少又没有代表性。

第二，进行 PPP 计算成本较高。为了收集数据，需要进行长期的工作，既不可能每年进行，也不可能包括所有国家，在计算与应用之间有较长的时间滞后，不利于及时进行国际间的比较分析。

第三，需要对商品的质量因素进行调整。实际上，有些商品是质量不可比的。这样，在价格与数量上就要进行必要的调整，而这方面的调整又受到人为主观因素的影响。

第四，进行这种计算需要较大规模的国际合作，一个国家独立进行有较明显的困难。

## 三、按汇率计算 GDP 与按 PPP 计算 GDP 的区别

世界经济分析一般都需要将各国的经济指标加总，许多世界经济总量定义为各国有关指标的加权平均值，权数应该反映各国经济的相对规模。一个广泛使用的方法是把一个国家的国内生产总值（GDP）在一组国家 GDP 总值中所占的份额作为这个国家的权数。为了保证 GDP 权数能够反映一个国家的实际产量在世界总量中的份额，必须考虑到各国在价格水平方面的区别。以各国货币表示的数据，必须换算为一个统一的货币单位。换算的因子，必须能够反映每一个国家的货币相对于基准货币的购买力。

很长时间以来，国际组织一般是根据汇率来换算各国的国内生产总值。如国际货币基金组织在《世界经济展望》中，为了把各国的产量增长和其他指标汇总成各地区和各组别的总量，利用的权数是各国的 GDP 在世界、地区或一组国家的 GDP 中所占的份额。过去，一直利用市场汇率将各国的 GDP 换算成美元。

在《世界经济展望》中用于加总一些时间序列数据，如 GDP 增长率、投资率和通货膨胀的计算，是根据以市场汇率将 GDP 换算成美元单位后的三年移动平均值，在计算中，也有对明显的汇率变动（如人为调整汇率、官方汇率和其他汇率之间的较大的区别）进行调整。在世界银行的《世界经济前景和发展中国家》中，实际 GDP 增长率是以 1987 年不变的权数为基础进行加总的，各国货币表示的 GDP 按基期的平均市场汇率换算成美元。在《国际金融统计》中，以市场汇率为基础的不变的 GDP 权数，也用于加总消费价格指数和货币增长率，但是任何一个基期年度的权数，只用于以后 5 年的数据。

只要市场汇率和购买力平价（PPP）之间的区别很小，或差别是暂

时的，利用市场汇率进行换算就是可以接受的。然而，如果市场汇率同购买力平价有很大的偏差，并在很长一段时期内存在这种偏差，按汇率换算各国的 GDP，就会得到有偏倚的权数，所得到的一组国家总体经济活动的指标也是有偏倚的。

然而，许多检验和理论分析都发现，市场汇率等于购买力平价的条件经常是不存在的。尽管对于像初级产品等国际贸易商品而言，一价定律成立，对于工业制品来讲，确有明显的和系统的偏差。而且，也有证据表明，在各国间，贸易商品和非贸易商品的价格水平有系统的差别并不断变化。

对市场汇率和购买力平价所作的检验表明，在短期内，市场汇率会明显地偏离 PPP，原因主要是商品和资产市场中价格刚性程度的区别。而且，尽管一些经验检验证明，在长期中一些主要货币在 20 世纪 20 年代中绝对购买力平价理论成立，也有证据表明，在 70 年代和 80 年代，对主要货币来讲，只有相对购买力平价成立。

市场汇率不能反映货币的购买力有几个原因。第一，汇率的波动受到许多因素的影响，导致汇率水平同一国货币的综合购买力平价水平有很大的差别，如市场汇率可能因投机活动、外汇市场干预、商品市场和资产市场调整的不对称性或宏观经济冲击而波动等。这些因素使一种货币的汇率短期或长期地偏离购买力平价水平。当汇率水平因为投机等因素而波动时，按汇率换算的国内生产总值，就不能反映真实的情况。

第二，在发展中国家，因为贸易商品和非贸易商品之间相对价格的区别，市场汇率也会偏离购买力平价。例如，在发展中国家以外汇表示的劳务价格都很低，这表明，按汇率换算的人均收入有可能低估实际水平。

第三，在选择汇率的种类和计算平均汇率水平时，有不同的方法，各种不同的权数体系和不同的汇率加权方法，导致所得到的结果大相径庭，而且，在一些国家，根本就不存在市场汇率。在选择各种汇率权数方面没有完善的标准，基期的选择或平均程序一般也是根据实际的考虑。这些人为的选择对权数体系有很大的影响，因此对所得到的结果也有很大的影响。

由于市场汇率可能同购买力平价发生偏离，按汇率计算的地区和国家经济的权数和按 PPP 计算的权数可能是不一致的。例如，在国际货币基金组织 1993 年 5 月所发表的《世界经济展望》中的数据表明，由于 20 世纪 80 年代中较大的汇率变化，按汇率换算的美国 GDP 在世界 GDP 中的份额，1970 年近 30%，1981 年下降到 25%，而后又从 1981 年的 25% 增加到 1985 年的 31%，然后又回落到 1990 年的 25%。而按 PPP 计算的权数只有略微下降，从 1970 年的 26% 下降到 1990 年的 22%。在此期间，美国经济的增长比世界其他地区要缓慢，按 PPP 计算的结果同这一情况是吻合的。

从中国 GDP 占世界 GDP 中的份额来看，1970—1990 年，中国的实际经济增长率是 7.5%，而世界平均经济增长率是 3.25%，中国的经济增长率几乎是世界经济平均增长率的 2 倍，但是，以汇率计算的中国 GDP 的权数却没有变，仍然是 2% 左右，1990 年比 1970 年还低一点。这是因为人民币汇率在此期间大幅度贬值。然而，以 PPP 计算的中国的权数是逐步增加的，从 1970 年的不足 3% 增加到 1990 年的略高于 6%，居于美国和日本之后排在世界第三位。

为了获得更准确的相对经济规模，国际货币基金组织和世界银行决定采用 PPP 方法计算各国的权数。在 1993 年 5 月号的《世界经济展望》中，公布了以汇率计算的和以 PPP 计算的各国的权数。结果如表 3 所示。

表3　　　　　　以汇率计算的权数和以 PPP 计算的权数的比较①

（占世界 GDP 的百分比）

|  | 汇率权数 | PPP 权数 |
|---|---|---|
| 世界 | 100.00 | 100.00 |
| 工业化国家 | 73.21 | 54.44 |
| 主要工业化国家 | 63.06 | 46.86 |
| 美国 | 26.07 | 22.47 |
| 日本 | 14.61 | 7.63 |
| 德国② | 6.23 | 4.26 |

|  | 汇率权数 | PPP 权数 |
|---|---|---|
| 法国 | 4.99 | 3.50 |
| 意大利 | 4.38 | 3.39 |
| 英国 | 4.19 | 3.45 |
| 加拿大 | 2.58 | 2.16 |
| 其他工业化国家 | 10.15 | 7.58 |
| 发展中国家 | 17.71 | 34.38 |
| 地区 |  |  |
| 非洲 | 1.72 | 4.05 |
| 亚洲 | 7.29 | 17.67 |
| 中东和欧洲 | 4.28 | 4.46 |
| 拉丁美洲 | 4.42 | 8.21 |
| 备忘项目 |  |  |
| 亚洲四个新工业化国家（地区） | 2.00 | 2.39 |
| 石油出口国 | 5.26 | 8.04 |
| 非石油出口国 | 12.45 | 26.35 |
| 净债权国 | 3.33 | 2.39 |
| 净债务国 | 14.38 | 31.99 |
| 转换中的国家 | 9.07 | 11.18 |
| 苏联③ | 7.53 | 8.31 |
| 中欧 | 1.53 | 2.85 |

注：①按汇率计算的 GDP 权数是 1987—1989 年的三年移动平均值。以 PPP 计算的权数是 1990 年的。

②按汇率计算的权数仅指西德，以 PPP 计算的权数是统一后的德国。

③按汇率计算的权数是从近似的 PPP 汇率估计推导而来的。

从表 3 中的数据可见，按汇率计算的权数和按 PPP 计算的权数差别较大的国家和地区是工业化国家和发展中国家。按汇率计算，工业化国家的权数是 73.21%，而按 PPP 计算的权数是 54.44%。发展中国家按汇率计算的权数是 17.71%，而按 PPP 计算的权数是 34.38%。工业化国家中，两个权数差别较大的是美国和日本。美国按汇率计算的权数是 63.06%，按 PPP 计算的权数是 46.86%。日本按汇率计算的权数是 14.61%，按 PPP 计算的权数是 7.63%。在发展中国家中，亚洲地区的两个权数差别较大。按汇率计算的权数是 7.29%，而按 PPP 计算的权数是 17.67%。其他工业化国家、苏联和东欧国家以及其他地区的发展中国家，两个权数都有所区别，但幅度不是很大。在计算各国的经济增长率方面，两种方法的结果也有所不同。

当然，在按不同方法进行各国的经济指标的换算之间有差别的情况下，应该使用引起偏差最小的方法。

利用什么指标来换算各国的国内生产总值最好，要看所选取的指标能否较为客观、综合和动态地反映一个国家的经济水平和经济增长。同汇率方法相比较，按购买力平价方法换算各国的国内生产总值有很大的优点。国际比较规划所利用的购买力平价计算方法，具有较为客观地综合地反映各国货币购买力平价的特点，能够较为真实地反映一个国家经济的水平和经济增长。自从 20 世纪 80 年代以来，已经经历了五个阶段的研究，取得了较为丰富的经验，建立了较为完善的方法，目前已经有 70 个国家参加了这一规划。在进行了相当大量的研究后，国际货币基金组织工作人员发现，按 PPP 方法计算的权数中的偏倚，小于按汇率方法计算的权数的偏倚。随着可以利用更好的和更完善的 PPP 方法，它们决定在《世界经济展望中》中利用以 PPP 方法计算各国经济的权数。世界银行和一些地区性机构，已准备正式采用这一方法，换算各国的国内生产总值，并进行国际比较。

正确估计我国经济实力与国际地位的意义。

我国目前还没有参加国际比较规划。我国正在从原来的计划经济体制向市场经济体制转换，由于一些商品的价格还没有完全放开，住房、教育、服务的价格体系还没有理顺，还不完全具备应用购买力平价法换算的基础。但是从长期来看，随着我国经济改革的发展，市场经济逐步完善，会逐步具备按购买力平价法换算国内生产总值的条件。按购买力平价法换算会更加真实地反映我国的经济水平和经济增长。

准确地换算国内生产总值和人均收入，有利于进行国际比较。从世界经济发展规律来看，人均国民生产总值的水平同生产结构、消费结构有一定的关系。以一种更具有国际可比性的计算方法换算我国的国民生产总值，可以有助于正确认识我国在经济发展中所处的阶段，为经济决策提供参考。

从世界金融发展的规律来看，金融发展同经济发展的阶段也是分不开的，在人均国民收入达到一定水平时，应有一定的金融结构与之适应。比如，金融市场的发展，就要受到人均收入水平的影响，在低收入的情况下，发展金融市场是有困难的。正确认识我国的人均国民收入水平，有助于制定金融发展策略。这也是我们研究购买力平价方法，探讨科学地换算国内生产总值方法的重要原因。

**参考文献**

［1］陈岱孙，厉以宁．国际金融学说史［M］．北京：中国金融出版社，1991.

［2］国际货币基金组织．世界经济展望［R］．1993.

［3］A.M. 戈德，M.S. 盖兹．经济指标的加总：汇率权数和 PPP 权数［R］．国际货币基金组织工作论文，1993.

［4］英国《经济学家》杂志，1993 年 4 月 17 日。

# 汇率制度安排和对外贸易发展①

**【内容简介】**汇率制度是重要的金融制度安排之一，1994 年以来建立的以市场供求为基础的、单一的、有管理的浮动汇率制度，为我国对外贸易的发展，为吸引外资，创造了稳定的条件。加入世界贸易组织之后，我国的汇率政策仍然是影响对外贸易的重要政策，也是最为世界所关注的政策。本文介绍了世界各国汇率制度的划分及其变化，分析了一国选择汇率制度的决定因素，说明了为什么有管理的浮动汇率制度是最佳汇率制度，我国成功实施以市场供求为基础的、单一的、有管理的浮动汇率制度的条件以及汇率制度改革的方向。

2002 年，我国对外贸易总额达到了 6000 亿美元，比改革开放之初的 1981 年增长 14 倍。在促进对外贸易发展的各种政策中，汇率制度改革无疑是重要的制度安排之一。人民币汇率制度的不断改革，特别是 1994 年以来建立的以市场供求为基础的、单一的、有管理的浮动汇率制度，为我国对外贸易的发展，为吸引外资创造了稳定的条件。同样，在加入世界贸易组织之后，我国的汇率政策，仍然是影响对外贸易的重要政策之一，也是最为世界所关注的政策。正确处理汇率制度的改革，涉及我国对外开放的大局，更关系对外贸易的可持续发展。在这里，笔者简单谈一谈汇率制度的安排与对外贸易的发展问题，仅仅是个人意见。

---

① 本文写于 2004 年 1 月，是为"2004 年第二届中国进出口企业年会"准备的报告。

## 一、世界各国（地区）汇率制度的划分及其变化

### （一）汇率制度的种类

汇率制度是一个国家最为重要的金融制度安排。在 20 世纪 70 年代布雷顿森林体系解体之后，经过近 30 年的演变，世界各国（地区）形成了各种汇率体制。根据国际货币基金组织 2001 年底的统计，有 8 种汇率安排：

1. 没有独立法定货币的汇率安排。在这种汇率安排下，另一个国家的现金作为本国唯一的法定货币，或者本国（地区）属于一个货币或现金联盟，联盟的所有成员共享同一种法定货币。这类国家或地区有 40 个，其中以其他国家（地区）现金作为法定货币的国家（地区）有 8 个，属于法郎区的有 20 个，属于欧元区的有 12 个。

2. 货币局安排。在这种汇率安排下，有法律上的公开承诺可以将本国（地区）货币按固定的汇率兑换成某种外币，对货币发行当局保证履行法律义务有严格的限制。这类国家（地区）有 8 个。

3. 常规的固定盯住汇率安排。本币以固定的汇率（无论是正式的还是事实上的）盯住一个主要货币，或一篮子货币。汇率在小于正负 1% 的区间内围绕一个中心汇率波动。这类国家（地区）有 40 个，盯住单一货币的有 30 个国家（地区）。盯住货币组合的有 10 个。

4. 在水平区间内的盯住汇率。本币对某一个货币的汇率保持在一个区间之内（正式的或事实上），而区间的幅度大于中心汇率上下 1%。这类国家或地区有 5 个。

5. 爬行盯住。汇率以固定的、事先公布的比率进行定期的小幅度的调整，或根据有选择的一些数量指标的变化进行调整。这类国家（地区）有 4 个。

6. 爬行区间。汇率保持在一个中心汇率的浮动区间内波动，而这个中心汇率会以固定的事先公布的比率进行定期调整，或根据有选择的一些数量指标的变化进行调整。这类国家（地区）有 6 个。

7. 没有事先公布汇率调整方法的有管理的浮动。货币当局通过在外汇市场上的积极干预影响汇率的变动，而没有事先确定的公开的汇率调整方法。这类国家（地区）有 42 个。

8. 独立浮动。汇率是由市场决定的，一些外汇市场上的干预只是为了缓解汇率波动，而不是确立一个汇率水平。这类国家（地区）有41 个。

（二）汇率制度选择的变化

根据国际货币基金组织的一项研究，如把上面前两种汇率安排作为"硬盯住"汇率制度，把第三种至第五种汇率安排作为"中间"汇率制度，把第六种至第八种作为"浮动"汇率制度，从 1991—1999 年，实行"硬盯住"汇率制度的国家和实行"浮动"汇率制度的经济体都有所增加，而实行"中间"汇率制度的国家（地区）相对减少了。在 1991 年的 159 个样本中，实行"硬盯住"汇率制度的国家（地区）有 25 个，实行"中间"汇率制度的国家（地区）有 98 个，实行"浮动"汇率制度的国家（地区）有 36 个。在 2001 年的 186 个样本中，实行"硬盯住"汇率制度的国家（地区）有 48 个，实行"中间"汇率制度的国家（地区）有 49 个，实行"浮动"汇率制度的国家（地区）有 89 个。

从实行不同汇率制度的国家（地区）所占比重的情况来看，1991—2001 年，实行"硬盯住"汇率制度的国家（地区）比重从 16% 上升到25.8%，实行"浮动"汇率制度的国家（地区）比重从 23% 上升到47.8%，而实行"中间"汇率制度的国家（地区）比重从 62% 下降到26.3%。

影响各国汇率制度改革的主要因素，是经济环境发生了较大的变化，主要表现在资本流动加剧、国际贸易大幅度增加、出口商品更多地转向制成品、贸易形式多样化、区域间的贸易增加、投资组合多样化、各国通货膨胀率降低等。

## 二、选择汇率制度的几个决定性因素

杰弗里·A. 弗兰克尔（Jeffrey A. Frankel）认为，不存在一种适合所有国家和所有时期的汇率制度：哪一种汇率制度是合适的，取决于当事国的具体情况，取决于当时的具体情况。

阐述汇率制度选择问题的理论很多，主要有经济论、依附论以及近年发展起来的有关理论。

（一）汇率制度与一国的经济特征

经济论认为，一个国家如何选择汇率制度主要取决于经济方面的因素。这些因素主要有经济的开放程度、经济规模、相对通货膨胀率、进出口贸易的商品结构和地域集中程度、国际储备的水平、国内金融市场的发达程度及参与国际资本市场的程度、劳动力市场的灵活性、财政约束等。经济论认为，经济规模小、开放程度高、参与国际资本市场程度低、出口结构单一、劳动力市场不灵活、贸易地域集中程度高、金融市场发展程度低，适合采取相对固定的汇率制度或盯住汇率制度；反之，经济规模大、开放程度低、进出口商品多样化或地域分布分散化、同国际金融市场联系密切、资本流出流入比较频繁和可观、国内通货膨胀率与其他主要工业化国家不一致，则应该采取浮动程度高的汇率制度。

（二）汇率制度与一国对外依附程度

依附论则认为，一个国家的汇率制度选择的核心问题是采取哪种货币作为盯住货币。这取决于其对外经济、政治关系的集中程度，换句话说，取决于其对外政治、经济以及军事依附关系。在政治、经济和军事上比较依附美国的国家应该选择美元作为盯住货币。

（三）汇率制度与一国的宏观经济均衡

近年来，汇率制度选择理论开始研究汇率制度对于稳定宏观经济的能力。

汇率制度选择本身并不是最终目的，它只是一个操作目标。汇率制度选择的最终目的是实现内部和外部均衡。内部均衡主要指实现充分就业并稳定物价，而外部均衡主要指经常账户的相对平衡。

近二十年来，国际环境发生了很大的变化，这些变化对发展中国家的汇率制度选择，产生了重要的影响。发展中国家面对的国际经济环境有三个特点。

第一个特点是这个世界非常像一个垄断竞争的市场。在这个市场上，只有少数工业化国家具有市场力量，而其余国家只是被动的参与者。世界主要货币之间的名义汇率和实际汇率，无论是短期、中期还是长期，均呈现出大幅度波动。

第二个特点是资本流动加剧。20世纪80年代以来，流入发展中国家的资本显著增加，这促进了投资增加和经济增长。然而，资本流动有收益也有成本，发展中国家面临的各种汇率风险越来越大。

第三个特点是经济全球化得到进一步加强。过去几十年，发展中国家对国际贸易的依赖程度日益加深。对外贸易对发展中国家GDP的比率从20世纪60年代的30%上升到90年代的40%以上。汇率的波动影响产出的强度也加大了。

从宏观经济均衡角度出发，许多经济学家提出了选择汇率制度时应该遵循的原则，归纳起来主要有这样一些观点：一是货币发行局制度和美元化等硬性盯住汇率制度剥夺了一个国家实行灵活的货币政策的手段，所以只有浮动汇率制度才能实现内部和外部均衡。二是财政政策有较长的内部时滞，而且在有些情况下无效。财政政策有时不能实现内部均衡，更不适合实现外部均衡。货币政策应该用于实现外部均衡，而财政政策应该用于实现内部均衡。这意味着只能运用财政政策的汇率制度不是最佳的操作工具。三是只有少数工业化国家在国际市场上具有力量，能够影响汇率短期和长期的走势，而大多数发展中国家只是被动的市场参与者，只能接受汇率大幅度变动的既定事实。四是很难保持实行固定汇率制度政策的意愿和能力。相反，应该根据国情和国际形势不断对汇率进行调整和微调。五是所有开放经济体都面临三难困境：汇率稳定、货币政策独立性和自由资本流动。一个国家不可能同时实现三个目标，只能实现其中的两个目标。根据理论分析，汇率稳定和货币政策独立性的政策组合最能实现内部和外部均衡目的。

这些原则明确表明，对多数发展中国家来说，汇率稳定加上货币政策的独立性政策组合是正确选择。也就是说，有管理的浮动汇率制度是最佳汇率制度。

## 三、关于我国当前汇率制度的几个问题

### （一）为什么有管理的浮动汇率制度是最佳汇率制度

莫里斯·哥德斯坦（Morris Goldstein）认为，对于新兴市场经济体来说，汇率制度的最佳选择可能是"有管理的浮动汇率"加上包括控制通货膨胀目标等在内的管理框架。如果能够以这种方式加强有管理的浮动，就保持了灵活汇率机制的良好特点，即货币政策的独立性和抵御大规模的外部冲击的能力。同时也处理了以往"对浮动的恐惧"中的基本问题，即"名义锚"和资产负债表的问题。正是这两个问题导致有管理的浮动汇率在新兴市场经济体中未能取得应有的效果，不那么引人注目。汇率机制的"两极"观点令人反对之处不是它否定了两极中间的种种选择，而是它未能深入研究这两极之间的选择。

至少有三大原因解释了为什么有管理的浮动汇率制度是最有能力实现内部和外部均衡目的的最佳汇率制度。

第一，有管理的浮动汇率制度有其独特性，处在截然不同的汇率机制，即纯固定汇率和硬性盯住汇率与清洁浮动（自由浮动）汇率之间。根据这一个定义，有管理的浮动汇率制度包括爬行盯住汇率、有浮动区间的固定汇率以及中央银行制定的固定可调整汇率机制。有管理的浮动汇率制度为政策制定者提供了广阔的政策选择空间。有管理的浮动汇率制度将固定汇率和灵活汇率的优点集于一身，既保持了固定汇率的约束性和稳定性，又提供了灵活汇率的自由和促进贸易的特点。它也使得一个国家有充分的运作空间对付内外部冲击。

第二，有管理的浮动汇率制度在这个垄断竞争的世界上是实现内部和外部均衡的最佳工具。在有管理的浮动汇率制度下可以运用政策组合对付内部和外部需求与供给冲击。而不运用这些政策措施，一国经济可

能陷入持续性的萧条之中。纯固定汇率和清洁浮动汇率制度将造成更大的产出和汇率波动，因为这两种汇率不是剥夺了货币政策的灵活性，就是不运用政策影响汇率。

第三，有管理的浮动汇率制度能够实现最佳的宏观经济表现。在有管理的浮动汇率制度下，一个国家既有独立的货币政策，也有灵活的财政政策。这样，该国就可以更好地掌握其经济周期。不少实证研究显示，有管理的浮动汇率制度下的宏观经济表现在通货膨胀率和产出两方面比硬性盯住汇率和清洁浮动汇率制度强。实行有管理的浮动汇率制度的国家的通货膨胀率比较低，波动幅度也较小。

（二）我国汇率体制的演变

改革开放前，在外汇管理方面实行的是计划管理体制。20 世纪 80 年代初，外汇管理体制的最初措施是实行了外汇留成体制，出口企业可以按照出口额的一定比例，留存外汇使用额度，以便于进口原料、设备时使用，可以不纳入国家统一的计划管理。由于持有外汇留成额度的企业和需要外汇的企业并不一致，为了提高外汇额度的使用效率，建立了外汇调剂市场。当时，我国实行的是固定汇率和外汇调剂市场并存的管理体制，外汇额度的调剂价格是波动的。

从 1981—1993 年，人民币汇率进行了几次大的调整：

1975 年：人民币汇率由 2.46 元兑 1 美元调至 1.5 元兑 1 美元；

1981 年：制定贸易外汇内部结算价 2.8 元兑 1 美元；

1985 年：3.2 元兑 1 美元；

1986 年 7 月：3.7 元兑 1 美元；

1986 年 12 月：4.72 元兑 1 美元；

1990 年 11 月：5.22 元兑 1 美元；

1994 年官方汇率和外汇调剂市场汇率并轨，汇率为 8.72 元兑 1 美元；

1995 年底升至 8.44 元兑 1 美元；

1996 年底升至 8.31 元兑 1 美元；

1997—2003 年，基本稳定在 8.27 元人民币兑 1 美元。

在 1994 年进行的外汇管理体制改革中，我国建立了以市场供求为基础的、单一的、有管理的浮动汇率制度。这一汇率形成机制，是以企业结售汇制度、外汇指定银行结售汇周转头寸限额和中央银行外汇市场供求管理"三位一体"为基础的。企业的外汇收入必须按照公布的汇率出售给外汇指定银行；企业在经常项目下支出的外汇，必须凭有效单据向外汇指定银行购买。中央银行对外汇指定银行的结售汇周转头寸实行上下限管理，当外汇指定银行持有的结算周转头寸低于下限时，要及时到银行间外汇市场补足；当外汇指定银行持有的结算周转头寸超过上限时，要及时在银行间外汇市场抛出。中央银行随时在银行间外汇市场上吞吐外汇，平抑供求，保证市场出清和汇率稳定。

### （三）汇率管理体制对贸易发展的影响

我国汇率管理体制的改革大大促进了对外贸易的发展。特别是 1994 年建立的以市场供求为基础的、单一的、有管理的浮动汇率制度，较为有效地保证了人民币汇率的稳定，对于促进对外贸易发展，鼓励外商投资，防范国际金融风险，发挥了积极作用。有效的人民币汇率形成机制保证了汇率的稳定，而稳定的汇率水平，消除了对外贸易和吸引外资流动中的汇率风险，为对外开放提供了一个稳定的条件。

分析近 20 年来对外贸易的变化，可以看出，汇率制度对对外贸易发展产生了多方面的影响。

第一，我国对外贸易总量实现了巨大的增长。1981—1993 年，进出口总额从 440 亿美元增加到 1957 亿美元，增长了 4 倍以上。1994—2002 年，进出口总额从 2366 亿美元增加到 6208 亿美元，增长了 3 倍。其中出口从 1210 亿美元增加到 3256 亿美元。2002 年，进出口总额占世界进出口总额的比重达到 5.1%，在全球货物贸易排名中升至第五位，仅次于美国、德国、日本和法国。外贸进口额居世界第六位。

第二，进出口商品构成发生变化。2002 年，出口商品中，初级产品占比为 8.7%，工业制品占比为 91.2%，其中机械及运输设备占比为

38.9%。工业制品的比重明显升高。在进出口总值中，一般贸易比重为42.7%，进料加工占比为35.5%，来料加工装配贸易占比为13.1%。这说明，我国对外贸易中的比较优势，已经由初级产品向工业制品转移。随着对外开放，我国初级产品的价格已经向国际市场价格靠拢，不具有相对优势。对于进料加工和来料加工装配贸易来说，汇率水平并不决定贸易的成本，而是劳动力的成本具有决定性的作用。在当前汇率水平下，劳动力成本与国外相比，仍具有较大的优势。

第三，利用外资累计达约4800亿美元，成为我国投资的重要资金来源。外资企业出口比重大幅度增长。2002年，三资企业出口占总额的比重已经达到52.2%，进口所占比重达到54.3%。可以说，汇率的稳定，消除了在成本核算中的汇率风险，为外商投资企业提供了稳定的环境。

第四，我国对外贸易呈现出地域集中趋势。2002年，在我国的出口中，前五位的国家和地区是美国、中国香港、日本、韩国和德国，共占62.6%，其中美国占比为21.5%；进口中前五位的国家和地区是日本、中国台湾、韩国、美国和德国，共占55.5%，其中美国是9.2%。除德国外，都在太平洋地区。如按地区划分出口市场，在3256亿美元出口总额中，对亚洲出口1704亿美元，占比为52.3%；对北美出口743亿美元，占比为22.8%；对欧洲出口592亿美元，占比为18.2%；对拉美出口95亿美元，占比为2.9%；对非洲出口70亿美元，占比为2%；对大洋洲出口53亿美元，占比为1.6%。可见，出口市场主要是对亚洲和北美。这说明，我国对外贸易主要是同美元区进行的，尽管美元同欧元、日元和其他货币汇率波动很大，但基本上不影响我国对外贸易。

（四）我国成功实行有管理浮动汇率制度的条件

第一，采取正确的政策措施应对内部和外部的经济和货币冲击。例如，面对东亚有些国家发生的货币和金融危机以及随后出现的我国净出口下降，我国政府采取了积极的财政政策辅以适度从紧的货币政策的政策组合，而没有采取让汇率升值的政策措施。

第二，虽然我国没有明确的名义汇率目标，但是有较明确的名义国内生产总值目标、通货膨胀目标区以及货币总量目标。这些目标表明，虽然没有明确的名义汇率目标，我国有明确的内部均衡和外部均衡的目标。

第三，我国有较大的经济规模。按照人口计算，我国位居世界第一；按对外贸易总额计算，我国位居世界第五；按许多工业生产总量计算，我国已经位居世界前列。

第四，我国有序地实行金融账户对外开放并保持严格的资本管制。由于我国金融基础设施建设尚未健全，因此根据自己的国情，实行资本管制，限制短期资本的流出入。

第五，我国加大了金融改革步伐和力度并取得了成效。

第六，我国保持较高的国际储备。充足的国际储备不仅降低了我国无法偿还外债的风险，而且使我国必要时有能力以正常风险升水在国际资本市场上筹资。

上述条件表明，单单实行有管理的浮动汇率制度是远远不够的。这个国家还必须具备一定的经济规模，并辅之以一系列连贯的宏观经济政策措施以保证其成功。正如不少经济学家所指出的那样，有管理的浮动汇率制度不仅是要求很高的汇率机制，而且是要求很高的汇率选择。

## 四、人民币汇率制度的改革方向

### （一）当前人民币汇率制度所面临的问题

一是外汇储备迅速增加，市场结构不对称。2003年10月末，我国外汇储备已达4010亿美元。在现有外汇体制下，几乎所有的外汇都集中到了国家手中，形成外汇储备。商业银行和金融机构的外汇来源只有外汇存款、自有资本等。银行间外汇市场成为以国家为一方，而以众多金融机构为另一方的市场。

二是以市场供求为基础的浮动汇率最终收敛为事实上的盯住汇率，汇率体制的运行机制让位给了汇率水平的政策决策。

三是没有开发防范汇率风险的金融产品。在汇率稳定几年后，银行、企业、个人没有汇率风险意识，在外汇大量积累的情况下，使得汇率的调整可能给一定的利益集团带来巨大的外汇损失。

四是存在人民币汇率升值压力。主要表现是银行结售汇持续顺差、外汇储备增加、贸易摩擦升级、国际舆论、存在市场预期等。

（二）人民币为什么不能升值

一是人民币实际有效汇率是升值的。从 1994 年汇率并轨至今，人民币相对主要贸易伙伴国货币的汇率总体呈现升值态势。到 2002 年末，人民币相对于美元、欧元（1999 年以前为德国马克）和日元名义升值幅度分别为 5.1%、17.9% 和 17.0%。考虑各国通货膨胀率差异因素，到 2002 年底，人民币相对以上三种货币实际升值幅度分别为 18.5%、39.4% 和 62.9%。在亚洲金融危机期间，由于美元对世界大多数货币呈现强势，人民币对三种货币最高实际升值幅度曾经分别达到 45.5%、71.4% 和 93.0%。另据国际货币基金组织测算，从 1994 年 1 月到 2002 年 9 月，人民币对主要贸易伙伴的名义有效汇率（或贸易权重指数）升值了 13.9%；考虑物价变动因素后，同期的实际有效汇率升值了 21.5%。

二是我国经常账户基本是平衡的。自 1994 年以来，我国一直有对外贸易顺差，1997 年和 1998 年维持在 400 亿美元上下，1999—2000 年在 200 亿至 300 亿美元，而 2003 年前三个季度，只有 91 亿美元。一国的汇率应该以经常账户的平衡为目标，而不是以对某一个国家的双边贸易平衡为目标。事实上，我国对日本和东南亚国家的贸易是逆差的。

三是外汇储备增长不是贸易顺差造成的。2003 年前三个季度，贸易顺差只有 91 亿美元，而外汇储备增加 975 亿美元，这些外汇来源不只是贸易结汇。有三个来源特别值得关注：通过经常项下的提前收汇或推迟付汇；个人外汇结汇；短期外债结汇。2003 年前三个季度，外债增长了 50%，其中大部分是短期外债。可见是金融账户或资本账户的顺差导致外汇储备的增加，而这些资金的流入不是由汇率水平决定的，而是由利率和汇率预期因素决定的。如果调整了汇率，这些资金会很快地流出，真正受到伤害的，是我国的进出口，是对外部门的就业，反而会引起宏观经济更大的不平衡。

四是中美贸易问题不能靠汇率调整来解决。美国对中国的贸易逆差主要是贸易政策、经济结构、比较优势决定的，不是汇率决定的。比如，我国出口中进料加工占比为35.5%，来料加工装配贸易占比为13.1%，这些贸易实际上赚的是劳动力增加值。按劳动力的成本计算，人民币汇率升值多少才能使美国劳动力具有优势？即使美国不从中国进口，美国也会从其他国家进口，贸易赤字仍不能解决。

五是保持对美元汇率稳定有利于我国。人民币汇率保持基本稳定，这是亚洲金融危机以后我国一直采取的政策，也为许多国家所支持和赞同。这一政策并没有改变以市场供求为基础的、单一的、有管理的浮动汇率制度。实践证明，这种汇率安排是与我国经济发展阶段、金融监管水平和企业承受能力相适应的，是符合我国国情的制度选择。从汇率决定的理论来看，影响汇率变动的主要因素包括国际收支、利率、购买力平价、劳动生产率和通货膨胀率等众多经济变量。综合这些因素来看，目前人民币汇率水平基本反映我国的经济实际。保持人民币汇率稳定有益于我国和世界经济发展。

现行人民币汇率形成机制还需要进一步完善，比如健全国内外汇市场机制、增强企业和居民的汇率风险意识、发展市场避险工具等。要加快金融体制改革的步伐，进一步完善外汇管理体制，逐步放宽对企业和居民用汇的限制，积极创造条件，提高人民币汇率形成机制的市场化程度。

进一步改革的具体方法还需要更详细的研究，但总的原则应该是：

市场化原则：汇率应该是由市场供求决定的，这就要求外汇市场应该是一个竞争的市场，而不是一个垄断的市场。货币当局的作用更多的应该是缓解市场汇率的过大波动，而不是刻意确定具体的汇率水平。

程序化原则：汇率调整应该是按既定的程序进行的，而程序又是公开的、可以预期的。这样，汇率的调整才不会引起市场的波动。

风险可控原则：汇率的任何形式的波动所造成的风险，应该是货币当局可以控制的，是市场成员通过市场手段可对冲的。

我国实行以市场供求为基础的、单一的、有管理的浮动汇率制度已经整整 10 年了，在管理汇率方面积累了丰富的经验。只要我们汲取世界各国的经验，深入研究我国的实际情况，一定会进一步完善汇率制度，为对外贸易的可持续发展，创造稳定的金融环境。

# 第三部分

# 债券市场创新与发展

# 银行间债券市场的
# 产品创新与制度建设[①]

【内容简介】2004 年初，国务院出台了《国务院关于推进资本市场改革开放和稳定发展的若干意见》，明确提出发展债券市场是金融改革与发展中的一项重要任务。为贯彻落实党中央、国务院的决策部署，中国人民银行依托银行间债券市场，坚持正确的债券市场发展模式，大力开展债券产品创新，加强市场制度建设，债券市场的发展取得了显著成绩。本文回顾了银行间债券市场的发展情况、说明了银行间债券市场的主要特征和重要作用，介绍了银行间债券市场的产品创新、制度创新和对外开放所取得的成绩，并提出了银行间债券市场发展的思路。

发展债券市场是金融改革与发展中的一项重要任务。2004 年以来，中国人民银行积极贯彻落实《国务院关于推进资本市场改革开放和稳定发展的若干意见》，积极发展债券市场，丰富债券市场品种，在银行间债券市场推出了一系列新的债券产品，加快市场制度建设步伐，完善基础设施，市场发展取得了显著的成绩。当前，国民经济发展和金融体制改革对债券市场的发展提出了更高的要求，必须抓住机遇，继续开拓创新，实现债券市场的全面协调可持续发展。

---

① 本文原载于《中国金融》2006 年 4 月增刊 "2005 中国债券市场发展回顾与展望专刊"。

## 一、银行间债券市场发展的回顾

（一）银行间债券市场的发展

银行间债券市场是 1997 年形成的。8 年多来，银行间债券市场从无到有，从小到大，取得了显著的发展。主要表现在以下几个方面：

一是托管的债券种类和数量不断增加。1997 年末，银行间债券市场的债券托管量只有 725 亿元，截至 2005 年末，债券托管量达 6.82 万亿元，增长近 93 倍。目前在银行间债券市场可流通的债券有 395 只，托管的债券种类从市场成立初期仅有的国债和政策性银行债两个品种，增加到目前的国债、中央银行票据、金融债券（包括政策性银行债、商业银行次级债、商业银行金融债券、证券公司短期融资券、政策性银行美元债券）、企业债券、短期融资券、资产支持证券、国际机构债券 7 类 11 个品种，包括了除公司可转债券以外的全部债券品种。

二是市场成员的种类和数量不断增加。1997 年 6 月，银行间债券市场刚刚形成时，参与机构只有 16 家银行。2000 年，推出了对中小金融机构的结算代理业务。2002 年 10 月，将债券结算代理业务的范围由金融机构扩展到非金融机构法人。由于采取了这些措施，参加银行间债券市场的非金融类的企业和其他法人机构投资者数量迅速增加，2002 年末，市场成员总数迅速达到 940 家。截至 2005 年末，银行间债券市场共有市场成员 5508 家。

三是交易类型不断丰富，成交量迅速增长。1997 年，银行间债券市场只有现券交易和质押式回购交易，成交量是 317 亿元，其中现券交易 10 亿元、质押式回购交易 307 亿元。2000 年成交量达到 1.5 万亿元，2002 年成交量突破 10 万亿元。2004 年增加了买断式回购，2005 年增加了债券远期交易。2005 年，现券交易成交量超过 6 万亿元，质押式回购成交量达到 15.68 万亿元，买断式回购成交量 2147.8 亿元，远期交易成交量 86.18 亿元，成交总量达到 21.9 万亿元，是 2000 年成交总量的 14.6 倍。

四是市场管理制度不断完善。几年来，金融市场法律框架逐步建立，有关银行间债券市场的法律框架也日益完善。《中华人民共和国中国人民银行法》规定，中国人民银行负责监督管理银行间同业拆借市场、银行间债券市场、外汇市场和黄金市场，为人民银行制定相关的规定提供了法律依据。有关债券市场的行政法规、部门规章、规范性文件和操作性文件，对各类债券的发行、登记、托管、交易、结算作出了具体的规定，保证了市场的正常运行。如《全国银行间债券市场债券交易管理办法》，对市场的参与者和中介机构、债券交易、托管、结算作出了规定，是银行间债券市场第一个部门规章；《全国银行间债券市场金融债券发行管理办法》和《短期融资券管理办法》是具体规定特定债券品种发行、登记、托管、交易、结算等事项的规范性文件；《短期融资券信息披露规程》《短期融资券承销规程》等则是对信息披露和交易的具体操作细节进行规范的操作性文件。

五是市场基础设施不断完善。在市场登记、托管、交易、结算系统逐渐完善的同时，各个有关系统间的联通日益完善。2004 年 11 月 8 日，银行间债券市场债券簿记系统和现代化支付系统实现连接，在银行间债券市场实现了券款对付（DVP）结算方式，大大提高了市场的运行效率，有效降低和控制了结算风险。2005 年 10 月 17 日，银行间债券市场成功实现了中国外汇交易中心的债券交易系统与中央国债登记结算公司的簿记系统的连接，做到了债券交易的"直通式"处理，极大地降低了操作风险，提高了市场的运行效率，也为其他市场制度建设创造了条件。

（二）银行间债券市场的主要特征

银行间债券市场是金融市场的重要组成部分，与其他市场相比，具有几个明显的特征。

第一，银行间债券市场是机构投资者市场。在银行间债券市场的 5508 家机构投资者中，银行类机构有 271 家、证券公司有 103 家、保险类机构有 91 家、基金类机构有 500 家、非银行金融机构有 121 家、信用社有 680 家、企业有 3729 家、其他机构有 13 家。可见，这个市场已经不仅是银行间的市场，甚至不仅是金融机构间的市场，而是一个机构投资者市场。

第二，银行间债券市场是产品多元化的市场。银行间债券市场以交易固定收益类的债券产品为主。由于机构投资者对风险识别和承受能力比个人投资者强，可以引入不同风险等级的债券和金融产品。可以说，只要是投资者认可的产品都可以利用银行间债券市场的交易平台。交易产品既可以是无风险的政府债券，也可以是高风险的企业债券；既可以是纯固定收益类债券，也可以是作为附属资本的债券；既可以有原生产品，也可以引入衍生金融产品。银行间债券市场已经有 7 类产品，而在这方面的业务拓展，还有很大的空间。

第三，银行间债券市场是多层次的市场。银行间债券市场是一个由多层次的投资者构成的市场。第一层是做市商和结算代理人，它们可以从事债券的自营业务、债券的承销业务，也承担结算代理业务。其中，有 15 家做市商承担对部分债券进行做市的义务。第二层是可以从事自营交易的金融机构，可直接参与交易，但不为其他机构进行代理。第三层是通过结算代理进行交易的中小金融机构和非金融机构法人，这类机构只能通过有结算代理资格的机构间接参与交易。第四层是通过工行、农行、中行、建行 4 家商业银行柜台参与债券交易的个人投资者，这是银行间债券市场的延伸，是债券交易的零售市场。银行间债券市场的核心是第一层和第二层，这两类投资者的定价能力和识别风险的能力较强，可以向这些投资者推出风险较高的产品。第三层是大型金融机构与中小金融机构，以及金融机构与非金融机构连接的市场，是银行间市场的资金与社会资金进行交换的层面，对于扩大银行间市场的作用具有重要的意义。第四层是柜台债券市场的一部分。截至 2005 年末，个人投资者超过 92.27 万名。但是个人参与银行间债券市场的交易受到一定的限制，通过柜台交易买卖的券种只有 15 只国债。这一层次的个人投资者承担风险能力较弱，针对这些个人投资者，应主要推出国债和其他信用风险低的准政府债券。

第四，银行间债券市场是场外市场。所谓场外市场交易，是通过场外询价，逐笔成交进行的交易，债券买卖双方既可以通过交易系统进行询价，也可以通过电话、传真等方式一对一进行询价，逐笔成交，成交后进行债券的清算。目前，虽然外汇交易中心提供的债券交易系统已经与中央国债登记结算公司的簿记系统联网，也没有改变场外询价、逐笔成交的特征。而场内交易的特征是集中竞价，投资者将价格和数量输入系统后，按价格优先、时间优先的原则撮合成交。债券交易的投机性较小，买卖频率也不会像股票那样高，更适合采取场外市场询价交易的方式，而不是集中竞价的方式。而场内市场集中竞价撮合方式仅适合小额、标准化产品的交易。债券市场的发展表明，债券交易绝大部分是在场外市场上进行的，场外交易量一般占债券市场交易总量的90%以上。

（三）银行间债券市场的作用

第一，银行间债券市场已经是资本市场的重要组成部分，成为政府、金融机构、企业的筹资平台。1997—2005年，在银行间债券市场上，累计发行各种债券12.1万亿元，其中，发行国债2.74万亿元，为执行积极的财政政策提供了强大的资金支持；发行政策性银行债2.38万亿元，是政策性银行筹措资金的主要工具；2004年以来，发行商业银行次级债1515亿元，商业银行金融债券270亿元，成为补充商业银行附属资本和主动负债的工具；发行证券公司短期融资券29亿元，成为证券公司解决短期流动性不足的又一个工具；发行企业短期融资券1392.5亿元，企业短期融资券是银行间市场上企业直接融资的第一只券种，对改善社会融资结构起到了积极的作用。

2005年，不包括央行票据在内的债券发行总额是1.43万亿元，其中一年期以上的债券发行总额是1万亿元，占比为70%。从发行的债券种类来看，不仅有筹资工具，还有可以计入商业银行附属资本的商业银行次级债。同年，金融机构中长期贷款增加额是1.2万亿元，债券市场筹集长期资本的能力非常突出。

第二，银行间债券市场已经是货币市场的重要组成部分，成为中央银行货币政策的操作平台。货币市场包括票据市场、拆借市场和债券回购市场。从发行情况来看，2005 年，商业汇票发生额是 4.45 万亿元，贴现发生额是 6.75 万亿元，再贴现发生额是 24.9 亿元；银行间同业拆借总额是 1.28 万亿元，银行间债券回购交易总额是 15.89 万亿元。银行间债券市场上的回购交易超过了票据市场和同业拆借市场的总额。1998 年，中国人民银行取消了对商业银行的贷款规模管理，同年，人民银行恢复通过银行间债券市场进行人民币公开市场操作，对基础货币总量进行调控。2003 年以来，开始发行央行票据。截至 2005 年底，共发行央行票据 293 期，累计发行额达到 50181 亿元，2003—2005 年，共进行人民币公开市场操作 234 次，各年回笼基础货币分别是 2694 亿元、6690 亿元和 13848 亿元。2005 年末，央行票据余额达 20662 亿元，成为对冲外汇占款所导致的基础货币投放的主要工具。通过在银行间债券市场进行公开市场操作，不仅可以调控基础货币，实现对货币总量的数量型调控，也可以调控市场利率，实现对宏观经济的价格型调控。

第三，银行间债券市场已经是债券市场的主板市场，成为金融机构进行投资和资产运作的平台。目前，中国的债券市场分为三个部分：全国银行间债券市场、证券交易所债券市场和商业银行柜台市场。经过近几年的发展，中国债券市场已经形成了以银行间债券市场为主，交易所债券市场和商业银行柜台市场为辅，彼此分工合作，相互补充的债券市场体系。2005 年，银行间债券市场的债券托管总量占全部债券托管总量的 94%，银行间债券市场的现券交易量占现券交易总量的 95.6%；回购交易量占回购交易总量的 87.1%。银行间债券市场的发展，为商业银行等各类金融机构投资者提供了固定收益类产品的交易平台。1997—2004 年，商业银行的债券资产总额从 0.35 万亿元上升到 3.4 万亿元，在总资产中的比例从 5% 上升到 14%。2005 年，在银行间债券市场所托管的 6.82 万亿元债券中，由商业银行持有的债券总额达到 5.1 万亿元，其他金融机构持有的债券总额达到 1.29 万亿元。2002 年以后，共计有近 3000 个非金融机构投资者进入银行间债券市场，2005 年，由非金融机构投资者持有的债券有 634 亿元。

第四，银行间债券市场提供了市场化利率的重要形成机制。银行间债券市场上已经形成市场化的利率体系，成为市场化利率形成的重要机制。1997 年，银行间债券市场建成后，债券回购利率完全由交易双方自行决定。1998 年，国家开发银行在银行间债券市场上实现了政策性金融债的招标发行，在一级市场上实现了利率的市场化。1999 年，国债开始通过招标发行。目前，在银行间债券市场上的 7 天回购利率已经成为重要的货币市场基准利率；国债收益率曲线已经成为其他债券发行利率的参考；企业短期融资券的收益率逐渐拉开档次，初步显示了市场对不同风险等级的企业融资的定价。在银行间债券市场实现利率市场化的成功实践，为利率市场化的改革提供了经验。

## 二、银行间债券市场的创新

（一）银行间债券市场的产品创新

1. 为金融机构设计的产品。2004 年以来，为金融机构设计的产品有以下四种：

一是证券公司的短期融资券。2004 年 10 月 18 日，中国人民银行发布了《证券公司短期融资券管理办法》，允许证券公司向机构投资者发行短期融资券。2005 年 4 月 12 日，国泰君安发行了 6 亿元的短期融资券。截至 2005 年末，共有 5 家证券公司发行了 29 亿元短期融资券。

二是商业银行的次级债。为改善商业银行资产质量，提高商业银行资本充足率水平，推进国有商业银行股份制改革进程，2004 年 6 月 17 日，中国人民银行和中国银行业监督管理委员会联合发布了《商业银行次级债券发行管理办法》。截至 2005 年末，已有中国银行、建设银行、工商银行、兴业银行和民生银行发行次级债，发行总量达 1515 亿元。

三是金融机构一般金融债券。为拓宽金融机构融资渠道，弥补其主动负债工具和长期负债工具的不足，特别是解决商业银行存贷期限结构不匹配的问题，2005 年 4 月 27 日，中国人民银行发布了《全国银行间债券市场金融债券发行管理办法》，允许商业银行和企业集团的财务公司发行一般性金融债券。截至 2005 年末，已有浦东发展银行、招商银行和兴业银行发行金融债券，发行总额 270 亿元。

四是信贷资产支持证券。资产证券化是指将能够产生稳定现金流的一部分资产，打包建立一个资产池，并以其将来产生的现金收益为偿付基础发行证券。这种资产支持证券是一种受益凭证，购买受益凭证的投资人实际是投资于未来有稳定现金流的资产。为改善银行存贷期限不匹配状况，一方面可以进行负债方的操作，另一方面可以进行资产方的操作。将信贷资产证券化，可以使商业银行更主动地进行资产操作，提高资本充足率，分散信贷风险。2005 年 4 月 20 日，中国人民银行和中国银行业监督管理委员会联合发布了《信贷资产证券化试点管理办法》，其他有关部门也都先后发布了有关规定。12 月 15 日，国家开发银行和中国建设银行分别成功发行 41.77 亿元的信贷资产支持证券和 30.17 亿元的住房抵押贷款支持证券。资产支持证券是一种全新的券种，这种证券的推出，标志着我国债券市场的一个重大突破，不仅对商业银行调节资产负债结构有积极的作用，对其他金融机构、企业和政府机构的融资结构的调整，都会产生积极影响。

2. 为企业融资设计的产品。为改善社会融资偏重于间接融资的状况，增加企业直接融资手段，鼓励有竞争力的企业直接进入资本市场融资，降低融资成本，中国人民银行在 2005 年 5 月 23 日发布了《短期融资券管理办法》，随后发布了有关信息披露和承销规程的配套文件。2005年 5 月 26 日，华能国际等 6 家企业发行了第一批企业短期融资券，共计 109 亿元。截至 2005 年末，共有 58 家企业发行短期融资券 1392.5 亿元。

3. 交易工具和金融衍生产品创新。一是推出债券买断式回购。为提高债券市场流动性，借鉴国外发达债券市场经典回购的经验，结合银行间债券市场发展情况，设计了债券买断式回购的基本业务框架，并于 2004 年 4 月 12 日发布了《全国银行间债券市场债券买断式回购管理规定》。买断式回购为远期交易等衍生工具的推出奠定了基础。截至 2005 年末，银行间债券市场买断式回购成交量累计达 3476.6 亿元。

二是债券远期交易。债券远期交易指交易双方同意在未来日期按照固定价格买卖债券资产的合约，是基于交易双方对未来利率变化的不同预期以及市场承受能力而进行的交易，能够在一定程度上规避市场风险。债券远期交易可以有效地帮助投资者规避利率风险，提高市场流动性，促进价格发现功能的实现，同时为中央银行制定和执行货币政策提供参考信息，对完善我国债券市场产品结构，促进债券市场的发展具有重要意义。2005 年 5 月 11 日中国人民银行发布了《全国银行间债券市场债券远期交易管理规定》，6 月以后发布了相关的交易主协议和信息披露与风险监测方面的文件。截至 2005 年末，远期交易累计成交 75.68 亿元。

三是人民币利率互换交易。利率互换是指交易双方约定在未来的一定期限内，根据约定数量的人民币本金交换现金流的行为，其中一方的现金流根据浮动利率计算，另一方的现金流根据固定利率计算。为丰富全国银行间债券市场投资者风险管理工具，规范和引导人民币利率互换交易，加快利率市场化进程，2006 年 1 月 24 日，中国人民银行发布了《中国人民银行关于开展人民币利率互换交易试点有关事宜的通知》，规定市场投资者中，经相关监督管理机构批准开办衍生产品交易业务的商业银行，可根据监督管理机构授予的权限与其存贷款客户及其他获准开办衍生产品交易的商业银行进行利率互换或为其存贷款客户提供利率互换交易服务，其他市场投资者只能与其具有存贷款业务关系且获准开办衍生产品交易业务的商业银行进行以套期为目的的互换交易。通知发出后，国家开发银行与中国光大银行进行了第一笔利率互换交易，市场成员反响热烈。

4. 债券市场的对外开放。一是推动国际开发机构在国内发行人民币债券。国际开发机构是指进行开发性贷款和投资的国际开发性金融机构，国际开发机构在国内发行人民币债券筹集的资金，主要用于我国国内企业的贷款。2005 年 2 月 18 日，人民银行会同财政部、发展改革委、证监会等部门联合发布了《国际开发机构人民币债券发行管理暂行办法》。10 月 14 日，国际金融公司和亚洲开发银行获准在银行间债券市场分别发行人民币债券 11.3 亿元和 10 亿元。在银行间债券市场上引入了国际发行体，标志着我国债券市场对外开放迈出了重要的一步。

二是推动泛亚债券指数基金（PAIF）和亚债中国基金（ABF）进入

银行间债券市场。2002 年，由东亚及太平洋中央银行行长会议组织（EMEAP）提出，以各成员外汇储备出资建立亚洲债券基金。2003 年 6 月，EMEAP 发起了第一期亚洲债券基金（ABF1），2004 年 12 月，EMEAP 又发起了第二期亚洲债券基金（ABF2）。亚洲债券基金包括一只泛亚债券指数基金与 8 只单一市场指数基金（不包括日本、澳大利亚、新西兰）。泛亚债券指数基金对 8 个成员的主权与准主权本币债券进行投资，泛亚债券指数基金的管理人是道富环球投资管理新加坡有限公司，托管人是香港上海汇丰银行有限公司。中国人民银行于 2005 年 4 月 30 日同意泛亚债券指数基金进入银行间债券市场，在 1.8 亿美元等值人民币的额度内进行债券交易。这是银行间债券市场引入的第一家境外机构投资者。亚债中国基金是专门投资于中国债券市场的投资基金，全称为"亚洲债券基金中国债券指数基金"。华夏基金管理有限公司是亚债中国基金管理人，按规定的中国债券指数进行被动式投资。中国人民银行于 2005 年 5 月 27 日，同意亚债中国基金进入银行间债券市场，在 1.2 亿美元等值人民币的额度内进行债券交易。2005 年，上述两只基金都已经开始在中国进行投资，是债券市场对外开放的新举措。

5. 改变企业债券在银行间市场的流通安排。长期以来，企业债券除在交易所上市流通外，还通过不规范的协议转让进行交易。为推动我国公司债券市场快速、规范发展，2004 年 12 月 7 日，中国人民银行出台了《全国银行间债券市场债券交易流通审核规则》，2005 年，经批准在银行间债券市场流通的企业债券达到 7 只。2005 年 12 月 19 日，中国人民银行发布《公司债券进入银行间债券市场交易流通的有关事项公告》，简化了企业债券在银行间债券市场流通转让的安排程序，由核准制转为备案制。这对提高公司债券的流动性和扩大市场规模起到了积极作用。截至 2006 年 2 月末，已有 33 只企业债券进入银行间债券市场流通转让，总规模为 697 亿元。

（二）银行间债券市场的制度建设

对于银行间债券市场来讲，2005 年不仅是债券产品创新的一年，也是加快制度性建设的一年。总结起来，建立并加强了以下几个方面的制度。

一是建立了短期融资券的发行备案管理制度。这种新的制度安排主要体现在市场准入、发行方式、中介服务、发展进程、风险防范等方面坚持市场化取向。在市场准入方面，实行备案管理，不是由政府主管部门决定哪家企业可以发债，而是由发债企业决定是否需要发债，对各类企业没有歧视性的规定。在发行方式上，企业首先找愿意进行债券承销的主承销商，由主承销商负责安排发行事项，投资对象是银行间债券市场的机构投资者，价格由招投标和簿记建档的方式决定。在风险防范方面，不是采取银行担保，而是引入了信息披露和评级制度，强化了市场约束机制，加强了中介服务机构的作用。实践证明，在发展企业债券市场的过程中，采取市场化的备案管理制度是可行的，也是有利于市场发展的。

二是强化信息披露要求。强化信息披露要求，是近几年来市场制度建设中的一个重要方面。主要功能是解决投资者与筹资者之间的信息不对称问题，使发行者受到市场成员的共同监督。自1997年银行间债券市场建立以来就有对参与者的信息披露要求。2002年10月，在同业拆借市场的部分证券公司试点统一信息披露规范。2003年，统一证券公司信息披露规范。2004年以来出台的各个债券管理办法中，都对信息披露提出了严格的要求。2005年还出台了《短期融资券信息披露规程》等专门的信息披露规定。在这些管理办法中，规定了发行信息披露、持续信息披露、重大事项临时公告、超比例持有公告和违约事实公告等。在实施信息披露方面，还规定了信息披露的平台、程序、豁免和违规处理等。实践证明，与银行发放贷款过程中银行与企业之间的一对一的信息披露和单向约束相比，面向所有市场成员的一对多的公开信息披露，更有利于强化对筹资人的约束。

三是引入债券评级机制。2004年以前，在银行间债券市场上发行和交易的债券只有国债和政策性金融债，对债券进行评级的需求并不迫切。2004年以来，允许发行证券公司短期融资券和商业银行次级债券之后，有信用风险的产品引入了银行间债券市场，建立债券评级机制显得越来越重要。评级的作用是对债券产品所具有的潜在风险进行评价，使投资者可以更好地判断是否进行投资和确定债券的价格。在 2005 年出台的关于金融债券、企业短期融资券、资产支持证券和国际开发机构发行人民币债券的各个管理办法中，都有对评级的要求。特别是在企业短期融资券的发行管理中，债券评级成为重要的一个环节。

四是完善结算代理制度。在总结几年来业务实践和广泛征求市场成员意见的基础上，2005 年 6 月 9 日，中国人民银行发布公告，对结算代理业务进行了政策调整。包括：扩大非金融机构的交易对象和交易品种，允许企业可以自主选择结算代理商，并可以进行债券的逆回购操作；对结算代理机构的业务开展情况进行年度公开披露；规范结算代理的报告和监督制度，进一步明确了人民银行分支机构对辖内债券结算代理业务的监督管理职能等。这些措施从不同角度对结算代理制度进行了完善，调动了各方面的积极性，有利于促进结算代理业务的健康和深入发展。

五是完善风险防范机制。2004 年以来，在银行间债券市场先后引进了买断式回购和债券远期交易这两种交易方式。这两种交易都具有做空的机制，除了在个别的交易中会有风险外，还有可能引起市场的系统性风险。因此，在相应的管理办法中，都针对可能产生的系统性风险制定了相应的监管标准。如债券远期交易就具有市场风险、违约风险、价格操纵风险，管理的重点是防范价格操纵风险以及违约风险而引发的系统性风险。因此，在相应的管理办法中，对远期交易规模、履约保障机制、信息披露、交易双方的内控与自律、中介机构的监测和人民银行的管理等都作出了规定。同时，外汇交易中心的债券交易系统与中央结算公司的债券簿记系统的连接，初步实现了债券的"直通式处理"，不仅极大地提高了市场交易结算效率，为开展新的业务创造了良好的技术基础，也丰富了市场监测方式，增加了事前监控和事中监控的风险控制手段。

2005 年是银行间债券市场快速发展的一年，新推出的债券品种发行、交易、结算顺利，一些短期债券已经正常按期偿还。新产品的推出对市场发展已经产生初步的影响，对改善社会融资结构发挥了积极的作用。2005 年，全社会融资总额增加近 3.15 万亿元，企业债券融资 2010 亿元，比 2004 年增加了 1683 亿元。企业债券融资所占比例从 2004 年的 1.1% 上升至 6.4%。其中，企业短期融资券累计发行 1392.5 亿元，占全部社会融资总额的 4.4%。

新产品的推出，使市场初步形成多元化的产品系列，使市场投资者的选择大大增加。2005 年末，可交易流通的债券只数比 2004 年增加 181 只，可交易流通量增加 2.1 万亿元。

## 三、银行间债券市场的发展思路

当前，债券市场的发展面临着前所未有的机遇，银行间债券市场要进一步把握发展机遇，从社会主义市场经济发展的内在要求出发，依靠市场主体的积极性和创造性，坚持全面协调可持续的科学发展观，围绕"创新、发展、规范、协调"的总体要求，以金融产品创新为重点，加强市场基础建设，完善市场功能，不断推动金融市场的快速健康发展。

在今后两至三年内，银行间债券市场的发展重点应包括以下几个方面。

### （一）扩大创新产品市场规模

2005 年的产品创新是非常集中的，在连续推出一系列产品之后，需要在完善管理办法的同时，扩大产品的市场规模。一是稳步扩大企业短期融资券的发行规模，充分发挥这一产品在扩大直接融资方面已经显现出来的作用。二是在商业银行发行一般性金融债券的基础上，继续推动包括财务公司在内的金融机构发行金融债券。在信贷资产证券化试点取得成功的基础上，逐步扩大信贷资产证券化范围，使金融债券和信贷资产支持证券成为商业银行主动负债和调节资产结构的重要工具。三是在扩大基础产品市场规模的同时，加强对衍生金融产品的宣传力度，认真总结债券远期交易运行经验，完善相关配套制度，扩大交易量。

### （二）继续推进基础产品创新

创新是债券市场发展的动力，创新是无止境的。要根据市场的需要，继续推动创新。一是要进一步研究扩大企业在银行间债券市场直接融资的方式和途径。目前企业对中长期的融资工具有迫切的需求。在企业债券现在的管理框架下，可以考虑进行发行方式的转变，引导企业债券在银行间债券市场的直接发行。与此同时，加快研究新的企业融资产品。二是在信贷资产证券化取得经验的基础上，研究资产支持证券的其他形式。资产支持证券应该是一种系列产品。运用金融工程技术，可以对具有稳定现金流的资产进行规范设计，发行非信贷类资产支持的证券化产品。三是继续探索商业银行补充资本金的产品和主动负债产品。

（三）加快金融衍生产品创新

在利率市场化程度逐步提高，进行汇率形成机制改革，开始实行以市场供求为基础、参考一篮子货币进行调节、有管理的浮动汇率机制形成之后，金融产品的利率风险和汇率风险加大，市场需要对冲风险的工具。因此，加快金融衍生产品的创新已经非常迫切。在推出了买断式回购、债券远期交易和利率互换等产品的基础上，今后一段时间应加快推出以下衍生产品。一是针对利率风险的衍生产品，二是针对汇率风险的衍生产品，三是基于黄金交易的衍生产品。

（四）进一步改善银行间债券市场的模式

银行间债券市场是一个以机构投资者为特征的场外市场。交易采取一对一的询价方式，这种方式适合于大型的机构投资者。然而，银行间债券市场的投资者中，已经有 3700 多家非金融机构，即便在金融机构里也有不少是中小金融机构。它们往往进行的是小额交易，因为缺乏双方授信，一对一的询价交易方式对它们来讲并不便利。因此，为适应非金融机构特别是中小金融机构增加的现实，也应该探讨在银行间债券市场引入新的交易方式。

（五）提高银行间债券市场的流动性

尽管银行间债券市场的交易迅速增长，但是流动性还是比较低的。

今后应采取措施增加流动性。一是要完善做市商制度。做市商处于市场的核心层，它们的主要功能是提高市场流动性。目前，已经有 15 家做市商，需要进一步明确做市商选择和考核、做市要求、融资融券、承销便利、税费减免等相关问题，以充分发挥做市商的作用。二是完善结算代理业务。结算代理机构连接着中小金融机构和非金融机构。结算代理业务的效率也关系到市场运作的效率。三是推动货币经纪业务的发展。货币经纪业务在我国刚刚起步。与做市商类似，货币经纪机构是场外市场中的重要中介机构。货币经纪公司本身不进行交易，但是为市场成员之间沟通价格信息，匹配供求，对提高市场流动性发挥着重要作用。四是进一步扩大国债柜台交易试点。柜台交易是银行间债券市场向个人投资者的延伸。虽然个人投资者不是市场的主体，但是扩大这一渠道，也有利于让个人投资者分享市场发展的成果，提高市场的深度。

### （六）完善市场约束机制

一是加强信息披露管理。信息披露可以解决筹资人与投资人之间的信息不对称问题，是对发行人进行市场约束、对投资者利益进行保护的重要制度性安排。近年来，银行间同业拆借市场和债券市场的信息披露要求越来越规范，但是有关规定分散在不同的管理办法中，需要进一步统一、规范和完善。二是完善债券评级制度。通过债券进行的融资，投资人分散了，可以降低对单一筹资者的投资风险，但是，众多的投资者不可能都亲自对筹资人的情况进行评估和准确判断，需要市场中介机构代理投资者进行分析和评价。通过公正的评级，确定债券的风险等级，有助于确定债券的价格，是对筹资者进行市场约束、对投资者进行保护的重要一环。2005 年，在银行间市场发行企业短期融资券，为开展债券评级业务提供了发展机遇，评级初步发挥了作用。但是，不能客观反映公司差异的现象还是存在的。要统一评级标准，制定行业规范，引进国际评级机构，通过竞争，提高债券评级的水平。三是建立行业自律组织。目前，银行间市场还没有行业自律组织，政府主管部门在规范市场运行规则，进行产品创新方面还发挥着主导作用。但是，从长远发展来看，创新应该更多地发挥市场成员的主动性。市场秩序应该由自律组织来维持。条件成熟时，可以考虑建立银行间债券市场的行业自律组织。

（七）扩大机构投资者范围

现在，法人机构进入银行间市场已经没有障碍，目前要解决的是建立和完善非法人投资集合性资金进入银行间债券市场的准入程序和运作规则，研究和推动合格境外机构投资者进入市场。

（八）加强对市场风险的监测和管理

银行间债券市场建立 8 年以来，一直运作平稳，没有出现系统性的风险，这与制度设计合理和监管严格是分不开的。随着市场创新产品种类的增加，市场规模的不断扩大，风险防范尤为重要。一是管理部门应密切监测市场运作情况，改进金融市场监测分析方法，准确把握市场动态，加强对市场热点问题的分析。同时，要进一步加强同有关部门、市场主体的联系与沟通，加大管理力度，妥善处理推动市场创新发展与加强风险防范的关系。二是积极引导市场成员加强内部管理，规范业务流程，提高自身风险识别、风险防范和风险控制能力，建立健全风险控制机制。三是进一步强化中央国债登记结算公司和同业拆借中心对市场一线监测职能，强化对市场违规行为的快速反应和及时处理机制，建立和健全市场风险识别和预警指标体系。

实现金融市场的全面协调可持续发展，将是一项长期、艰巨、光荣的任务。我们要全面贯彻落实党中央关于发展金融市场的有关精神，落实"国九条"有关政策措施，以科学发展观统领金融市场发展全局，继续开拓创新，开创债券市场发展的新局面。

# 坚持科学发展观
# 积极推动中国债券市场发展①

**【内容简介】**2005 年 10 月 20 日，在北京召开的中国债券市场发展高峰会上，中国人民银行行长周小川发表了"吸取教训 以利再战"的著名讲演。在对历史教训和原因进行分析的基础上，周小川行长提出，要以市场经济为思维主线，以合格机构投资者和场外市场为逻辑主线，以完善法规、会计、信息披露和破产制度为环境主线，使有较强分析能力和风险承担能力的机构在市场中唱主角。关键的切入点还是要发展合格机构投资者和场外市场。周小川行长的讲演和银行间债券市场的快速发展引起了媒体的广泛关注。本文是应《金融时报》约请写的特稿。文章介绍了 2006 年债券市场继续在创新中快速发展的情况，总结了债券市场发展的基本经验，说明了推动我国债券市场发展的正确方向和思路。

编者按：温家宝总理在今年"两会"期间所作的《政府工作报告》和在今年年初召开的全国金融工作会议上的讲话中，都反复强调，"要推动多层次的资本市场体系建设，扩大直接融资规模和比重"，"加快发展债券市场"。显然，构建多层次的金融市场体系，扩大直接融资规模和比重，已经被中央提到了前所未有的高度。近年来，作为金融市场的重要组成部分，银行间债券市场持续快速发展，为保证货币政策的有效传导、宏观经济的健康运行和金融资源的有效配置发挥了重要的作用。但是，债券市场仍是我国资本市场中的一个薄弱环节。进一步推动债券市场平稳快速发展，搭建好宏观金融调控的平台，对于贯彻落实全国金

---

① 本文原载于 2007 年 3 月 14 日《金融时报》。

融工作会议提出的任务，保证金融稳定与健康发展具有重要意义。

为正确理解和全面贯彻中央关于扩大直接融资、加快发展债券市场的政策精神，今天我们特刊登中国人民银行金融市场司司长穆怀朋为本报撰写的特稿，以飨读者。

## 一、银行间债券市场继续在创新中快速发展

近几年来，银行间债券市场法律制度逐渐完善，市场创新不断推出，市场参与者日渐多元化，市场功能日趋深化。2006 年，债券市场继续保持健康的发展势头，在创新中平稳快速发展。综合来看，2006 年债券市场的运行有以下几个方面的显著特点：

一是市场规模持续扩大，市场资源配置功能得到充分发挥。2006年，我国债券市场共发行债券 5.9 万亿元，同比增长 33.2%。截至 2006 年末，我国债券市场托管量已达 9.2 万亿元，同比增长 27.5%，其中绝大部分债券都通过银行间市场发行，在银行间市场托管的债券达到96.1%。债券交易更加活跃，市场流动性进一步提高。

二是市场广度不断扩大，市场创新持续推出。从产品创新角度看，在国债、政策性金融债、企业债券等传统债券品种稳步发展的基础上，近期推出的非政策性金融债券、企业短期融资券、资产支持证券等创新产品发展势头良好。

金融债券方面，截至 2006 年末，已有浦发、招商等多家银行共发行了一般性金融债券 580 亿元。一般性金融债券的发行，拓宽了金融机构直接融资渠道，有利于解决其长期存在的资产负债期限结构错配问题。此外，还有多家商业银行共发行了次级债券 1647 亿元以及混合资本债券 84 亿元，这对于推进国有商业银行股份制改革、提高商业银行资本充足率起到了非常重要的作用，已经成为商业银行补充附属资本的重要渠道。

企业短期融资券方面，截至 2006 年末，有 210 家企业共发行短期融资券 4336.5 亿元，余额 2667.1 亿元，企业短期融资券的发行和流通，拓宽了企业直接融资渠道，改善了我国融资结构，推动了企业债券市场发展。

资产支持证券方面，资产证券化试点取得了阶段性成果，截至 2006 年末，国家开发银行和中国建设银行共成功发行资产支持证券 129.2 亿元。此外，不良资产证券化也获得突破。资产支持证券的推出对扩大直接融资比重，改善金融机构资产负债结构将起到积极作用。

国际开发机构人民币债券方面，继国际金融公司和亚洲开发银行在 2005 年分别发行债券 11.3 亿元和 10 亿元之后，国际金融公司在 2006 年 11 月又发行债券 8.7 亿元，这也标志着我国债券市场仍将继续保持对外开放步伐。

从交易工具角度看，创新工具也在不断推出。在前期推出债券买断式回购业务和债券远期交易的基础上，2006 年，银行间市场又先后推出了利率互换试点以及债券借贷业务，对帮助投资者规避利率风险，提高市场流动性，促进价格发现功能的实现均发挥了积极作用。

三是市场发行主体和投资主体种类日益多元化。债券市场发展过程中，参与主体队伍日益扩大，类型更加多样。以银行间市场债券发行主体为例，近年来，除原有的财政部、政策性银行等发行人之外，国有商业银行、股份制商业银行、城市商业银行、证券公司、非金融企业、国际开发机构等都已经开始在银行间债券市场发行债券。同时，市场投资主体更加丰富，机构投资者表现活跃。除银行业金融机构外，基金公司、财务公司和保险公司等非银行金融机构和企业等非金融机构的市场参与程度也快速提高，市场影响与日俱增。

四是市场功能进一步深化，市场影响逐渐增大。债券市场的调节功能逐渐显现，已经成为我国政府进行宏观经济金融调控、实施稳健货币政策与财政政策的重要平台。2006 年，财政部在债券市场共发行国债 8800 多亿元，为实施稳健的财政政策奠定了坚实基础，人民银行在债券市场发行中央银行票据 3.65 万亿元，有效地调节了银行体系的流动性。

五是债券市场价格信号的功能日益显现，收益率曲线逐步形成。由于债券市场的利率形成机制已经完全市场化，债券价格指数与收益率曲线的变化均能及时有效地反映债券市场供求与流动性松紧的状况，而收益率曲线的形成则为金融资产定价奠定了基础。

## 二、推动债券市场发展的基本经验

近年来，人民银行始终坚持以科学发展观统领债券市场工作，借鉴国际先进经验，按照债券场外市场的模式对银行间债券市场发展进行科学规划、统筹安排。总结近几年的工作实践，主要有以下几个方面的经验：

首先，要充分认识发展债券市场的重要意义。改革开放以来，我国的金融市场迅速发展，已经初步建立了比较完整的市场体系。但是，市场发展不平衡，直接融资发展较慢，直接融资与间接融资比例失调，企业融资高度依赖银行体系。应该看到，直接融资的比重大小与金融稳定有关系。间接融资为主的体制下，金融风险过度集中在银行体系，形成产生系统性金融风险的隐患。而直接融资工具可以交易，可以利用市场机制分散风险。即使发生了损失，投资者会吸收，风险不会放大。

此外，在现代市场经济条件下，直接融资是将社会储蓄资金有效转化成长期投资，促进企业资本形成和资本扩张的便捷、高效方式。大力发展债券市场，特别是公司债券市场，利用债券市场有效配置金融资源，强化市场约束，分散风险，化解风险，已经是保障金融稳定的必然选择。

其次，发展债券市场要坚持创新理念，创新是推动债券市场发展的源泉。近几年来，银行间债券市场的市场深度与广度不断增加，市场交易流动性不断提高，市场功能不断深化，市场影响不断扩大，这些都与人民银行一直坚持以推动市场创新为重点的工作理念是密不可分的。创新要伴随减少管制。我们必须找到放松管制与自主创新之间平衡的条件，找到利大于弊的条件。一条重要的经验就是提高标准，强调信息披露、信用评级、外部审计、公司治理，坚持会计准则。要让市场接受新理念，这样在创新方面才能放手。创新是多层次的，其中既有市场产品与工具创新，也有完善信息披露制度与信用评级制度的市场制度创新；既有政府主管部门推动的创新，也有市场主体的创新。随着市场经济体制的不断完善，未来的市场产品与工具创新应该更多由市场主体去推动，而信息披露、信用评级、会计、税收等方面的制度和体制创新主要由政府部门去完成。因此，今后政府有关部门与市场主体都需要积极更新观念，进一步梳理与调整各自职能与定位，共同建立债券市场创新的长效机制。

再次，发展债券市场要建立规范的市场机制。规范是债券市场发展和创新的基础与保障，也是放松市场管制的前提。只有建立规范的市场机制，让市场约束机制和激励机制充分发挥作用，才能让市场各方各司其职，各尽其能。

一是尝试建立了债券发行的备案管理制度。在短期融资券管理制度中，建立了发行备案管理制度。这种新的制度安排主要体现为在市场准入、发行方式、中介服务、发展进程、风险防范等方面坚持市场化取向。

二是强化信息披露要求。这是近几年来市场制度建设的一个重要方面，主要功能是解决投资者与筹资者之间的信息不对称问题，使发行者受市场成员的共同监督。在有关债券发行管理办法中，规定了发行信息披露、持续信息披露、重大事项临时公告、超比例持有公告和违约事实公告等。在实施信息披露方面，还规定了信息披露的平台、程序、豁免和违规处理等。

三是引入债券评级机制。评级的作用是对债券产品所具有的潜在风险进行评价，使投资者可以更好地判断是否进行投资和确定债券的价格。在2005年出台的关于金融债券、企业短期融资券、资产支持证券和国际开发机构发行人民币债券的管理办法中，都有对评级的要求。特别是在企业短期融资券的发行管理中，债券评级成为重要的一个环节。实践证明，不断改进的信用评级机制逐渐发挥出其对不同信用风险进行外部客观评价的功能。

最后，发展债券市场要注重协调与统筹。加强协调和统筹，是促进债券市场全面健康可持续发展的内在要求，只有这样才能促进市场均衡发展，营造市场发展的和谐环境。这种协调与统筹，既包括政府部门内部之间的分工与合作，也包括市场各方之间的共同协作。人民银行在工作中一直注重与其他有关政府部门进行沟通与协调，这为我国债券市场的健康快速发展提供了良好的制度环境保障。此外，人民银行在推出大量创新债券产品与工具、不断完善债券市场制度建设的过程中，也注重与市场主体的沟通与协调，广泛听取市场成员的意见。事实证明，只要政策制定与实施符合市场科学发展客观规律，符合广大市场主体的利益，就能得到广大市场主体的拥护与支持，推进起来就会比较快、问题也会比较少，与此同时，市场主体也能伴随市场深化获得较大的发展。

### 三、推动我国债券市场发展的思路

正如前面所言，近年来我国银行间债券市场发展迅速，成绩显著，但是也应看到，我国债券市场整体在发展过程中仍面临产品种类与层次不够丰富，部分领域仍然存在一定的行政管制，信息披露、信用评级等市场约束与激励机制尚未完全发挥作用等许多问题。温家宝总理在全国金融工作会议上的讲话中指出："债券市场是我国资本市场中的一个薄弱环节，有很大发展潜力，要扩大企业债券发行规模，大力发展公司债券，完善债券管理体制、市场化发行机制和发债主体的自我约束机制，加快形成集中监管、互通互联的债券市场"。深刻领会党中央、国务院关于发展债券市场的战略部署的重大意义，明确市场发展方向，厘清市场发展思路，对于我们在今后的工作中统一认识，坚持用科学发展观统领债券市场发展全局，推动债券市场持续健康安全发展具有重要意义。

首先，债券市场发展中应该将投资主体定位于机构投资者，把引入和培育机构投资者作为首要任务。债券市场以机构投资者为主的特征主要是由债券产品的本质属性所决定的。一方面，债券是一种固定收益工具，具有相对确定的到期日和稳定的未来现金流量，虽安全性较高，但投资收益率较低，对个人投资者的少量资金而言，收益不明显。另一方面，债券品种繁多，交易方式复杂多样，创新工具层出不穷，需要机构投资者所具有的丰富专业知识和投资技巧，这也部分限制了个人投资者对债券产品的投资。

从国际实践经验看，机构投资者占绝对比重是债券市场发展的主要特征与必然结果。从我国实践经验看，1997年银行间债券市场建立后，人民银行充分总结了我国债券市场发展过程中的经验教训，遵循国际债券市场发展的客观规律，大力引入和培育机构投资者，推动银行间债券市场发展，目前，作为债券市场主要组成部分的银行间债券市场事实上已经发展成为机构投资者的市场。

其次，债券市场发展应该主要依托于场外市场，促进场外市场与场内市场的互通互联。债券市场以场外市场为主要组成部分的特征也是由债券市场发展的客观规律所决定的。由于债券市场投资主体主要是机构投资者，同时机构投资者多进行大额交易，这种大额交易指令形式灵活多样，更容易在场外市场达成，而且交易成本相对较低，市场运行效率较高。从国际经验看，国际发达国家绝大多数债券交易均在场外市场进行，场内市场主要起到价格公示、提高发行人信誉的作用，美国、英国、日本等国家的债券市场几乎全部在场外市场交易，韩国等新兴市场国家的场外债券市场交易占全部债券交易的比重也在95%以上。从我国经验看，作为我国场外债券市场的银行间债券市场，充分借鉴了国际发达债券市场的先进经验，采用了适合机构投资者的以报价驱动为主的场外交易方式。2005年市场现券交易量占整个债券市场现券交易量的95.6%，回购交易量占债券市场回购总量的87.1%，2006年，银行间债券市场的这两类交易占比分别上升到98.4%与94.4%，可见我国债券市场与国际债券市场保持了一致的发展趋势，场外市场已经成为我国债券市场的主体。今后，我们应该继续沿着这一方向发展，同时，进一步推动场内市场与场外市场的互通互联，完善以场外债券市场为主体，场内市场为辅助，分工合作、互为补充的债券市场体系。

最后，债券市场发展应该坚持市场化方向，充分发挥行业自律的作用。债券市场的发展需要充分发挥市场机制的作用，要尽量减少行政管制，不合理的管制越少，市场发展越快。同时，由于机构投资者具有良好的内部控制和风险管理能力，债券市场监管更多的是靠自律组织的自律性管理，政府部门主要负责债券发行的注册或核准。切实有效的行业与个体自律是法律制度和监管体系的有力补充，市场自律组织可以制定并执行行业共同守则，协助监管部门履行职能。

从国际经验看，英国、美国等发达市场国家以及韩国、印度、马来西亚等新兴市场国家在债券发行方面多采用核准制或注册制，同时为帮助投资者了解发行人的真实情况，这些国家都要求发行人进行详细的信息披露和信用评级，作为配套的制度安排。此外，美国、英国等发达国家以及众多新兴市场国家和地区都成立了相应的行业自律组织。从我国实践看，银行间债券市场先后实现了金融债券的核准制、建立企业短期融资券的发行备案管理制度，同时进一步强化信息披露和信用评级要求，通过市场化的改革，我国非政府信用债券市场规模迅速扩大。今后，在推动我国债券市场发展的工作中，也将组建符合我国债券市场发展实际的行业自律组织，注重充分发挥行业自律的作用。

随着金融体制改革的持续深入和金融市场功能的不断完善，债券市场将在完善我国宏观经济金融调控、优化我国金融资产结构、改变我国直接金融长期发展缓慢方面发挥更加重要的作用。我们要按照全国金融工作会议的部署，继续以科学发展观统领债券市场发展全局，促进债券市场持续健康安全发展。

# 中国金融市场发展的成绩与经验[①]

【内容简介】本文回顾了我国金融市场的发展，总结了金融市场发展的主要经验，并提出了对金融市场发展前景的展望。文章认为，我国金融市场的体系已经基本建立，金融市场的发展已经达到一定的规模，市场功能不断深化，对外开放逐步扩大。金融市场发展的主要经验是坚持产品创新、坚持市场化方向、坚持协调发展、坚持防范风险。金融市场的创新将会更加活跃，市场规模将会迅速增长，市场结构将会发生巨大变化，不同市场之间的互动将会更加明显，金融市场的国际化将会明显加快。

研讨会就要结束了。在短短的一天时间里，我们回顾了中国金融市场发展的主要成绩，发展的经验，存在的发展机遇，以及发展的前景。十几位主讲嘉宾分别就同业拆借市场、债券市场、外汇市场、黄金市场、股票市场和期货市场进行了回顾和分析。研讨会题目涉及面广泛，讲演嘉宾的发言内容很丰富，观点深刻，讨论也很深入，取得了很好的成效。下面，我讲三个方面的意见，作为会议的总结。

## 一、关于金融市场发展的回顾

经过 20 多年的时间，我国的金融市场发展已经取得了显著的成绩，虽然我国的金融市场还处于发展初级阶段，但为下一步的发展奠定了坚实的基础。在大家的讲话中都提到了金融市场发展的成绩，我想在这里

---

① 本文是笔者 2007 年 6 月 22 日在上海农业银行主办的"金融市场发展研讨会"上的总结讲话要点。

还是要强调一下。可以说，在会议期间，大家对以下几点是达成共识的。

### （一）我国金融市场的体系已经基本建立

从总体上讲，我国已经建立了金融市场的框架。目前，已经建立了同业拆借市场、债券市场、股票市场、期货市场、金融衍生品市场、票据市场和黄金市场。从市场的种类来看，我国并不比发达国家少，而且比一般新兴经济体的金融市场体系更完善。可以说，金融市场发展的地基已经打好，框架已经建成，我们应该看到这点。

### （二）金融市场的发展已经达到一定的规模

从数量方面看，市场的规模也说明了市场的发展。在会议期间，我们听到的数据都非常令人鼓舞。2007 年，同业拆借市场的交易规模可望达到 6 万亿元。2006 年，银行间债券市场的交易规模达到 38 万亿元，目前，债券的托管量已经超过了 10 万亿元，2007 年的交易规模可望超过 50 万亿元。股票市场的指数不断创造历史新高，2006 年市值总值已经达到 8.9 万亿元，目前已经达到 17 万亿元，2007 年可望超过 20 万亿元。按今年第一季度的交易水平，2007 年全年交易量可达到 36 万亿元，按保守的估计，交易量也将接近 20 万亿元。2006 年，期货市场的成交量达到 21 万手和 4.5 亿元。黄金市场 2007 年前 5 个月的成交量已经达到 3909 吨，成交金额 5187 亿元。这些数据表明，在最近的一两年中，我国金融市场的规模已经出现了巨大的飞跃。

随着市场规模的扩大，我国金融市场的国际地位增强。债券市场已经成为亚洲区内的第二大市场，股票市场已经成为全球第九大市场。

### （三）市场功能不断深化

同业拆借利率的功能开始发挥作用。几年来，同业拆借市场一直是银行间以及金融机构间短期头寸融通的市场，对于其他市场的影响比较小。在会议上，我们深入讨论了上海银行间同业拆借利率（Shibor）的形成，作为无担保的银行间信用拆借利率，是其他利率水平的基准，可以发挥其定价作用。可以看到，半年来，货币市场上所形成的利率，正在对金融产品的定价和其他市场利率水平的形成产生引导作用，是形成货币政策传导机制的重要环节。

债券市场和股票市场直接融资功能开始增强。截至 2007 年 4 月末，短期融资券累计发行量超过 5500 亿元，余额一直稳定在 2600 亿元，发行企业的家数已经达到 250 余家。股票市场 IPO 融资 2463 亿元，2007 年前 5 个月，上海证券交易所 IPO 融资 1554 亿元。债券市场和股票市场的融资规模的扩大，大大提高了企业直接融资规模的比重。外汇市场制度的完善对于汇率形成机制的改革发挥了重要作用。2005 年以来，我们不仅进行了汇率水平的调整，更为重要的是在外汇市场制度建设方面有了突出的进展，如引入了场外交易、引入了做市商制度，引进了外汇互换、远期交易等。这些，为进一步增大汇率水平的弹性，最终实行汇率的浮动创造了条件。

（四）对外开放逐步扩大

随着金融市场的发展，我国金融市场的对外开放也逐步深入。5 年来，我国履行了加入世界贸易组织时的各项承诺，不仅在人民币业务对外资银行开放方面有了更大的进展，在银行业、证券业、保险业的机构准入方面实现了更大的开放，同时，建立合格境外机构投资者（QFII）制度使境外资金参与国内资本市场的投资，实行合格境内机构投资者制度（QDII），使境内资金在可控的程度内投资海外市场。在我国债券市场上，已经实现了国际开发机构在中国境内发行人民币债券。最近，又允许境内金融机构到香港发行人民币债券等。这些重大的发展，都是我国金融市场对外开放的重大进展。

## 二、关于金融市场发展的经验

在这个研讨会上，我们讨论了各个重要金融子市场发展的过程与经验，每个市场发展过程中，都有宝贵的经验。比较这些经验，我们会看到一些共性的东西。在这里，我想提出几条经验，供大家参考。

（一）必须坚持产品创新

任何市场的发展都必须坚持产品创新，产品创新是市场发展的动力，是促进发展的源泉。可以从三个层次把握金融产品创新与金融市场发展的关系。

第一，没有产品就没有市场。正像其他商品市场一样，没有产品，就谈不上市场。如果大家到超市去买东西，而货架上什么东西都没有，也就不可能有交易，那只是个场所，而不是个市场。当然，市场可以有不同的形态，如网上购物，但是，终究要有东西买卖，才能构成市场。产品是各个市场的最基本的要素。

第二，没有产品创新就没有市场的发展。有了产品，可以形成市场，但是，任何一种产品都是有生命周期的，可以形成一定的市场交易规模，但是到一定程度，会停滞发展，或进入稳定发展的过程。这时，就需要产品的创新。在普通商品市场上，不断引进新的产品，会刺激消费，可以想象，如果没有电子技术的创新，生产了新的产品，电子产品市场就不会有这么快的发展。在金融市场上也是同样，新的产品会形成新的市场。2005年，银行间债券市场引入了企业短期融资券，仅仅两年，就有250多家企业发行，形成了2600亿元余额的市场规模，交易量也比其他债券活跃，构成债券市场中一个重要的组成部分。在股票市场上，2006年以来，工行、中行等大盘蓝筹股上市，引发了一轮大幅的股市发展，没有新的IPO，特别是优质蓝筹股的上市，股票市场不可能实现股价指数、股市市值和交易量的连续攀升。

第三，市场才是检验产品创新生命力的唯一场所。实践是检验真理的唯一标准。在产品创新过程中，无论是政府主导的创新，还是商业银行等金融机构自发的创新，产品是否有生命力，是否符合投资者和发行体的需要，是要靠实践来检验的。只有"适销对路"的产品，才会发展起来，形成规模。我们鼓励金融机构加大创新力度，就是要大胆地试，符合市场需要的产品，就积极培育，做大做强；不符合市场需要的产品就淘汰。金融市场不是精品店，是百货店，允许各种产品创新，才能够保持不断的发展。

（二）必须坚持市场化方向

金融市场发展的第二个经验就是必须坚持市场化方向。

任何制度都有惯性，政治制度、文化制度、社会制度有惯性，工业标准也有惯性。在当代的一些制度性安排中，甚至能够找到上百年前甚至上千年前制度安排的痕迹，这方面的例子有很多。由于在经济体制改革以前，我国实行的是计划经济体制，在经济体制改革初期的制度设计中，不免受到计划经济体制的影响。本来，金融市场是最应按市场规则和规律办事的，可在金融市场发展的过程中，计划经济思维也是有表现的。比如，在债券市场上，哪个企业可以发债券，发多少，按什么价格发行，都是政府部门决定的，企业没有自主权。在股票市场上，哪个省有多少公司可以上市，也是有指标的，是由监管部门确定的。事实证明，作为由计划经济向市场经济过渡的措施，保留一定的计划是对的，但是要发展，必须消除计划经济的思维模式，要按照符合市场规律的方式发展金融市场。

那么，按市场化方向发展金融市场，有哪几个方面的要素呢？我体会有四个方面的要素非常重要。

第一，要注意对市场准入的放松管制。市场准入有两个方面的含义，一方面是指发行体可以自主决定是否进入市场发行债券、股票、衍生产品等；另一方面是指投资主体是否可以自主决定进入市场进行投资。在市场准入的管理中，最严格的是实行审批制，其次是实行核准制，而市场化管理的方式是实行备案制。这是衡量市场准入市场化程度的标志。在人民银行对金融债券的管理中，实行的是核准制，在债券市场的准入管理方面，实行的是备案制，在短期融资券的发行管理方面，实行的是备案制。事实证明，在监管制度完善的情况下，备案制是可行的，也是有利于市场发展的。

第二，产品定价的市场化，指产品的价格不是由政府主管部门决定，而是由市场供求决定的。在债券市场中，指债券利率不是由主管机构确定，而是由招投标的过程决定的，或由簿记建档来决定。即使发行时的票面利率由政府部门确定了，交易过程中的收益率也是由市场供求决定。现在，我们已经放开了同业拆借市场的利率，放开了金融债券的定价，放开了部分企业债券的定价和股票市场的定价，但是在外汇市场上还存在较为严格的政府定价的机制。

第三，对交易主体约束的市场化。放松政府的管制并不意味着不要管理，恰恰相反，在放松政府管制的同时，要引进市场的约束机制，才能保持市场的秩序。对交易主体约束市场化的重点是信用评级和信息披露。因为债券投资者不可能都对发债体的财务情况以及资信情况进行分析，所以需要一个公正的第三者来对发债体的情况进行分析，并以简单的符号标示出来，使广大的投资者可以很简单方便地比较各个发债体的相对优劣，也可以据此进行产品的定价。信息披露的作用是让市场成员能够自己了解发债体的情况，并作出判断。信息披露可分为发行时的信息披露，持续信息披露，重大事项信息披露。与银行贷款过程中的一对一的信息披露相比，市场上的公开信息披露是一对多的信息披露，如果发行人财务情况转变，会在披露中逐渐暴露出来，得到市场成员的关注；如果违约，也会受到市场成员的一致压力，从而产生约束作用。

第四，风险化解的市场化。任何一种金融产品都或多或少有风险，金融业就是管理风险的行业。但是，怎样处理风险，则反映出不同的理念。在过去的发展中，我们往往用政府信用或银行信用为企业作担保，这就不是市场机制。化解风险的市场机制，应该包括破产机制，依靠市场成员自己来化解风险，而不是由政府部门来主导。比如，在短期融资券的管理中，当出现"福禧事件"时，主要是由主承销商进行协调，安排偿债事项。在化解风险方面，还可以更多地依靠行业自律组织。

（三）必须坚持协调发展

第一，各个市场之间要协调发展。金融市场是一个体系，包括不同的子市场，实践表明，各个子市场要协调发展。这里，包括债券市场与股票市场的协调、货币市场与外汇市场的协调、原生产品市场与衍生产品市场的协调。在各个子市场之间出现不协调时，就会出问题。比如，在我国资本市场的发展中，债券市场与股票市场的发展就不协调，债券市场发展较慢，特别是企业债券市场发展慢，使企业直接融资的压力全部集中在股权融资一个渠道内，在股票市场上积累风险，并加大了公司融资成本和治理成本。再如，现在大家都知道我国存在流动性过剩的问题，但是，这些过剩的流动性是哪里来的？是从外汇市场上来的，正是外汇市场没有自我出清的机制，如汇率水平不能调节供求关系，使外汇市场出现不平衡，导致货币市场流动性过剩，从而溢出到信贷市场和实体经济。又如，如果原生产品市场发展了，而相应的衍生产品市场没有发展，那么，投资者就没有进行风险管理的工具，原生产品市场的发展就会受到限制。只有与原生产品同步发展了衍生产品，才可能在原生产品的规模增大时，不至于积累风险。当然，还有其他市场的协调问题。

第二，每个市场之内也有协调的问题，如场内场外市场的协调发展。场内市场往往指交易所市场，是以小额交易、撮合成交、净额结算为主要特征的市场，股票交易所就是典型的场内市场。而场外市场又称为柜台市场，是以一对一询价方式进行的大额交易，可以实行多种形式的结算。大家往往注意债券市场有场内市场和场外市场的划分，其实，所有市场都有场内市场和场外市场的划分。场内市场和场外市场是市场的不同形态，不是市场的分割。如目前我国银行间外汇市场，既有场内交易，也有场外交易，而且场外交易额占总交易额的98%以上。黄金市场也有场内交易和场外交易，上海黄金交易所提供的就是场内交易，而商业银行提供的纸黄金交易，就是场外市场。期货交易是场内交易，而互换则是场外交易。场内交易和场外交易也要协调，只有一种形式不行，要适应不同产品、不同交易者、不同交易偏好的需要，使场内市场和场外市场都能合理存在。

第三，市场的正确定位与规范。金融市场中的各个子市场应该有不同的功能定位，在功能定位清晰的基础上才能相互协调互补。如同业拆借市场应该是一个典型的货币市场，是解决金融机构，特别是银行机构进行短期头寸拆借的市场，是以信用为基础的。拆借的期限一般以两个星期之内比较多。现在我们的新政策将拆借期限延长到一年。一年以内还可以是拆借市场，但是如果延长到两年呢？三年呢？时间延长一旦超过了一个限度，拆借市场就转变为融资市场了，就会接近资本市场了。再如，债券回购市场，本来也是货币市场的一部分，是进行短期资金融通的渠道，是金融机构进行资产管理的手段，但是如果和股票市场的IPO紧密结合在一起，就容易走样。特别是在交易所内的标准券回购交易，很可能成为股票交易融资的渠道。这些问题，都是定位错误导致的。

（四）必须坚持防范风险

第一，每一个市场发展初期都存在混乱，存在风险。同业拆借市场、债券市场、期货市场等，都有过类似的经历。如同业拆借市场，我们曾在人民银行各地分支机构设立了融资中心，不仅搞经纪业务，还搞自营业务，借入资金后贷款给第三方，当第三方不能偿还时，导致了融资中心负有偿债的义务。企业债市场也同样，在20世纪90年代初，未经许可，也出现了大量的集资行为，出现了所谓的"三乱"，即"乱设金融机构、乱办金融业务、乱搞集资活动"。期货市场也同样，在1993年曾有57家期货公司，市场秩序混乱。1995年合并为15家，1998年再度合并为3家。可以说，我国的金融市场是从混乱中走出来的，正因为如此，我们在过去几年的发展中，更加注重防范风险。

第二，防范风险的关键是搞好制度设计，避免出现系统性风险。金融业也是风险管理行业，没有风险的产品几乎是不存在的，风险越高，收益越高，没有风险，也就没有收益。个别机构出现风险也是难以避免的，在市场经济中，总会有优胜劣汰，金融市场也是如此。我们要防范的不是个别产品的风险，也不是个别机构出现风险，而是系统性风险。防范系统性风险的关键又是搞好制度设计。打个比方，如果一个车出现事故，很可能是某个驾驶人的问题，或是偶然性事件，但是如果在某个地方总是出现交通事故，那么，这个路段的道路设计、管理，肯定有问题，这就是制度性问题所导致的系统性风险。在债券市场发展中，交易所内的标准券回购、二级托管，保证金不实行第三方托管，都是有制度设计缺陷的，因此导致了 1997 年和 2005 年交易所债券市场出现系统性风险。

第三，要加强监测。仅仅加强市场约束还是不够的，还要加强对市场的监测。监测的目的是要随时掌握市场的动态，就像医生把脉，诊断病人的状态一样。监测的重点是掌握市场的风险预警信号，始终把风险控制在可控的程度之内。

第四，在金融市场发展的时候，更要注意防范风险。当前，我们更要注意防范风险。因为，各个市场的情况表明，市场的规模在扩大，这会带来新的问题。当金融市场交易的总规模与国内生产总值之比还不高时，风险并不可怕，但是当金融资产的总规模达到国内生产总值的 2 倍、3 倍、10 倍或更高时，金融市场的波动对国民财富和收入的意义，就是不可忽视的了。前面已经提到，股票市场、债券市场最近两年都发生了迅速增长的情况，可以肯定，同业拆借市场今年的规模也会有较大的发展，外汇市场、衍生产品市场也会有较快的发展。另外，除了规模会使防范风险更为重要外，资产价格的问题也是值得关注的。金融市场上的资产价格，已经成为宏观经济中一个值得关注的问题。而我们对于资产价格的膨胀，还没有充分的经验进行调控。再有，金融危机的问题。回想一下亚洲金融危机时东南亚国家的情况，我们会发现，那些国家并没有发生通货膨胀。所以在低通货膨胀的情况下是可能发生金融危机的！在许多国际研讨会上，人们已经深入地探讨了货币稳定与金融稳定的问题，前者讲的是以消费物价指数（CPI）为标准的低通货膨胀局面，而后者讲的是金融体系整体的健康。我们应该对此保持清楚的头脑。

### 三、关于金融市场发展的前景

（一）产品创新将会更加活跃

第一，创新的理念已经达成共识。当前，各个监管机构在创新方面已经达成共识，大家都赞成开展金融创新活动。这为今后金融创新奠定了非常重要的基础。

第二，在各个市场都存在创新的空间。更为重要的是，现在，在各个金融子市场都存在创新空间。比如，在债券市场上，正在进行的资产证券化试点，2006年仅进行了三单资产支持证券和两单重整资产支持证券，2007年，将有6～8家银行类机构进行资产支持证券的试点工作。此外，房地产投资信托基金也在设计之中。在传统的衍生产品市场上，除了商品期货外，正在筹备股指期货、黄金期货、利率互换和货币互换等。而在新的领域，正在创新信用衍生产品，如CDS和CDL等。

第三，市场发展已经奠定了良好的基础。创新的一个条件是市场已经具备了一定的基础。比如，债券市场已经具备了一定的规模，在此基础上开发新的产品，在制度方面和基础设施方面是完全可以支持的。

（二）市场规模将会迅速增长

可以想见，今后市场规模还会迅速增长。有两个原因，第一，会有新的发行主体。金融工作会议已经确定，要大力发展公司债券市场，可以预见，一大批公司将发行长期的债券，债券的存量必将大幅度增长。第二，会有新的产品，一些资产支持证券也将发行。衍生产品的种类也将增加，进一步扩大市场的规模。

（三）市场结构将有巨大的变化

第一，融资结构将会发生变化。在大力发展公司债券和股票市场方针的指导下，今后一至两年内，必然会出现企业直接融资大幅度增加的情况。2006年以来，短期融资券的存量稳定在2600亿元，约占当年非金融机构融资的10%左右。可以想见，今后直接融资比例会进一步大幅增加，这将对银行业带来深刻的影响。

第二，几个市场的结构将会出现变化，如同业拆借市场、债券市场、股票市场等。在各个市场上，也将发生结构性的变化。如在同业拆借市场，随着新办法的出台，新的金融机构将进入市场，融资结构必然发生变化；在债券市场上，新的公司将发行债券，公司债券的比重会上升，而政府类的债券比重将下降，金融债券的比重也必然会下降；在股票市场上，随着大盘蓝筹股的上市，股票市场的结构也发生了明显的变化。

第三，市场结构的变化将会产生深远的影响。系统论的一个观点是，结构决定功能。当金融市场的内在结构发生了明显变化时，其功能必然会发生变化。而且，结构性的变化所产生的能量，或所消耗的能量是十分巨大的。可以想见，当金融市场的结构出现变化时，在提高社会资源配置效率方面，必然会发挥重要作用。

（四）市场之间的互动将会更加明显

第一，货币市场与资本市场的互动会明显加强。在资本市场恢复融资功能后，货币市场的活动明显与资本市场的融资活动产生互动。例如，当资本市场有 IPO 时，拆借市场和回购市场的利率就会走高，资金就会通过金融机构从货币市场流向资本市场。

第二，基础产品市场与衍生产品市场的互动。目前，还没有发达的衍生产品市场，但是，当股票指数期货推出后，资本现货市场的价格必然受到股指期货市场价格的影响。同样，当利率期货推出后，债券市场的利率水平也会受到期货市场的影响。外汇市场也是一样。

第三，本币市场与外汇市场的互动。这种互动已经被近年来的发展所证实了。外汇市场的不均衡，导致本币市场的不均衡。大量的外汇资金流入，引致流动性过剩。而流动性过剩后，又使利率水平下降，从而影响外汇市场汇率的升值速度。

（五）市场的国际化将会明显加快

第一，国际投资者和发行者走进来。我们已经允许国际开发性金融机构在国内债券市场发行人民币债券，今后，还会引进一般金融机构和公司进入国内的债券市场发债。合格境外机构投资者的投资规模会进一步扩大，在境外已经发行上市的中国企业会回国融资，中国金融市场的对外开放，必然会加快步伐。可以想见，中国作为世界的金融中心的地位会进一步加强。

第二，境内投资者和发行者走出去。合格境内机构投资者制度已经设立，对外投资的规模会进一步扩大，投资政策也会进一步放宽。同时，境内金融机构已经允许赴香港发行人民币债券，这是国内机构首次在境外发行以人民币计价的债券，具有非常重要的意义。

第三，境内外资机构参与程度加深。在加入世界贸易组织过渡期结束之后，外资金融机构参与国内业务的程度加深。人民币业务已经全面放开，外汇业务和衍生产品方面，外资银行和其他金融机构将占有非常明显的优势。在一些大城市，如上海、天津，外资银行的人民币业务已经明显上升，外汇业务已经占有较大的比重。

第四，中国市场波动对境外市场影响加大。因为人民币还没有完全可兑换，金融市场与国际市场的联系还有较强的隔离。但是随着人民币资本项目可兑换进程的发展，跨境资金流动必然会加大，这时，国内金融市场的活动，一定会与国际市场产生更明显的联动。比如，外汇市场方面，境外的不可交割人民币远期合约（NDF）和境外的人民币产品市场，都不可避免地影响着国内相应市场的运行。

# 发展信用衍生产品
# 开拓中国金融市场发展的新领域①

【内容简介】2007 年，美国次贷危机爆发，一个金融界都比较生疏的概念——"信用衍生产品"成为大家关注的对象。信用衍生产品是什么？我国金融市场上是否可以发展信用衍生产品？本文比较系统地介绍了信用衍生产品在管理信用风险方面的积极作用，认为在我国发展信用衍生产品的市场条件已经初步具备，规范发展信用衍生产品有利于我国的金融稳定和金融市场发展，提出要努力实现我国信用衍生产品市场的有序发展、与基础产品的协调发展和安全发展。

2007 年，美国次级抵押贷款危机事件再次让信用衍生产品成为大家关注的对象，众说纷纭，毁誉参半。那么，信用衍生产品究竟是何方神圣？全球信用衍生产品市场的发展对于我国金融领域有哪些值得借鉴之处？本文将从信用衍生产品的国际发展的理论和实践着手，结合我国金融发展的实际，提出我国发展信用衍生产品的政策建议。

## 一、信用衍生产品：一种管理信用风险的有效工具

一般来讲，金融风险包括市场风险、操作风险、流动性风险、信用风险和信誉风险等，其中，由利率、汇率和股票价格所引发的市场风险，又是最主要的风险。20 世纪 80 年代以前，人们利用传统的金融衍生工具，如远期、期货、期权和互换来管理市场风险，但是对于由债务人不能偿还债务所导致的信用风险，银行只能依靠加强内部风险管理、加强

---

① 本文原载于《国际金融》2007 年 11 月号。

外部监管、引入风险评级和计量来防范，并通过核销呆坏账来消化。信用风险还不能从基础资产中分离出来并进行交易。20 世纪 80 年代，人们开始探索利用市场化手段分散信用风险，创新出贷款出售和资产证券化。直到 20 世纪 90 年代，市场化分散信用风险的技术逐步成熟，信用衍生产品应运而生，成为金融机构管理信用风险的工具，并获得了迅速的发展。

通俗地说，信用衍生产品就是运用一系列金融工程技术为信用风险进行保险。综合国际互换与衍生品协会（ISDA）和英国银行家协会的表述，信用衍生产品就是以分散和转移信用风险为目的，通过金融工程技术，对贷款或债券等基础资产中的信用风险进行分离、组合和交易的金融合约的总称。根据交易各方风险转移的情况，承担信用风险并获得一定收益的一方称为信用风险保护卖方，转移信用风险并支付一定收益的一方称为信用风险保护买方。一旦信用衍生产品的基础资产发生信用事件时，卖方将根据信用风险损失情况，按照合约规定对买方支付损失赔偿。信用事件的分类和确认是信用衍生产品的关键和难点，是使信用风险从其他风险相互分离，从而可以把信用风险单独进行交易的重要技术和保障。在信用衍生产品交易中，信用事件主要包括债务主体未能按照支付要求偿付债务、破产、债务提前偿还、拒付或延期、债务重组。一般来说，商业银行和债券发行人是信用风险保护买方的市场主体，商业银行、投资银行、保险机构、对冲基金、共同基金、保险基金、财务公司以及其他投资机构是信用风险保护卖方市场主体。

信用衍生产品包括以下几种主要的产品。

一是信用违约互换（Credit Default Swaps，CDS），是交易双方签订的一种协议，目的是对某特定标的物的面值或者本金损失提供保险。信贷风险保护的买方向信贷风险保护的卖方定期支付固定的费用或者一次性支付保险费，当特定事件发生时，卖方向买方赔偿因风险事件所导致的特定标的物面值的损失部分。费用（合约的价格）一般为标的物名义价值的几个百分点。信贷损失互换的标的物既可以是单一资产，也可以是一揽子资产组合。这是目前最常用的一种信用衍生产品。

二是信用关联票据（Credit Linker Notes，CLN），是一种预付资本金的信贷衍生产品，同时也是一种债券品种。票据的购买方（投资者），即保护的卖方，通过向票据的发行方，即保护的买方，支付资本金从而购得票据，并定期收取票据利息。如果到期没有风险事件发生，投资者定期收取票据利息并到期收回票据的面值。如果发生信贷事件，票据到期时，投资者只能收回因为信贷事件导致票据标的物名义值损失之后剩余的价值。其标的物既可以是单一资产，也可以是一揽子资产组合。

三是全部收益互换（Total Return Swap，TRS），有时也称为全部收益率互换，是交易双方约定将各自金融资产产生的全部收益进行交易的协议。全部收益互换的出让方（收益方）将互换标的物的全部收益（包括利息收入和资产升值部分）全部交给获得方（保证方），同时获得方定期付给出让方一定的收益（一般是以 Libor + 升水来表示），并承诺一旦发生信贷事件，赔偿出让方由于信贷事件发生而导致的资产贬值或损失的部分。全部收益互换不仅与信贷事件的发生与否有关，还与市场的利率风险有关。全部收益互换是同时交换了信贷风险和利率风险的综合衍生产品。

四是抵押债务凭证（CDO），是一种由各种类型的资产（包括信用衍生工具、企业债、资产抵押证券、房贷抵押证券）作为抵押的信用联结型证券。抵押债务凭证和传统上的资产证券化略有不同，其抵押资产不是直接的金融资产、债权或应收款，而是债务工具或证券，甚至是经过重新包装的其他资产抵押证券或房贷抵押证券中的某一个或几个层次的债权。从某种意义上讲，抵押债务凭证已经不是针对某一类资产的证券化，它事实上是对信用风险的一次重新包装分配。

当然，信用衍生产品不只是这些，还包括一些结构性产品。作为一种相对较新的金融衍生产品，信用衍生产品在 20 世纪 90 年代初才出现，但近年来发展迅猛，目前已成为金融衍生产品市场的重要组成部分。根据国际互换与衍生品协会统计，截至 2006 年 6 月末，全球信用衍生产品市场的名义金额达到 26 万亿美元，比 2001 年 6 月末增长 40 倍，比 2004 年末增长 208.8%。信用衍生产品市场的名义金额在整个金融衍生产品市场上所占的比例为 9.2%, 比 2001 年 6 月末上升了 8.1 个百分点, 比 2004 年末上升了 4.9 个百分点, 仅次于利率和汇率衍生产品市场, 是国际金融衍生产品市场的重要组成部分。

从实际情况来看, 信用衍生产品具有一些其他传统衍生产品所没有的功能。一是使信用风险可以交易。比如信用违约互换, 交易的双方实际是在交易风险。保护的买方支付了保险金, 将风险转移给保护的卖方, 使持有的资产风险降低; 而保护的卖方得到保险金, 买过来风险, 虽然信用事件发生会进行赔偿, 但如果信用事件没有发生, 则会得到较高的收益。如同各种财产保险的运用机制一样。二是使银行可以更灵活地管理风险资产, 进行资本充足率的管理。当资本充足率不足时, 一方面可以减少风险资产, 另一方面可以增加资本。减少资产有可能会导致盈利资产的减少, 而增加资本金又会增加高成本的负债。但是, 如果利用信用违约互换仅将风险卖出, 则可以通过降低资产的风险水平, 而不降低资产的绝对的持有水平来达到降低风险资产, 提高资本充足率的目的。三是可以使金融机构更好地进行资产配置。如果一个银行在某个领域具有比较优势, 在该领域有较高水平的贷款集中度, 而没有在其他行业贷款, 这时, 如果进行信用违约互换的交易, 就可以通过风险的交换实现利益的交易。如果银行与非银行之间进行交易, 还可以使银行的风险转移到银行体系之外, 使其他非银行金融机构获得银行业务的收益。四是保存较稳定的客户关系。与进行资产调整相比, 仅仅进行信用衍生产品交易, 保护的买方只是为可能发生信用风险资产保了险, 并没有进行真实的销售, 贷款仍然在资产负债表内, 有利于金融机构保持稳定的客户关系。五是有利于风险定价, 由于信用衍生产品的价格就是基础资产所包括的信用风险的价格, 所以, 通过信用衍生产品的交易, 也就可以建立信用风险的市场定价机制。事实上, 类似信用违约互换产品的价格, 已经成为其他金融产品定价的参考。六是通过信用衍生产品在金融市场上交易信用风险, 风险分散和转移变得更加容易。随着这些信用衍生产品的出现, 金融机构可以通过交易那些不希望承担的风险, 从而有效降低风险集中度。或者说, 信用衍生产品的出现提供了一种稳定机制。商业银行不仅可以通过信用衍生产品将风险分散和转移给其他银行，同时可以将风险分散到银行系统之外。因此，从理论上来说，信用衍生产品的出现对于提高整个金融系统的稳定性和有效性，都有极为重要的意义。

有人认为，信用衍生产品在此次美国次贷危机中把美国银行业的次级抵押贷款信用风险转移和分散到全球市场，从而造成全球性的金融市场波动，不利于全球的金融稳定。其实，这种认识是片面的和有一定局限性的。一是从风险全局看，风险分散比风险集中更加有利于金融稳定，这是众所周知的。信用衍生产品把信用风险在不同风险偏好、不同风险承受能力的市场主体之间进行分散、转移和交易，从而达到整体信用风险的合理均衡配置，总体上有利于金融的稳定。二是从风险个体看，市场微观主体根据自身承担风险的能力，通过买卖信用衍生产品，分散转移或者合理承担风险，从而主动配置自身风险头寸，获得收益最大化，有利于提高自身竞争力和稳健发展。此次美国次贷危机中，美国银行业正是通过信用衍生产品分散和转移了部分次级抵押贷款的信用风险，才没有造成大面积的损失和机构破产。事实表明，多家银行在安然和世界通讯等特大破产案中，正是由于成功地运用信用衍生产品，才使自己幸免于难，同时也避免了全局性大的金融危机。如美国的花旗、摩根大通和美洲银行，承购了世界通讯公司的 290 亿美元债券，安排了 80 亿美元的信贷额度，但这些银行通过信用衍生产品，将一部分信用风险分散和转移到基金、保险公司及其他市场参与者，维护了金融稳定。

## 二、规范发展信用衍生产品有利于我国的金融稳定和金融市场发展

经过近三十年的改革开放，我国的金融市场取得了巨大的发展。货币市场、债券市场、股票市场、外汇市场、黄金市场、商品期货市场都已经初步建立并具有了相当的规模，债券和外汇的远期交易、利率互换和货币互换、远期利率协议等传统金融衍生产品也已经推出。黄金期货和股指期货也即将推出。目前，在推动传统形式的金融衍生工具发展的同时，也要加快信用衍生产品的发展。

一是通过信用衍生产品实现信用风险的交易和转移，有利于提高银行业的风险承受能力，促进金融稳定。目前，银行业的信用风险仍然是我国金融系统中潜藏的最大风险。截至 2006 年末，我国国内非金融机构部门的融资中银行贷款占比为 82%，比 2005 年末上升了 1.8 个百分点，金融机构贷款存量 23.8 万亿元，全部商业银行不良贷款余额高达 12549 亿元，占全部贷款余额的 7.1%。尤其是近年来，银行贷款规模不断扩张，2006 年，全部金融机构新增人民币贷款达到 3.18 万亿元，比上年多增 8265 亿元。2007 年 1—9 月，金融机构人民币贷款增加 3.36 万亿元，同比多增 6073 亿元，贷款总余额已经达到 25.9 万亿元。过去，我们只能通过拨备和核销呆坏账来消化不良贷款，这样，风险还是在银行体系内部。通过引入信用衍生产品，使信用风险可以在市场参与者之间便捷地买卖和转移，从而使银行业的信用风险转移和分散到更多市场参与主体，将有利于我国金融系统的整体稳定。

二是通过信用衍生产品实现信用风险的交易和转移，有利于发展我国的债券市场。近三年来，我国的债券市场发展很快，截至 2007 年 9 月末，债券市场托管总余额已经达到 11.49 万亿元，其中，国债 37471.3 亿元、央行票据 40847.5 亿元、政策性金融债 26633 亿元、商业银行债券 2996.2 亿元、企业债 3471.8 亿元、短期融资券 3017.9 亿元。以商业信用为基础发行的债券已经接近 9500 亿元，随着公司债券市场的发展，以商业信用为基础的债券必然会有迅速的增长。在我们努力增加直接融资，降低间接融资比重的同时，信用风险也必然从信贷市场转向债券市场。对于如何管理银行业的信用风险，我们已经有了比较系统的管理办法并积累了一定的经验，但是对于债券市场所面临的风险，我们还没有经验。因此，如何应对债券市场中的信用风险，也就非常必要了。

三是有利于稳步发展我国的金融衍生产品市场，促进多层次金融市场的健康协调发展。2007 年的全国金融工作会议明确提出，要稳步发展金融衍生产品。信用衍生产品市场作为国际金融衍生产品市场的重要组成部分，也是稳步发展我国金融衍生产品市场，构建多层次金融市场体系的重要内容。目前，我国的汇率和利率衍生产品市场已经开始启动，并得到了快速发展。已经推出的衍生产品包括债券远期交易、利率互换、远期利率协议、外汇远期交易和人民币与外汇掉期。在利率衍生产品方面，2007年上半年，人民币债券远期共成交544笔，成交金额1006.1亿元，比2006年全年分别上升36.7%和51.4%；人民币利率互换共成交912笔，名义本金额1032.7亿元，分别是2006年全年的8.9倍和2.9倍。在汇率衍生产品方面，2007年上半年，银行间远期外汇交易合约名义本金额折合为107亿美元，日均成交0.9亿美元，是2006年日均交易量的1.6倍；人民币与外汇掉期合约名义本金1334亿美元，日均成交量约为11.4亿美元，是2006年日均交易量的3.8倍，但作为全球金融衍生产品第三大市场的信用衍生产品在我国还处于探索和研究阶段。因此，规范发展信用衍生产品市场，通过信用衍生产品把信贷市场和金融市场联通统一，不仅可以有效分散和化解信贷市场的信用风险，而且有利于促进信贷市场的创新和发展，推进多层次金融市场的健康协调发展。

四是有利于增强我国金融机构的竞争力，适应经济及金融全球化的趋势和竞争。随着社会技术进步的加快和金融产品创新的增加，整个金融业面临风险的特性正在发生变化。风险低的业务开始变得相对比较少，而风险中等的或者偏高的业务变得越来越多。如何合理配置风险头寸，获得收益，已成为国际金融机构经营管理和盈利增长的重要方面。规范发展我国的信用衍生产品，培养和提高我国金融机构通过合理配置风险头寸实现收益增长的能力，有利于提高我国金融机构的国际竞争力和可持续发展。

一方面，信用衍生产品为商业银行主动管理和转移信用风险提供了新思路和新途径。通过引入信用衍生产品，商业银行可以有效降低资产组合的风险集中度，有效解决不良资产增量问题，并对信用风险暴露和资本成本进行套期保值。通过运用表外信用衍生产品，商业银行不仅可以分散和化解信用风险，而且可以把资产留在资产负债表内，继续保持与客户的业务关系，解决风险管理和业务开拓之间的矛盾。通过运用信用衍生产品，商业银行还可以降低风险资产的风险权重，从而节约经济资本，解决资本不足的难题，提高资本收益率和国际竞争力。

另一方面，信用衍生产品拓展了金融市场的投资选择，丰富了市场的投资产品，有利于培育和满足机构投资者的投资需求。随着信用衍生产品技术的发展和市场的拓展，包括证券公司、保险机构、对冲基金、共同基金、养老基金、财务公司以及大型公司等在内的投资机构通过参与信用衍生产品的投资，不仅可以介入高质量贷款市场，获得新的投资机会，实现筹资渠道的多元化，也有利于提高社会资源配置和金融市场运行的效率。

### 三、规范发展信用衍生产品的市场条件已初步具备

一是经过十年来的发展，全国银行间债券市场各项基础设施建设逐步完善，交易结算系统机制灵活，可以适应不同市场主体的多元化需求。托管系统不断完善，在防范市场风险方面的核心作用日益明显。资金清算系统高效安全，能够满足大规模且频繁的金融市场交易所产生的资金清算需要。市场基础设施中各个系统有效联结和协调运转，降低了交易成本，增强了各个市场之间的连通与互动，为保证我国信用衍生产品市场的持续快速发展提供了有力的技术支持和坚实的运行平台。

二是已经培养了一大批具有较强风险判断能力和承受能力的机构投资者队伍。经过改革，金融企业公司治理结构进一步完善，内部控制和风险管理得到强化。一个开放的、具有较大规模的合格机构投资者市场已经形成，市场参与者分析风险、识别风险、承担风险的能力明显增强。

三是规范发展信用衍生产品的外部监管和法律体系逐步完善。近年来，《公司法》《证券法》得到修订完善，进一步规范了债权人和债务人的关系，明确了发行、交易环节各类参与主体的权利和责任。新的《破产法》将使债权人在公司破产中的优先权地位得到强化，有利于保障信用衍生产品交易双方的权益。《金融机构衍生产品交易业务管理暂行办法》对金融机构开展金融衍生产品交易进行了规范管理，有利于有效控制和防范金融机构从事信用衍生产品交易的风险。

四是规范发展信用衍生产品的自律监管体系初步形成。根据国际经验，金融衍生产品市场的监管包括官方监管和市场自律监管，而场外金

融衍生产品的监管主要依赖市场自律监管。我国发展信用衍生产品市场也应建立以市场自律监管为主的监管体系，由中国银行间市场交易商协会具体履行市场自律监管职能，各金融监管部门主要负责事后备案管理和风险监测与风险提示。2007 年 9 月，中国银行间市场交易商协会正式成立，协会的成立为信用衍生产品市场的发展构建了重要的自律监管框架体系。我国银行间市场是典型的场外市场（OTC），但长期缺乏一个有效的市场自律组织，在一定程度上制约了银行间市场的创新发展。从国外场外市场发展经验看，全美证券交易商协会、日本证券交易商协会、韩国证券交易商协会等自律组织在推动市场创新和发展、规范市场行为、维护行业利益、防范市场风险等方面发挥着重要作用，是所在国金融市场管理体系不可或缺的重要组成部分。实践证明，设立自律组织，可以充分动员市场参与者自身的力量进行自律性管理，有助于政府部门转变职能，有助于市场管理更加贴近市场需求，通过市场化方式更好地促进市场的创新和发展。中国银行间市场交易商协会的成立，标志着我国长期空缺的银行间市场自律管理框架逐步建立健全，将为我国信用衍生产品市场的发展提供更好的规范自律服务。

五是《中国银行间市场金融衍生产品交易主协议（2007 年版）》的制定发布，为信用衍生产品市场的发展准备了重要的基础性制度安排。近年来，国际金融衍生产品的快速发展，主要得益于国际互换与衍生品协会主协议的推广和使用。目前，已有 30 多个国家确认了国际互换与衍生品协会主协议的合法性。但由于国际互换与衍生品协会主协议的相关交易文本均以英国法或美国法为执行依据，和我国的法律基础和市场环境存在较大不同，难以完全适用。近年来，人民银行在相继推出的债券远期、人民币利率互换、远期利率、外汇远期、外汇掉期等金融衍生产品协议的基础上，研究推出的《中国银行间市场金融衍生产品交易主协议（2007 年版）》既符合我国现有法律框架，又与我国场外金融衍生产品市场发展现状相适应，具备足够的实用性、灵活性和前瞻性，是加强市场自律、规范市场参与者从事金融衍生产品交易行为的基本准则，是中国场外金融衍生产品交易的规范、标准文本，为我国信用衍生产品市场的规范发展准备了重要的基础性制度安排。

## 四、努力实现我国信用衍生产品市场有序、协调和安全的发展

利用金融衍生产品可以对金融产品的风险进行管理，但金融衍生产品本身也是具有风险的，金融衍生产品市场不发展不行，发展过头也不行，过犹不及。在推动金融衍生产品市场发展中，要认真贯彻落实科学发展观，实现金融衍生产品市场的有序发展、协调发展和安全发展。

首先，要实现信用衍生产品市场的有序发展。任何事物的发展都是有规律的，这种规律性表现为一定程度的有序性。金融市场的发展也是如此，在基础产品没有发展到一定规模之前，相对应的衍生产品也不会有很好的发展。各种信用衍生产品之间的联系是有序的，比如，信用违约互换就是其他信用衍生产品的基础，在此基础上才可以发展抵押债务凭证等。从参与交易的主体来看，也不应一哄而起。对于复杂的金融衍生产品特别是信用衍生产品来讲，应该以金融机构投资者为主，具备条件的机构可以做自营业务，也可以为客户做代理业务，不具备条件的机构只能同具备条件的金融机构作交易，而企业只能同金融机构作交易。在市场的扩张方面，也要渐进发展。很多产品发展的经验表明，市场规模的扩大是渐进的，特别是在初期，不可能在很短的时间内，就能达到很大的市场规模，要经历一个培育的过程。

其次，要实现信用衍生产品市场的协调发展。要注意基础产品与衍生产品的协调。信用衍生产品往往不是单纯的融资性产品，而是将已经存在的金融产品进行再包装，经过结构化设计之后再卖出，这就要求，信用衍生产品与所对应的基础资产一定要协调。特别是以债券为基础资产的信用衍生产品一定要与债券市场协调发展。还要注意信用衍生产品与外部环境的协调。信用衍生产品不同于标准的金融产品，有些甚至是表外业务，往往需要在会计准则、税收方面进行专门规定，因此，需要相关部门的支持，更重要的是注意金融监管部门的协调。信用衍生产品是跨市场的，特别是横跨信贷市场与债券市场，在分业经营分业监管的格局下，对信用衍生产品的监管有可能出现重复监管，也可能出现监管

真空，加强金融监管部门之间的协调，显得格外重要。

最后，要实现金融衍生产品市场的安全发展。信用衍生产品是有风险的，特别是因为信用衍生产品具有多样性，经过复杂的结构性设计，作为一种创新产品和具有杠杆效应的金融衍生产品，对防范风险提出了更高要求。要实现信用衍生产品市场的安全发展，一定要加强监管。最重要的是金融机构自身的监管，要加强投资者培训教育，防止不能承担风险、不具备信用衍生产品风险管理能力的投资者参与信用衍生产品交易，防范交易对手风险。市场参与者应建立健全内控机制，严禁利用银行贷款资金投资信用衍生产品，防范信用风险的蔓延和扩大。中介机构应勤勉自律、尽职尽责，保持独立性和公正性，严格遵守执业标准和遵守职业道德，为规范和发展信用衍生产品提供真实、客观、可信、专业的中介服务。要加强行业自律组织的监管。国际经验表明，金融衍生产品的交易大部分是实行行业自律，由行业自律组织制定交易规则，交易参与者自觉遵守。一方面，因为产品类型繁多，监管机构不可能事无巨细都进行管理；另一方面，信用衍生产品更多的是场外交易，是一对一的交易，因此，适合于行业自律。在信用衍生产品的发展中，监管部门的责任是防范系统性风险。每个产品都有风险，但要防止个别产品风险的积累，防止由产品风险转变为系统风险，防止由局部风险转变为全局风险。在出现风险的情况下，要坚决采取措施，化解风险。没有监管部门的有力监管，也不可能实现金融衍生产品市场的安全发展。

信用衍生产品还是个新事物，我们要学会认识它，发展它。应该相信，只要掌握信用衍生产品的发展规律，提高认识，加强防范，一定能够实现信用衍生产品市场的有序、协调、安全发展，开拓中国金融市场发展的新领域。

# 银行间债券市场的开放与创新①

【内容简介】2018 年是实行改革开放 40 周年，本文是应《中国金融》杂志约请写的纪念文章。银行间债券市场的改革、创新与对外开放，是进入新世纪后中国经济改革与开放中一道亮丽的风景线。文章全面回顾了银行间债券市场依靠开拓创新推动发展的历程和积极稳妥对外开放取得的成就。中国特色社会主义进入新时代，中国债券市场的发展也进入了新的时期，面临新的机遇和挑战。文章认为，要继续坚持以合格机构投资者和场外市场为主，保持市场总体格局的基本稳定；要深刻认识债券市场发展中的主要矛盾变化；要加强监管体系、市场规则和基础设施的顶层设计；要正确处理创新发展和防范风险的关系；要按照积极稳妥的原则，继续推进债券市场的对外开放，再创辉煌。

我国的银行间债券市场是 1997 年形成的，而真正进入快速发展时期是在 2004 年以后，在明确了发展思路、方向和路径之后，人民银行积极推动我国债券市场的改革和发展，取得了显著的成绩。

## 一、开拓创新推动发展

在发展中坚持不懈地创新，无疑是发展的突破口和动力之源。银行间债券市场的创新是在债券产品创新、交易方式创新、衍生产品创新和管理制度创新等方面全面展开的。

---

① 本文原载于《中国金融》2018 年第 16 期。

### （一）债券产品创新

第一类是创新发展公司信用类债券。2005 年 5 月推出了非金融企业的短期融资券。短期融资券实际是存续期在一年之内的企业债券；2008 年推出中期票据，这实际上是一种非金融企业发行的 3～5 年期的中期债券，属于资本市场的债务工具；2009 年推出中小企业集合票据；2010 年推出超短期融资券；2011 年推出中小企业区域集优票据和非公开定向债务融资工具；2012 年推出资产支持票据。从此公司信用类债券基础产品体系基本形成。2004—2017 年，银行间债券市场累计发行公司信用类债券 34.3 万亿元，其中，超短期融资券 9.6 万亿元、短期融资券 7.8 万亿元、中期票据 7.9 万亿元、非公开定向债务融资工具 4.1 万亿元、企业债 4.8 万亿元①，公司信用类债券的发行量超过了国债、政策性金融债等品种的发行量，在债券市场发行总量中的份额超过 20%。

第二类是创新发展金融机构的信用债券。为拓宽商业银行等各类金融机构资本筹集渠道，提升商业银行主动负债能力，推动金融行业改革与发展，2004 年推出商业银行次级债券和证券公司短期融资券后，2005 年 5 月推出了商业银行和企业集团财务公司的普通金融债券。普通金融债券是一种商业信用类的债券，改变了只有政策性银行发行政府信用类债券的局面，为商业银行提供了主动负债工具，尤其是满足了中小商业银行需要。2005 年 8 月浦东发展银行发行第一单普通金融债券之后，众多中小商业银行、非银行金融机构都在银行间债券市场发行普通金融债券。2009 年允许金融租赁公司和汽车金融公司发行金融债券。除此之外，金融机构还发行了可以用于补充资本的债券，如 2006 年推出商业银行混合资本债券，2014 年又根据新的资本监管要求，推出了二级资本债等创新型资本补充工具。2000—2017 年，银行间债券市场累计发行金融债券 32.1 万亿元，其中，政策性金融债 25 万亿元、商业银行债 1.5 万亿元、商业银行次级债 2.5 万亿元、证券公司短期融资券 1.2 万亿元。

---

① 因四舍五入，总分数稍有出入。

第三类是创新资产证券化产品。资产支持证券属于固定收益类证券，对于金融机构和企业盘活资产存量具有积极作用。2005年，信贷资产证券化试点率先在银行间债券市场进行。同年5月，国家开发银行和中国建设银行共成功发行了3单共150亿元信贷资产证券化产品（ABS）和住房抵押贷款证券化产品（MBS）。2007年进行第二批试点，共发行538.56亿元。国际金融危机期间，资产证券化试点工作暂停。2012年5月，信贷资产证券化试点重新启动，试点规模为500亿元。2013年8月，进一步扩大信贷资产证券化试点，新增3000亿元规模。2015年以后，信贷资产证券化工作走向常态，人民银行采取一系列政策提升发行管理效率，激活参与机构的能动性和创造性，为资产证券化业务打开广阔的发展空间。2015—2017年，信贷资产支持证券共发行近1.4亿万元，其中，第二轮试点以来信贷资产支持证券发行总额约为1.1万亿元。

除银行业机构发行信贷资产支持证券外，资产管理公司、汽车金融公司等非银行金融机构发行了不同类型的资产证券化产品，非金融企业的资产支持票据也在银行间债券市场推出。截至2017年末，累计发行33单不良资产证券化产品，发行规模286亿元；全国范围内已有4家住房公积金管理中心发行了7单资产支持证券，发行规模超过400亿元。2016年12月14日，"兴业皖新REITs"成为银行间债券市场首单公开发行的REITs产品。另外，银行间市场交易商协会还开发了非金融企业资产支持票据，截至2017年末，累计共有61家企业以特定的基础资产为支持，发行了981亿元资产支持票据。

经过十几年的发展，债券市场规模快速扩大。截至2017年末，中国债券市场存量规模约为75万亿元[①]，其中，政府类债券余额为29.2万亿元，金融类债券余额为26.8万亿元，公司信用类债券余额为16.9万亿元，占比分别约为39%、36%和23%。目前，中国债券市场是仅次于美国、日本的全球第三大市场，中国公司信用类债券存量规模仅次于美国，位于全球第二。

---

① 含央行票据。

## （二）交易方式创新

在进行债券品种创新的同时，银行间债券市场稳步推进交易工具与交易方式创新。为了实现回购债券的二次利用，提高市场流动性，2004年推出了买断式回购。为了满足市场参与者降低结算风险、投资策略多元化以及增加债券投资盈利渠道等多方面的需求，2006年推出了债券借贷。为了进一步完善债券发行定价机制，打通债券一二级市场，2014年出台了《债券预发行业务管理办法》，并于2016年开展了首笔交易。相关业务自推出后运行平稳，成交逐步活跃。2017年买断式回购和债券借贷的交易量分别为28万亿元和3.2万亿元。此外，在操作层面，还逐步推出了询价交易、点击成交、请求报价、匿名点击成交等交易方法。

## （三）衍生产品创新

2005年6月，人民银行率先推出了债券远期交易，并逐步引导投资者利用衍生产品去管理风险。债券远期的推出为市场投资者提供了规避利率风险的工具，意味着我国金融衍生产品市场继1995年终止交易国债期货后首次放开，标志着我国场外金融衍生产品市场迈出了开创性的一步。2006年2月，在远期交易的基础上，推出了利率互换试点，运用利率互换，投资者不仅可以规避利率风险，还可以加强资产负债管理，解决期限结构错配问题。2008年1月，对利率互换政策进行了调整，扩大了参与者的范围，取消了对利率互换具体形式的限制。近年来，利率互换获得了快速的发展，2017年的成交名义本金额已达14.4万亿元，是2008年的35倍。除此之外，2007年还推出了远期利率协议、2010年推出了信用风险缓释合约（CRMA）和信用风险缓释凭证（CRMW）等信用衍生产品、2014年推出了标准利率衍生产品，2016年9月最终推出了信用违约互换（CDS）和信用联结票据（CLN）。在银行间债券市场引入这些衍生产品，表明市场管理者和参与者认真总结和把握了国际衍生产品市场发展的经验教训，对控制风险充分自信，对于丰富银行间债券市场的信用风险管理手段，完善信用风险市场化分担机制具有重要意义。

### （四）管理制度创新

银行间债券市场所确定的发展道路，决定了必然要采取一整套新的制度。管理制度创新主要体现在以下几个方面：

一是在企业信用类债券的发行监管上，建立了一套市场化的发行审核制度。过去，我国企业信用类债券的发行一直实行严格的审批制。2005 年，银行间债券市场推出短期融资券时，在发行审批上进行了制度创新，率先建立了发行备案制度（注册制）。后来在推出中期票据时，也采取了注册制。2014—2015 年，原先采取发行审批制的信贷资产证券化产品也改为注册制。二是建立银行间债券市场的行业自律组织。2007年5月，国务院办公厅发布《关于加快推进行业协会商会改革和发展方面的若干意见》，强调加强市场自律。2007 年 9 月，中国银行间市场交易商协会（以下简称交易商协会）成立，负责自律管理、开展市场创新、服务市场成员等事宜。交易商协会成立后，很快从人民银行承接了短期融资券的发行注册工作。此后，凡是在银行间债券市场上发行的非金融企业债务融资工具，都在交易商协会注册。交易商协会在借鉴国际市场自律管理组织发展经验的基础上，逐步发展成为兼具产品注册和市场管理、标准文本制定和推广、会员意见代表和教育培训等综合功能的市场自律组织。成立十年来，在对银行间债券市场进行自律管理方面发挥了积极作用。三是建立了上海清算所。2008 年国际金融危机之后，国际社会在建立场外集中清算制度安排、降低对手方风险并实施有效监管方面达成了普遍共识。2009 年 G20 领导人匹兹堡峰会明确提出标准化的场外衍生产品合约应当通过中央对手方进行集中清算。为顺应国际金融监管改革发展方向，2009 年 11 月 28 日上海清算所成立，为银行间市场相关产品提供中央对手方集中清算服务。2014 年，以人民币利率互换集中清算业务为起点，确立了场外金融衍生产品集中清算的整体框架。目前，上海清算所已经建立了我国场外金融市场统一的中央对手清算体系，全面覆盖各大场外金融产品类别。在债券交易方面，推出了针对债券市场现券交易、质押式回购和买断式回购的净额清算业务，针对利率互换、标准债券远期等在内的集中清算业务，以及相关的代理清算机制等。中国成为落实 G20 承诺、在场外金融衍生产品集中清算方面走在前列的国家之一。

（五）积极拓宽多元化的合格机构投资者参与主体

在 1997 年银行间债券市场建立时，机构投资者只有 16 家商业银行，但债券市场要面向多元化的合格机构投资者。为此，人民银行将推进机构投资者的多元化作为保障市场差异化需求、提高市场流动性、分散风险和维护市场稳定的重要方向。2000 年以后，人民银行积极推进银行间债券市场引入证券公司、保险公司、资产管理公司等非银行金融机构。2007 年以后，又着手引进企业年金基金、保险机构产品、信托产品等集合类投资主体，并推动境外央行类和商业类机构投资者投资债券市场。从投资者数量看，银行间债券市场投资者由 2003 年的 4135 家增加到 2017 年的 18740 家；从各类型机构债券托管量来看，基金等集合类投资者已经超越商业银行，成为银行间债券市场最主要的持有人。到 2017 年末，银行在投资者数量中占比仅为 9%，持有债券的比重从 2002 年初的 80% 下降至 62% 左右，在公司信用类债券方面银行直接持有比例只有 23% 左右。同时，境外机构的托管量呈现稳步上升趋势，债券市场对外开放水平不断提升。目前，银行间债券市场已经成为各类合格机构投资者广泛参与的成熟债券市场。

## 二、积极稳妥对外开放

银行间债券市场在改革创新发展的过程中，始终在推动对外开放。对外开放工作，主要是从引入境外发债主体、引入境外投资主体和实现内地与香港互联互通合作"债券通"三个层面展开的。

一是引入境外机构在中国境内发行债券，称为"熊猫债"。2005 年 2 月，人民银行会同财政部、发展改革委、证监会等部门联合发布了暂行管理办法，允许国际开发机构在境内发行人民币债券。同年 10 月，亚洲开发银行和国际金融公司首先获准在我国银行间债券市场发行人民币债券，发行量分别为 10 亿元和 11.3 亿元，限定筹集的资金主要用于为我国境内企业提供贷款，债券市场对外开放迈开了第一步。此后，人民银行进一步积极推进境外机构和企业在境内发行人民币债券。截至 2017 年末，我国债券市场境外发债主体已经包括国际开发机构、金融机构、外国政府类机构以及境外非金融企业等，在银行间债券市场累计发行人民币债券 1234 亿元。2016 年 8 月，在人民银行的积极推动下，SDR 计价债券在银行间债券市场问世，世界银行、渣打银行（香港）等两家境外发行主体分别成功发行两单 SDR 计价债券，合计 6 亿 SDR（约合人民币 55.85 亿元）。

二是引入境外投资机构。几乎在引入境外发债主体的同时，银行间债券市场也开始了引入境外投资者。2005 年 5 月，亚洲债券基金的子基金——泛亚债券指数基金（PAIF）进入银行间债券市场开展债券交易业务，成为我国债券市场引入的第一家境外投资机构。2002 年，《合格境外机构投资者（QFII）境内证券投资管理暂行办法》公布，境外投资者可以通过合格境外机构投资者（QFII）方式，投资中国证券市场。2009 年，人民银行开始推进人民币跨境结算，为便利境外持有人民币的机构投资人民币产品，2010 年 8 月，人民银行允许境外中央银行或货币当局、港澳人民币清算行、跨境贸易人民币结算境外参加银行三类机构在核准的额度内，以其开展央行货币合作、跨境贸易和投资人民币业务获得的人民币资金投资银行间债券市场。2011 年，明确符合一定条件的境内基金管理公司和证券公司的香港子公司，可以运用其在香港募集的人民币资金，在经批准的投资额度内开展境内证券投资业务，人民币合格境外机构投资者（RQFII）试点业务正式启动。之后，境外机构投资境内债券市场的额度、投资业务范围都进一步放宽。2016 年 2 月，人民银行发布了第 3 号公告及相关配套政策，允许境外依法注册成立的各类金融机构及其发行的投资产品，以及养老基金等中长期投资者，通过备案的方式投资银行间债券市场，引入更多符合条件的境外机构投资者，取消投资额度限制。截至 2017 年末，银行间债券市场开立一级账户的境外机构投资者数量已经达到 617 家，持有银行间债券市场债券余额达到 1.1

万亿元，占银行间债券市场总托管余额的 1.8%。

三是建立内地与香港债券市场的互联互通合作——"债券通"。2017 年是香港回归祖国 20 周年。2017 年 6 月 30 日，习近平主席在访港时指出，香港享有"一国两制"的制度优势，作为国家对外开放"先行先试"的试验场，"债券通"将在香港试点。2017 年 7 月 3 日，内地与香港债券市场互联互通业务，即"债券通"正式上线试运行。初期先开通"北向通"，即中国香港及其他国家与地区的境外投资者经由香港与内地基础设施机构之间在交易、托管、结算等方面互联互通的机制安排，投资于内地银行间债券市场。未来将适时研究扩展至"南向通"，即境内投资者经由两地基础设施机构之间的互联互通机制安排，投资于香港及全球债券市场。"债券通"是债券市场对外开放的一大突破和一大创新。截至 2017 年末，共有 249 家境外机构通过"债券通"投资银行间债券市场，持债总额达 887.96 亿元。

### 三、展望未来再创辉煌

中国特色社会主义进入新时代，中国债券市场的发展也进入了新的时期，面临新的机遇和挑战。下一阶段，银行间债券市场的发展，需要在以下几个方面继续努力。

一是要继续坚持以合格机构投资者和场外市场为主，保持市场总体格局的基本稳定。重点发展养老基金、企业年金等机构投资者，扩大机构投资者数量，使个体散户通过机构投资者间接参与债券市场；坚持市场化原则，加强行业自律管理，完善注册制管理，继续简化发行管理程序，进一步完善法规、会计、信息披露、破产制度，加强市场化约束机制，保护债券市场发展的生态环境，不断提升债券市场治理体系和治理能力现代化的水平。

二是要深刻认识债券市场发展中的主要矛盾变化。债券市场的主要矛盾已经由金融机构和企业的一般性直接融资需求与产品种类不充分、市场不发达的矛盾，转化为更多类型的金融机构和企业多样化的融资需求与债券市场产品种类缺乏定制化、市场发展不平衡的矛盾。因此，债券市场发展要把为实体经济服务作为创新和发展的出发点和落脚点。债券市场融资应以经济结构转型为导向，提高产品的覆盖面和包容性，继续推进债券市场基础产品和衍生产品创新，丰富市场主体的投融资工具，把更多的金融资源配置到经济社会发展的重点领域和薄弱环节，更好地满足金融机构和企业多样化的融资需求。

三是加强监管体系、市场规则和基础设施的顶层设计。要完善债券监管部门之间的协调分工，既要避免监管重叠，也要避免监管真空和监管套利；应强化对登记托管结算系统、清算系统、交易平台和交易报告库等债券市场基础设施的宏观审慎管理；建立金融基础设施的统筹监管框架，明确统一的各类金融基础设施准入、运营与管理标准体系，维护市场安全高效运行；要维护银行间债券市场作为公开市场操作平台的主导地位，既要保证各类债券托管结算的安全高效，又要避免基础设施过度垄断影响服务质量和效率的提升；要加强统筹协调，统一公司信用类债券的发行和信息披露标准，建立同一类产品在托管机构之间的互通互联，避免市场的分割。

四是正确处理创新发展和防范风险的关系。国际金融危机的事实证明，债券市场不仅有风险，而且可以诱发系统性金融危机。因此，要针对薄弱环节，加快建立健全体制，全面提升市场各方的风险防范和管理能力，实现债券市场的平安和健康发展。

五是按照积极稳妥的原则，继续推进债券市场的对外开放。要注重研究解决信息披露、信用评级、会计、审计等制度规则和法律法规适用性问题，完善资金汇兑、风险对冲等方面的便利措施，进一步便利境外机构投资人和境外发行主体参与境内债券市场，使国内债券市场成为国际发行人筹集人民币资金和进行人民币投资的主要场所。在"债券通"的基础上，研究与欧洲金融中心、美国金融中心和亚洲金融中心建立"债券通"，牢牢把握金融对外开放的主导权，统筹协调推进在岸市场和离岸市场的发展，把我国债券市场国际化提升到一个新的水平。

# 第四部分

# 香港人民币离岸市场

# 关于发展香港人民币离岸市场的
# 几点分析①

【内容简介】2009 年 7 月开始了跨境贸易人民币结算试点，2010 年 6 月试点范围扩大，各项政策措施的出台，促使香港人民币离岸市场呈现出加速发展的势头。本文分析了香港人民币离岸市场的特点、作用、基本框架，以及支持香港人民币离岸市场发展的政策措施。本文认为，香港人民币离岸市场可以成为国际贸易人民币离岸结算中心，人民币离岸融资中心、人民币离岸保险中心、人民币衍生产品离岸交易中心和人民币离岸理财中心。在政策支持上，要增加境外人民币的使用规模，允许已经对外开放的资本项目用人民币结算，对人民币资金先行开放一些资本项目，增加离岸市场的人民币资产。

2004 年以来，香港的人民币业务稳步发展，从最初的居民个人人民币兑换、存款和跨境汇款，发展到内地银行机构在香港成功发行人民币债券和进行跨境贸易人民币结算试点。2010 年 6 月 17 日，跨境贸易人民币结算试点范围扩大，7 月 19 日，中国人民银行与中国银行（香港）签署《关于人民币业务的清算协议》（以下简称《清算协议》），大大拓宽了香港人民币业务的范围。随着新的《清算协议》的签署，香港银行、保险公司等金融机构很快推出了以人民币标价的金融产品，银行之间的人民币拆借和人民币买卖都已经出现，香港人民币离岸市场呈现出加速发展的势头。充分认识香港人民币离岸市场的特点，把握人民币离岸市场可能形成的框架，对于推动市场的平稳发展，发挥积极的功能，非常必要。

---

① 本文写于 2010 年 8 月。

## 一、香港人民币离岸市场的特点

一般来讲，离岸金融市场（Offshore Finance Market）是指主要为非居民提供境外货币借贷或投资、贸易结算、外汇黄金买卖、保险服务及证券交易等金融业务和服务的一种国际金融市场，其特点可简单概括为市场交易以非居民为主，基本不受所在国法规和税制限制。因为最初的市场均在非货币发行国，所以称为离岸市场或境外金融市场。

离岸金融业务的发展始于 20 世纪 60 年代，当时，一些跨国银行为避免国内对银行发展和资金融通的限制，开始在特定的国际金融中心经营所在国货币以外其他货币的存贷款业务。20 世纪 70 年代，以美元计价的离岸存款急剧增长。到 80 年代，随着纽约国际银行业设施和东京离岸金融市场的建立，离岸金融业务中也开始有所在国货币，只是这种业务是针对非居民的。

从业务范围来看，离岸金融市场分为混合型、分离型、避税型及渗漏型四种类型。香港的离岸金融市场属于混合型的离岸金融市场。香港是一个"一体化的功能性金融中心"，即在岸的金融业务并不与离岸的金融业务隔离，一家银行或金融机构一旦获准营业，即可从事任何港币或外币的境内境外业务。香港的税率虽然较低，而且税制较为简单，但它绝对不是避税乐园或是"名义中心"。香港是金融业能创造大量所得与就业的"功能中心"，香港的离岸金融市场也是可以实现一定功能的金融市场。

根据基本法的规定，我国香港特别行政区政府自行制定货币金融政策，保障金融企业和金融市场的经营自由，并依法进行管理和监督。港币为香港特别行政区法定货币，继续流通。因此，从内地的角度看，香港的人民币业务就是一种离岸金融业务，香港地区形成的人民币市场，就是人民币离岸市场。香港的人民币离岸市场是离岸金融市场的组成部分，但是与其他货币相比，人民币离岸市场既有共同点，又有不同点。

香港人民币离岸市场和其他币种的离岸市场的共同点是：第一，人民币离岸业务与在岸业务是相互融合的，香港的金融机构既可以对非居民做人民币业务，也可以对居民做人民币业务。同时，只要不涉及跨境资金流动，外汇能做的业务，人民币也都能做。第二，人民币离岸业务是接受监管的，与其他货币离岸业务一样，香港金融管理部门对在港的人民币业务是有监管的，任何金融机构所从事的人民币业务，必须符合金融管理部门对金融业务的规定。第三，人民币业务具有实际的功能，也就是居民和非居民都可以在香港得到银行和金融机构的人民币业务服务，而不只是进行记账。

香港人民币离岸市场和其他币种的离岸市场的不同点是：第一，香港的人民币业务与内地有密切的联系，大量的业务是香港居民与内地居民之间进行的资金往来。目前，内地和香港特区以外的人民币业务还不多，但可以预测，今后其他国家和地区的人民币业务，也必然是与内地的居民有密切的关系。第二，香港居民之间的人民币业务也非常重要，包括金融机构对企业和个人的服务，也包括金融机构之间的业务。第三，香港人民币离岸业务的发展，受到内地人民币国际化进程的制约。目前，人民币还不是一个完全可兑换货币，虽然实现了经常项目的可兑换，但没有完全实现资本项目的可兑换，香港的大部分人民币业务，特别是与内地的资金往来，也因此局限在经常项目的范围内。内地的金融管理部门对离岸人民币业务的发展有很强的控制力。世界上还没有一个不完全可兑换货币建立离岸市场的先例，这是香港人民币离岸市场区别于其他货币离岸市场的显著特征。

## 二、香港人民币离岸市场的作用

正是因为香港人民币离岸市场有其特殊性，所以也必然承担着特殊作用。自从香港人民币业务开展以来，特别是2009年7月开展跨境贸易人民币结算试点业务以来，实际情况表明，在人民币对外支付中，很难保证在一类国际收支项目中实现平衡，也很难保证与一个地区或一个国家的收支平衡。因此，推动人民币离岸市场发展的目标，不应该是人民币国际收支的平衡，而是保障人民币参与国际金融市场后的循环顺畅，促进人民币离岸市场资金的良性循环。

首先，是国际收支项目之间的循环。第一，经常项目下的资金循环。主要表现是国内居民在进口时付出人民币，出口时收取人民币；在服务贸易中，对外提供服务时收取人民币，而接受国外服务时付出人民币，这样，人民币资金可以实现经常项目中的收支循环。但是，在实际中，很难保证经常项目的收支是平衡的，保持用一种货币的收支平衡更难。在跨境贸易人民币结算的试点中，进口人民币结算额约占80%，而出口收取人民币只占20%，就说明了这个问题。

第二，经常项目收支与资本项目收支的循环。这类循环主要表现是通过经常项目付出的人民币，可以通过资本项目流回；而通过资本项目流出的人民币，可以通过经常项目流回。当国内的进口商对国外的出口商支付了人民币，而国外的出口商用人民币对国内进行人民币直接投资时，就是经常项目付出人民币，而通过资本项目流回的循环。相反，如果国内的企业对外进行人民币直接投资，或银行向国外企业发放人民币贷款，而接受直接投资或贷款的企业，又用人民币资金支付从中国的进口，就实现了资本项目流出，而通过经常项目流回的循环。

综合以上分析，是以人民币的国际收支平衡为目标的，经常项目的逆差可以用资本项目的顺差弥补，而资本项目的逆差可以用经常项目的顺差弥补。但是，货币国际化的发展经验表明，可以作为国际支付手段的货币必须实现累积的国际收支逆差，才会为其他国家提供必要的支付手段。因此，在一定时期内，可以不必以人民币国际收支平衡为目标，相反，而是保持一定程度的国际收支逆差，这样，才能向境外输出人民币，有利于人民币国际化进程。

其次，从人民币资金的地区流动角度看，香港人民币离岸市场的资金有三个渠道的循环。

第一，香港与内地的人民币资金循环。前面已经指出，香港人民币离岸市场与其他币种的离岸市场的一个重要区别是与内地（货币发行地）有密切的联系。因此，香港与内地之间的人民币资金流动，是香港人民币离岸市场资金循环中的重要组成部分，主要表现是香港的企业和居民与内地进行的贸易和投资所引起的资金流动。

第二，通过香港进行的内地与其他国家的人民币资金循环。香港是一个功能性的国际金融中心，除了为本地居民服务外，还可以为非居民提供金融服务。因为香港在法律、语言、金融服务等方面具有高度的国际化，国外企业可以利用香港的金融机构进行与内地的支付或投资，从而实现内地与其他国家之间的人民币资金循环。2008年，在内地的对外贸易总额中，对香港的出口和通过香港的转口贸易（包括出口和进口）占比为28.5%，离岸贸易（包括出口和进口）占比为28.1%，合计占比为56.6%，其实质就是内地与其他国家通过香港实现的商品的循环。在金融服务领域，香港也可以发挥"金融转口港"的作用，促进内地与其他国家的人民币资金循环。

第三，香港本地的人民币资金循环。因为香港紧靠内地，在人员、商品和资金方面有密切的联系，又因为香港的各种货币的离岸业务与在岸业务相互融合，因此，香港的居民掌握大量的人民币资金。在香港本地企业之间，企业与金融机构之间，以及金融机构之间的人民币资金运作，也就显得非常重要，特别是银行间的同业拆借、人民币与外汇买卖、债券交易和衍生产品交易，都会得到相应发展。

综合以上分析，香港人民币离岸市场资金循环的基本要求，可以概括为是使人民币资金"出得来，回得去，用得活"。"出得来"是指人民币资金可以通过经常项目的人民币结算和资本项目的人民币支付流出来，这是人民币离岸市场形成的基础，也是一种货币国际化的基础；"回得去"是指人民币资金可以通过合法的渠道流回内地的金融体系；"用得活"是指在境外的人民币资金，只要符合当地的金融管理规定，外币可以做的业务，人民币资金都可以做，使人民币资金在各地享受"国民待遇"。

## 三、香港人民币离岸市场的基本框架

因为香港的人民币离岸市场是一个一体化的功能型的离岸市场，为开展各项人民币业务提供了广阔的空间。综合分析，香港的人民币离岸市场可以在以下几个方面发展。

（一）推动跨境贸易人民币结算，使香港成为国际贸易人民币离岸结算中心

资金支付、清算和银行存款、贷款是离岸金融市场的基本功能。做好跨境贸易人民币结算业务，应该是香港人民币离岸市场的基本功能，也是其他市场发展的基础，政策层面已经具备了充分的条件。

第一，跨境贸易人民币结算试点的扩大，为香港银行办理人民币结算业务创造了良好的机遇。2009 年 7 月开展跨境贸易人民币结算试点之后，通过香港进行的人民币结算占结算总额的 75%，结算量从 2010 年 3 月以前的每月不足 5 亿元增加到 5 月的 79 亿元，充分显示出香港在这方面的优势。2010 年 6 月 17 日，人民银行等六部门公布了《关于扩大跨境贸易人民币结算试点有关问题的通知》，跨境贸易人民币结算的境外地域由中国港澳、东盟地区扩展到所有国家和地区，中国内地可以进行跨境贸易人民币结算的地区扩大到中国 20 个省（自治区、直辖市），试点地区的企业，可以以人民币进行进口货物贸易、跨境服务贸易和其他经常项目的结算，可以肯定，办理人民币结算业务的需要会迅速增加。

第二，香港具有发达的银行体系和支付结算体系。香港是一个国际银行中心，办理贸易结算是银行的天然优势。2009 年末，有 199 家完全持牌银行，其中，世界前 500 家银行有 123 家在香港设有持牌银行，具有广泛的国际贸易结算代理关系。香港也具有高效的支付体系。目前有港币支付系统、美元支付系统、欧元支付系统和人民币支付系统，香港的人民币业务清算行中国银行（香港）直接参加内地的大额支付体系，这些基础设施，为在香港进行的人民币结算业务提供了有力的保障。

第三，香港与内地有最紧密的贸易关系。2008 年，内地与香港之间的贸易总额达到 7270 亿美元，占内地对外贸易总额的 56.6%。其中，转口贸易占比为 28.5%，离岸贸易占比为 28.1%，香港在内地对外贸易中的中介地位非常突出。扩大内地与香港之间贸易的人民币结算比重，对促进人民币结算业务的发展具有重要意义。同时，中国香港也应发挥自身优势，积极吸引东南亚及周边国家和地区的人民币贸易结算在中国香

港进行。从企业操作的角度出发，一般会倾向与清算和交易顺畅的国家和地区开展人民币结算业务。目前中国对东南亚国家存在贸易逆差，而且人民币在东南亚等周边国家的接受程度较高，流通规模较大；中国香港可以借助发达的金融市场和高水平的服务创新，为这些国家提供相关的人民币业务服务。

（二）推动境外银行人民币贷款业务的发展，使香港成为人民币离岸信贷中心

从欧洲货币市场的结构来看，信贷市场是离岸金融市场的重要组成部分。从香港的实际情况来看，外币贷款和对香港以外企业的贷款是银行信贷总额中的重要组成部分。2009年末，香港所有认可机构的客户贷款总额是32890亿港元，其中，外币贷款是8870亿港元，占贷款总额的27%；对香港以外贷款是6140亿港元，占贷款总额的18.6%。充分显示了香港银行信贷市场的国际化特征。因此，在发展香港人民币离岸市场过程中，应该充分利用这一优势，香港的银行不仅要向本地的企业发放人民币贷款，而且应该向其他国家或地区的企业发放人民币贷款，把人民币信贷市场规模做大，使之成为香港人民币离岸市场的一个重要组成部分。

（三）推动境外人民币债券市场的发展，使香港成为人民币离岸融资中心

从欧洲货币市场的情况看，债券市场也是离岸金融市场的重要组成部分。发展香港的人民币债券市场，对于香港人民币离岸市场的建设非常重要。自2007年以来，已经有7家境内银行在香港发行了总计320亿元人民币债券。2009年，财政部在香港发行人民币债券60亿元。这些人民币债券的成功发行，为香港人民币债券市场的发展奠定了基础。下一步，应该在以下几个方面下功夫：

1. 扩大债券发债主体。截止到目前，香港人民币债券的发债主体主要是内地银行机构和中央政府，以及香港本地的个别企业。为做大香港

的人民币债券市场，应该采取有效措施扩大发债主体的种类。香港的人民币债券发债主体，应该包括三类：第一类是内地发债主体，主要由中央政府、银行类金融机构以及企业构成。在现有发债主体的基础上，重点是允许高信用等级的企业来香港发行债券。第二类是香港本地的企业和金融机构。内地发债主体来香港发债有严格管理，要想引入大量的发债主体是不现实的，对香港债券市场来讲，充分发挥本地的企业和金融机构的积极性很重要。香港的债券市场不发达，可以以人民币债券市场发展为契机，推动本地债券市场的发展。第三类是国际发债主体。主要包括国际开发机构，比如亚行和国际金融公司，参与跨境贸易人民币结算业务的外国银行类金融机构和在内地有大量投资的高信用等级的跨国公司。从债券发行管理、会计准则、工作语言、资金使用等方面，在香港发行人民币债券对国际开发机构、商业银行和跨国公司更加便利。因此，香港人民币债券市场的发展方向，应该面向国际发债主体，使香港成为人民币债券离岸发行中心。

2. 推进债券产品创新。到目前为止，银行类金融机构发行的只是简单的金融债券，中央财政发行的也是普通国债，债券品种还比较单调。因此，在下一步的发展中，伴随着发债主体的增多，可充分发挥香港自由市场的优势，在债券产品方面开展创新。如可以在金融债券方面引入可计入附属资本的次级债，在公司债券方面引入短期债券、可转换成 H 股的可转换债券等。

3. 推进场外市场的发展。在债券市场管理方面，香港金融管理部门对公募和私募债券有不同的监管标准，对公募债券，特别是对普通个人发行的债券，有非常严格的管理。在出现雷曼迷你债券风波后，管理更趋严格。其实，要发展香港的债券市场，也必须采取世界各国经验都证明了的正确模式，也就是以场外市场为主，以机构投资者为主，而不应该以散户为主。特别是作为离岸性质的人民币债券市场，要像欧洲债券市场一样，以大的发债主体和机构投资者为主。为兼顾中小投资者对人民币债券的投资需要，可以公开发行高等级的政府主权类债券。

（四）发展香港的人民币保险市场，使香港成为人民币离岸保险中心

香港的保险市场是一个健康、平稳增长的市场。截至 2009 年 12 月 31 日，有 46 家获权专营长期寿险业务的保险公司以及 19 家获权经营综合业务的保险公司开展长期寿险业务。虽然保险市场不是离岸金融市场的主要部分，但是，在香港开展人民币保险业务非常有必要，主要有以下几点。

一是可以逐步扩大现有人民币投资产品，满足香港市民资产多元化的需求。在香港的资产市场中，市民可以方便地对各种不同币种的证券和银行的金融产品进行交易配置，但香港市场已有的人民币投资品种尚少，期限较短。在香港发展人民币保险产品，可以发挥保险资金长期性的优势，给投资者提供多元化的投资与风险平衡机会。

二是完善金融对外开放。自 2007 年起，内地银行机构开始在香港发行人民币债券。在证券业，境外投资者可以通过 QFII 渠道投资内地金融市场，境内投资者也可以通过 QDII 渠道投资境外证券市场。而香港的保险领域还未开放相应的通道，如果在香港开发及提供人民币保险业务，将进一步促进国家金融体系的开放。

三是可以为来香港商旅人员和香港居民提供保险保障服务。自 2004 年以来，内地来香港的商旅人员已经超过 7500 万人次，内地来香港投资定居人员也在增多，这类群体有着许多特殊的保险保障和稳健投资储蓄需求。很多香港市民也希望可以维护他们在内地拥有的资产和债务。由于这些资产都是以人民币计算，因此同样币值的寿险产品可以提供更好的风险管理手段及有效控制利率和汇率风险。

四是提升寿险公司竞争力的需要。香港寿险公司是香港金融市场主体的重要组成部分。目前香港地区的保单一般是美元保单和港币保单，并以美元或港币进行资产配置。在美元持续贬值的背景下，保险需求没有得到满足，保险资产负债存在错配等问题。发展人民币保险业务，并投资国内市场，可以让香港寿险公司分享国内经济快速发展和人民币升

值带来的利益，有利于提升在港寿险公司竞争力，促进香港金融体系的完善。

在人民银行与中国银行（香港）签订了新的《清算协议》后，香港几家保险公司和银行很快推出了人民币保险产品，受到市民的热烈欢迎。同时，现在越来越多的公司正密切调查研究有关推出人民币寿险的可能性。

（五）发展香港的人民币衍生产品市场，使香港成为人民币衍生产品离岸交易中心

发展人民币衍生产品市场的必要性主要表现在以下几个方面：一是管理人民币利率风险。香港人民币贷款和债券的利率，既受内地利率的影响，也会受到国际市场利率水平的影响。同时，人民币离岸市场的供求状态与境内必然有区别，因此，人民币离岸市场上的利率水平也不会和境内相同，企业需要利率衍生产品来管理利率风险。二是管理人民币汇率风险。香港实行联系汇率制，在港币和美元之间并没有汇率风险，在人民币实行有管理的浮动汇率后，因为人民币与美元之间汇率的波动，在香港已经产生了对冲人民币汇率风险的需求，已经形成了人民币不可交收的远期合约（NDF）市场。现在，人民币汇率浮动性增强，跨境贸易人民币结算范围扩大，以人民币标价的金融产品也会越来越多，因此，对冲人民币汇率风险的需求已经非常迫切。近来，香港金融界提出要推出人民币可交收的远期合约，就反映了这种迫切性。因此，应该发展针对人民币汇率风险的衍生产品。三是人民币信用衍生产品风险管理工具。除了用于贸易结算以外，香港银行的人民币贷款和债务融资活动会大幅度增加，借款人的种类，将不仅包括中国香港企业和居民，而且会包括其他国家和地区的借款人，借款人的信用风险会增加，也需要信用衍生产品工具对冲信用风险。

因此，可以预见，在香港会形成利率衍生产品、汇率衍生产品和信用衍生产品市场三个人民币离岸衍生产品市场。

（六）发展香港的人民币理财市场，使香港成为人民币离岸理财中心

一般来讲，离岸市场是一个批发市场，是以各国政府机构、大的跨国公司和金融机构为服务对象的，主要提供信贷、债券发行、外汇买卖等业务。但是，由于香港是一个一体化的功能性离岸市场，人民币业务和港币业务一样，普通的居民和企业都可以参与，因此，零售业务也是必不可少的，这就产生了针对个人的理财产品需求。现在业界已经提出开发适用于香港的人民币 QFII，就充分说明了这一点。2010 年 8 月 9 日，香港已经推出了第一只以人民币计价的基金产品，可以预见，今后会有更多的人民币理财产品出现。

## 四、支持香港人民币离岸市场发展的政策措施

一般来讲，离岸市场是在货币发行国之外发展起来的金融市场，是在非居民之间进行金融交易的市场，货币发行国的金融监管当局并不主动促进离岸市场的发展。相反，在纽约、东京等分离型金融市场上，本国的金融管理部门还有严格的监管，禁止离岸业务与在岸业务的相互联系。但是，香港人民币离岸中心所具有的特殊性，使得内地金融监管部门的支持，对人民币离岸市场的发展非常重要。

从现在的情况看，允许人民币资金的跨境流动是推动香港人民币离岸市场发展的重要一环。为了更好地把握政策，需要分清楚资本项目的对外开放、资本项目下的人民币可兑换与资本项目人民币支付三者的关系。这三者之间有联系，但并不完全等同。按照国际货币基金组织的分类，在国际收支资本项目中，共有 7 大类 40 项交易。我认为，资本项目的对外开放，指的是这些项目是否可以做。比如，是否允许外国人在我国直接投资设厂，是否允许国内企业从国外借款等，所使用的资金一般是外汇。人民币资本项目下的可兑换，指的是在对外开放的资本项目中引入的外汇，是否可以兑换成人民币使用。比如，直接投资企业的外汇资本金，国内企业从国外的外汇借款，是否可以兑换成人民币使用。因

此，对外开放的资本项目交易，既可以是使用外汇，也可以是引入外汇后在国内兑换成人民币。而资本项目用人民币支付，则是在资本项目下以人民币完成交易。比如，用人民币进行直接投资，或对外进行人民币贷款。用人民币进行支付的资本项目交易，既可以是对外汇已经开放的资本项目交易，也可以不是对外汇已经开放的资本项目交易。如果是外汇还不能做的交易，则涉及资本项目的进一步开放问题；如果是对外汇已经开放的交易，则只涉及用人民币计价和支付。在现阶段，我们所面临的涉及人民币资金跨境流动的要求，实际上大部分是已经对外开放的资本项目以人民币计价的问题，不涉及资本项目的新的开放。实际上，在资本项目进一步的开放中，可以先允许一些资本项目交易以人民币进行支付，然后再对外汇开放。

目前，在现有的资本项目对外开放的框架下，支持香港人民币离岸市场发展的措施，主要是增加境外人民币的存量规模，允许境外人民币资金适度投资境内，增加离岸市场的人民币金融资产。

（一）扩大境外人民币的使用规模

要发展香港的人民币离岸市场，首先是要扩大境外人民币的使用规模和存量，这是各项离岸金融业务的基础。2009 年末，香港的货币供应量 M3 有 66268 亿港元，其中外币有 30220 亿港元，占比为 45.6%，贷款总量 32890 亿港元，其中外币贷款有 8870 亿港元，占比为 27%。截至 2010 年 6 月末，香港人民币存量有 897 亿元，预计年底可超过 1000 亿元，相对于外币货币供应量，还有很大发展空间。总体来讲，可以从三个方面增加境外人民币的存量。

一是大力发展跨境贸易人民币结算。通过贸易项目的逆差可以增加境外企业持有的人民币数量。货币的基本职能是作为商品流通的价值手段和支付手段，人民币要国际化，首先一点就是使人民币可以在国际贸易中作为价值手段和支付手段，在扩大跨境贸易人民币结算试点之后，把跨境贸易人民币结算量扩大，充分发挥这两项职能，应该是各项工作的重点。其他国际结算货币的发展经验表明，贸易逆差是对外增加货币量的重要渠道。现在，跨境贸易人民币结算中，出口收取人民币的数量占比为20%，而进口付出人民币的数量占比为80%。这种暂时的不平衡是正常的，也体现了货币国际化初期的一般规律。今后一段时期，应该大力增加东盟国家、非洲国家和拉美国家使用人民币进行贸易结算的数量。

二是增加境内银行对境外企业的贷款规模。仅仅靠贸易逆差增加境外人民币的存量规模是不够的，还可以通过境内银行向境外企业提供人民币贸易融资和项目贷款的方式，使得到人民币贷款的企业用人民币进行贸易结算，这样可以有效地增加人民币的贸易结算量。

三是增加对外直接投资。香港是内地企业"走出去"的跳板和试验场，以及作为海外战略投资布局的重要"桥头堡"。因此，如果允许内地企业以人民币在香港进行直接投资，无论是直接使用还是兑换为港币后再进行各种交易，都可以增加境外人民币规模。

对外人民币贷款和直接投资已经开展试点，可以在积累经验的基础上做大规模。

（二）允许已经对外开放的资本项目用人民币支付

现在，在实现了跨境贸易人民币结算之后，保持资本项目对外开放基本格局不变的情况下，可以推动资本项目交易的人民币结算或支付。也就是说，现在用外汇可以进行的资本项目的交易，也应该允许人民币进行结算或支付。有以下几个方面的项目可以试点。

一是已经获得有关部门批准的外商直接投资（FDI）项目以人民币进行跨境支付。香港一直是内地直接投资的来源地，2009年，在内地直接投资中，有49%来自香港。以往对内地的直接投资都是以外汇计价和投入的，目前，已经有一些香港公司提出以人民币支付内地的直接投资。从企业的实际需要来看，如果用外汇对内地进行直接投资，部分资金也要换成人民币使用，如果在香港可以筹集到人民币，用人民币支付在内地的直接投资项目更加便利。

二是允许国际金融机构用人民币对境内项目进行贷款。可以支持国际金融机构在香港发行人民币债券，用所筹集的资金对内地进行直接投资。比较可行的是允许亚洲开发银行和国际金融公司发行人民币债券，这两个机构都是国际开发性机构，在很多成员国和地区都有发债的经验，在境内也发行过人民币债券。目前，两个机构都有在香港发行人民币债券的意向。建议参照外汇直接投资管理办法，对国际开发性机构在香港发行人民币债券所筹集的资金调回内地使用，可以实行批准制。

允许香港企业和国际金融机构对境内的人民币直接投资和贷款，非常有利于发展香港的信贷市场和债券市场，因为，香港的企业和国际机构在香港的人民币融资就有了用途，从而更加积极地进行人民币融资活动。

（三）进一步扩大资本项目的对外开放

随着跨境贸易人民币结算试点地区的扩大，境外人民币资金存量会大幅度增加，用人民币投资境内金融市场的需求越来越强烈。除了允许已经对外开放的资本项目交易用人民币进行支付外，还可以考虑对人民币资金先行开放一些资本项目交易。总体来讲，以下几个方面的需求比较迫切。

第一，香港人民币业务清算行和参加行进入内地银行间债券市场投资。

在跨境贸易人民币结算开展以后，进口利用人民币支付的数额远远大于出口收取的人民币数额，人民币是净流出的态势。随着境外银行和企业获得人民币数量的增加，迫切需要人民币的投资工具。在现阶段，可以对香港和澳门人民币业务清算行、跨境贸易人民币结算参加行适度开放内地银行间债券市场，允许这类银行机构用在跨境贸易人民币结算中所获得的人民币资金投资债券市场，作为支持贸易结算流动性管理的措施。2010 年 8 月 16 日，人民银行已经发布了《关于境外人民币清算行等三类机构运用人民币投资银行间债券市场试点有关事宜的通知》，允许境外中央银行或货币当局、香港、澳门地区人民币业务清算行和跨境贸易人民币结算境外参加银行投资银行间债券市场，境外机构反响热烈。

第二，人民币 QFII。自从 2002 年引入 QFII 制度后，截至 2010 年 6 月，共有 96 家境外机构获得了合格境外机构投资者的资格，实际审批额度达到 170 亿美元。其中，在香港注册的机构有 10 家。在香港人民币存量逐步增加以后，可以考虑通过 QFII 渠道让人民币资金投资内地的资本市场，额度可以在外汇 QFII 之外单独确定。这样，既有利于香港人民币资金回流，也有利于减少外汇资金的流入。

第三，允许香港银行向内地的子行注入人民币资金。目前，内地的外资银行人民币资金来源不足，由于吸收储蓄渠道有限，由香港母行向内地的子行注入人民币，是支持内地子行发展的一个很有效的方式。

（四）增加离岸市场的人民币资产

在允许境外资金投资境内金融市场的同时，增加香港人民币离岸市场上的产品也很重要。可以从以下几个方面进行支持。

第一，支持香港本地金融机构开发人民币金融产品，如银行等金融机构的人民币理财产品、人民币基金产品、保险产品。可以允许这些金融机构募集人民币资金后，通过 QFII 机制，经批准投资内地市场。

第二，扩大内地到香港发行人民币债券的机构种类和债券规模。一是扩大财政部在香港发行人民币债券的规模，并保持在香港发行债券的持续性。二是可以安排铁道部在香港发行人民币债券。铁道部信用等级高，发债规模大，可以持续发行。建议参照企业在境外发行外币债券的管理办法进行发债审批和国际收支的外债申报。三是研究香港 H 股上市公司在香港发行人民币债券。目前，这类公司共有 160 余家，大部分是内地的大型企业和金融机构，已经占香港股票市场市值的 50%。这类企业熟悉香港资本市场，有一定的知名度，在会计准则、信息披露、评级等方面都有基础，发行人民币债券成本低，对企业应该有吸引力。四是安排广东省政府在香港发行地方政府债券。2009 年，财政部分别代发广东省地方债券 85 亿元，代发深圳地方债券 24 亿元。广东省与香港经济金融融合程度较高，广东省政府和深圳市政府在香港发行人民币债券，容易得到市场的认可，具有可行性。

第三，允许香港银行机构开发人民币可交收的远期合约。香港的人民币不可交收的远期合约（NDF）市场发展了很长时间，过去，由于不允许企业在银行开立人民币资金账户，只得以不可交收形式进行人民币远期交易。现在，已经允许企业在银行开立人民币资金账户，也允许银行之间进行人民币买卖和转账，进行可交收的人民币远期交易已经没有障碍。特别是在扩大人民币汇率浮动幅度后，为客户提供避险工具是有实际需要的。按照两地金融管理当局的共识，只要不涉及人民币资金跨境流动的业务，香港银行可以根据本地的监管要求，开发人民币产品。不过，香港银行要考虑由此引起的人民币头寸不足的问题。如果香港的银行可以在现有的框架下实现平盘，问题不大；如果在交收时出现人民币头寸不足，需要在内地用外汇购买人民币来平盘，就会突破现有的人民币清算安排，对此，可以再作深入的研究。

总之，香港人民币离岸市场正在形成和发展之中，对于正在走向国际化的人民币来讲，具有非常重要的意义。香港作为一个缓冲区，港币作为一个缓冲币，无疑使我们有了特殊的条件来观察人民币国际化过程中可能面临的问题。在国际金融领域，也许香港人民币离岸市场的发展，可以提供一种货币国际化的新的经验。

# 关于人民币国际化和
# 香港人民币离岸市场①

**【内容简介】** 香港人民币离岸市场的发展，是对人民币国际化的积极探索。本文分析了关于人民币国际化的问题，为什么要发展香港人民币离岸市场和香港人民币离岸市场的主要框架。本文认为，应该从国际货币制度改革和人民币国际化的全局，以及中国经济发展所处的历史阶段的角度来考虑香港人民币离岸市场的发展。推进人民币国际化具有有利时机和可能性，人民币国际化风险可控。发展香港人民币离岸市场，会提升香港的国际金融中心地位。如果在内地与香港地区之间，人民币与港币之间有更大程度的资本项目可兑换性，把香港地区作为一个缓冲区，无疑使我们有了特殊的条件来观察人民币国际化过程中可能面临的问题。

很高兴参加由香港中资证券业协会举办的研讨会。我是今年6月来香港的，来了之后，对香港的人民币业务问题进行了一些思考。2004年，香港银行开始办理人民币业务，经过几年的发展，已经从简单的居民个人人民币兑换、存款和汇款，发展到内地银行来香港发行人民币债券、进行跨境贸易人民币结算以及各种人民币计价的多种金融产品。特别是2009年7月开展跨境贸易人民币结算以来，扩大了境外人民币的业务范围，大大加快了香港人民币离岸市场的形成。下面我就香港人民币离岸市场发展的背景、主要功能与框架，以及今后发展前景，讲几点看法，供大家参考。

---

① 本文是笔者2010年9月7日在香港中资证券业协会举办的研讨会上的讲演节选。

## 一、关于人民币国际化的问题

古人讲得好："不谋万世者，不足谋一时；不谋全局者，不足谋一域。"理解香港人民币业务的发展，应该从国际货币制度改革和人民币国际化的全局，以及中国经济发展所处的历史阶段的角度来考虑。这个大局，可以从空间位置、经济联系以及历史方位来看。从空间位置来看，香港位于中国南部，北边有上海，南面有新加坡，旁边有深圳，大家既有竞争关系，也有合作关系，形成"一条街"的效应。也许可以形成一个人民币融资中心"一条街"。从经济联系来看，360行，香港干什么？金融？贸易？交通中心？在国民经济中处于什么位置，有什么竞争力？中国经济发展到现在的阶段，需要做什么？香港该做什么？能做什么？过去对内地进行直接投资，后来又吸引大型国企来香港上市，现在人民币国际化，香港有什么优势，是否可以找到新的机遇？这就是大局。

中国实行改革开放政策已经三十多年了，以往的改革开放，更多的是扩大对外贸易，吸引外资，近年来开始提出企业要"走出去"，也是指对外直接投资。在金融政策方面，涉及内容比较多的也是完善我国的金融体系，引进外资银行、保险公司，扩大外资金融机构的人民币业务，加快人民币的可兑换进程，但是，推动人民币的国际化，也就是人民币走出去，还是最近的事。为什么现在提出人民币国际化的问题？我认为，可以从以下几个方面思考。

（一）现在是推进人民币国际化的有利时机

孟子说："天时不如地利，地利不如人和"（见《孟子·公孙丑下》）。推进人民币国际化也要看天时，知天命。

2007年开始的美国次贷危机，演变为一场国际金融危机，这次危机不仅使各国的金融监管当局更加注重加强对金融机构的微观审慎监管和宏观审慎监管，而且引起了人们对国际货币体系改革的思考。此次国际金融危机，使国际货币体系改革显得更为迫切。

一是以美元为中心的国际货币体系存在严重的缺陷，已成为国际金融不稳定和世界经济发展不平衡的重要因素之一。此次国际金融危机的爆发并在全球迅速蔓延，反映了当前国际货币体系的内在缺陷和系统性风险。为什么少量的次级贷款会引发这么大规模的金融危机？就是因为美元是全世界主要贸易商品如石油和金融市场产品的定价货币。美元动荡，相当于度量衡失准了，美国的危机没有在国内消化，而是通过多个机制传导到全世界。

二是国际货币体系需要重建，建立超主权国际货币体系可能是最终的解决手段，不过超主权货币是长远目标，短期内难以实现。增加国际储备货币币种是完善国际货币体系的现实选择。通过国际货币竞争形成对美元的有效制衡，更具有现实意义。

三是在国际货币体系重建中，一些紧迫的问题开始出现：美元的汇率波动，使国际贸易的计价和结算出现困难；美元内在价值的趋贬，使国际储备货币出现了分散化的倾向。

国际储备货币多元化已逐渐成为共识，相应的国际贸易计价和结算工具也出现多元化趋势。在这一共识和趋势面前，由于人民币汇率相对稳定，中国经济长期向好，人民币的国际需求已经出现，并日趋强劲。因此推动人民币国际化，减少世界经济对美元的过度依赖，有利于国际经济金融稳定发展。

（二）人民币国际化的可能性

时机存在，有没有可能呢？世界上有 169 个独立国家，主权国家货币真正能充当国际货币的只有四五种，现在，人民币有没有可能成为国际货币？

根据货币理论，货币有五种职能，一是价值尺度，用于衡量其他商品的价值；二是流通手段，用于交易的媒介；三是支付手段，用于延期付款；四是价值储藏，用于保值增值；五是国际货币。其实并不是所有的货币都有国际货币的职能，具有国际货币职能的主权货币通常具有三种功能：一是要广泛用于国际贸易计价和结算；二是在金融市场上用于借贷和投资；三是最终因具有保值增值的能力，成为储备货币。也就是在国际经济活动中充当价值尺度、支付手段和价值储藏职能。

一个主权货币成为国际货币的基本条件有三个：

第一，主权货币的全面可兑换。尽管可兑换货币不一定会成为国际货币，但国际货币一定是可兑换货币。

第二，国际收支逆差。国际收支逆差是满足非居民资产负债表拥有主权货币的前提。尽管不需要国际收支全面逆差，但或在资本项下，或在经常项下，至少一个项下长期存在逆差。这样才能向世界输出货币，增加国际贸易的流动性。

第三，具有一定的经济规模。主要是一国 GDP 占全球 GDP 的比重；一国对外贸易占全球对外贸易的比重。这样才能使本国经济对世界经济有足够的影响，也能承受国际经济波动的冲击。小型开放经济体不行，没有规模；大型封闭经济体也不行，因为没有国际交流，对世界影响小。只有同时具备规模大和开放度高的国家主权货币，才能有资格参与国际货币的角逐。

目前全球使用的国际货币主要有四种：美元、欧元、英镑、日元。除美元和英镑因为历史原因形成外，欧元主要前身之一——西德马克和日元成为国际货币，发生于 20 世纪 70 年代同一时期。有两个明显的原因：一是本国经济实力增强。1972 年，日本和西德 GDP 分别占全球GDP 的 8.25% 和 7.89%，分别占全球贸易总额的 5.73% 和 9.63%。二是国际货币体系的变动。1973 年，美元与黄金脱钩，布雷顿森林货币体系瓦解，固定汇率制变为浮动汇率制。

从中国的目前情况看，我们也具备了一定的条件。从货币可兑换来讲，1996 年，我国已经实现了经常项目的可兑换。近年来，我国坚持循序渐进、先易后难、先长期后短期、先机构后个人、先真实后虚拟的原则，稳步推进人民币资本项目可兑换。根据国家外汇管理局 2009 年的评估，截至 2009 年 7 月，在 7 大类共 40 项资本项目交易中，我国有 5 项实现了可兑换，8 项基本可兑换，17 项部分可兑换，还有 10 项不可兑换。然而，就资本项目的主体而言，目前我国在借用外债、跨境证券投资和中资机构对外贷款、直接投资等项下，还存在较多管制。

从国际收支逆差来看，长期以来，中国对东盟长期贸易逆差，意味着有对外支付的需要。2010 年 1 月 1 日，中国—东盟自由贸易区正式启动。这个自由贸易区拥有 19 亿人口，近 6 万亿美元的 GDP 和 4.5 万亿美元的贸易总额。根据自由贸易区协议，中国与东盟创始六国今年 90% 的产品将实行零关税，2015 年中国与东盟另外四国将实现零关税，贸易额有望进一步扩大，人民币用于贸易结算具有良好的前景。东盟国家广泛接受人民币，菲律宾等国已宣布人民币进入外汇储备。

2009 年，中国与东盟进一步强化了金融基础设施的建设，落实亚洲金融合作机制，例如清迈协定，中国和东盟 "10 + 1" 协议，亚洲债券市场发展计划等，以 2001 年中国和东盟投资贸易自由化正式启动为契机，使中国香港成为以人民币为特色的国际金融中心，其中最主要的是亚洲债券市场落地中国香港，鼓励亚洲国家政府和企业来中国香港发行人民币债券应是近期重点。

资本项目有没有可能逆差呢？按最终用途划分，出口产品可分为三类：消费品、中间品和资本品，其中，资本品指用于生产的机器设备和运输设备。从 1995 年到 2006 年，我国消费品出口所占比重从 48% 下降到 31%，资本品出口比重从约 12% 上升到 27%，中间品出口比重保持在 40%。资本品占出口比重的增加说明我国自主生产制造能力的加强，有望推动出口商品结构的持续升级。很显然，出口消费品是不需要融资支持的，而出口资本品，则需要融资支持。我国的对外贸易应该转型，应该从以出口消费品为主，转向以出口资本品为主；由出口换汇积累国内建设资金的目标为主，转向以资本输出带动商品输出为主。在这个过程中，货币国际化是贸易转型的重要条件。最近，国家开发银行从事的对委内瑞拉人民币贷款，就是以资本输出带动商品输出的例子。

从我国的经济规模看，已经在世界经济中占有重要地位。

一是已经成为世界经济大国。2008 年中国 GDP 已占世界的 7.14%，2009 年预计超过 8%，2005—2008 年，中国 GDP 先后超越英国和德国，成为全球第三，预计 2010 年将超过日本，成为全球第二，仅次于美国。①

---

① 我国 2011 年的国内生产总值超过日本，成为世界第二大经济体。

我国的钢铁、煤炭、造船等许多行业的生产能力，也居世界第一位。虽然我们的人均水平还很落后，经济发展还很不平衡，但是，在国际交往中，总量大小，具有非常现实的意义。

二是已经成为世界贸易大国。2008年中国对外贸易已占世界贸易额的8.39%。2001—2008年，中国加入世界贸易组织，中国对外贸易占全球的比重迅速上升，由3.69%上升到8.39%，2009年已经超过德国，成为全球第一，并接近和超过了德国马克和日元成为国际化货币时，两个国家对外贸易占世界贸易总额中的比重。2000—2009年，我国的进出口总额从3607亿美元增长到22073亿美元，外汇储备从1655.7亿美元增长到23992亿美元，连续多年居世界第一位。然而，作为一个比较大的经济体和贸易体，我国企业在对外贸易中并没有使用本币的定价权。在各国的国际储备资产中，也没有人民币的地位。这说明人民币在国际上没有购买力。这与我国当前的经济和贸易地位是极不相称的。人民币国际化的进程，没有跟上经济发展的需要。

三是金融总量迅速增长。改革开放以来，我国的金融业取得了长足的发展。目前，我国已经建立了比较完善的金融机构体系，有银行、证券、保险、信托、资产管理公司、基金公司、财务公司、融资租赁公司、小额贷款公司、农村资金互助社等各类机构。金融市场体系也初步形成。目前，我国已经有银行间同业拆借市场、债券市场、股票市场、外汇市场、期货市场、黄金市场、基金市场、理财产品、保险市场等市场，还有一些场外衍生产品市场，基本形成了金融市场体系。在此基础上，金融总量已经从十几万亿元级跃升到几十万亿元级的台阶。2000—2009年，货币量M2从13.46万亿元增长到60.62万亿元；金融机构各项存款量从12.38万亿元增长到61.20万亿元；贷款量从9.94万亿元增长到42.56万亿元；同业拆借额从6728亿元增长到19.35万亿元；债券存量从1.67万亿元增长到17.53万亿元，交易量从3.53万亿元增长到122.91万亿元；股票总市值从4.81万亿元增长到24.39万亿元。我国的债券市场居世界第四位，股票市场的规模居世界第三位。

因此，我国已经初步具备了货币国际化的基础，可以从周边国家和地区做起，扩大人民币的使用范围。

（三）人民币国际化的利益与风险

当然，人民币的国际化，既有利益，也有风险。人民币成为国际货币有多方面好处，符合我国根本利益。

一是可以提升中国的国际地位并获得铸币税收益。人民币在境外流通和使用，我国可获得铸币税收益，即央行以较低的成本发行货币，换取实际资源而获得高额收益。但与这有限的利益相比较，提升国际地位意味着无限的利益。

二是增强国际支付能力。人民币成为国际货币，有助于降低我国对外融资成本，增强国际支付能力，更好地应对国际收支风险。

三是提高国内金融体系发展水平。人民币国际化需要大力发展国内金融市场，这为我国金融机构开展业务，获取收益创造巨大空间。

四是改善贸易条件。人民币国际化有利于从减少企业的汇率风险和增加贸易便利性两个方面改善我国的贸易条件。

人民币国际化也存在一定风险。

一是面临"特里芬难题"的风险。在我国国际收支双顺差和巨额外汇储备累积短期内难以根本改变的状况下，人民币国际化初期面临的可能是如何提供国际流动性的问题，但随后会面临提供国际流动性义务与维持人民币汇率稳定目标的矛盾。

二是削弱货币政策独立性。从开放经济的三元悖论角度看，由于币值稳定和可兑换是一国货币成为国际货币的两个必要条件，货币政策独立性、汇率稳定与资本自由流动三者的内在矛盾在货币国际化背景下更加明显。

三是约束汇率政策灵活性。人民币国际化，需要提高人民币汇率弹性。短期内，这可能加大市场主体的汇率风险，影响出口产品的价格竞争力，同时也会限制人民币汇率政策的操作空间与政策效果。

四是增大跨境资本流动风险。随着人民币可兑换和国内金融市场开放程度的提高，跨境资本流动将增加，对我国金融稳定形成一定挑战。

五是面临国际阻力。人民币国际化意味着人民币与美元、欧元、日元在国际货币体系中的地位此消彼长，有关国家的利益受到威胁，将千方百计对我国进行打压。

综合而论，现在是推进人民币国际化有利时机，应该是利大于弊，风险可控，要循序渐进，稳步推进。

## 二、为什么要发展香港人民币离岸市场？

近年来，在香港媒体出现频率比较高的一个词，就是香港人民币离岸市场。什么是人民币离岸金融市场？正像国际储备货币一样，离岸金融市场这个词，原来仅仅是与美元、英镑、日元等这些西方国家货币挂钩的，现在人民币也与这个概念连在一起了。

离岸金融业务的发展始于 20 世纪 60 年代，当时，一些跨国银行为避免国内对银行发展和资金融通的限制，开始在特定的国际金融中心经营所在国货币以外其他货币的存放款业务。一般来讲，离岸金融市场（Offshore Finance Market）主要业务包括为非居民提供境外货币借贷或投资、贸易结算、外汇黄金买卖、保险及证券交易等金融服务，其特点可简单概括为市场交易以非居民为主，基本不受所在国法规和税制限制。因为最初的市场均在非货币发行国，所以称为离岸市场或境外金融市场。20 世纪 70 年代，以美元计价的离岸存款急剧增长。到 80 年代，随着纽约国际银行业设施（International Banking Facility）和东京离岸金融市场的建立，离岸金融业务中也开始有所在国货币，只是这种业务是针对非居民的。

香港早已经是一个多种货币离岸市场了。香港的离岸金融市场属于混合型的离岸金融市场。香港是一个"一体化的功能性金融中心"，即在岸的金融业务并不与离岸的金融业务隔离，一家银行或金融机构一旦获准营业，即可从事任何港币或外币的境内境外业务。香港的税率虽然较低，而且税制较为简单，但它绝对不是避税乐园或是"名义中心"。香港是金融业能创造大量所得与就业的"功能中心"，香港的离岸金融市场也是可以实现一定功能的金融市场。2009 年末，香港所有认可机构的客户贷款总额是 32890 亿港元，其中，外币贷款 8870 亿港元，占贷款总额的 27%；对境外贷款 6140 亿港元，占贷款总额的 18.6%。香港的货币供应量 M3 有 66268 亿港元，其中外币有 30220 亿港元，占比为 45.6%，充分显示了香港银行信贷市场的国际化特征和离岸市场的性质。

根据《中华人民共和国香港特别行政区基本法》的规定，香港特别行政区政府自行制定货币金融政策，保障金融企业和金融市场的经营自由，并依法进行管理和监督。港币为香港特别行政区法定货币，继续流通。因此，从内地的角度看，香港的人民币业务就是一种离岸金融业务，香港地区形成的人民币市场，就是人民币离岸市场。

香港没有外汇管制，在香港，找换店一直提供人民币兑换业务，甚至是两地的汇兑业务。但是，我们今天所讲的具有人民币离岸市场性质的业务，是从 2004 年香港银行办理人民币业务开始的。2004 年，香港银行开始办理居民个人人民币兑换、存款、跨境汇款和信用卡业务。2005 年准许包括零售、饮食、运输等 7 个行业开设人民币存款账户，办理人民币单向兑换港元的业务。2006 年允许香港居民办理个人支票账户。2007 年内地银行机构在香港开始发行人民币债券。2009 年 7 月开展了中国广东省四个城市和上海与中国港澳地区和东盟国家开展跨境贸易人民币结算试点。2010 年 6 月 17 日，跨境贸易人民币结算试点范围扩大到国内 20 个省（自治区、直辖市），境外地区不再限制。7 月 19 日，中国人民银行与中国银行（香港）签署《关于人民币业务的清算协议》（以下简称《清算协议》），大大拓宽了香港人民币业务的范围。8 月 16 日，人民银行公布了有关通知，允许境外中央银行或货币当局、中国香港和澳门地区人民币业务清算行和跨境贸易人民币结算境外参加银行投资内地银行间债券市场。随着新的《清算协议》的签署，香港银行、保险公司等金融机构很快推出了以人民币标价的金融产品，银行之间的人民币拆借和人民币的买卖都已经出现，香港人民币离岸市场呈现出加速发展的势头。

为什么要发展一个香港人民币离岸市场？我想有以下几个原因：

一是香港居民个人的需要。如果我们研究国际上离岸金融市场发展的情况就会发现，欧洲货币市场是出于摆脱本国政策的某种管制而发展起来的，而且是以大型机构为主体的。但是香港的人民币业务发展正相反，是从个人人民币业务开放起步的。当2004年研究人民币业务时，我们采取了非常务实的态度，就是不要提人民币国际化的口号，而是从香港居民的实际需要出发，解决最为现实的问题。什么是香港的实际需要呢？香港存在大量的货币找换店，承担着居民货币兑换和汇款的功能，其中包括人民币与可自由兑换货币的兑换。而专门从事货币信贷业务的银行能开展各种外币业务，却不能开展人民币业务。人民币现金的供给，都是通过非正常渠道进行的。随着两地之间旅游、商务发展带来的人员交往的增加，携带大量人民币往返两地成为常态，香港一些服务业也开始接受人民币支付。人民币在香港的使用越来越普遍。因此，需要银行的服务跟上，把人民币兑换、存款和汇款纳入正规的渠道。

二是香港企业的需要。香港与内地有着紧密的经贸关系。从直接投资来看，香港是内地最大的外资来源地和对外直接投资目的地。2009年，在内地利用外资总额中，来自香港的占比为50%；在内地对外直接投资总额中，目的地是香港的投资占比为70%。2008年，在内地对外贸易总额中，对香港的出口和通过香港的转口贸易（包括出口和进口）占比为28.5%，离岸贸易（包括出口和进口）占比为28.1%，合计占比为56.6%。以往，两地的贸易和投资都是用美元或港币结算的，在近年人民币逐步升值的条件下，企业利用人民币进行贸易结算和投资的需求很强烈，也构成人民币业务发展的动力。

三是发展香港国际金融中心地位的需要。香港股票市场在过去20年为内地企业筹集资金，累计达3200亿美元，占香港交易所总集资额一半以上。至今，在港交所上市的H股公司共有160家，市值占总市值的一半。但是，在香港的资本市场上，其他国家的上市公司数量并不多。很明显，香港的资本市场是内地筹资者筹集资金的平台，也是国际投资者投资中国内地市场的通道，还没有成为国际性的筹资和融资中心。原因之一是，香港是一个小型开放经济体，并没有大量资本可以输出，其他国家和地区的筹资者要筹集美元资金，可以到世界上其他国际性的金融中心，如纽约和伦敦。可以说，仅仅依靠香港自身的经济和货币实力，不能支持一个真正意义上的国际金融中心。过去，香港不仅是一个货物贸易的转口港，而且还是一个名副其实的"金融转口港"。在我国经济和金融发展后，人民币国际化将增强香港国际金融中心地位。当我国对外输出资本时，需要一个对外投资的平台，其他国家筹集人民币资金，也需要一个筹资中心，香港就可以作为这样一个国际人民币融资中心。中国的资本项目还没有完全对外开放，其他国家公司很难在中国境内的金融市场上筹资和投资，在中国境内逐步实现资本项目对外开放的过程中，香港也可以利用自己的优势，把人民币资本市场做大做强，这样就会成为世界级的国际金融中心。

四是我国实现金融对外开放的策略的需要。2009 年 7 月，中国人民银行开始推动跨境贸易人民币结算试点，2010 年 6 月，试点范围扩大。人民币对外投资也在个案基础上试点，对我国人民币国际化和金融市场的对外开放，提出了新的要求。

从长期来看，人民币国际化不能"止于贸易"。如果因贸易结算在海外积累的人民币头寸没有良好的投资渠道，继续使用人民币的动力将大大削弱。如果人民币国际化不能深化，难以形成稳定的预期，也就难以扩大人民币用于国际贸易的范围，增加结算规模，促进贸易的发展，也不适应投资贸易自由化的要求。因此，制定人民币国际化的战略目标以及相应的路线图已实属迫切。

目前，中国的国际收支管理状况是：在经常项下开放的同时，在资本项下还有管制，即人民币经常项下的可兑换与资本项下的不完全可兑换，并形成对人民币国际化的挑战。

➤ 如果人民币资本项下不可兑换，则国际贸易产生的人民币头寸难以有效处置，进而影响人民币用于国际贸易计价和结算的数量和范围。

➤ 如果人民币资本项下可兑换，则因境内资本市场的不成熟及其他一些弱点，而容易受到国际资本的冲击。

在资本项目开放过程中，引进资本似乎可以在国内设立特区试点，便于对过程的监测，使流入的资本可以与其他地区隔离，但是在允许国内资本流出，人民币区域化和国际化的过程中，在国内是不容易划分出一个区域，实行特殊的资本流出政策的。因为，很难使人流、资金流与这个特定区域分离。在这一两难面前，香港因其特殊的地位，具备了妥善解决这一问题的条件，即在经常项下开放人民币跨境贸易结算的基础上，又尚不能立即开放人民币资本项下可兑换的条件下，依托《内地与香港关于建立更紧密经贸关系的安排》（CEPA）下香港人民币市场的基础，利用香港金融市场的优势，既为人民币国际化创造条件，又为香港金融市场开创新机会。因为香港是一个特别行政区，实行货币自由兑换和资本自由流动，如果使内地与香港地区之间，人民币与港币之间，有更大程度的资本项目可兑换性，让香港地区作为一个缓冲区，港币作为一个缓冲币，无疑使我们有了特殊的条件来观察人民币国际化过程中可能面临的问题。

# 关于跨境人民币资金流动的分析①

**【内容简介】** 本文分析了内地与香港之间人民币利率和汇率差异对跨境贸易人民币结算与资金流动的影响。研究发现，由于香港的人民币贷款、同业拆借和债券发行规模比较小，而且资金跨境流动受到限制，只有两地的存款利率水平差异对跨境人民币资金流动有影响。数据表明，当两地利率差异扩大时，从香港向内地人民币汇款会增加。研究发现，香港人民币汇率与内地人民币汇率比较有升水，会促使内地的人民币资金通过进口支付流入离岸市场；而当香港人民币汇率与内地人民币汇率比较有贴水时，会促使离岸市场的人民币资金流入内地。离岸市场的人民币汇率与内地汇率的差异所引起的资金流动，会相应增加或减少香港的人民币供给，从而使境外汇率向内地汇率贴近。

2010 年 6 月之后，扩大跨境贸易人民币结算试点，推动香港人民币业务发展的一系列政策措施陆续出台，使香港的人民币业务进入了一个新的发展阶段。总体来看，发展趋势是好的，发展速度超出了人们的预期。同时，在实际工作中也出现了一些值得关注的问题，其中，两地人民币利率和汇率差异对跨境贸易人民币结算与资金流动的影响，就值得深入研究和分析，对于制定下一步的政策非常重要。

## 一、利率差异对跨境人民币资金流动的影响

目前，在香港最主要的人民币利率有银行的人民币存款利率、贷款利率、同业拆借利率、债券发行利率。由于贷款和同业拆借规模比较小，

---

① 本文写于 2011 年 4 月。

也不允许跨境流动，两地利率水平的差异对两地资金的流动还不具有影响。债券发行利率水平与内地有明显差异，但内地机构来香港发债规模有限，境外企业发债所筹集的资金调入内地受到管制，利率水平的差异对资金流动也不具有影响，所以在此只分析存款利率对跨境资金流动的影响。

因为香港人民币业务参加行的人民币资产业务没有开展起来，主要是将人民币存款转存到中银（香港），而中银（香港）又将资金转存到人民银行深圳市中心支行，所以香港的人民币存款利率主要决定于中银（香港）在人民银行深圳市中心支行存款利率水平。现在这个利率是0.99%，中银（香港）给参加行的利率是0.865%，如果香港的参加行没有其他人民币投资收益，这就是参加行给客户提供存款利率的上限。①表1是目前香港几家银行的人民币存款利率。

表1　　　　　　　　　香港银行人民币存款利率

| 银行 | 活期（厘） | 一年期定存（厘） |
| --- | --- | --- |
| 渣打 | 1 | 1.1 |
| 大新 | 0.76 | 0.85 |
| 交银香港 | 0.55 | 0.85 |
| 东亚 | 0.5 | 0.8 |
| 中银 | 0.45 ~ 0.5 | 0.8 |
| 恒生 | 0.45 | 0.75 ~ 0.8 |
| 汇丰 | 0.45 | 0.71 ~ 0.76 |
| 内地银行 | 0.4 | 3 |

从表1可见，香港银行人民币活期存款利率在0.45% ~ 1%，一年期定期存款的利率在0.7% ~ 0.85%，只有渣打银行的利率略为高些。活期存款利率与内地相近，但定期存款利率比内地低2个多百分点。

由于香港人民币的利率低于境内利率水平，因此人民币资金有从境外向境内流动的动力。现在香港居民可以在内地开设非居民的个人人民

① 2011年4月1日起，香港清算行在人民银行深圳市中心支行人民币存款利率下调至0.72厘，中银（香港）将参加行的人民币存款利率下调至0.629厘。

币账户，每人每天可从香港向内地的同名账户汇款 8 万元人民币，境外机构也可以开设用于跨境人民币结算的非居民人民币账户，通过贸易结算获得人民币。因此，当内地的非居民账户利率比境外利率水平高时，境外的居民和企业就会增加在内地的存款。

以香港个人向内地汇款为例，在两地利率差异扩大时，汇款大幅度增加。2010 年 10 月、12 月和 2011 年 2 月，内地三次调整人民币存贷款基准利率，人民币活期存款、3 个月、6 个月和 1 年期的定期存款利率分别从 0.36%、1.71%、1.98% 和 2.25%，调整到 0.4%、2.6%、2.8% 和 3%，两地存款利差扩大到 2 个百分点以上。[①] 利率调整后，两地资金流动规模明显加大。图 1 是 2010 年 1 月至 2011 年 1 月，两地间个人人民币汇款情况。从图 1 中的情况看，2010 年 9 月前，香港汇往内地的规模都在 10 亿元以下，11 月后明显增加，2010 年 12 月和 2011 年 1 月均超过了 18 亿元。

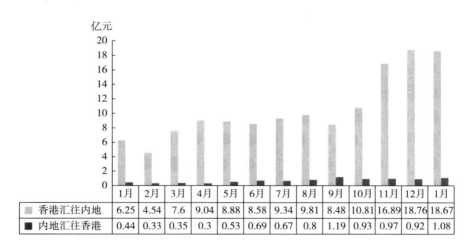

| 亿元 | 1月 | 2月 | 3月 | 4月 | 5月 | 6月 | 7月 | 8月 | 9月 | 10月 | 11月 | 12月 | 1月 |
|---|---|---|---|---|---|---|---|---|---|---|---|---|---|
| 香港汇往内地 | 6.25 | 4.54 | 7.6 | 9.04 | 8.88 | 8.58 | 9.34 | 9.81 | 8.48 | 10.81 | 16.89 | 18.76 | 18.67 |
| 内地汇往香港 | 0.44 | 0.33 | 0.35 | 0.3 | 0.53 | 0.69 | 0.67 | 0.8 | 1.19 | 0.93 | 0.97 | 0.92 | 1.08 |

**图 1  2010 年 1 月至 2011 年 1 月两地间个人人民币汇款对比**

在香港对银行的企业人民币存款利率没有统一规定，据了解，大致在 0.4% ~ 0.5% 的水平，内地对境外机构的人民币结算账户所付的利率

---

① 2011 年 4 月 6 日，人民银行再次调整了人民币的贷款利率，相应的利率已经分别调整到 0.5%、2.85%、3.05% 和 3.25%。

是 0.4%，与离岸利率水平相近。人民银行的数据表明，境外企业在境内的存款余额，从 2010 年 8 月末的 979 个账户 103.95 亿元增加到 2011 年 1 月末的 2092 个账户 557.57 亿元，账户平均余额从 1062 万元增加到 2665 万元，增加了一倍多。

从债券市场利率水平看，由于香港港币和美元的利率水平大大低于境内人民币贷款利率和债券市场利率，在香港发行人民币债券的利率也大大低于境内的贷款利率和债券市场利率。从 2010 年所发行的人民币债券利率来看，以面向机构发行的 3 年期债券利率为例，最低的是国债的 1%，最高的是银河娱乐的 4.63%，一般在 3% 以下。同期，在境内债券市场上三年期国债利率从年初的 2.5% 上升到年末的 3.3%，政策性金融债要高 50 个基点。但是，由于内地金融机构和企业不能自由来香港发债，境外机构发债所筹集到的人民币资金也不能自由调入内地，所以两地债券发行利率的差异，对跨境资金流动没有实际影响。

控制人民币资金跨境套利活动的主要手段应该是利率。如果把香港清算行在深圳市中心支行的存款利率、境外参加行在境内代理行开立的人民币同业往来账户存款利率、香港居民个人在内地的非居民账户和境外机构开立的人民币结算账户的利率，都控制在贴近境外利率的水平，现阶段就可以有效地抑制跨境的资金流动。

如果资本项目扩大开放，两地利率差异就会对跨境人民币资金流动产生较大的影响。比如，允许企业自由在香港借款和发行人民币债券，当内地贷款利率高于香港贷款利率时，企业就会在香港贷款或发债融资调入内地，这样就会减弱宏观紧缩的效果。

## 二、汇率差异对跨境人民币资金流动的影响

香港离岸市场上的人民币兑美元汇率一直与内地的汇率有差异。在 2010 年跨境贸易人民币结算试点扩大之前，不可交收远期合约（NDF）具有一定的代表性，汇率水平与内地的人民币汇率有明显的差异。2009 年开展跨境贸易人民币结算试点之后，香港离岸市场的人民币存量大幅度增加，香港本地的人民币同业买卖和银行与客户之间的买卖量大幅度

增加，逐渐形成了人民币市场。图2是2010年8月以来香港人民币汇率和内地人民币汇率走势图。

**图2　2010年8月至2011年3月两地人民币汇率比较**

数据显示，2010年8月以来，香港人民币汇率与内地人民币汇率之间的差异有很大的变动，8月大部分时间有500~800点升水，9月15日收窄至62点。随后，因为中银（香港）在内地外汇市场购售人民币额度用光，升水幅度增大，在10月17日达到1721点，到11月10日才回落到200点以下。12月23日，由于公布了2011年中银（香港）清算行在内地外汇市场购售人民币的新安排和香港人民币业务监管新措施，甚至出现了4天有30点左右的贴水情况。2011年1月中旬以来，大部分时间内香港人民币的汇率比内地人民币的汇率一般有50~150点的升水。

香港离岸市场上人民币汇率是由供给和需求决定的。因为内地对香港居民兑换人民币是有额度限制的，跨境贸易人民币结算中内地进口支付的人民币又必须有贸易背景，所以离岸市场上的人民币供给在短期内有一定的刚性，而需求在短期内会有相对较大的变化。因此，短期内的离岸人民币汇率水平主要是由香港的需求决定的，需求增加会引发汇率升水加大，需求减少则引发汇率升水减小。

在香港的对外贸易中，90%是转口贸易，一笔转口贸易可以分为内地与香港的贸易，以及香港与国外的贸易。因此，香港人民币汇率与内地人民币汇率比较有升水，会促使内地的人民币资金通过进口支付流入离岸市场，因为这时可以用较少的人民币换得更多的美元，促进企业把人民币付到香港，在香港把人民币兑换为美元后再支付给国外；而当香港人民币汇率与内地人民币汇率比较有贴水时，会促使离岸市场的人民币资金流入内地，因为这时在香港可以用较少的美元兑换到更多的人民币，促进企业把美元付到香港，在香港把美元兑换为人民币后再支付给内地。由于内地外汇市场实行有管理的汇率机制，离岸市场的人民币汇率与内地汇率的差异所引起的资金流动，会相应增加或减少香港的人民币供给，从而使境外汇率向境内汇率贴近。

内地同其他国家和地区的跨境贸易人民币结算也具有相似的规律，在人民币升值预期下，国外的出口商愿意收取人民币，有利于中国内地进口的人民币结算；在人民币贬值的预期下，国外的进口商愿意付人民币，有利于内地出口的人民币结算。如果人民币升值的预期维持时间过长，就会出现中国内地进口付出人民币，而出口收取美元的现象。在资本账户没有开放，人民币不能通过资本账户回流的情况下，就会形成境外人民币存量的持续增加。

目前在其他国家和地区还没有消化人民币的能力，所以，由于汇率差异所引致的资金流动的结果是，使香港离岸市场上的人民币存量和人民币与外汇的交易规模扩大，产生对内地外汇市场的分流作用。

# 关于香港人民币离岸市场的
# 几点分析[①]

【内容简介】2010 年 6 月以后，扩大跨境贸易人民币结算试点，推动香港人民币业务发展的一系列政策措施陆续出台，使香港的人民币业务进入了一个新的发展阶段。本文分析了香港人民币离岸市场对人民币国际化的重要意义，人民币业务对香港金融发展的促进作用，香港人民币离岸市场发展应该注意的几个关系。本文认为，香港不仅可以在跨境贸易人民币结算中发挥重要作用，对实现人民币资本项目下可兑换也具有特殊意义。人民币业务对香港金融发展有积极的促进作用，可以提升资本市场的国际化程度，巩固香港国际金融中心地位。发展中要处理好发展基础产品与衍生产品、面向个人的零售服务与面向机构的批发服务、场内交易与场外交易、面向内地和面向境外的关系。

2010 年 6 月之后，扩大跨境贸易人民币结算试点，推动香港人民币业务发展的一系列政策措施陆续出台，使香港的人民币业务进入了一个新的发展阶段。总体来看，发展趋势是好的，发展速度超出了人们的预期，与动荡不安的国际金融市场相比，香港人民币离岸市场可谓是"风景这边独好"。人民币国际化已经引起国际社会的日益关注。香港人民币离岸市场对于人民币国际化具有什么意义？对于香港的金融发展会产生什么影响？在发展中需要注意哪些问题？本文拟就这些问题提出几点分析，供大家参考。

---

① 本文是为《中国改革》撰写的文章，形成的专访稿发表于《中国改革》2011 年第 6 期。

## 一、香港人民币离岸市场对人民币国际化的重要意义

一种货币国际化的最显著的标志，是在国际贸易中被广泛用于计价和结算，在金融市场上用于借贷和投资，并最终因具有保值增值的能力而成为储备货币。过去一年跨境贸易人民币结算的实践表明，香港不仅在跨境贸易人民币结算中可以发挥重要作用，在实现人民币资本项目可兑换方面也可以发挥重要作用。

（一）香港在跨境贸易人民币结算中的重要作用

在跨境贸易人民币结算方面，香港具有独特的优势。第一，香港与内地有最紧密的贸易关系。香港与内地之间的贸易占内地贸易总额的比重一直很高。1980—1990 年，香港一直是内地的转口贸易中心。目前，内地对外贸易的30%（包括转口和离岸贸易）是通过香港进行的，显示了香港在中国对外贸易中的中介地位。这表明，在开展跨境贸易人民币结算的初期，扩大内地与香港之间贸易的人民币结算比重，对促进人民币结算业务的发展具有重要意义。第二，香港具有发达的银行体系和支付结算体系。香港是一个国际银行中心，办理贸易结算是银行的天然优势。2010 年，香港有 193 家认可机构，其中，有 146 家持牌银行和 21 家有限制牌照银行。世界上最大的 500 家银行在香港共设立了 126 家持牌银行和 16 家有限制牌照银行，具有广泛的国际贸易结算代理关系。第三，香港也具有高效的支付体系。目前有港币支付系统、美元支付系统、欧元支付系统和人民币支付系统。香港的人民币业务清算行中国银行（香港）直接参加内地的大额支付体系，可以实现人民币资金的全额即时结算。这些基础设施，为在香港进行的人民币结算业务提供了有力的保障。

据统计，2010 年 6 月扩大试点以后，香港人民币业务总量迅速增长，从 12 月起，月结算量已经超过 1000 亿元。截至 2011 年 1 月，香港人民币业务总量累计超过 4700 亿元。同时，两地间的双向支付趋向平衡，香港汇往内地以及其他非香港地区之间汇款的比重明显上升。2010

年 11 月后，香港汇往内地的比重上升到 24% 以上。同时，通过香港清算行进行的其他非香港地区之间的汇款比重也从 2010 年的平均 12.7% 上升到 2011 年 1 月的 21.5%。目前，与境内发生人民币实际收付业务的境外国家和地区超过 100 个，其中香港地区人民币实际收付累计结算量约占 70%。这说明，香港作为国际贸易人民币结算中心的地位已经显现。

（二）香港人民币离岸市场对实现人民币资本项目下可兑换所起到的作用

一般来讲，虽然一种完全可兑换货币并不必然是国际货币，但是一种国际货币一定是完全可兑换货币。不过，从货币国际化的一些历史经验来看，一种货币的国际化，首先要在经常项目下实现完全可兑换，以便在国际贸易中被广泛使用，而在资本项目下的完全可兑换，并不是开展货币国际化的前提，可以随着货币国际化的进程需求逐步实现。

目前，我国已经实现了经常项目下的完全可兑换，跨境贸易结算已经包括所有经常项目的交易，但还没有实现资本项目下完全可兑换，人民币在资本项目交易方面的结算非常有限。这是人民币国际化过程中遇到的现实条件。在国内资本项目交易还不能较快实现完全可兑换，而人民币国际化进程对资本项目可兑换提出迫切要求的情况下，香港人民币离岸市场提供了一个解决路径。因为香港是一个特别行政区，实行货币自由兑换和资本自由流动，因此，在香港的人民币是有条件实现完全可兑换的。同时，由于两地可以实行更紧密的监管合作，又可以在两地之间控制资本流动和资本项目下可兑换的程度，这样就会在"一国两制"的基础上形成"一币两制"的局面，这是香港人民币离岸市场在解决人民币资本项目可兑换方面可以起到的独特作用。

2010 年 2 月 11 日，香港金融管理局发布了《香港人民币业务的监管原则及操作安排的诠释》（以下简称《诠释》），就人民币贸易结算及其他业务的监管安排提出了监管意见。《诠释》规定，香港的人民币贸易结算业务及其他业务的监管安排，应遵循以下两项原则：一是人民币资金进出内地的跨境流动须符合内地有关法规和要求，香港参加行按香港银行业务的常用规则来进行人民币业务，内地企业办理相关业务是否符合内地有关法规和要求，由内地监管当局和银行负责审核。二是人民币流进香港以后，只要不涉及资金回流内地，参加行可以按照本地的法规、监管要求及市场因素发展人民币业务。除一些业务还要遵循限制外，参加行可以参照目前适用于以其他币种进行的银行业务的常用规则来进行人民币业务。另外在具体操作方面，提出人民币债券在发债主体范围、发行规模及方式、投资者主体等方面，均可按照香港的法规和市场因素来决定。参加行也可按照香港现行的常用规则为客户提供开户、买卖、托管和融资等服务。这实际上是香港的人民币可以实现完全可兑换的制度安排。

2010 年的发展表明，香港人民币产品创新是非常活跃的。当前，香港人民币产品已经从最初的银行信贷产品，扩展到货币市场产品、债券市场产品、基金市场产品和保险市场产品。以人民币计价的房地产信托基金正在募集，即将在股票市场上市。有些产品是在香港才有的人民币产品，显示了香港可以作为人民币产品创新平台的潜力。截至 2011 年 2 月末香港人民币存款已经达到 4077 亿元。2010 年，人民币债券发行量达到 357.6 亿元，接近过去 3 年的发行总量，发债主体也从内地金融机构扩展到香港企业、国际跨国公司和国际金融机构。据不完全统计，目前人民币与外汇的日平均交易量已经超过 10 亿美元。

控制资本项目可兑换的目的是防止国际资本对国内金融市场的冲击，控制了资本的流入和流出，也就控制了风险。但是，香港人民币离岸市场的发展给我们一个非常重要的启示，如果我们向离岸市场有控制地输出人民币产品，比如发行国债、金融债和高等级公司债券，有控制地回流人民币资金，同时，支持香港本地企业和机构创新更多的人民币产品，发展一个离岸的人民币资本市场，也可以有效地控制资本流入内地，同时，又能让国际投资者不用进入境内市场，在离岸市场就可以自由地买卖人民币产品，这是实现人民币投资职能和国际储备职能的一个可行的选择，可以有效地缓解人民币国际化过程中对国内资本账户可兑换的压力。

## 二、人民币业务对香港金融发展的促进作用

从 2010 年发展情况看，人民币业务的发展对香港金融的影响是正面的，会大大推动香港国际金融中心建设，提升国际化水平。人民币业务对香港金融主要产生了以下几个方面的作用。

一是改变货币量的结构。从总量来看，2010 年末，人民币存款达3149 亿元，约合 3705 亿港元。香港货币供应量 M3 达 71562 亿港元，其中，外币 32780 亿港元，人民币存款对货币供应量 M3 的比率是 5.2%，对外币 M3 的比率是 11.3%。但是，从增量来看，2010 年人民币存款增加了 2522 亿元，约合 2967 亿港元，外币 M3 增加了 2560 亿港元，货币总量 M3 增加了 5293 亿港元，人民币存款增量对外币 M3 增量的比率是115.9%，对货币总量 M3 增量的比率是 56.1%。也就是说，外币 M3 增量的全部来自人民币存款，货币总量 M3 增量的一半以上来自人民币增量。可以预测，人民币将会成为香港货币量中重要的组成部分。

二是影响银行贷款的投向。人民币信贷的增加，有可能使有形贸易融资的比重增加。2005—2009 年，香港的有形贸易贷款占客户贷款的比重在 6.5% ~7.4%，随着跨境贸易人民币结算区域范围的扩大，通过香港清算行所进行的非香港地区之间的汇款情况也表明，通过香港所进行的结算量会进一步扩大。可以预期，由香港银行所进行的贸易融资会增加。另外，对境外贷款的比重也会增加。香港的银行信贷中，境外贷款的比重达到 21.5%，如果能拓展人民币贷款业务，使其他国家的企业能在香港筹集到人民币资金，就会扩大香港的境外贷款规模。2011 年 1月，内地已经出台了境外投资人民币结算试点管理办法，如果香港的银行参与推动境外人民币贷款和直接投资，境外人民币贷款就会成为香港银行贷款的新的增长点。

三是完善香港金融市场的结构。香港的资本市场比较发达，2010年，股票市场市值达 22000 亿美元，居世界第 5 位，筹资总额居世界第 3位，交易总额居第 11 位。但是，债券市场还不发达。香港的债券余额仅有 1000 亿美元，股票市场是债券市场的 22 倍。在世界其他金融中心，

债券市场规模一般都比股票市场大。据统计，纽约债券市场是股票市场的2倍。东京债券市场是股票市场的3倍，中国内地债券市场是股票市场的1.3倍。自从2007年境内金融机构开始在香港发行人民币债券以来，香港的债券市场发展有了新的机遇。截至2011年1月末，已经有25家机构和企业，发行了798.1亿元的人民币债券，余额为618.1亿元。如果进一步完善有关政策，香港人民币债券市场还会有更快的发展。

四是提升资本市场的国际化程度。香港是一个国际金融中心，但是，为内地筹资服务的特点非常明显。在过去20年，香港股票市场为内地企业筹集资金累计达3800亿美元，占香港交易所总集资额的一半以上。2010年12月末，在香港交易所上市的公司总数有1413家，其中H股、红筹股和非H股民企共有592家，占上市公司总数的42%，市值占总市值的57%，成交额占总量的66%。但是，在香港的资本市场上，其他国家的上市公司数量并不多，2009年只有11家外国公司。2010年，上市公司的来源地扩大到15个国家和地区。很明显，香港的资本市场是内地筹资者筹集资金的平台，也是国际投资者投资内地市场的通道，还没有成为其他国家企业的筹资中心。在过去数十年间，香港不仅是一个货物贸易的转口港，而且还是一个名副其实的"金融转口港"。推动香港人民币业务的发展，会促进香港资本市场国际化程度的提高。因为内地对外直接投资人民币结算业务的发展需要一个对外投资的平台，其他国家筹集人民币资金也需要一个筹资中心，香港可以利用自己的优势，更多地吸引其他国外的企业在香港筹资，这样，就会把香港人民币资本市场做大做强，提升香港作为国际化金融中心的地位。

五是增大香港金融资产总量，巩固香港国际金融中心地位。香港是一个国际金融中心，在很多金融总量指标方面居世界前列，如2010年，香港股票市场市值排名第5位，股份集资额排第3位，证券化衍生产品总成交额排名第1位。但香港的货币总量并不大。如2010年末，香港的广义货币总量M3达71562亿港元，其中港币达38782亿港元；存款总量达68622亿港元，其中港币存款有36172亿港元；贷款总量达42274亿港元，其中港币贷款有28245亿港元；银行资产只有10余万亿港元，约是内地相应总量的十分之一。人民币业务是香港金融业的一个新的增长点。香港金融机构将会开发与人民币有关的新的业务种类和新的境外业务客户，人民币业务不会简单地替代一部分原有的外币业务，所带来的新增加的业务量是非常明显的。可以相信，人民币业务的发展不仅会增加香港的货币、银行信贷总量，也会继续增大资本市场融资总量，增大外汇市场、金融衍生产品市场、保险市场人民币业务和资产管理业务总量。人民币业务将是一个以万亿元计算的市场。香港金融总量的增加，必将有利于巩固和提升香港国际金融中心地位。

### 三、香港人民币离岸市场发展应该注意的几个关系

香港人民币离岸市场和其他币种的离岸市场有几点不同：第一，香港的人民币业务与内地有密切的联系，大量的业务是香港居民与内地居民之间进行的资金往来。香港与其他国家和地区的人民币业务，也与内地的居民有密切的关系。这些业务本质上是一种外汇业务，并不是典型的以服务非居民为主的离岸市场业务。第二，香港居民之间的人民币业务也非常重要，包括金融机构对企业和个人的服务，也包括金融机构之间的业务。第三，香港人民币离岸业务的发展，受到内地人民币资本项目可兑换进程的制约。目前，人民币还不是一个完全可兑换货币，虽然实现了经常项目的可兑换，但没有完全实现资本项目的可兑换，香港的大部分人民币业务，特别是与内地的资金往来，也因此大部分局限在经常项目的范围。世界上还没有一个不完全可兑换货币建立离岸市场的先例，这是香港人民币离岸市场区别于其他货币离岸市场的显著特征。

参考其他货币离岸市场发展的经验，香港人民币离岸市场的发展，应该注意处理好以下几个关系。

第一，在发展衍生产品与基础产品方面，以优先发展基础产品为主。基础产品主要指银行信贷、债券、保险、基金等。在市场需要充分的条件下，再发展衍生产品。

第二，在零售服务与批发服务方面，以优先发展批发服务为主。从各种货币的离岸市场来看，服务对象基本上是非居民，跨国公司、金融

机构和政府，很少为个人服务。香港的人民币业务起源于对居民的个人业务，目前，应该从以个人业务为主转向以企业为主，从零售银行为主转向以批发银行服务为主。债券发行与交易，要坚持面向以机构投资者为主的 OTC 市场。

第三，在场内交易与场外交易方面，以优先发展场外交易为主。场外交易的产品采取一对一询价的方式进行交易，不需要中央对手方，对结算机制安排要求低，信息披露要求低，产品非标准化，全额交易结算，风险较小，如信贷产品、债券交易、利率互换、货币互换、期权等场外产品，可以优先发展。场内产品以集中竞价撮合方式进行交易，实行中央托管，需要中央对手方，产品标准化、净额交易结算，风险较大，如股票交易、货币期货、利率期货、场内期权等。从其他货币的离岸市场来看，也是以场外产品为主，最重要的是银团贷款、债券发行、外汇交易、互换等。

第四，在面向内地与面向海外方面，以面向海外为主。在人民币国际化的过程中，人民币"走出去"不能只是"走"到香港，而是要走向全世界。香港的人民币离岸市场要面向全世界，成为国际贸易人民币结算中心、筹资中心、财富管理中心、外汇交易中心，如果仅仅是从内地金融市场交易中分流一部分，就没有充分利用人民币国际化所带来的发展机遇。只有面向海外，才会做大增量，才会提升国际化水平。这样，人民币业务的发展就会与港币业务的发展交相辉映。

# 人民币跨境流动谜题解析①

**【内容简介】**本文是一篇理论文章。通过对香港人民币离岸市场发展的长期观察和理论思考，文章比较深入地分析了人民币国际化对货币需求、国际收支和货币流通量的影响。本文认为，在货币需求方面，人民币国际化会增加对人民币的国际交易需求、增加非居民对人民币的资产需求、产生人民币的跨境双向流通，境外人民币也会产生派生存款。在国际收支方面，人民币国际收支大大减少了对外汇的依赖。货币国际化对国际收支逆差的要求并不是绝对的，通过资金在经常项目和资本项目之间的交叉流通，并不需要国际收支的持续失衡。在对境内货币流通量的影响方面，人民币资金的流出与流入，只是人民币资金在居民与非居民之间的货币转移，会影响境内货币流通量，但不会影响中央银行和商业银行资产负债总量。人民币流回资金不会大于流出总量，更不会产生大量的热钱回流，比外汇资金的流动风险更加可控。

2004 年以来，香港银行开办个人人民币业务、跨境贸易人民币结算、境外投资和外商直接投资人民币结算等有关人民币跨境使用的政策陆续出台。

截至 2011 年 9 月末，境外非居民的人民币持有量大幅增加，仅香港地区人民币存款量已经达到 6222 亿元，全国跨境贸易人民币结算累计金额超过 20000 亿元，香港人民币债券发行量累计超过 1590 亿元，余额超过 1300 亿元。

人民币的国际使用与流通给内地的宏观金融管理提出了一些新的课

---

① 本文原载于 2012 年《财经》（年刊）"2012 预测与战略"。

题，人民币资金的跨境流动对货币流通的影响是其中一个值得研究的问题。正确理解这些问题，有助于统一认识，采取相应的政策措施，继续推动人民币国际化进程的健康持续发展。

## 一、对货币需求的影响

（一）增加对人民币的国际交易需求

在封闭经济中的货币需求一般由总产出、价格水平、利率水平等因素决定。当人民币用于国际结算后，不仅国内商品流通需要人民币支付结算，而且国际商品流通也会用人民币结算，由此产生了新的需求，可以定义为人民币的国际交易需求，主要由人民币贸易结算量等因素决定。

从实际情况看，这部分货币需求，表现为境外企业在境外银行的人民币存款，境外企业在境内商业银行的人民币银行结算账户存款以及境外参加行在境内代理行的人民币同业往来账户的存款。

自从 2010 年 7 月后，香港企业的人民币存款从 136 亿元增加到 2011 年 9 月末的 4462 亿元。境外参加行在境内代理行的人民币同业往来账户存款和境外机构开立的人民币银行结算账户存款也超过了 2800 亿元。中国对外贸易总额对国内生产总值的比率在 45% 以上，如果有 20% 左右的跨境贸易用人民币结算，结算总额相当于国内生产总值的 10% 左右，货币国际交易需求就会成为影响货币总需求的一个不可忽视的因素。

（二）增加非居民对人民币的资产需求

人民币跨境使用后，还会产生境外非居民对人民币的资产需求，持有的目的不是用于支付，而是作为一种货币资产，作为全部资产组合中的一部分。这种需求，类似于凯恩斯所说的谨慎性需求，取决于人民币汇率预期和人民币利率与其他货币利率的差异。人民币趋于升值，利率水平比其他币种的利率水平高，需求就会增加；相反，需求就会减少。

2003 年以来，人民币一直处于稳定的升值过程中，所以境外个人和企业愿意持有人民币，以便获得保值和升值的好处。香港居民的人民币存款在 2004 年末是 121 亿元，至 2011 年 9 月末达到 1759 亿元，占香港人民币存款总额的 28.3%。

除汇率因素外，人民币利率与境外利率的差异，也对境外人民币需求有显著的影响。现在香港居民可以在内地开设非居民的个人人民币账户，每人每天可从香港向内地的同名账户汇款 8 万元人民币，因此，当内地的非居民账户利率比境外利率水平高时，境外的居民和企业就会增加在内地的存款。

以香港个人向内地汇款为例，在两地利率差异扩大时，汇款大幅度增加。2010 年 10 月至 2011 年 7 月，人民银行五次调整人民币存贷款基准利率，两地人民币存款利差扩大到 2 个百分点以上。利率调整后，两地资金流动规模明显加大。

由此可见，人民币用于跨境使用后，货币总需求应该是国内货币需求和国际货币需求的总和。国际货币需求可以用境外人民币存款和境内银行非居民人民币存款来衡量，主要由跨境贸易和投资的人民币结算以及人民币兑换需求决定。

### （三）人民币的跨境双向流通

跨境贸易和投资的人民币结算，必然会伴随着人民币的跨境流通，而不是一个只出不进的单向流动。从目前的政策规定来看，有以下几个渠道的流通：

一是经常项目途径。货物和服务的进口和出口，收益的汇出和汇入都会导致人民币的流出和流入。

二是资本项目途径。人民币境外投资、对外贷款都会导致人民币流出；外商直接投资、境内金融机构和企业发债资金调回等，都会导致人民币流入。

三是个人人民币业务，清算行和参加行在内地购入人民币，个人从内地汇款往香港会导致人民币流出；清算行和参加行在内地卖出人民币，个人从香港汇款到内地会导致人民币流入。

从跨境贸易人民币结算的实际情况看，人民币在跨境贸易方面已经形成双向流通的格局。如香港人民币贸易结算中，由香港汇款到内地的金额对内地汇款往香港的金额比率，已经从 2010 年的平均 1:3，转变为 2011 年 1—9 月的平均 1:1.3，基本上形成了双向流通的局面。其他地区通过香港进行结算的比重也达到 20% 左右，显示了香港在人民币国际流通中的中心地位和作用。

从人民币的清算模式来看，跨境流通可以通过三个渠道：第一个是中国银行（香港）清算行，第二个是境外参加行在境内代理行的人民币同业往来账户，第三个是境外机构在境内商业银行的人民币银行结算账户。

中国银行（香港）在人民银行深圳市中心支行开立账户，直接进入内地的大额支付系统，可以提供便捷的人民币结算服务。境外参加行在内地代理行的人民币同业往来账户，可以用于跨境贸易和投资的人民币结算，但是账户与境内账户之间的支付必须有贸易背景，与境外账户之间的转账也要有贸易背景或符合要求。

境外机构在境内商业银行开立的人民币银行结算账户，同商业银行的同业往来账户一样，也用于跨境贸易和投资的人民币结算，是人民币国际流通的渠道。从一年多来的实践看，这三条渠道的结算都是畅通的，支持了跨境贸易和投资人民币结算的发展。

（四）境外货币产生派生存款

人民币流到境外后，会不会在离岸市场上产生派生存款？这些派生存款会不会形成对内地金融市场的冲击？这也是一个很重要的问题。

根据货币银行学原理可以得出，在境外人民币离岸市场上，也存在派生机制。以香港地区为例，金融管理局规定香港银行人民币存款的流动性比例为 25%，也就是商业银行的库存现金、在清算行的存款和在人民银行深圳市中心支行的托管账户存款的总额，不得低于人民币存款的 25%。这样，香港人民币派生倍数理论值应该是 4 倍。不过，因为香港人民币贷款数额还很小，还没有形成派生存款。

这里有一个问题，即境外派生存款会不会成为对内地的支付手段，进而成为热钱冲击的手段。这种担心是不必要的。从上面关于跨境人民币结算机制安排的分析可以看出，虽然境外商业银行可以创造派生存款，但不能创造基础货币。

在人民币的境外流通中，人民币资金可以在境外企业之间转移，派生存款可以作为支付手段，但当发生与内地的跨境支付时，境外银行的实际支付手段，只是清算行在内地中央银行的备付金存款，或参加行在代理行的人民币同业往来账户存款。正像一个商业银行一样，无论可以派生出多少存款，进行跨行支付时的支付能力，只是在中央银行的备付金。所以，仅从人民币资金的角度来看，境外人民币资金回流内地所造成的冲击能力是有限的，不会大于流出的基础货币。

综上所述，货币的国际化必然带来对本币的国际需求，满足货币国际需求的货币量，主要是用于国际贸易与投资，不对国内的经济产生影响。如果这个观点成立，在确定国内货币政策目标，特别是在判断货币供应量是否符合经济增长要求时，要考虑国际需求部分。在国际货币需求规模比较小的条件下，影响还不明显，如果国际使用的货币量占到货币总量较大比重的时候，国际货币需求就是一个非常重要的因素了。为此，应该建立境外人民币货币流通量的统计，作为宏观政策决策的参考指标。

## 二、对国际收支的影响

### （一）人民币国际收支不同于外汇国际收支

人民币的跨境使用在国际收支统计上表现为人民币的国际收支。人民币的国际收支和外汇国际收支对国际收支平衡表的影响是不同的。表1是一个简化的标准的国际收支表。

根据国际收支表编制原理，任何导致对外国人进行支付的交易，都记入国际收支账户的借方，任何导致从外国那里获得收入的交易，都记入国际收支账户的贷方。同时，按照复式记账法则，每一笔国际交易都会自动进入国际收支账户两次，一次记在贷方，一次记在借方。

**表1** 　　　　　　　　　　　　　　　国际收支表

| 经常账户 | 资本和金融账户 |
|---|---|
| A. 货物和服务<br>　　出口<br>　　进口<br>B. 收入<br>　　雇员收入<br>　　投资收入<br>C. 经常转移 | A. 资本账户<br>　　资本转移<br>　　非生产、非金融资产的收买/放弃<br>B. 金融账户<br>　　直接投资<br>　　证券投资<br>　　其他投资（贷款、存款等）<br>　　储备资产（货币黄金、外汇等） |

资料来源：杜金富．宏观经济账户与分析通论［M］．北京：中国金融出版社，2008：82.

如果国际收支以外汇结算，经常账户的交易要涉及金融账户的储备资产的变化。以货物贸易为例，当出口以外汇结算时，在经常账户内，要记贷方的出口，同时，在金融账户内记为借方储备资产的增加。进口时相反，在经常账户内，要记借方的进口，同时，在金融账户内记为贷方储备资产的减少。

如果国际收支以人民币结算，经常账户的交易要涉及金融账户的其他投资的变化。当出口用人民币结算时，在经常账户内仍要记贷方的出口，但在金融账户内，因为收回人民币，则要记其他投资项下借方存款的减少。进口时相反，在经常账户内要记借方的进口，在金融账户内，因为付出人民币，则要记其他投资项下贷方存款的增加。所以用人民币结算与用外汇结算最大的区别是不涉及储备资产的变化，只涉及人民币负债的变化，大大减少了对外汇的依赖，产生了本币对外支付能力。

（二）人民币输出不必依靠持续的国际收支逆差

按照有关货币国际化的理论分析，一国货币的国际使用，必然要伴随该国国际收支的逆差，因为只有逆差，才会向国外输出货币，而且如果逆差规模不大，国际贸易的结算还会出现流动性不足。

著名的特里芬难题讲的就是布雷顿森林货币体系下，美元所面临的两难选择。各国为了发展国际贸易，必须用美元作为结算与储备货币，这样就会导致流出美国的货币在海外不断沉淀，对美国来说就会产生长期贸易逆差；而美元作为国际货币核心的前提是必须保持美元币值稳定与坚挺，这又要求美国必须是一个长期贸易顺差国。当然，人民币国际化现阶段所面临的是如何通过逆差输出货币的问题。

在现阶段，跨境贸易和投资人民币结算所面对的现实是中国的国际收支顺差。在贸易方面，为了保障就业，不得不采取鼓励出口的政策，因此不可能长期维持逆差格局。在资本项目交易方面，因为我国是一个资本缺乏的国家，也需要引进外资，不可能长期维持大规模的资本输出。如果在国际收支顺差的情况下，出现人民币结算的国际收支逆差，相应的外汇收支顺差规模就会更大，使国际储备增长更快。

以上这个问题确实存在，但是深入分析表明，货币国际化对国际收支逆差的要求并不是绝对的，在人民币国际化的起步阶段，实现适度的人民币结算的国际收支逆差是可以做到的。

第一，通过贸易途径输出人民币，并不需要持续无限的逆差，境外只要有一定规模的货币存量，就可以支持人民币贸易结算。目前，我国对外贸易规模约有 20 万亿元人民币，如果有 20% 的国际贸易用人民币结算，数额是 4 万亿元。假定其中有 2 万亿元出口、2 万亿元进口，为满足每年 4 万亿元的人民币贸易结算，并不需要每年都有 2 万亿元的逆差，考虑到货币的周转速度，需要的货币存量会大大小于结算总额。如果境外货币的周转速度是 5 次，只需要有 4000 亿元存量就可以了。所以说，只要国际上有一定人民币的存量进行周转使用，并不要求每年都有对外贸易的逆差，在贸易平衡条件下，也可以实现人民币结算。

第二，通过资本项目和经常项目的交叉流通，可以实现国际收支平衡下的人民币结算。如通过人民币对外贷款，可以输出人民币，而利用人民币贷款作为出口结算的支付手段，可以收回人民币。在这个过程中，贸易顺差与资本项目逆差是同时发生的，在国际收支总体平衡的条件下，贸易出口项目和资本输出项目都实现了人民币结算。相反，通过贸易项目逆差输出的人民币，也可以通过外商直接投资回流，在这个过程中，贸易逆差和资本项目顺差是同时发生的，在国际收支总体平衡的条件下，也可以实现人民币结算。

所以跨境贸易和投资人民币结算与国际收支平衡的关系是相对的，不是绝对的。

## 三、对货币流通量的影响

人民币国际化必然产生人民币资金的跨境流动，从而也会影响国内的货币流通量管理。但是，人民币的跨境流动与外汇资金的跨境流动，对国内的货币流通量影响方式和渠道是不同的。这种关系可以从货币当局的资产负债表和存款银行的资产负债表来说明。

在表2中，与货币国际化有关系的是两个项目：一个项目是负债方的其他存款性公司存款，主要指商业银行所缴存的法定存款准备金和备付金，属于储备货币的范畴。另一个项目是国外负债，其中既可以是外汇负债，也可以是本币负债，国外负债并不计入储备货币。清算行在中央银行的存款，就计为国外负债。

表2　　　　　　　　　　　货币当局资产负债表

| 资产 | 负债 |
| --- | --- |
| 国外资产<br>　外汇<br>　货币黄金<br>　其他国外资产<br>国内资产<br>　对政府债权<br>　对其他存款性公司债权<br>　对其他金融性公司债权<br>　对非金融性公司债权<br>其他资产 | 储备货币<br>　货币发行<br>　其他存款性公司存款<br>不计入储备货币的金融性公司存款<br>发行债券<br>国外负债<br>政府存款<br>自有资金<br>其他负债 |

资料来源：中国人民银行网站统计数据栏"货币当局资产负债表"。

从中央银行的资产负债表来看，人民币的国际收支和外汇的国际收支对国内货币流通量的影响有很大的不同。在用外汇进行贸易结算时，国内出口商将获得的外汇卖给商业银行获得人民币，这时，如果商业银行又将外汇卖给中央银行得到人民币，中央银行一方面增加了外汇占款（增加了外汇资产），另一方面增加了商业银行在中央银行的存款，运作的结果是基础货币增加，国内货币量增加。

相反，国内进口商必须用人民币从商业银行购买外汇，然后付给国外出口商。这时，如果商业银行从中央银行购买外汇将减少在中央银行的存款，中央银行则相应减少了外汇头寸，减少了外汇占款，从而基础货币减少，国内的货币量减少。

在用人民币进行贸易结算时，如果通过境外清算行进行跨境支付，实际上是清算行与境内商业银行之间的支付，在表2货币当局资产负债表内，人民币的国际收入会导致境外存款的减少和储备货币量的增加；支出会导致境外存款的增加和储备货币量的减少。如果境外参加行通过代理行渠道进行清算，因为境内商业银行在中央银行有备付金账户，所以跨境人民币支付，其实只是商业银行在中央银行备付金账户之间的资金转移。

利用境内和境外存款性公司的资产负债表也可以分析人民币跨境流动对境内金融体系的影响。表3是合并的境内和境外存款性公司资产负债总表。

**表3**　　　　　　　　**境内和境外存款性公司资产负债总表**

| 资产 | 负债 |
|---|---|
| 国外资产<br>国内信贷<br>　　对政府债权（净）<br>　　对非金融部门债权<br>　　对其他金融部门债权 | 货币和准货币<br>　　货币<br>　　准货币<br>不纳入广义货币的存款<br>境外存款<br>债券<br>实收资本<br>其他（净） |
| 境外信贷 | 境外货币和准货币 |

资料来源：中国人民银行网站统计数据栏"存款性公司概览"和"其他存款性公司资产负债表"。境外信贷和境外货币与准货币是笔者为本文分析增加的。

在这个境内和境外存款性公司合并的资产负债表中，有两个项目需要说明，一个是境内存款性公司的境外存款，主要是指境内商业银行吸收的境外同业或非居民的人民币存款，这部分存款应该不计入货币或准货币中，但是，这部分存款可以支持境外的派生存款。另一个是境外货币和准货币，属于由非居民持有的境外商业银行的原始存款和派生存款。这部分货币可以在境外流通，但是进入境内体系时，只能通过境内商业机构的境外存款或清算行在央行的境外存款来实现支付。

在用外汇进行贸易结算时，境内出口商将外汇收入结汇，会增加商业银行的外汇资产，同时增加企业的人民币存款，从而增加了货币流通量；境内进口商购买外汇支付，会减少在商业银行的人民币存款，从而减少商业银行的外汇资产，也相应减少了货币流通量。

在用人民币进行贸易结算时，境内出口时，如境外的进口商使用在境外参加行的人民币存款付款给境内出口商，则境内出口商在商业银行的存款增加。在这个过程中，国际收支表的金融账户上有资金的流入，境外货币和准货币减少，在境内商业银行的资产负债表上，境外存款减少，货币和准货币增加，但商业银行的资产和负债总量没有增加。

境内进口时，境内进口商会用人民币直接付给境外出口商。这时，境内进口商在银行的存款减少，而境外出口商在境外参加行的人民币存款增加。在这个过程中，在国际收支表的金融账户上表现为资金的流出，在境内商业银行资产负债表上的货币和准货币减少，境外存款增加，商业银行的资产负债表也不会发生总量的变化。如果境外企业利用在境内商业银行的人民币结算账户进行人民币跨境支付结算，境外货币量没有变化，只是商业银行境外存款与境内货币流通量之间的转移变化。

资本项下的人民币资金跨境流动，与经常项下的人民币资金跨境流动，对境内货币流通量的影响是类似的，人民币资金流入会引起境外人民币货币量的减少和境内货币量的增加；人民币资金的流出会引起境外人民币货币量的增加和境内货币量的减少，但都不会增加商业银行资产负债的总量。

通过分析中央银行和商业银行资产负债表各项目之间的关系可以看

到，外汇的国际收入会导致中央银行和商业银行国外资产增加，资产负债规模增加，从而导致境内储备货币量和货币量的增加，国内货币量增加。外汇的国际支出会导致中央银行和商业银行国外资产减少和资产负债规模减小，从而导致境内储备货币量减少，导致国内货币量减少。

而人民币的国际收入，会导致中央银行和商业银行境外存款的减少，储备货币和货币量的增加。人民币的国际支出，会导致境外存款的增加，储备货币和货币量的减少。

在对境内货币流通量的影响方面，外汇和人民币的流出和流入是等价的，但人民币资金的流出与流入，只是人民币资金在居民与非居民之间的转移，会影响境内货币流通量，但不会影响中央银行和商业银行资产负债总量。

有人担心用人民币支付进口会减少用汇，间接使储备增加，其实，根本原因是没有看到，用人民币支付进口也相应减少了国内货币量。在用外汇支付进口的情况下，是中央银行的外汇资产与负债（货币）一起减少，而用人民币支付进口的情况下，中央银行的外汇资产和对外负债没有变化。

# 第五部分

# 互联网金融

# 关于互联网金融的风险与监管①

【内容简介】2013 年，以互联网支付、网络借贷（P2P）、股权众筹融资、互联网基金销售、互联网保险、互联网信托和互联网消费金融等为主要业态的互联网金融规模迅速扩大。为规范互联网金融发展，防范金融风险，亟须加强管理。本文分析了金融互联网与互联网金融的区别和联系、互联网金融创新的特点、存在的主要风险，以及加强监管的思路与重点。文章强调，金融互联网和互联网金融是同源的，都是广义互联网金融的组成部分。互联网金融的本质仍是金融。传统金融机构的互联网金融业务与互联网企业开展的新型金融业务是互补的、共生的。在监管方面提出的总要求是，坚持服务实体经济的本质要求，服从宏观调控和金融稳定的总体要求，切实维护消费者合法权益，维护公平竞争的市场秩序。

## 一、金融互联网和互联网金融的区别与联系

（一）金融互联网和互联网金融是同源的，都是广义互联网金融的组成部分

互联网金融是传统金融机构与互联网企业利用互联网技术和信息通信技术实现资金融通、支付、投资和信息中介服务的新型金融业务模式。互联网与金融深度融合是大势所趋，必然对金融产品、业务、组织和服务等方面产生更加深刻的影响，互联网金融的规模和作用将不断扩大，

---

① 本文是笔者 2014 年 9 月 13 日在"2014 第八届中国银行家高峰论坛"上的讲演要点。

可能给金融业带来革命性的变革，应该完善政策，鼓励创新，积极推动。

互联网金融是一种新型的金融业态。如同在通信、传媒、商品流通领域发生的电子邮件、微博、电子商务一样，互联网金融也是一种互联网技术对金融业进行改变的结果。互联网金融出现的基础，是互联网技术、金融机构互联网业务和电子商务的发展。

互联网技术最先改变了传统金融机构的运营模式，如网上银行、网上证券、网上保险等。互联网改变传统金融机构的特点是改变了机构与客户之间的关系。原来客户与机构在柜台端的信息交换，转变为通过互联网的信息交换。目前，传统金融机构的网上业务已经分化出不设实体的网络银行、网络保险和直销平台。

互联网金融的功能也是满足人们最为基本的金融需求：支付、借贷、资本融资、金融产品投资等。因此，目前互联网企业所从事的新型金融业务所呈现出来的形式，也就是四种主要形态：从事互联网支付业务的第三方支付机构，从事网络借贷的 P2P 机构，从事股权融资的众筹融资机构和销售金融产品的网络平台。从以上可以看出，所谓第三方支付机构就是购物卡互联网，P2P 网络借贷就是民间融资互联网，股权众筹就是私募风险投资基金（PE）的互联网，销售金融产品的网络平台就是金融产品的电子商务平台。因此，可以说，互联网金融并不是与银行、证券、保险、信托、基金管理等传统金融机构业务并列的一种新的行业，而是在原行业基础上，衍生出来的新的业务模式。正如同在农业中出现的大棚种植业一样，运用了不同的技术，种植了蔬菜、水果和花卉，但仍属于农业。互联网金融的本质仍是金融。

互联网金融是资金需求方与资金供给方通过互联网进行信息交换从而实现资金融通的金融活动，传统金融则是资金需求方与资金供给方通过银行、证券公司等中介机构实现资金融通的金融活动。在互联网金融业务中，投资者和融资者之间、资金支付方和资金获得方之间是互联网；而在金融互联网业务中，互联网处于客户与银行之间。但是，互联网金融离不开传统银行实现资金转移。

互联网金融经营的特征是以大数据、云计算、社交网络和搜索引擎为基础的客户信息挖掘和信用风险管理,以点对点直接交易为基础的金融资源配置。

(二)传统金融机构的互联网金融业务与互联网企业开展的新型金融业务是互补的

互联网金融不是传统金融的替代,两者之间有很强的互补性,都是金融体系的有机组成部分。互联网金融在满足海量小额资金融通方面具有明显的优势,因此,在满足中低收入阶层、小微企业的融资需求,中间收入人群的财富管理需求,以及降低金融交易成本方面,都能够发挥独特的功能和作用。

这种互补性体现了金融市场的多层次性。比如,以借贷市场来讲,借款人需求的资金量大,比如在 1000 万元以上的借款,恐怕很少能找到一对一的借出者,直接满足其需要,因为有能力,也愿意以这么大量资金和期限进行借贷的个人很少。因此,当借款需求增大后,资金的错配和期限错配风险及信用风险都会加大,因而需要专门的银行来管理。而小到几万元,大到几十万元的借贷,大的银行经营起来可能就没有效率。而在 P2P 网络借贷中,愿意以小额进行风险投资的需求却是大有人在的。这样,通过互联网技术,将海量的小额借贷需求与资金供给方的信息进行匹配,就会满足小额资金的融通,填补了借贷市场的空白。

这种互补性在其他行业中也是存在的,比如,在交通运输方面,小汽车在 500 千米的范围内是有效率的,到 1000 千米以上驾驶员就疲劳了。超过了 500 千米,坐高铁很方便,但到 1500 千米以上,坐高铁要 5 个小时以上,又不方便了,需要坐飞机。同样,坐飞机走 100 千米,又是不方便的。在商业中,也存在同样的现象,如大的商场、专门店和小型超市,甚至地铁站口摆摊的,各有各的产品,可以满足不同消费者的需要。

(三)传统金融机构的互联网金融业务与互联网企业开展的新型金融业务是共生的

互联网金融与传统金融之间,也出现了相互融合、相互促进的趋势。

我们应该鼓励从业机构开展合作，实现优势互补。支持银行、信托投资、金融租赁、融资担保、小额贷款公司等机构与互联网企业开展合作，建立良好的互联网金融生态环境和产业链。

首先，互联网企业开展的金融业务是以传统银行、证券公司的互联网业务为基础的，没有传统银行、证券公司的网络业务基础，第三方支付机构的运作和网络基金销售基本上是不可能的，没有良好的合作，也是没有效率的。

其次，在业务上也有合作的必要性。比如银行机构要积极为第三方支付机构和网络借贷平台等互联网企业提供资金存管、支付清算等业务。支持小额贷款公司和融资担保公司等小微金融机构与互联网企业开展业务合作，实现商业模式创新。另外，证券、基金期货类机构与互联网企业的合作，可以拓宽金融产品销售渠道，创新财富管理模式。保险公司与互联网企业合作，开展履约保险业务，也可以改善互联网金融风险管理水平。

## 二、互联网金融创新的几个特点

从最近的互联网金融发展来看，有以下几个特点：

第一，新产品创新速度快。以支付宝公司的创新为例。余额宝上线之后，又推出了娱乐宝，娱乐宝上线后，又推出了招财宝、耕地宝。在余额宝的影响下，其他第三方支付机构、银行和基金公司等，也推出了各种网上基金产品，一时间，"宝宝们"迅速出现并成长起来。这是在严格管制下的传统金融机构不可能做到的。

第二，新产品规模增长快。互联网企业拥有巨量的客户资源，在互联网企业推销任何一款产品时，非常方便就能在客户群体中销售。余额宝的案例和微信支付的案例都说明了这点。互联网的巨量客户与金融机构产品创新的结合，所产生的能量是不可估量的。试想，能有哪家货币市场基金，可以在短短的几个月内，就能发行几千亿元的份额，拥有上亿的客户呢？除了难得的市场条件外，海量的客户资源，是余额宝规模迅速扩大的一个重要原因。同样，目前，京东、苏宁等电商，以及百度公司也有同样的优势。

第三，机构之间跨界融合快。我国实行分业经营、分业监管的金融体制，除少数金融控股集团外，银行、证券、保险、基金等机构之间，不能跨界经营，也很难跨界进行购并。但目前互联网企业对金融机构的购并是非常明显的。如京东、苏宁电器也都在办各自的金融服务机构，开拓产业链金融服务。

## 三、互联网金融的主要风险

第一，机构的法律定位不明确，业务边界模糊。如 P2P 机构是信息咨询服务机构还是金融机构？表面上看是从事信息服务业务，而本质上是从事资金融通业务。现在，除了第三方支付机构有明确的定位外，其他互联网金融从业机构还没有明确的法律或法规定位。

第二，资金存管存在隐患。大部分 P2P 网络借贷平台是通过第三方机构存管资金，第三方机构再将资金存在银行。在资金筹措期，会有投资者的闲置资金沉淀在网络公司的账上，如何使用，没有统一的管理，仅仅依靠网络借贷公司的内控，没有外部监管，存在发生挪用资金甚至卷款跑路的风险。

第三，公司内部风险管理机制不健全。主要表现是企业经营信息披露机制不完善，一些企业交易模式存在问题，有很多公司提供了担保，有些产品具有资金池的功能，内控制度不健全，可能引发经营风险。

第四，网络借贷的信用体系建设不完善。网络借贷信息还没有录入国家信用信息基础数据库，目前已经建立的行业自律管理的信息中心也不能达到全覆盖，缺乏诚信约束机制和违约记录的共享机制，无法对互联网公司有效管理信用风险形成制约。

第五，目前网络借贷的发展产生了新的借贷关系和担保关系。因为网络借贷具有跨地域特征，一旦大面积的信用风险发生导致网贷公司和担保公司的破产，如何进行风险处置还没有经验。

## 四、互联网金融监管的思路与重点

### （一）互联网金融监管的总体思路

我国的互联网金融整体上仍处于起步阶段，对模式的评价和判断还缺乏足够的时间和数据支持，特别是大部分 P2P 网络借贷平台都是近一两年才成立并运作的，还没有经历一个完整的风险周期。监管部门需要积累足够的经验，才能够获得关于互联网金融如何发展的深刻认识。既然是创新，它的发展必然有一个过程，其中肯定会有失误和风险。从这个意义上说，监管要表现出灵活性、宽容度，鼓励创新。要充分尊重互联网金融发展的自身规律，尊重互联网金融从业人员的开拓创新精神，引导和支持互联网金融从业机构通过行业自律的形式，以自律规则补充行政监管，完善管理，守法经营。在行业充分发展的同时，逐渐总结监管经验，调整监管政策，逐步完善规范行业规则体系。

### （二）对互联网金融创新的总体要求

一是坚持服务实体经济的本质要求。互联网创新要以市场为导向，以提高金融服务能力和效率、更好地服务实体经济为根本目的，不能脱离金融监管，脱离服务实体经济抽象地谈金融创新。

二是要服从宏观调控和金融稳定的总体要求。创新要有利于资源配置效率，有利于维护金融稳定，有利于稳步推进利率市场化改革，有利于中央银行对流动性的调控。要避免因某种金融业务创新导致金融市场价格剧烈波动，增加实体经济融资成本。

三是要切实维护消费者合法权益。创新应当伴随充分的信息披露和风险揭示，应当同时对消费者权益保护作出详细的制度安排。

四是要维护公平竞争的市场秩序。在市场经济条件下，公平竞争是保证市场对资源配置起决定性作用的必然要求。从业机构要遵守反不正当竞争法的要求。

（三）互联网金融监管的重点

第一，互联网企业申请 ICP 的备案管理。凡是准备从事互联网金融业务的公司，应该在申请 ICP 的时候，就要申明办理互联网金融业务。

第二，互联网金融企业的资金要实行统一的托管，应该在银行进行托管。

第三，互联网金融企业要向投资者进行充分的风险提示，禁止发布虚假信息，更不能进行诈骗。

第四，互联网公司应不突破监管的红线。如第三方支付机构不能提供信用，更不能创造货币；P2P 网络借贷机构不能吸收存款，形成资金池，不能承担负债，不能承担投资者的期限错配管理；众筹融资应避免非法集资。防范互联网金融交易中的诈骗、金融犯罪和洗钱。

第五，推动互联网金融行业的自律管理。建立互联网金融企业之间的信用信息共享机制。

（四）如何把握鼓励创新与防范风险的平衡

第一，处理好机构监管与功能监管的关系。因为互联网企业在从事金融业务时，往往是跨界经营的，有些机构，如第三方支付机构的设立，需要由金融监管部门发放金融许可证，而有些不是金融机构，由一个监管部门进行机构监管是否合适？如果互联网公司从事了混业经营，由哪家金融监管机构进行机构监管，也是问题。处理不好机构监管与功能监管的关系，不能实现功能监管全覆盖，就会导致监管的空白。

第二，处理好备案制和审批制的关系。实行备案管理有利于创新和发展，但容易出现过度发展现象，依靠市场淘汰会引发较高的社会成本。而实行审批制，在一定程度上会有利于风险管理，但对发展会产生一定的制约作用，同时，又使政府承担了为企业背书的责任，对互联网金融的风险进行了无形的担保。基本的原则应该是，在线下开展的业务需要审批的，转移到线上做也要审批。在监管方式方面要进行调整，适应线上业务的需要，但不能产生监管套利。

第三，处理好政府监管与行业自律的关系。要处理好政府监管与自律管理的关系，充分发挥行业自律的作用。要推动形成统一的行业服务标准和规则，引导从业机构履行社会责任。目前互联网金融的业务还处于急剧的演化之中，政府过早介入监管，监管标准、行为准则是否合理有效，都很难确定，依靠行业自律，也许有利于初期的发展。目前，北京、上海已经出现了行业自律组织，达成了行业自律公约，对规范市场运作，将发挥良好的作用。

第四，在经营业务范围方面，处理好正面清单与负面清单的关系。对传统金融机构的监管方法是列出正面清单，即在监管规章中明确列出金融机构可以做什么，没有让做的不能做，做了就是违规。但是，互联网业务具有很强的创新性，一些业务是传统金融没有覆盖的，很难由监管机构列出正面清单。因此，列出一些明显不能做的业务负面清单可能是一个可行的方法，也就是画出一些红线，红线之外的业务可以允许创新。

# 正确认识互联网和
# 互联网金融的发展<sup>①</sup>

**【内容简介】** 互联网金融的诞生离不开互联网的发展，互联网所带来的巨大推动力，深刻影响着社会各个方面的发展。本文分析了互联网技术的性质、特征以及对金融的影响。本文认为，互联网是 20 世纪最伟大的发明之一，互联网的发展是一场生产力革命，正在引起生产和生活方式发生巨大变化，并必将对生产关系的调整产生影响。互联网技术的主要特征是去中介化、个性化、把时间和空间压缩成一个点、开放性和形成虚拟社区。互联网金融是传统金融机构与互联网企业利用互联网技术和信息通信技术实现资金融通、支付、投资和信息中介服务的新型金融业务模式，极大地促进了金融行业的发展。

互联网金融的诞生离不开互联网的发展，互联网所带来的巨大推动力，早已深刻影响着社会各个方面的发展。从全球的视野来看，互联网自诞生之际就深刻地影响着社会结构、社会互动模式，改变着社会变迁的进程。随着我国公民上网普及率的提高，其影响的广度和深度都超过了人们的预期和判断。目前，互联网已逐步融入普通百姓的日常生活之中，成为很多人每天工作、生活的重要内容。那么，怎么认识互联网的发展呢？

第一，互联网的发展是一场生产力革命。

纵观世界文明史，人类先后经历了农业革命、工业革命、信息革命，每一次产业革命，都给人类生产生活带来巨大而深刻的影响。现在，以

---

① 本文是笔者 2016 年 10 月 14 日在互联网金融专业教学研讨会上讲话的部分要点。

金融创新中的实践探索和理论思考

互联网为代表的信息技术日新月异，引领了社会生产新变革，创造了人类生活新空间，拓展了国家治理领域，极大地提高了人类认识世界、改造世界的能力。互联网是 20 世纪最伟大的发明之一，互联网所引起的变化，可以说是生产力的一场革命，正在引起生产和生活方式发生巨大变化，并必将对生产关系的调整产生影响。

按照马克思主义的历史唯物主义原理，生产力决定生产关系，经济基础决定上层建筑。生产力包括生产工具、劳动对象和劳动者。生产力的发展中，变化最快的往往是生产工具的革新。生产工具的创新，既可以提高生产率，也可以开发新的劳动对象，还可以促进劳动者技能的提高。生产率的提高，往往又会促进生产方式的转变，促进生产关系的调整。代表新的生产力的阶级，往往又是最革命的阶级，推动社会的变革。

第二，互联网技术的主要特征。

中国是 1994 年接入国际互联网的，目前，中国有近 7 亿网民和 413 万家网站，网络深度融入经济社会发展，融入人民生活。

随着互联网的快速发展，其隐藏的巨大潜力逐渐显现，并且这股力量直接带动虚拟世界与实体世界的融合，给整个社会带来了变革的力量，对人们的工作、生活、消费和交往都产生了巨大的影响。

通信

传统通信：写信人需要通过邮局将信件送到收信人手里，要经过很多环节。

互联网通信：写信人通过互联网将信息传递到收信人信箱。

与传统通信相比，互联网通信有以下特点：

寄信人与收信人之间实现了点对点的联系；

通信时间被压缩成一个点；

通信双方的空间差异不存在了。

媒体

传统媒体：撰稿人需要将稿件交给编辑部审查，在报刊上发表后，读者才能看到。观众只能按电视台节目表看到电视，在电影院看到电影。

互联网媒体：撰稿人将自己写成的文章等发表在互联网上，如博客、微信。读者可以通过电脑/手机观看视频节目。

与传统媒体相比，互联网媒体有以下特征：

信息发布者与信息接收者之间实现了直接交互；

信息获得者的选择更加多元化，更加具有自主权；

获得信息的时间与空间限制被打破。

商务

传统商务：生产者送货到商店，消费者只能在商店购买消费品。

互联网商务：消费者通过互联网平台选购商品，厂商通过物流配送商品。

与传统商品流通相比，互联网商务有以下特点：

信息平台取代了传统的商店；

消费者的选择范围被大大拓展；

消费者之间的地区差别被大大弱化。

在互联网发展的早期，电子商务就率先作为互联网的一大应用出现在人们的视野里。买家与卖家依靠互联网，即使远隔千里也可以通过互联网完成交易。在这个交易过程中，买卖双方不再受时空的限制，从而使销售的地理范围和业务范围都得到了极大的扩张。其新颖的模式吸引了世界各地的互联网用户，在逐年的发展中创造了一个又一个商业奇迹。例如，阿里巴巴集团主办的"双11网购狂欢节"每年都创造新的纪录，2015年"双11"全天交易额达912.17亿元。

互联网是一场生产力革命，具有什么样的特征？

从以上几个例子可以看出，互联网技术最明显的特征是点对点的联系。正是基于点对点的联系，形成了一系列特征：

一是去中介化。人与人之间的信息交换、商品交换可以是直接的，不需要中介，形成没有层级的扁平化联系。

二是个性化。双方可以互动式交流，因而可以因人而制，比如微信。

三是时间和空间被压缩成一个点。因而把世界变成了"地球村"，信息传播快捷，任何信息和商品都可以国际化。

四是开放性。通过公众平台，可以向所有人公开信息，创作等，比如微博。因而，人们的选择呈几何级数增长了。

五是虚拟社区的形成。如各种聊天群。

第三，互联网金融的出现，极大地促进了金融行业的发展。

互联网金融可以分为传统金融机构通过互联网开展的业务和互联网企业从事的金融业务。前者包括网上银行、网上证券、网上保险等。其实，传统金融机构的互联网金融业务是走在前面的，也是新型互联网金融业务的基础。

互联网企业从事的金融业务有多种形式，近年来，以网络借贷（P2P）、众筹、第三方支付等为代表的新型金融运行模式在市场上大量出现，互联网金融也被越来越多的人所熟悉，但其确切的概念一直众说纷纭。在2015年人民银行等十部门发布的《关于促进互联网金融健康发展的指导意见》中，对互联网金融作了如下定义：互联网金融是传统金融机构与互联网企业利用互联网技术和信息通信技术实现资金融通、支付、投资和信息中介服务的新型金融业务模式。互联网金融的主要业态包括互联网支付、网络借贷、股权众筹融资、互联网基金销售、互联网保险、互联网信托和互联网消费金融等。互联网金融的产生，是多方面共同作用的结果，其中内因是传统的金融市场不发达，外因是互联网技术的发展促进产业融合，传统金融机构和非金融机构对大量小额金融业务的需求，共同拉动互联网金融行业的产生与成长。

互联网金融凭借其覆盖范围广、服务高效快捷、成本低的优势，推动多层级金融服务体系的形成。互联网金融具有多样性和灵活性的特点，既能有效地将金融服务下沉至原本无法服务的广大小微个体客户中，又能在原本没有涉猎的领域中开展，极大地提高了金融体系的灵活性和服务广度。这样多层级、立体式的金融环境可以全方位地满足需求。

互联网金融包括两个维度：一是金融产品维度，即资金融通服务过程中产生的各种金融产品，包括网络借贷、众筹、第三方支付等。如何对这些金融产品加以创新或改造，使其更具效率、更适应网络时代的实体经济，是互联网金融首先需要面对的问题。二是技术维度，即网络技术、移动通信技术、云存储技术、大数据分析和应用技术等。如何在合法合规的基础上与金融产品结合，从而降低金融产品的交易成本，实现金融普惠，也是互联网金融需要面对的问题。

# 关于非银行支付机构业务的
# 发展对货币流通影响的分析<sup>①</sup>

【内容简介】2013 年以后，由于移动支付在线下生活交费、购物消费、出外旅行方面的广泛应用，出现了小额现金和非现金支付被非银行支付机构的支付工具所替代的情况。本文是 2017 年 12 月写的一篇调研报告，调查分析了非银行支付机构业务发展对货币流通和银行非现金结算业务的影响，提出了关于完善货币流通管理的几点建议。调查发现，非银行支付机构业务发展对货币流通和银行非现金结算业务产生了明显的影响。非银行支付工具已经具备了货币流通手段的功能，影响了货币派生机制和货币管理的统一性。建议进一步完善非银行支付机构的职能定位和业务分类，加强对系统重要性非银行支付机构的监管，规范非银行支付机构业务市场秩序，建立非银行支付机构账户的专项统计分析，加快推进中央银行数字货币的研发和使用。

随着电子商务的发展，非银行支付机构从无到有，从小到大，取得了快速发展，尤其是 2013 年以来，形成了业务规模迅速增长、覆盖领域范围广泛、支付方式不断创新、普惠特性初步显现、市场垄断已经形成、国际应用加快拓展的发展趋势。由于移动支付在线下生活交费、购物消费、出外旅行方面的广泛应用，出现了小额现金和非现金支付被非银行支付机构的支付工具所替代的情况。非银行支付机构的业务发展，补充了商业银行在支付服务方面的不足，在促进电子商务发展、为社会提供

---

① 调研报告全文原载《央行参事文集》（2018 年卷），中国金融出版社，2019 年 4 月第一版，本文选自调研报告的第二部分和第三部分，并作相应修改。

小额、快捷、便民小微支付服务，从而促进经济增长和提升金融服务水平方面发挥了积极作用。

金融是现代经济的核心，资金流通是经济运行的血脉，货币支付则是资金正常流通的基础。而推动支付技术的发展和维护支付活动的秩序，是人民银行非常重要的责任。当前，网络支付和移动支付的发展，向我们提出了许多重要货币管理问题，需要认真对待。

## 一、非银行支付机构业务发展对货币流通和银行非现金结算业务的影响

一方面，非银行支付机构的业务发展，补充了商业银行在支付服务方面的不足，在促进电子商务发展，为社会提供小额、快捷、便民小微支付服务，从而促进经济增长和提升金融服务水平方面发挥了积极作用。另一方面，虽然非银行支付机构的业务总体规模与商业银行相比还不大，但是，对货币流通已经产生了相当明显的影响。主要表现在以下几个方面：

（一）对现金流通产生的影响

近几年，"非银行支付工具"，尤其是二维码支付、近场支付（NFC）等移动支付技术迅速进入超市、零售店等现金使用的线下场景，对现金支付产生了比较大的影响。

从全国情况看，现金流通量已经呈现中低速增长态势。2007—2016年，现金流通量从 3.03 万亿元增长至 6.83 万亿元，增长了 125.4%。2012 年之前增长率处于高速增长阶段，年均增长率是 13.7%，最高年增长率是 2010 年的 16.68%。2012—2016 年处于中低速增长阶段，年均增长率是 6.1%，最低是 2014 年的 2.88%。M0 占 M2 的比重 2011—2016年处于小幅下降态势，从 5.96% 下降至 4.41%。从最近几年的情况看，M0 的增长率仍然处于较低水平，2017 年是 3.43%，2018 年是 3.63%，2019 年是 5.44%，2020 年恢复到 9.23%。

从杭州情况来看，现金投放、回笼及净投放量均处高位但下降趋势

已经形成。从总量来看，浙江现金投放回笼总量有增长且持续高位运行，2014—2016 年连续三年现金投放总量超 1 万亿元；投放增速与回笼增速一致，且呈现逐年下降趋势，2016 年起负增长。净投放量有增有减且基本稳定在 1000 亿元左右。从券别投放金额来看，大面额（100 元、50 元）投放金额增速与总量增速一致且基本吻合；中面额（20 元、10 元、5 元，）投放金额大致相当但增速有正有负；小面额（硬 1 元、硬 5 角、硬 1 角）投放金额先稳后减，增速持续下降，2015 年起大幅负增长。2017 年 1—10 月，小面额投放金额、张数仍同比分别下降 25.49% 和 18.78%。

从深圳情况来看，非现金支付在一定程度上也影响了 10 元以下小面额人民币需求，对应面额人民币投放量近年来逐渐呈现下降趋势，预计此趋势将持续并扩大。

从南昌情况来看，近年来，现金投放与回笼在经历快速增长后，开始出现增速放缓甚至负增长的情况。2014 年，现金投放量和回笼量同比增速出现了大幅下降。2017 年，预计现金回笼依然为负增长。

从商业银行层面看，现金出纳量也出现明显的下降。据工商银行杭州分行反映，近三年来该行总体现金收付交易量呈现大幅度下降趋势，2016 年降幅达到 17.4%，2017 年前三个季度同比降低 10.2%。其中，柜面渠道的收付量在 2016 年下降 18.5%，自助渠道的现金交易量从 2016 年开始出现拐点，由增长转为下降，降幅达到 14.9%。据民生银行深圳分行反映，从 2015 年下半年开始，陆续拆迁了部分亏损的小区网点和自助银行，设备台数从 2015 年中的最高 406 台降至 2017 年中的 195 台，通过机具回笼的现金大幅减少。

从企业层面看，现金收款量也大幅减少。据民生银行深圳分行对人人乐、家乐福、天虹等 7 家企业的统计，2015 年企业收款总回笼现金总额为 25.9 亿元，2016 年为 20.2 亿元，减少 5.7 亿元，下降达 22%。2017 年上半年企业收款回笼 7.7 亿元，继续下降。

再以杭州公交集团硬币回笼为例，2016 年底，杭州公交集团硬币回笼量日均约为 65 万元，从 2017 年 6 月底开始，受到"一分坐公交"活动等影响，硬币回笼大幅下降到日均 35 万元，几乎减半。

（二）对银行非现金结算业务产生的影响

一方面，在非银行业务种类中，银行卡收单业务是为商业银行的银行卡业务服务的，这类业务的扩大，会直接增加银行卡的使用。根据支付清算业务的相关统计，2015 年和 2016 年，包括线上和线下的银行卡收单业务量金额总计 50.4 万亿元和 76.49 万亿元，其中，非银行支付机构的收单业务量金额是 27.92 万亿元和 48.06 万亿元，占总额的 55.4% 和 62.8%。可以说，银行卡收单机构扩大了银行卡的应用。

另一方面，非银行支付机构的网络支付和移动支付业务扩大了非现金结算的范围，不仅替代了小额现金使用，也对商业银行原有渠道的非现金支付产生了影响。据工商银行杭州分行反映，非银行支付业务的发展，分流了一部分商业银行自有渠道的支付结算交易量，使结算业务收入在银行业中间业务收入中的占比逐年下降，从 2013 年的 23.24% 下降到 2016 年的 16.25%。同时，柜面、自助终端、ATM、POS 机、网银等的交易量也出现不同程度的下降。其中，柜面渠道年均同比下降率在 10% 左右，占柜面业务总量近 80% 的柜面存取款、转账业务下降幅度最大，且呈现逐年下降趋势。

从商业银行与非银行支付机构间的快捷支付安排来看，非银行支付机构产品和服务阻挡了商业银行支付产品在客户最终支付场景的应用，呈现了线上线下一体化的趋势，使商业银行成为仅提供清算通道服务的后台供应商。例如，用微信支付时，可以用微信钱包中的余额，也可以用微信钱包绑定的银行卡，这时，收款方不是刷银行卡，而是扫描微信支付的二维码，这样，微信的二维码代替了银行卡。

在非现金结算方面，银行和非银行支付机构之间存在竞争关系。据建设银行深圳分行反映，2017 年以来，非银行支付机构对传统的银行支付结算业务造成冲击。一是从客户端全面渗透至商户端，抢占个人端客户资源。非银行支付机构在完成海量个人端客户聚集的基础上，通过收钱码、聚合支付等工具，实现受理商户数量的快速增长，进一步形成支付闭环,吸引了多数新增客户及部分银行存量客户不断加入非银行支付体系中。二是在与微信、支付宝开展聚合支付业务时,该行开通聚合支付的商户,可以使用微信和支付宝进行扫码支付,但微信和支付宝等非银行支付机构拓展的商户,却不支持银行的聚合支付扫码,银行的商户单方面共享给了非银行支付机构。

（三）对货币派生机制的影响

虽然非银行支付机构不能直接吸收公众存款,但是对于从事网络支付的机构来说,公众通过对支付账户"充值",是可以将商业银行账户内的资金转存于非银行支付账户内的。非银行支付业务会对货币创造产生影响。

一是放大了货币乘数。非银行支付业务降低了现金需求,使更多的货币停留在银行信用体系内,造成现金漏损率减小,从而扩大了货币乘数。

二是提高了货币的流通速度。由于非银行支付工具具有高流转性,人们的消费习惯也在改变。除线上外,线下支付也越来越多地采用非银行支付方式,便捷的付款方式和快捷的结算过程,势必会加快货币的流通速度。

三是非银行支付机构的备付金账户会派生流动性。在非银行支付机构的备付金存放在商业银行的情况下,客户每一次将商业银行的存款转存到非银行支付机构,都会得到非银行支付机构的账户存款余额,而非银行支付机构将收到的备付金存放商业银行,则商业银行的存款余额没有变化,只是由个人存款转变为了企业存款。这相当于社会增加了流动性,特别是支付宝和微信这样的大型机构,不仅吸收的备付金数量巨大,而且账户已经具有一般支付手段功能,所派生的流动性是不容忽视的。同时,非银行支付机构账户余额往往以协议存款的方式存放在商业银行,不需要缴存存款准备金,不仅改变了存款的结构,理论上银行还可以将这部分存款用于派生存款和创造货币,这削弱了中央银行对货币供应量的控制力。直到2018年6月,非银行支付机构的备付金必须存在人民银行，类似于商业银行的备付金，这样，才消除了这种派生流动性的机制。

四是影响货币供求和货币政策传导。根据凯恩斯的货币需求理论，持有货币主要是基于交易性需求和预防需求。非银行支付使资产之间的转换方便且成本很低，降低了对货币的交易性需求和预防需求。当非银行支付机构账户余额和货币基金对接后，产生的高收益使持有货币的机会成本提高，进而使货币投机需求增加，造成货币总需求的稳定性下降。

五是一些非银行支付机构，通过提供"白条"、信用积分等手段，扩张客户的支付能力，实际上是进行了信用扩张，均游离于中央银行货币监测和管理体系以外，削弱了中央银行的货币监管和调控能力。

六是一些大型机构所建立的电商网站，拒绝为银行或其他非银行支付机构的服务提供接口，出现了网络空间"画地为牢""诸侯割据"的趋势，破坏了全国货币管理的统一性。

由于近两年来人民银行逐步推出一些管理措施，在一定程度上减少了以上这些影响。

## 二、关于完善货币流通管理的几点建议

为应对非银行支付机构业务发展对货币流通领域的影响，应在以下几个方面采取措施。

### （一）进一步完善非银行支付机构的职能定位和业务分类

按照现有规定，把非银行支付机构作为企业，支付账户的法律属性是企业信用性质的债权凭证。所以这类机构的备付金也就存放在商业银行，非银行支付机构的账户存款和开发的支付工具，也没有被作为具有货币属性的支付手段来对待。但是，从支付宝和微信钱包以及一些多功能预付卡大规模替代现金的情况来看，应该重新认识非银行支付机构的性质，应将其定义为"货币支付机构"，将其账户定义为"存款货币账户"。

首先，从"非银行"这一概念来看，并不具有特定性，只能说明这类机构不是银行，是什么性质的机构还是不明确。所以，非银行支付机构一直是作为"企业支付机构"来对待的。但是，事实上，这类机构在

货币支付领域与商业银行有类似的功能，在资金清算和货币发行方面，甚至也威胁到了部分中央银行职能，定义为"货币支付机构"能明确其所具有的金融属性。

其次，从实际操作来看，非银行支付机构的账户存款，已经是与商业银行存款一样的存款货币。非银行支付机构的业务基础是两类账户，一类是银行账户，另一类是非银行支付机构的账户。以银行账户为基础的交易有线下的银行卡收单和线上的快捷支付。在银行卡收单业务中，客户使用传统的银行卡（包括借记卡和信用卡），在非银行支付机构布设的 POS 机上刷卡消费。在网络支付业务中，无论是线上或线下交易，客户用非银行支付机构的支付通道和手段，划转银行账户的资金，所以也应该属于一种银行卡收单业务。

在以非银行支付机构账户为基础的交易中，客户则直接通过网上支付指令或线下扫码支付，将本人在非银行支付机构账户中的余额转移给收款方。这时，如果收款方也用非银行支付机构的账户收款，只是双方支付账户余额的转移，如同商业银行两个客户的同行结算。如果收款方需要快捷支付收款，也是由非银行支付机构备付金账户进行支付，而不需要动用付款方的银行账户存款。

在预付卡业务中，客户购买了预付卡后，交易时或者通过网上的账户进行支付（如当当网），或者通过线下的 POS 机及特定机具支付（如加油机、NFC 读卡机），每次消费都会扣减预付卡余额进行支付。实际上，在购买预付卡后，客户等于在预付卡公司开立了一个匿名账户或记名账户（如记名加油卡），预付卡本质上与银行的借记卡有同样的职能。

不仅如此，客户存放在非银行支付机构上的账户余额，不仅可以直接用于生活消费、支付、转账等，还可以通过旗下"余额宝""微信理财通"等产品，将账户余额以购买基金的方式实现增值，获得较高的收益，一般最多 T + 2 实现赎回，流动性极强。

因此，现阶段可以从事网络支付业务和预付卡业务的非银行支付机构的账户余额，相当于商业银行的存款账户余额，已经具有了支付手段、流通手段和价值储藏等货币职能。非银行支付机构账户的特定二维码，相当于是虚拟的借记卡，而预付卡公司发行的预付卡特别是多用途预付卡，相当于商业银行的实体借记卡。

从国外监管经验来看，欧盟将提供支付服务的机构主要按照电子货币发行机构予以监管，美国则将其界定为提供货币转移服务的机构予以监管，简化业务划分的做法很普遍。在目前非银行支付机构线上线下业务逐渐融合、互联网支付业务和移动终端结合的大趋势下，我们对支付业务的监管，也宜逐渐改变按照交易渠道、终端等划分业务类型进行监管的思路，转向根据业务实质划分业务类型进行监管。无论前端使用什么终端设备，把非银行支付机构的业务按照后台的账户关系重新定义分类，只区分为两类：

第一类，直接转移商业银行账户资金的，作为收单业务管理，商业银行作为发卡行，非银行支付机构作为收单行，包括目前的收单业务和网络支付中的快捷支付业务。

第二类，直接转移非银行支付机构账户资金的（包括多用途预付卡公司账户），比照银行卡业务管理，各种支付手段，如账户二维码、手机二维码、实体预付卡等，都作为银行卡来对待。

这样分类可以避免实质相同业务适用不同的监管标准和费率标准，避免人为形成监管套利空间，也有利于平衡商业银行和非银行支付机构之间在银行卡、网络支付、移动支付方面的利益分配。

此外，在线上与线下融合的市场条件下，也需要尽快平衡线上线下收费机制，以"同业务同监管"的原则，统一线上线下业务的定价规则。

（二）加强对系统重要性非银行支付机构的监管

从现在的情况看，非银行支付行业中，已经形成了支付宝和微信两家独大的局面。将在非银行支付机构中占据较大市场份额的机构定义为系统重要性机构，纳入宏观审慎管理框架，有利于防止非银行支付机构业务可能导致的系统性风险和货币支付运行的紊乱。但是，对具有系统重要性的非银行支付机构的监管重点，应该不仅是备付金的管理，防止这类机构出现流动性危机，在实行备付金集中缴存中央银行后，这方面的风险也就不存在了。

但是，大型非银行支付机构的业务涉及的领域和部门广泛，业务规模体量大，社会影响广泛，推出新的创新支付工具，会对货币管理造成影响。最典型的例子是"余额宝"和二维码支付的应用，就形成了出乎预想的社会效果。因此，对具有系统重要性的非银行支付机构的监管，不是要解决"大而不能倒"的问题，而是要解决"大而不能管"的问题，应侧重在其创新产品方面，推出新的重大创新产品之前，要经过中央银行的评估，防止推出重大的支付创新产品影响货币支付领域的稳定有序。

（三）规范非银行支付机构业务市场秩序

推动大型电商平台开放支付服务。针对目前不少大型电商平台人为设置市场壁垒，只允许其关联支付机构为其客户提供支付服务现状，建议联合发改委、市场监督管理局等部门，通过实施反垄断等措施，督促大型电商平台开放支付服务，引入多家支付机构，为客户提供多样化的支付服务选择，促进有序公平竞争。特别是要引入中央银行数字货币的支付选择，使中央银行数字货币应用范围不断扩大。

（四）建立非银行支付机构账户的专项统计分析

目前，人民银行金融统计制度专门设立"非银行支付机构存款"统计科目，用于反映非银行支付机构缴存人民银行的客户备付金存款。"非银支付机构存款"纳入货币供应量统计，具体归入准货币。在非银行支付机构的备付金全额转到人民银行之后，非银行支付机构的账户也就相当于商业银行的存款账户，账户余额等同于活期存款，应纳入 M1 范围。而缴存人民银行的备付金存款，类似于商业银行缴纳的存款准备金。

仅仅有非银行支付机构的备付金总量统计还是不够的，当客户进行支付、账户充值、涉及跨行的支付或转账时，非银行支付机构的备付金的变动是可以监测到的，但是，每笔交易的实际用途，已经被非银行支付机构屏蔽了。对于具有网络支付功能的账户内部交易情况，对于多功能预付卡账户的交易，还应该进行专项统计，将其作为存款货币来对待。在此基础上进行两类分析：

一是货币流通分析。通过大数据，分析非银行支付机构账户的流通特征，如流通速度、与商品零售额的关系、与居民消费的关系等，甚至还可以分析小商户的经营状况。

二是密切关注非现金支付对现金使用的影响。目前因为非银行支付机构的服务场景几乎覆盖了现金支付场景，非现金支付工具对现金流通具有明显的替代作用，但具体两者的相关性以及各项指标对现金流通的影响程度有多大，还需要加强对现金需求的科学预测，密切关注非现金支付对现金使用的影响，测算现金使用率下降对现金发行和现金管理的影响，为科学安排现金的调配、库存提供依据。

（五）加快推进中央银行主导的小额非现金支付工具

非现金结算是现代信用货币支付体系的一部分，汇票、本票、支票、银行卡都是传统的非现金结算工具。自从有了互联网之后，商业银行的网上银行业务也是非现金结算，比非银行支付机构业务应用更早。近年来，随着移动支付的应用出现的小额交易的大规模非现金结算，应该是非现金结算新的发展阶段。

在我们的日常生活中，不同的支付工具适用于不同的交易额。例如，如果用现金进行大额支付不方便，用信用卡进行小额支付也没有必要；用100元面额的钞票支付几元的消费不方便，用1元的钞票支付几百元的消费也不方便。所以，安全性、便利性和使用成本，在决定各种支付工具的应用方面是非常关键的。近年来，非银行支付机构的支付工具之所以能大行其道，应该说是市场力量驱动的，正是在安全性、便利性和使用成本方面，比现金和银行卡有优势。

一是进入门槛低。在开户方面，无论收入高低、年龄长幼、金额大小，都可以在非银行支付机构开户。身份验证不需要见到真人，而是通过各种外部渠道来验证，如通过实名银行卡、公安部门的身份证验证系统等，而在银行开户办卡要复杂得多。

二是使用成本低。无论是对于商户还是个人，使用非银行支付机构的移动支付或预付卡，比使用现金或银行卡成本低。对个人来讲，免去了携带过多现金的麻烦，也免去了使用银行卡签字的手续。对于小商户来讲，甚至无须购置 POS 机类的扫码设备，用户的手机就是扫码器，通过主读模式读取商户的支付二维码就可实现移动支付。商户免除了收取现金、管理现金的费用，也免去了刷银行卡所需要的费用。

三是非常便利。手机随身携带，本来就有通信需要，支付功能只是手机里很多 App 之一。支付时可以采取免密的模式，无须输入密码或签字。不论金额大小，都只是数字的变化，不需要任何额外成本。而有近场通信（NFC）功能的预付卡，客户使用起来更是方便、快捷。

人民银行是支付体系的管理部门，正像货币必须统一一样，支付工具的发展，必须在中央银行的统一管理之下，而不能由企业自由竞争。为了维护支付体系有序发展，建议人民银行牵头推出适合小额便捷的支付工具。

一是数字货币 App。数字货币 App 类似于网络支付账户应用端，应具有自助充值功能，可以通过主读模式或被读模式用于手机移动支付。目前，人民银行数字货币研究所已经研发出数字货币 App，正在试验推广使用阶段，应该加快推广数字货币的使用，成为各种支付场景下的通用支付手段。

二是具有 NFC 功能的通用支付卡。通用支付卡可由人民银行数字货币研究所统一设计并负责运营管理系统，由所有商业银行向客户发行。该卡属于借记卡，使用上可相当于预付卡，可以挂接客户的商业银行Ⅲ类账户，应能在 ATM 上自助充值，但不能提取和存入现金。

三是推动商业银行加快手机银行的发展。建议由银联统一设计标准，尽快实现信用卡和借记卡的支付由刷卡转变成利用二维码来完成，在现有银联框架下，迅速提升商业银行支付的数字化水平。实际上，最近两年银联也开通了"云闪付"功能，一些商业银行在手机客户端也开通了二维码支付和"扫码"功能，已经向这方面走出了重要一步，但是应用场景相对有限，商户也不广泛，需要大力推广。

## 参考文献

［1］万建华．金融 e 时代：数字化时代的金融变局［M］．北京：中信出版社，2013．

［2］谢平，邹传伟，刘海二．互联网金融手册［M］．北京：中国人民大学出版社，2014．

［3］中国支付清算协会．中国支付清算行业运行报告［R］．2015，2016，2017．

［4］支付司、货币政策司、货币政策二司、货币金银局、统计司、条法司等各司局材料。

［5］印钞造币总公司、互联网金融协会、支付清算协会、网联公司、数字货币研究所材料。

［6］中国人民银行杭州中心支行、深圳市中心支行、南昌中心支行报告材料。

［7］各商业银行、支付宝公司、财付通公司、网易公司等非银行支付机构材料。

# 非现金支付的发展及其规律性探析[①]

【内容简介】2013 年后，货币流通领域发生的最大变化，就是非现金支付的范围迅速扩展。非现金支付工具的使用具有什么规律性？不仅是个理论问题，对于中央银行把握非现金支付发展的方向，维护非现金支付领域的秩序也非常重要。本文系统分析了非现金支付的种类和发展现状，探讨了非现金支付工具发展的规律性，并就完善对非现金支付管理提出了政策建议。根据对数据的分析发现，传统的、纸质的票据业务规模大幅度下降，电子化支付手段业务规模正在迅速发展；固定支付向移动支付转移，非银行支付机构服务正在迅速发展，尤其是非银行移动支付的发展大大超过银行机构。文章认为，非现金支付工具的使用是由对特定工具的需求偏好决定的，而对某类非现金支付工具的需求偏好，是安全性、便利性和使用成本三个变量的函数。在对偏好函数进行分析的基础上，文章提出的主要观点是：对某种非现金支付工具的偏好，与该工具的安全性和便利性成正相关，与该工具的使用成本成负相关。在交易规模一定的情况下，越安全、越便利、使用成本越低的支付工具越能得到使用。

## 一、引言

近年来，货币流通领域发生的最大变化，就是非现金支付的范围迅速扩展，不仅传统银行卡的应用更加广泛，渗透率不断提高，银行与非银行支付机构的网上支付和移动支付的发展也更加迅速。尤其是以支付

---

① 本文原载于《当代金融研究》2019 年第 3 期。

宝和微信支付为代表的非银行支付机构的移动支付业务，以及各种多用途预付卡，在高频小额支付场景中逐渐取代了现金。现金是中央银行货币，而新型非现金支付工具却是商业银行和非银行支付机构的支付工具，现金结算为什么会被新型的非现金支付工具替代？这是不是反映了"劣币驱逐良币"的规律？非现金支付工具种类繁多，在特定的支付场景中，为什么要选择一种工具而不是另一种工具？为什么少数支付工具占据了绝对的市场份额？非现金支付中又呈现了什么样的规律性？虽然支付工具发生了变化，但是进行货币支付的本质没有变，探讨非现金支付发展的规律性，对于中央银行把握非现金支付发展的方向，维护非现金支付领域的秩序，防范风险，非常重要。本文拟就这一问题进行探索。

## 二、非现金支付工具的种类及其发展现状

（一）非现金支付工具的分类

在人们的日常生产经营和生活中，都离不开货币支付。支付分为现金支付和非现金支付。现金支付就是用中央银行发行的现钞作为付款的手段，非现金支付就是以现金以外其他支付手段进行资金清算。

对非现金支付工具的区分可以有几种，按照支付工具和最终使用终端的不同，可以把非现金支付工具分为以下几类（史浩，2016；谢众，2018）：

第一类是票据类非现金支付工具。现行的银行票据结算方式包括支票、银行汇票、商业汇票、银行本票。2008年以来，人民银行推出了电子商业汇票系统，属于电子化商业汇票。可以说票据类业务是银行业务中最为古老、最为传统的业务。

第二类是银行结算类业务。汇兑结算，是指企业（汇款人）委托银行将其款项支付给收款人的结算方式；委托收款，即收款人委托银行向付款人收取款项的结算方式；托收承付也称异地托收承付，是指根据购销合同由收款人发货后委托银行向异地付款人收取款项，由付款人向银

行承认付款的结算方式。这三类业务也是传统的银行结算业务，与票据业务不同的是，这三类业务没有独立的票据，只是一种结算方式。在本文以下的统计分析中，不再涉及。

第三类是银行卡。银行卡是指经批准由商业银行（含邮政金融机构）向社会发行的具有消费信用、转账结算、存取现金等全部或部分功能的信用支付工具。在一般情况下，银行卡按是否给予持卡人授信额度分为借记卡和信用卡。借记卡（Debit Card）不能透支，卡内的金额按活期存款计付利息，消费或提款时资金直接从储蓄账户划出。信用卡又称贷记卡（Credit Card），发卡银行给予持卡人一定的信用额度，持卡人可在信用额度内先消费，后还款。在传统的非现金支付方式中，银行卡是我国个人非现金支付的主要工具。

第四类是网上支付。网上支付是互联网出现之后依托于互联网的新型支付方式，包括银行机构提供的服务，也包括非银行支付机构提供的服务。1998 年，招商银行推出"一网通"业务，成为国内首家在互联网上提供支付服务的银行机构。中国银行、建设银行等银行机构也相继推出网上支付服务。

根据网络的不同，银行、非银行支付机构与商户可以通过三种不同的网络进行网络支付：

一是通过宽带互联网：银行和非银行支付机构使用宽带互联网接入方式的支付，目前来看是一种主流的支付形式。最典型的是银行的网上银行。其业务包括传统银行业务和因信息技术应用带来的新兴业务。非银行支付机构的支付也有网上支付。如支付宝、财付通等，都是通过宽带互联网提供服务，实现网络购物中的支付和各种付费。

二是通过通信网络支付：通过通信网络所使用的终端，也可以实现网络支付，称为电话支付，可以通过固定电话也可以通过移动电话进行，也就是通常所说的电话银行。还有短信银行，短信银行是指客户通过编辑发送特定格式短信服务号码到银行，银行按照客户指令，为客户办理相关业务，并将交易结果以短信方式通知客户的电子银行业务。

三是通过电视网络支付：是由广电的网络公司来主导的行业应用，

依托数字电视网络优势打造的支付服务，即数字电视支付（数字机顶盒支付）。电视支付通过双向数字电视网络，以电视机与机顶盒作为客户终端，以遥控器作为操作工具，为家庭成员提供方便、快捷的一体化的电子金融服务。

第五类是移动支付业务。移动支付是使用移动设备通过无线方式完成支付行为的一种新型的支付方式。与网上支付不同的是，移动支付所使用的终端可以是手机、平板电脑等可移动设备，依靠的网络是无线移动互联网，而不是有线宽带互联网。按照提供商划分，包括银行的移动支付和非银行支付机构的移动支付。

十多年前，在手机的屏幕还很小、手机的运行速度还比较慢的年代，为了和电脑一样能在手机上访问网站，提出了 WAP（Wireless Application Protocol）银行的概念。WAP 能够运行于各种无线网络之上，其中就包括网银业务。WAP 作为昙花一现的技术产物，虽然在当年暂时部分满足了手机访问互联网的需求，但是目前几乎不被发展和使用了。

随着智能手机的出现，出现了 App 手机银行。App 是"Application"的缩写，通常专指手机上的应用软件，或称手机客户端。传统金融机构在自身网点服务的基础上，将一些业务移植到手机的专门软件（手机银行 App）上。中国智能手机渗透率的快速提升，使得手机银行 App 装机量大爆发。非银行支付机构也开发了手机上的客户端，实现移动支付。如支付宝和微信钱包，都可以实现移动支付。

第六类是预付卡业务。预付卡又叫作储值卡、消费卡等，是先付费再消费的卡片。预付卡分为记名卡和非记名卡，记名卡可挂失，非记名卡不可挂失。根据持卡人要求将其资金转至卡内储存，交易时直接从卡内扣款。

银行卡只能由银行发行，而预付卡的发卡主体多种多样，主要是商业性公司发放预付卡。商业预付卡以预付和非金融主体发行为典型特征，按功能不同可划分为两类：一是多用途预付卡（通用型预付卡），由专业的发卡机构发行，可以在众多加盟的特约商户中支付使用，如资和信、福卡、交通卡等，由人民银行监管；二是单用途预付卡（封闭性预付卡），一般是商业主体自行发售的卡，使用范围也仅限于本商业主体，如家乐福卡、沃尔玛卡、北京华联卡等，由商务部监管。

以上几类非现金支付工具中，前三类是传统的非现金支付工具，后三类可以说是新型的非现金支付工具。

## （二）近年来非现金支付业务的发展

由于近年来非现金支付工具和方式的创新，非现金结算的范围有了极大的拓宽，特别是个人日常支付中的非现金结算迅速发展。2017年，全国办理非现金业务增至1608.78亿笔，金额3759.94万亿元，分别增长28.59%和1.97%，笔数增长略有放缓，金额增长放缓较大，非现金支付交易对高频小额支付的覆盖面持续提升（中国支付清算协会，2018）。根据中国支付清算协会所编的《中国支付清算行业运行报告》（2015—2018年）有关数据统计，本文分析了2013—2017年非现金支付业务的发展变化（见表1至表4）。从表中数据可以看出，非现金支付业务出现了以下几个趋势性变化。

**表1**                    **传统银行卡和票据业务统计**

| 业务类型 | 银行卡类型 | 金额/笔数 | 2013 年 | 2014 年 | 2015 年 | 2016 年 | 2017 年 |
|---|---|---|---|---|---|---|---|
| 票据业务 | 支票 | 金额（万亿元） | 259.56 | 242.57 | 211.53 | 165.8 | 153.81 |
| | | 笔数（亿笔） | 6.67 | 5.52 | 3.91 | 2.73 | 2.37 |
| | 实际结算商业汇票 | 金额（万亿元） | 18.24 | 19.28 | 20.99 | 18.95 | 16.77 |
| | | 笔数（万笔） | 1630.67 | 1842.14 | 1905.71 | 1656.45 | 1648.39 |
| | 银行汇票 | 金额（亿元） | 21600 | 16800 | 15600 | 9504.63 | 3644.82 |
| | | 笔数（万笔） | 377.13 | 307.56 | 211.94 | 153.01 | 52.73 |
| | 银行本票 | 金额（万亿元） | 6.03 | 4.36 | 4.15 | 2.09 | 1.42 |
| | | 笔数（万笔） | 626.17 | 477.3 | 458.6 | 234.52 | 164.7 |
| | 合计 | 金额（万亿元） | 285.99 | 267.89 | 238.23 | 187.79 | 172.36 |
| | | 笔数（万笔，不包括支票） | 2633.97 | 2627.00 | 2576.25 | 2043.98 | 1865.82 |
| 电子商业汇票 | 出票 | 金额（万亿元） | 1.59 | 3.13 | 5.6 | 8.34 | 12.68 |
| | | 笔数（万笔） | 52.09 | 84.49 | 134.08 | 230.47 | 655.42 |

续表

| 业务类型 | 银行卡类型 | 金额/笔数 | 2013 年 | 2014 年 | 2015 年 | 2016 年 | 2017 年 |
|---|---|---|---|---|---|---|---|
| 银行卡<br>累计发卡 | 借记卡 | 数量（亿张） | 38.23 | 44.81 | 50.1 | 56.6 | 61.05 |
| | 信用卡 | 数量（亿张） | 3.91 | 4.55 | 4.32 | 4.65 | 5.88 |
| | 合计 | 数量（亿张） | 42.14 | 49.36 | 54.42 | 61.25 | 66.93 |
| 银行卡<br>交易额 | 消费 | 金额（万亿元） | 31.83 | 42.38 | 55 | 56.5 | 68.67 |
| | | 笔数（亿笔） | 129.71 | 197.54 | 290.3 | 383.29 | 586.27 |
| | 转账 | 金额（万亿元） | 254.12 | 262.46 | 470.7 | 542.64 | 559.99 |
| | | 笔数（亿笔） | 85.66 | 111.18 | 285.86 | 486.73 | 638.46 |
| 银行卡收单<br>（含线上线下） | 银行 | 金额（万亿元） | 12.86 | 18.55 | 22.48 | 28.43 | 36.34 |
| | | 笔数（亿笔） | 31.59 | 44.73 | 168.97 | 262.06 | 370.75 |
| | 非银行<br>支付机构 | 金额（万亿元） | 11.58 | 15.60 | 27.92 | 48.06 | 55.44 |
| | | 笔数（亿笔） | 107.16 | 167.75 | 393.87 | 451.85 | 709.07 |
| | 合计 | 金额（万亿元） | 24.44 | 34.15 | 50.40 | 76.49 | 91.78 |
| | | 笔数（亿笔） | 138.75 | 212.48 | 562.84 | 713.91 | 1079.83 |

资料来源：中国支付清算协会编：《中国支付清算行业运行报告》（2015—2018 年）各期。

表2　　　　　　　　　传统银行卡和票据业务增长率统计　　　　　单位：%

| 业务类型 | 银行卡类型 | 金额/笔数 | 2014 年 | 2015 年 | 2016 年 | 2017 年 |
|---|---|---|---|---|---|---|
| 票据业务 | 支票 | 金额 | −6.5 | −12.8 | −21.6 | −7.2 |
| | | 笔数 | −17.2 | −29.2 | −30.2 | −13.2 |
| | 实际结算<br>商业汇票 | 金额 | 5.7 | 8.9 | −9.7 | −11.5 |
| | | 笔数 | 13.0 | 3.5 | −13.1 | −0.5 |
| | 银行汇票 | 金额 | −22.2 | −7.1 | −39.1 | −61.7 |
| | | 笔数 | −18.4 | −31.1 | −27.8 | −65.5 |
| | 银行本票 | 金额 | −27.7 | −4.8 | −49.6 | −32.1 |
| | | 笔数 | −23.8 | −3.9 | −48.9 | −29.8 |
| | 合计 | 金额 | −6.3 | −11.1 | −21.2 | −8.2 |
| | | 笔数<br>（不包括支票） | −0.3 | −1.9 | −20.7 | −8.7 |
| 电子商业汇票 | 出票 | 金额 | 97.3 | 78.9 | 48.9 | 52.0 |
| | | 笔数 | 62.2 | 58.7 | 71.9 | 184.4 |

续表

| 业务类型 | 银行卡类型 | 金额/笔数 | 2014 年 | 2015 年 | 2016 年 | 2017 年 |
|---|---|---|---|---|---|---|
| 银行卡累计发卡 | 借记卡 | 数量 | 17.2 | 11.8 | 13.0 | 7.9 |
| | 信用卡 | 数量 | 16.4 | -5.1 | 7.6 | 26.5 |
| | 合计 | 数量 | 17.1 | 10.3 | 12.6 | 9.3 |
| 银行卡交易额 | 消费 | 金额 | 33.1 | 29.8 | 2.7 | 21.5 |
| | | 笔数 | 52.3 | 47.0 | 32.0 | 53.0 |
| | 转账 | 金额 | 3.3 | 79.3 | 15.3 | 3.2 |
| | | 笔数 | 29.8 | 157.1 | 70.3 | 31.2 |
| 银行卡收单（含线上线下） | 银行 | 金额 | 44.2 | 21.2 | 26.5 | 27.8 |
| | | 笔数 | 41.6 | 277.8 | 55.1 | 41.5 |
| | 非银行支付机构 | 金额 | 34.7 | 79.0 | 72.1 | 15.4 |
| | | 笔数 | 56.5 | 134.8 | 14.7 | 56.9 |
| | 合计 | 金额 | 39.7 | 47.6 | 51.8 | 20.0 |
| | | 笔数 | 53.1 | 164.9 | 26.8 | 51.3 |

资料来源：根据表 1 数据计算。

表3　　　　　　　　　　新型非现金支付业务统计

| 业务类型 | 机构类型 | 金额/笔数 | 2013 年 | 2014 年 | 2015 年 | 2016 年 | 2017 年 |
|---|---|---|---|---|---|---|---|
| 网上支付 | 银行 | 金额（万亿元） | 1060.78 | 1376.02 | 2018.2 | 2084.95 | 2075.09 |
| | | 笔数（亿笔） | 236.74 | 285.75 | 363.71 | 461.78 | 485.78 |
| | | 账户数量（亿个） | 6.41 | 7.93 | 11.23 | 13.25 | 15.64 |
| | 非银行支付机构 | 金额（万亿元） | 8.96 | 17.05 | 24.19 | 54.25 | 38.73 |
| | | 笔数（亿笔） | 150.01 | 215.30 | 333.99 | 663.30 | 483.28 |
| | | 账户数量（亿个） | 17.46 | 21.94 | 26.36 | 34.48 | 41.38 |
| | 合计 | 金额（万亿元） | 1069.74 | 1393.07 | 2042.39 | 2139.2 | 2113.82 |
| | | 笔数（亿笔） | 386.75 | 501.05 | 697.7 | 1125.08 | 969.06 |
| | | 账户数量（亿个） | 23.87 | 29.87 | 37.59 | 47.73 | 57.02 |
| 移动支付 | 银行 | 金额（万亿元） | 9.64 | 22.59 | 108.22 | 157.55 | 202.93 |
| | | 笔数（亿笔） | 16.74 | 45.24 | 138.37 | 257.1 | 375.52 |
| | | 账户数量（亿个） | 3.63 | 5.04 | 9.74 | 13.51 | 16.95 |
| | 非银行支付机构 | 金额（万亿元） | 1.19 | 8.24 | 21.96 | 51.01 | 105.11 |
| | | 笔数（亿笔） | 37.77 | 154.66 | 398.61 | 970.51 | 2392.62 |
| | | 账户数量（亿个） | 0.6 | 1.14 | 2.04 | 3.03 | 2.86 |

续表

| 业务类型 | 机构类型 | 金额/笔数 | 2013 年 | 2014 年 | 2015 年 | 2016 年 | 2017 年 |
|---|---|---|---|---|---|---|---|
| 移动支付 | 合计 | 金额（万亿元） | 10.83 | 30.83 | 130.18 | 208.56 | 308.04 |
| | | 笔数（亿笔） | 54.51 | 199.9 | 536.98 | 1227.61 | 2768.14 |
| | | 账户数量（亿个） | 4.23 | 6.18 | 11.78 | 16.54 | 19.81 |
| 预付卡 | 发行业务 | 金额（亿元） | 869.8 | 740.88 | 761.43 | 820.23 | 894.83 |
| | | 张数（亿张） | 6.41 | 2.39 | 2.59 | 2.21 | 1.88 |
| | 受理业务 | 金额（亿元） | 660.17 | 539.24 | 587.69 | 737.61 | |
| | | 笔数（亿笔） | 84.26 | 86.13 | 82.74 | 117.7 | |

资料来源：中国支付清算协会编：《中国支付清算行业运行报告》（2015—2018 年）各期。

表4　　　　　　　　　新型非现金支付业务增长率统计　　　　　　单位：%

| 业务类型 | 机构类型 | 金额/笔数 | 2014 年 | 2015 年 | 2016 年 | 2017 年 |
|---|---|---|---|---|---|---|
| 网上支付 | 银行 | 金额 | 29.7 | 46.7 | 3.3 | -0.5 |
| | | 笔数 | 20.7 | 27.3 | 27.0 | 5.2 |
| | | 账户数量 | 23.7 | 41.6 | 18.0 | 18.0 |
| | 非银行支付机构 | 金额 | 90.3 | 41.9 | 124.3 | -28.6 |
| | | 笔数 | 43.5 | 55.1 | 98.6 | -27.1 |
| | | 账户数量 | 25.7 | 20.2 | 30.8 | 20.0 |
| | 合计 | 金额 | 30.2 | 46.6 | 4.7 | -1.2 |
| 网点支付 | 合计 | 笔数 | 29.6 | 39.2 | 61.3 | -13.9 |
| | | 账户数量 | 25.1 | 25.8 | 27.0 | 19.5 |
| 移动支付 | 银行 | 金额 | 134.3 | 379.1 | 45.6 | 28.8 |
| | | 笔数 | 170.3 | 205.9 | 85.8 | 46.1 |
| | | 账户数量 | 38.8 | 93.3 | 38.7 | 25.5 |
| | 非银行支付机构 | 金额 | 592.4 | 166.5 | 132.3 | 106.1 |
| | | 笔数 | 309.5 | 157.7 | 143.5 | 146.5 |
| | | 账户数量 | 90.0 | 79.0 | 48.5 | -5.6 |
| | 合计 | 金额 | 184.7 | 322.3 | 60.2 | 47.7 |
| | | 笔数 | 266.7 | 168.6 | 128.6 | 125.5 |
| | | 账户数量 | 46.1 | 90.6 | 40.4 | 19.8 |
| 预付卡 | 发行业务 | 金额 | -14.8 | 2.8 | 7.7 | 9.1 |
| | | 张数 | -62.7 | 8.4 | -14.7 | -14.9 |
| | 受理业务 | 金额 | -18.3 | 9.0 | 25.5 | |
| | | 笔数 | 2.2 | -3.9 | 42.3 | |

资料来源：根据表3数据计算。

第一，传统的票据业务出现明显的下降趋势，电子商业汇票业务出现大幅度的增长。票据业务规模从 2013 年的 285.99 万亿元下降到 2017 年的 172.36 万亿元。其中，支票、银行汇票和银行本票业务，在 2014—2017 年的 4 年时间里，连续下降。2013—2017 年，支票业务金额从 259.56 万亿元降到 153.81 万亿元，笔数从 6.67 亿笔降到 2.37 亿笔；银行汇票业务金额从 2.16 万亿元降到 3644.82 亿元，笔数从 377.13 万笔降到 52.73 万笔；银行本票业务金额从 6.03 万亿元降到 1.42 万亿元，笔数从 626.17 万笔降到 164.7 万笔。实际结算商业汇票业务在 2014 年和 2015 年有所增长，从 2016 年开始下降。商业汇票业务向电子商业汇票业务迅速迁移。电子商业汇票业务每年都实现了高速增长。2013—2017 年，电子商业汇票的出票金额从 1.59 万亿元增长到 12.68 万亿元，增长近 7 倍，笔数从 52.09 万笔增长到 655.42 万笔，增长 11 倍，彰显了传统票据业务电子化的作用。

第二，银行卡业务快速增长。从发卡量来看，2013—2017 年，全国银行卡在用发卡量从 42.14 亿张增加到 66.93 亿张，增长了 58.83%。2017 年的在用发卡量增长 9.27%，增速放缓 3.27 个百分点。其中，借记卡在用发卡量 61.05 亿张，增长 7.87%，增速放缓 5.09 个百分点；信用卡和借贷合一卡在用发卡量共计 5.88 亿张，增长 26.5%，增速加快 18.75 个百分点。借记卡在用发卡量占银行卡在用发卡总量的 91.21%，较上年下降 1.19 个百分点。信用卡在用发卡量占银行卡在用发卡总量的 8.79%，较上年提高 1.14 个百分点。从银行卡交易量来看，2013—2017 年，消费金额从 31.83 万亿元增长到 68.67 万亿元，增长 115.74%，转账金额从 254.12 万亿元增长到 559.99 万亿元，增长 120.36%。从银行卡收单业务看（含线上线下），2013—2017 年，收单合计金额从 24.44 万亿元增长到 91.78 万亿元，其中，经由非银行机构完成的收单业务笔数一直超过银行，金额在 2015 年超过银行，到 2017 年，金额占比为 60%，笔数占比达到 66%，充分说明了非银行收单机构对推动银行卡业务所起的积极作用。

第三，网上支付业务取得快速的发展。截至 2017 年底，我国网民规模达 7.72 亿人，越来越便利的网络环境，促进了网上支付的迅速发展。2013—2017 年，网上支付业务金额从 1069.74 万亿元增长到 2113.82 万亿元，增长了 97.60%；笔数从 386.75 亿笔增长到 969.06 亿笔，增长了 150.56%；账户数量从 23.87 亿个增长到 57.02 亿个，增长了 135.88%。在增长速度方面，2014—2016 年增长较快，2017 年，银行和非银行支付机构的网上支付业务有所下降，商业银行共处理网上支付业务 485.78 亿笔，业务金额 2075.09 万亿元，笔数增长 5.20%，金额下降 0.5%。非银行支付机构共处理互联网支付业务 483.28 亿笔，业务金额 38.73 万亿元，分别比上年下降 27.1% 和 28.6%。实际反映出移动支付对网上业务的替代效应。相对而言，银行网上支付在金额上占绝大多数比重，2017 年是 98.2%，在笔数上，银行和非银行支付机构各占约 50%，而在账户数量上，非银行支付机构占有大部分，2017 年达到 72.6%，显现出非银行支付机构在拓展网上客户方面的优势。

第四，移动支付显现爆发性增长。2013—2017 年，移动支付规模从 10.83 万亿元增长到 308.04 万亿元，增长 27 倍多；笔数从 54.51 亿笔增长到 2768.14 亿笔，增长约 50 倍；账户个数从 4.23 亿个增长到 19.81 亿个，增长 368.32%。2013 年和 2014 年移动业务规模和笔数出现爆发性增长，银行的移动支付金额年增长率是 134.3% 和 379.1%，笔数增长率是 170% 和 205.9%；非银行支付机构的移动支付金额年增长率是 592.4% 和 166.5%，笔数年增长率是 309.5% 和 157.7%。尤其是非银行支付机构的移动支付，不论是金额还是笔数，2016 年和 2017 年仍然维持在一倍以上的年度增长率。在移动支付中，银行机构在交易金额方面占有明显的较高比重，2017 年达到 202.93 万亿元，占比为 65.9%，非银行支付机构在交易笔数方面占有明显的较高比重，2017 年达到 2392.62 亿笔，占比为 86.4%。非银行支付机构的移动交易具有高频小额的特征。

第五，预付卡业务金额出现 U 形发展，发卡张数出现明显的大幅下降。2013 年，预付卡交易金额是 869.8 亿元，2014 年下跌到 740.88 亿元，2016 年交易金额止跌回升。2017 年恢复到 894.83 亿元，增长了

9.1%。但是，发卡张数从 2013 年的 6.41 亿张下降到 2017 年的 1.88 亿张，约为 2013 年的 30%。笔均交易额的上升弥补了发卡量下降对交易额的影响。简单的一次购物卡的发卡量正在缩减，而在交通、医疗，社保方面的多用途预付卡正在增加，每张卡的平均余额有大幅的增长。

从以上几个趋势来看，主要规律是传统的、纸质的票据业务规模大幅度下降，电子化支付手段业务规模正在迅速扩大，固定支付向移动支付转移，非银行支付机构服务正在迅速发展，尤其是非银行移动支付的发展大大超过银行机构。

## 三、非现金支付工具发展的规律性分析

### （一）"格雷欣法则"的启示

400 多年前，英国经济学家托马斯·格雷欣爵士（1519—1579）发现了金属货币流通中的一个有趣现象，两种实际价值不同而名义价值相同的货币同时流通时，实际价值较高的货币，即良币，必然退出流通，它们被收藏、熔化或被输出国外；实际价值较低的货币，即劣币，则充斥市场。后来人们称之为"格雷欣法则"，也称劣币驱逐良币规律（百度百科，2019）。深入研究"格雷欣法则"的本质，其实就是在商品市场上功能相同而成本低的商品会代替成本高的商品，在货币流通领域就是名义价值相同的条件下成本低的货币替代成本高的货币。

这种规律性在纸币现金支付中也是存在的，交易额大，人们倾向于用大面额钞票；交易额小，人们倾向于用小面额钞票。比如，1000 元左右的交易，用 100 元面额的钞票支付是方便的，而用 10 元面额钞票支付就不方便了。反过来，10 元以下的交易，用小面额钞票支付是方便的，用 100 元钞票支付就不方便了。在支付额和钞票张数之间，存在某种可接受的最便利数量，表明使用成本最低的现钞支付。

这种规律在现金支付和传统的非现金支付之间也是存在的。交易中使用非现金结算成本低时，人们倾向于用非现金支付工具；使用非现金结算成本高时，人们倾向于用现金。

近年来，在高频小额支付场景中，各种新型非现金支付工具取代现金支付，少数非银行支付机构的支付手段占有绝对的市场份额，并不能简单用"劣币"驱除"良币"来解释，这一过程实际上反映了更加深刻和丰富的非现金支付领域的规律性。

（二）影响非现金支付工具使用的因素

作为货币流通的手段，非现金支付工具的使用是由对特定工具的需求偏好决定的，可以构建非现金支付工具的需求函数来解释。

本文认为，对某类非现金支付工具的需求，主要由以下三个因素决定：

第一，安全性。与现金使用中注意安全性类似，非现金支付中的安全性也是非常重要的。使用非现金支付工具的安全性，包括支付工具携带是否安全，网络是否安全，资金的转移是否安全，付款人和收款人资金的账户是否安全；等等。

第二，便利性。使用非现金支付工具的便利性，主要表现在携带的便利性，比如，在传统的非现金支付工具中，支票就不如银行卡容易携带。在电子化支付工具中，固定网络用的电脑不能携带，手机就能随身携带。便利性还表现在使用中的便利性。如果某种工具在使用中需要签名、输入密码，如果等后台反馈的信息时间过长，都会让客户感到不便利。如果支付过程中不需要严格审验，能快速通过验证，则会感到便利。如银行信用卡在使用中就需要签字，而使用近场支付（NFC）功能的工具，或是使用免密支付工具，只是"闪付"，就要便利得多。

第三，使用成本。非现金支付工具的使用成本是比较明显的。一是使用工具的投入成本。比如对个人来讲，使用传统的非现金支付工具无须投入，但是使用电子支付工具则需要投入，网络支付需要购买电脑，使用移动支付需要有手机。对商户来讲，使用银行卡、预付卡需要购买POS机，使用近场支付（NFC）功能的支付工具需要特定的设备。在移动支付中，可能需要扫码器，也可能让顾客扫码，不需要扫码器投入。二是交易是否付费。对于付款人来讲，直接付费的场景并不多，主要体现在收款方要付费，如信用卡在使用中商户就要从交易额中提出一定比例收入作为费用，在发卡行、收单行和银联之间分配。在移动支付中，第三方支付机构也向商户收费。这种收费标准的不同，会影响商户在使用不同支付工具之间的选择。

因此，可以认为，对某类支付工具的需求偏好，是安全性、便利性和使用成本三个变量的函数。如用 $P$ 表示对某种非现金支付工具的需求偏好，用 $S$ 表示非现金支付工具的安全性，用 $F$ 表示非现金支付工具的便利性，用 $C$ 表示非现金支付工具的使用成本，可以用下面的函数式表达非现金支付工具的需求偏好：

$$P = f(S, F, C) \tag{1}$$

式（1）中，$P$ 对 $S$、$F$ 的偏导大于0，而对 $C$ 的偏导小于0，即

$$\frac{\partial P}{\partial S} > 0, \qquad \frac{\partial P}{\partial F} > 0, \qquad \frac{\partial P}{\partial C} < 0$$

根据这个公式定义，不同变量与需求偏好的关系是不同的，可以得出以下推论：

推论一：对某种非现金支付工具的偏好，与该工具的安全性成正相关，在便利性和使用成本要求一定的条件下，越安全越有可能得到使用。

推论二：对某种非现金支付工具的偏好，与该工具的便利性成正相关，在安全性和使用成本要求一定的条件下，越便利越有可能得到使用。

推论三：对某种非现金支付工具的偏好，与该工具的使用成本成负相关，在安全性和便利性要求一定的条件下，使用成本越低越有可能得到使用。

分析人们的日常行为会发现，对交易过程中支付工具的安全性、便利性和使用成本的影响因素有很多，比如，不同的支付场景对安全性就有不同的要求，远程支付比近场支付的安全性要高，在正规的收银台支付比在街边支付的安全性要高。但是综合来看，对支付工具安全性、便利性和使用成本的要求，与交易额的关系最重要。交易规模越大，安全性越重要；而交易规模越小，便利性越重要。交易规模越大，越可以接

受付费；交易规模越小，越不愿接受付费。如用 $M$ 表示交易额，对安全性、便利性和使用成本的偏好可以用下面的数学式表示：

$$S = f(M) \tag{2}$$

$$F = f(M) \tag{3}$$

$$C = f(M) \tag{4}$$

式（2）、式（3）、式（4）中，$S$ 和 $C$ 对 $M$ 的导数大于 0，$F$ 对 $M$ 的导数小于 0，即

$$\frac{dS}{dM} > 0, \qquad \frac{dF}{dM} < 0, \qquad \frac{dC}{dM} > 0$$

在安全性、便利性和使用成本三者之间，也有一定的相关关系，越安全的工具可能使用越不便利，使用成本越高；越便利的工具越不安全，使用成本越低。

如果忽略安全性、便利性和使用成本之间在决定非现金支付工具选择方面的交叉影响，把式（2）、式（3）、式（4）代入式（1），那么就可以得出，对非现金支付工具的偏好是由交易额决定的，可以用下面的函数表示：

$$P = f(M) \tag{5}$$

根据式（2）、式（3）、式（4）、式（5），可以有下面的推论：

推论四：交易规模越大，人们对支付工具的安全性要求越高，对便利性要求越低，也可以接受付费和较高的使用成本；交易规模越小，人们对支付工具的便利性要求越高，对安全性要求越低，越不愿接受付费和较高的使用成本；在交易规模一定的情况下，越安全、越便利、使用成本越低的支付工具越能得到使用。

（三）非现金支付工具使用情况的分析

为了验证以上四点推论，本文计算了不同非现金支付工具的笔均交易额。

表 5 是 2013—2017 年不同非现金支付工具笔均交易额的比较。从表 5 中的数据可以看出近年来非现金支付工具笔均交易额的情况。

表 5 　　　　　　　不同非现金支付工具笔均交易额比较　　　　单位：万元

| 业务分类 | 机构分类 | 2013 年 | 2014 年 | 2015 年 | 2016 年 | 2017 年 |
|---|---|---|---|---|---|---|
| 支票 | — | 38.91 | 43.94 | 54.10 | 60.73 | 64.90 |
| 实际结算商业汇票 | — | 111.86 | 104.66 | 110.14 | 114.40 | 101.74 |
| 银行汇票 | — | 57.27 | 54.62 | 73.61 | 62.12 | 69.12 |
| 银行本票 | — | 96.30 | 91.35 | 90.49 | 89.12 | 86.22 |
| 电子商业汇票出票 | — | 304.56 | 370.46 | 417.66 | 361.87 | 193.46 |

单位：元

| 业务分类 | 机构分类 | 2013 年 | 2014 年 | 2015 年 | 2016 年 | 2017 年 |
|---|---|---|---|---|---|---|
| 网上支付 | 银行 | 44808 | 48155 | 55489 | 45150 | 42717 |
| | 非银行支付机构 | 597 | 792 | 724 | 818 | 801 |
| 移动支付 | 银行 | 5759 | 4993 | 7821 | 6128 | 5404 |
| | 非银行支付机构 | 315 | 533 | 551 | 526 | 439 |
| 预付卡 | 发行业务 | 136 | 310 | 294 | 371 | 476 |
| | 受理业务 | 8 | 6 | 7 | 6 | |
| 银行卡收单 | 银行 | 4071 | 4147 | 1330 | 1085 | 980 |
| | 非银行支付机构 | 1081 | 930 | 709 | 1064 | 782 |
| | 合计 | 1761 | 1607 | 895 | 1071 | 850 |
| 银行卡交易 | 消费 | 2454 | 2145 | 1895 | 1474 | 1171 |
| | 转账 | 29666 | 23607 | 16466 | 11149 | 8771 |

支票、汇票、本票等传统非现金结算工具笔均交易额都非常大。笔均交易额最高的是商业汇票，2013—2017 年，电子商业汇票出票最高平均额是 417.66 万元，最低的是 193.46 万元，基本在 200 万元至 420 万元之间；实际结算商业汇票最高平均额是 114.40 万元，最低是 101.74 万元，但比较平稳，基本在 100 万元至 115 万元之间。银行本票的最高平均额是 96.3 万元，最低是 86.22 万元，基本在 85 万元至 100 万元之间。银行汇票的最高平均额是 73.61 万元，最低是 54.62 万元，基本在 50 万元至 70 万元之间。支票的最高平均额是 64.9 万元，最低是 38.91 万元，基本在 40 万元至 65 万元之间。

在票据类结算工具中，按笔均交易额从大到小排序是：电子商业汇票—实际结算商业汇票—银行本票—银行汇票—支票。

银行卡的笔均交易额变化比较大。2013—2017 年，转账交易笔均交易额从接近 3 万元下降到 8771 元。消费交易笔均交易额从 2454 元下降到 1171 元。从银行卡收单环节看，笔均交易额从 1761 元下降至 850 元。

2013—2017 年，网上支付中银行的网上支付笔均交易额比较大，基本在 4 万元至 5.5 万元之间，2017 年是 42717 元。非银行支付机构的网上支付笔均交易额比较小，基本在 600 元至 800 元之间，2017 年是 801 元。

2013—2017 年，移动支付中银行的移动支付笔均交易额也比较大，在 5000 元至 8000 元之间，2017 年是 5404 元。非银行支付机构的移动支付笔均交易额比较小，基本在 300 元至 550 元之间，2017 年是 439 元。

预付卡的数据不完整，但到 2016 年的数据表明，预付卡的笔均交易额只有 6 元至 8 元。

在银行卡、网络支付、移动支付和预付卡这几种非现金支付工具中，按笔均交易额从大到小排序是：银行的网上支付—银行卡转账—银行移动支付—银行卡消费—非银行网上支付—非银行移动支付—预付卡。

根据上面的分析，表 6 列出了 2013—2017 年票据结算业务的笔均交易额区间，同时列出了 2017 年网上支付、移动支付和银行卡业务的笔均交易额大约水平，表 6 中的数据基本上验证了前面所提出的 4 个推论。

**表6**         **不同非现金支付工具笔均交易额比较**

| 机构类型 | 电子商业汇票 | 实际结算商业汇票 | 银行本票 | 银行汇票 | 支票 |
|---|---|---|---|---|---|
| 银行 | 200 万~420 万元 | 100 万~115 万元 | 85 万~100 万元 | 50 万~70 万元 | 40 万~65 万元 |

| 机构类型 | 网上支付 | 移动支付 | 银行卡转账 | 银行卡消费 | 预付卡 |
|---|---|---|---|---|---|
| 银行 | 43000 元 | 5500 元 | 8800 元 | 1200 元 | — |
| 非银行支付机构 | 800 元 | 440 元 | — | — | 6 元 |

资料来源：根据表 5 数据推算。

第一，票据类非现金结算工具的交易金额，远远大于非票据类非现金支付工具的交易金额。交易额比较小的支票笔均交易额也在 40 万元至 65 万元之间，交易额比较大的电子商业汇票笔均交易额在 200 万元至 420 万元之间，实际结算商业汇票笔均交易额在 100 万元至 115 万元之间。而新型非现金支付工具中，只有银行的网上支付笔均交易额达到 43000 元，超过了万元级水平，其他的支付工具，都在万元以下。大额非现金结算，仍然在使用传统的"三票一卡"和银行网上支付工具，而小额非现金结算，开始使用非银行支付机构的网上支付、移动支付和预付卡等新型支付工具。验证了推论四。

第二，在网上支付和移动支付中，银行笔均交易额大于非银行支付机构笔均交易额。银行的网上支付笔均交易额接近 43000 元，而非银行支付机构的网上支付才 800 元，银行的移动支付笔均交易额是 5500 元，非银行支付机构的移动支付笔均交易额只有约 440 元。银行卡的转账笔均交易金额下降最为明显，2017 年还维持在 8800 元，略高于银行的移动支付。银行卡的消费笔均交易额是 1200 元，低于银行移动支付笔均交易额，但高于非银行支付机构网上支付和移动支付。非银行支付机构的移动支付，使非现金支付的交易水平拓展到了百元级水平。同样是网上支付，银行网上支付笔均交易额和移动支付的笔均交易额分别大于非银行支付机构的网上支付和移动支付笔均交易额。银行卡的笔均消费额也大于非银行支付机构网上支付和移动支付笔均交易额。显示出公众对于银行在安全方面的信任还是高于对非银行支付机构的信任。验证了推论一。

第三，在本文的统计中可以看到，在高频小额支付场景下，非银行支付机构移动支付的交易笔数和预付卡的使用，远远超过银行卡的使用，因为手机二维码支付一般都是免密的，而银行卡还需要签字，使用二维码支付更为便利。验证了推论二。

第四，同样是移动支付，支付宝和微信支付就比"云闪付"推出的银行卡的二维码支付和银行卡支付使用率更高，因为使用银行卡，商户付费更高，需要购买特定 POS 机和扫码器，收款成本较高。验证了推论三。

## 四、结论和政策建议

（一）结论

本文分析了 2013 年以来非现金支付发展的情况及其规律性，研究发现，传统的票据结算业务出现了较大幅度的下降，而新型的电子化支付工具迅速发展，特别是网上支付和移动支付业务规模出现爆发式增长。本文建立了关于非现金支付工具选择偏好的模型，分析了非现金支付向高频小额支付扩展过程中的规律性。本文认为，非现金支付工具的选择，主要决定于安全性、便利性和使用成本，而这三项因素又受到交易规模的影响。通过数据分析，初步验证了提出的推论：交易规模越大，人们对支付工具的安全性要求越高，对便利性要求越低，也可以接受付费和较高的使用成本。交易规模越小，人们对支付工具便利性要求越高，对安全性要求越低，越不愿接受付费和较高的使用成本。在交易规模一定的情况下，越安全、越便利、使用成本越低的支付工具越能得到使用。在便利性和使用成本要求一定的条件下，支付工具越安全越有可能得到使用。在安全性和使用成本要求一定的条件下，支付工具越便利越有可能得到使用。在安全性和便利性要求一定的条件下，支付工具使用成本越低越有可能得到使用。

（二）政策建议

本文对非现金支付的新发展及其规律性作了初步的分析，还是非常粗浅的，对于非现金支付的认识还要继续深化。为此，提出以下三方面建议：

1. 进一步明确非现金支付的货币功能。2010 年 6 月中国人民银行发布的《非金融机构支付服务管理办法》（中国人民银行令〔2010〕第 2 号），将原来所称的"第三方支付机构"定义为"非金融支付机构"，2015 年 12 月中国人民银行发布的《非银行支付机构网络支付业务管理办法》，采用了"非银行支付机构"的概念，但都是把非银行支付机构视作企业，支付账户的法律属性是企业信用性质的债权凭证。所以这类机构的备付金也就存放在商业银行，非银行支付机构的账户存款和开发的支付工具，也没有被作为具有货币属性的支付手段来对待。2017年中国人民银行发布了《关于实施备付金集中存管的通知》，明确自2017年4月17日起，对非银行支付机构的支付备付金实行集中存管，要缴存到央行，备付金不计息。现在看来，应该重新认识非银行支付机构的性质。从实际操作来看，客户在非银行支付机构开立账户并充值后，相当于在账户中存款，以后每次消费，都是从账户中扣款，已经与商业银行存款账户一样。在预付卡业务中，客户购买了预付卡后，也等于在预付卡公司开立了一个匿名账户或记名账户（如记名加油卡），每次消费都会扣减预付卡余额进行支付，预付卡本质上与银行的借记卡有同样的职能。

因此，现阶段可以从事网络支付业务和预付卡业务的非银行支付机构的账户余额，相当于商业银行的存款账户余额，已经拥有了支付手段、流通手段和价值储藏等货币职能。非银行支付机构账户的特定二维码，相当于虚拟的借记卡，而预付卡公司发行的预付卡特别是多用途预付卡，相当于商业银行的实体借记卡。应将非银行支付机构定义为"货币支付机构"，将其账户定义为"存款货币账户"。非银行支付机构的账户也就相当于商业银行的存款账户，账户余额等同于活期存款，应纳入 M1 范围。

2. 完善有关非现金支付业务的统计，加强对非现金支付工具的分析。

一是加强对非现金支付工具业务的分析。要分析非现金支付工具与商品零售额和居民消费的关系，分析小商户的经营状况。还要分析具有网络支付功能的账户和多功能预付卡账户内部交易情况，进行专项统计，深入掌握小额非现金支付的行为特征。

二是加强对非现金支付工具种类及其业务的统计，分析各种工具的市场份额、交易频率、业务特征、主要应用场景、有无市场分割，为维护支付市场的统一性提供依据。

三是关注非现金支付工具对现金使用的影响。目前因为非银行支付机构的服务场景几乎覆盖了现金支付场景，非现金支付工具对现金流通具有明显的替代作用，需要密切关注非现金支付工具对现金使用的影响，加强对现金需求的科学预测，为科学安排现金的调配提供依据。

3. 加快开发中央银行主导的新型非现金支付工具。近年来，非现金支付的迅速发展主要是由市场和技术力量推动的，在提高支付效率的同时，也出现了不合理竞争和垄断现象。货币支付领域涉及金融秩序与安全，必须在中央银行的统一管理之下，而不能由企业自由竞争。人民银行是支付体系的管理部门，正像货币必须统一一样，为了维护支付体系有序发展，有责任牵头推出适用于小额非现金支付的便捷工具。

自 2014 年以来，人民银行主导进行了深入的"数字货币"研究，并取得了重要进展。确定真正的法定数字货币属于 M0。据有关研究表明，央行数字货币体系的核心要素主要有三点，即"一币、两库、三中心"（姚前，2018）。笔者认为可以加快人民银行主导的非现金支付工具的开发和推广。分析目前比较成功的非现金支付工具，依托账户和利用移动支付工具完成支付是成功的关键。因此，推动人民银行主导的新型的非现金支付工具，可以有以下三个路径。

第一个路径，开发人民银行统一设计的具有 NFC 功能的通用支付卡。通用支付卡由所有商业银行向客户发行。该卡属于借记卡，在使用上相当于预付卡，可以挂接客户的商业银行Ⅲ类账户，应能在 ATM 上自助充值，但不能提取和存入现金。通用支付卡应该成为各种支付场景下的通用支付手段。

目前，在一些省份推广使用的电子现金，就是基于智能卡技术实现对现金货币的电子化或虚拟化模拟，依附芯片既可在脱机情况下实现快速记账和支付，也可通过贴近非接触式受理终端来实现联机交易的数字货币形式。电子现金适应不具备联网通信条件或对交易速度敏感的应用场景，覆盖公共交通、菜市场、快餐店、便利店、咖啡店、景区等快速、小额支付领域，应该完善推广（史浩，2016；姚前，2018）。

第二个路径，开发人民银行通用支付 App。通用支付 App 类似于网络支付账户和移动支付客户端，使用者在人民银行特定支付机构开设账户，账户无须充值，余额为零，通过快捷支付通道与商业银行的Ⅲ类账户连接，确保没有网络银行的小银行也可以参与。在应用场景下，通过主读模式或被读模式依靠二维码进行支付和收款。任何机构都应该接受这种支付方式，凡安装接受这种支付方式的商户无须付费。

第三个路径，推动传统卡基支付逐步向无卡化发展。条码支付和NFC 等移动支付的迅速普及，使银行卡支付在一定程度上脱离了卡片，甚至网点和终端的物理限制，人们越来越倾向于无卡支付。2017 年中国银联携手商业银行、非银行支付机构等产业各方共同发布银行业统一App "云闪付"。其最大的特点是整合和统一，通过"云闪付"可以绑定和管理各类银行账户，统一实现对所有银行卡的管理，完成多家银行的支付（谢众，2018；中国支付清算协会，2018）。"云闪付"的总体设计是好的，但是，从日常实际情况看，"云闪付"在商户中的使用并不广泛，主要原因是使用的便利性不如别的支付工具，对商户收费比非银行支付机构高。本文的分析已经表明，在安全性和便利性相同的情况下，消费者一定会选择使用成本较低的支付工具，因此，中央银行推动的统一新型非现金支付工具，一定要统筹考虑安全性、便利性和使用成本因素，为公众提供受欢迎的非现金支付工具。

## 参考文献

［1］中国支付清算协会．中国支付清算行业运行报告（2015）［M］．北京：中国金融出版社，2015：253－256.

［2］中国支付清算协会．中国支付清算行业运行报告（2016）［M］．北京：中国金融出版社，2016：222－226.

［3］中国支付清算协会．中国支付清算行业运行报告（2017）［M］．北京：中国金融出版社，2017：251－253.

［4］中国支付清算协会．中国支付清算行业运行报告（2018）

[M]．北京：中国金融出版社，2018：1 – 19，232 – 234.

　　[5] 史浩．互联网金融支付 [M]．北京：中国金融出版社，2016：1 – 147.

　　[6] 谢众．支付体系创新与发展 [M]．北京：中国金融出版社，2018：1 – 169.

　　[7] 姚前．数字货币初探 [M]．北京：中国金融出版社，2018：204 – 209.

　　[8] 百度百科．格雷欣法则 [EB/OL]．https：//baike. baidu. com/item，[2019 – 05 – 28].

# 第六部分

# 金融稳定与金融治理

# 中国的金融安全：措施与成效①

【内容简介】改革开放初期，1985—1989 年和 1993—1996 年发生了两次严重的通货膨胀，1993 年出现金融秩序混乱，银行不良贷款比例较高。文章介绍了在国务院的领导下，中国人民银行采取有效货币政策措施，抑制通货膨胀；实行分业经营、分业监管，建立良好的金融秩序；加强金融监管，有效降低不良贷款；建立适合的汇率制度，有效管理资本流动等方面的措施。事实上，正是因为采取了这些有效措施，治理了严重的通货膨胀，维护了金融秩序，保障了金融安全，为经济改革与发展，确立了一个长期稳定的金融环境。

亚洲金融危机的教训深刻地表明，在经济迅速发展和对外开放不断扩大的背景下，一个国家的金融安全至关重要。在过去的十几年中，中国政府十分重视金融安全问题，慎重地把握金融改革和对外开放的步骤，妥善处理经济发展与金融的关系，及时化解金融风险，使我国成功地抵御了国际投机资本的冲击，国内的金融风险不断化解。中国在防范和化解金融风险方面所采取的措施是很有成效的，主要表现就是有效地控制了通货膨胀、建立了良好的金融秩序、降低了商业银行的不良贷款、维护了人民币汇率的稳定。

## 一、采取有效的货币政策，抑制通货膨胀

金融风险既有宏观经济领域的问题，也有微观经济领域的问题。在宏观经济领域，最有危害性的是货币风险，通常指因通货膨胀引起的货

---

① 本文写于 2003 年 8 月，是为"金融稳定与中央银行治理高级国际研讨会"准备的论文。

币贬值而带来的风险。

（一）通货膨胀的表现

中国自改革开放以来，发生了两次严重的通货膨胀。第一次通货膨胀发生在 1985—1989 年，当时，消费物价指数增长率由 1985 年的 8.8% 上升到 1988 年的 18.8% 和 1989 年的 18%。这次通货膨胀是在经济改革初期发生的，金融体系还相对简单，工商信贷业务刚刚从人民银行分离，人民银行专门行使中央银行的职能不久，当时，主要依靠信贷计划管理，控制商业银行的贷款规模，从而使通货膨胀得到控制。

第二次通货膨胀发生在 1993—1996 年。1992—1993 年，固定资产投资和消费增长过快，中国经济出现了过热的现象，前几年货币发行过多造成的滞后影响，自然灾害导致农副产品减产造成供给不足。经济中所累积的通货膨胀压力终于在 1993 年爆发了。当年通货膨胀率达到了 14.7%，随后的 1994 年和 1995 年通货膨胀率分别是 24.1% 和 17.1%。

表1　　　　　　　　　中国的通货膨胀　　　　　　　　单位：%

| 年份 | 通货膨胀率 | 年份 | 通货膨胀率 |
|---|---|---|---|
| 1981 | 2.4 | 1992 | 6.4 |
| 1982 | 1.9 | 1993 | 14.7 |
| 1983 | 1.5 | 1994 | 24.1 |
| 1984 | 2.8 | 1995 | 17.1 |
| 1985 | 8.8 | 1996 | 8.3 |
| 1986 | 9.3 | 1997 | 2.8 |
| 1987 | 7.3 | 1998 | -0.8 |
| 1988 | 18.8 | 1999 | -1.4 |
| 1989 | 18 | 2000 | 0.4 |
| 1990 | 3.1 | 2001 | 0.7 |
| 1991 | 3.4 | 2002 | -0.8 |

（二）适度从紧的货币政策

1995 年，面对严重的通货膨胀，中国政府明确提出实行适度从紧的货币政策，进一步强化金融监管，改善金融服务，坚决把抑制通货膨胀放在金融工作的首位。

适度从紧的货币政策是针对通货膨胀的严峻形势提出来的，不是对宏观经济"急刹车"，而是要促进经济持续、快速、健康发展。1995年，为治理通货膨胀，人民银行采取的紧急措施包括：严格控制货币信贷总量、强化信贷管理，控制固定资产投资规模和消费基金过快增长；继续强化对中央银行基础货币的调控，运用利率、再贴现、抵押贷款和公开市场业务等手段，调控货币总量，加强人民币与外汇和外债的统一管理；大力调整信贷结构，加大对农业的信贷投入，增加农副产品供给；加强现金管理，积极组织存款，控制现金发行；要强化金融监管，依法合规经营，坚决制止和纠正超规模、绕规模发放贷款，挪用流动资金搞固定资产贷款等。

1995年，中国人民银行正式提出了要以货币供应量为监测目标，要根据国民生产总值增长目标，物价涨幅控制指标和货币流通速度变化率，确定货币供应量M2、M1、M0的增长幅度，作为宏观监测指标。

1996年，通货膨胀率降到了8.3%，在有效地控制了通货膨胀后，中国人民银行并没有放松对通货膨胀的警惕，明确确定在"九五"计划期间，仍然要执行适度从紧的货币政策，把抑制通货膨胀放在首位。这时，对适度从紧的货币政策认识理解更加深刻。适度从紧的货币政策包含下列主要内容：

一是货币政策目标要适当，要正确处理抑制通货膨胀和保持经济增长的关系，使物价涨幅低于经济增长率。"九五"时期经济增长8%左右，物价涨幅应比经济增长率平均低2个百分点左右。

二是货币供应要适度，既要能控制物价涨幅，又要促使经济增长保持一定的速度。"九五"时期，狭义、广义货币计划年均增长率分别在18%、23%左右。

三是货币结构要合理，要使M0与M2、M1与M2保持合理的比例。

四是金融调控方式要从直接调控转为以间接调控为主，注重预调和微调，防止经济增长起伏过大。要充分发挥信贷政策引导信贷资金投向的作用，促进经济结构的调整。

实践证明，适度从紧的货币政策是一项符合国情、行之有效的国家宏观经济调控政策，是一项中期货币政策。经过三年多的努力，宏观调控基本上达到了预期目标，整个经济开始进入适度快速和相对平稳的发展轨道。1997 年，国内生产总值增长 8.8%，零售物价上涨 2.8%，货币供应量增幅回落。1997 年末，狭义货币（M1）增长 22.1%，略超过年初计划增长 18% 的目标，广义货币（M2）增长 19.6%，没有超过年初计划增长 23%～24% 的控制目标。流通中的现金增长 15.6%，略超过年初的目标。这一次宏观经济调控及其成效被称为国民经济实现了"软着陆"。

表2　　　　　　　　　货币供应量目标增长率和实际增长率

| 年份 | M0 | | | M1 | | M2 | |
| --- | --- | --- | --- | --- | --- | --- | --- |
| | 数量目标（亿元） | 目标增长率（%） | 实际增长率（%） | 目标增长率（%） | 实际增长率（%） | 目标增长率（%） | 实际增长率（%） |
| 1994 | 1800 | 30.7 | 24.3 | 25 | 26.2 | 23 | 34.5 |
| 1995 | 1500 | 20.5 | 8.2 | 21～23 | 16.8 | 23～25 | 29.5 |
| 1996 | 1000 | 14 | 11.6 | 18 | 18.9 | 25 | 25.3 |
| 1997 | 1200 | 13.6 | 15.6 | 18 | 22.1 | 23～24 | 19.6 |
| 1998 | 1400 | 14 | 10.1 | 17 | 11.9 | 16～18 | 14.8 |
| 1999 | 1500 | — | 20.1 | 14 | 17.7 | 14～15 | 14.7 |
| 2000 | 1500 | — | 8.9 | 15～17 | 15.9 | 14～15 | 12.3 |
| 2001 | 1500 | — | 7.1 | 15～16 | 12.7 | 13～14 | 17.6 |
| 2002 | 1500 | — | 10.1 | 13 | 18.4 | 14 | 16.9 |

（三）实行稳健的货币政策

在亚洲金融危机之后，1998 年中国出现了物价水平下降的新情况，消费物价指数同比下降 2.8%。针对这一形势，中国人民银行于 1999 年提出，要实行适当的货币政策，继续配合积极的财政政策，支持扩大内需。2000 年，针对我国物价总水平持续下降，市场有效需求不足的情况，中央决定实行积极的财政政策，进一步发挥货币政策的作用。2001年，经过一年的实践，这种与积极的财政政策相对应，既保持一定的货币供给增长率，又注重防范金融风险的货币政策，概括为稳健的货币政策。主要内容是：

一是适当增加货币供应。2000年，在降低利率和存款准备金率等措施继续发挥作用的同时，运用再贷款、再贴现、公开市场操作等其他货币政策工具，适当增加货币供应，为执行扩大内需方针提供宏观金融环境。

二是积极引导贷款投向，落实扩大内需、调整结构、促进消费的各项信贷措施，支持各方面对资金的合理需求。

三是支持国有企业实现改革和脱困的三年目标。通过7次降低存贷款利率，累计减少国有企业利息支出2600亿元。对569户国有企业实施债转股3951亿元，使这些企业的资产负债率由70%以上降到50%以下，利息支出减少约180亿元。

（四）当前的货币政策

2003年，人民银行正确处理改革、发展和稳定的关系，切实履行中央银行职责，继续实施稳健的货币政策，稳妥地做好金融监管体制改革工作，加强抗击和防治"非典"工作中的各项金融服务，保障了金融平稳运行。

2003年上半年的货币政策主要有三个重点：

一是针对货币供应量一度增长过快，人民银行通过债券回购交易和发行央行票据等进行对冲操作，并提高了公开市场操作频率，收回市场过多的流动性，保持了基础货币的平稳增长和货币利率的相对稳定。

二是进一步发挥信贷政策的结构调整作用，促进特定行业的健康发展。6月上旬，人民银行发布了《关于进一步加强房地产信贷业务管理的通知》，指导银行调整房地产信贷结构，防止房地产市场过热。

三是采取有力措施，切实做好人民银行系统"非典"防治工作和相应的各项金融服务工作。

从以上分析可见，中国人民银行在过去的 20 多年时间里，针对不同形势，采取了实事求是的货币政策，为经济发展确立了一个相对宽松有序的金融环境。

## 二、实行分业经营、分业监管，建立良好的金融秩序

在中国金融发展的过程中，混乱的金融秩序曾经给中国的金融界带来极大的风险，为保障中国金融秩序的稳定，我国采取了分业经营、分业监管和严禁非法金融活动的政策。

### （一）金融秩序混乱的主要表现

1993 年上半年，我国经济在发展中出现了一些新的矛盾和问题，伴随着投资需求膨胀和货币投放过多，还出现了金融秩序混乱的情况。金融秩序混乱的主要表现概括为"三乱"，即乱设金融机构、乱办金融业务、乱搞集资活动。

一是非法设立金融机构。根据我国现行有关法律规定，只有经过金融管理部门批准才能成立金融机构。被依法批准设立的金融机构在其规定范围内从事各种经营业务，其他任何单位和部门均无权批准设立金融机构，或允许从事金融业务。但是，当时有一些地方，非法设立了各种各样的金融机构，或是通过非金融机构办理金融业务。

二是合法金融机构从事违规金融活动。如一些经过正规法律程序批准设立的金融机构从事账外经营、违规拆借、假信托、假委托、假回购、用银行信贷资金炒股票等。供销社股金用于贷款业务；各种基金会的高息揽储；典当行开展存贷业务等均属于违规经营。

三是未经批准乱集资。这种现象不仅发生在政府管理的部门和企业，也有个人的非法集资活动。根据测算，1993 年上半年全国集资额达 1000 亿元左右，非法集资导致储蓄存款下降，随之银行支付出现困难。国家银行向系统外净拆出资金也超过 1000 亿元。

四是大规模的市场投机行为。1993 年的金融混乱还表现在外汇调剂市场上。1993 年上半年，在外汇调剂市场上，美元与人民币的比价曾一

度达到1:11，这不仅影响我国对外贸易，而且也影响外商的对华投资。

（二）坚决整顿金融秩序

在治理金融秩序混乱方面，有两次较大的整顿。

第一次是1993年治理"三乱"。为了扭转当时的混乱状况，党中央、国务院及时采取措施，在1993年7月召开的全国金融工作会议上，时任国务院副总理兼中国人民银行行长朱镕基在会议的总结讲话中，提出了"约法三章"：第一，立即停止和认真清理一切违章拆借，已违章拆出的资金要限期收回。第二，任何金融机构不得擅自或变相提高存贷款利率。第三，要继续抓"脱钩"，要求银行与所办的各种经济实体彻底脱钩。

第二次是1997年规范金融业务。1994—1996年，"三乱"问题有所好转，但是，银行业和信托业业务交叉问题、银行资金进入股市问题、财务问题、不良贷款问题日渐突出。为此，人民银行在1997年提出了防范与化解金融风险的新的任务。

一是坚决、彻底地取缔非法设立的金融机构，严格执行银行与信托等行业的分业管理原则。

二是严禁银行资金进入股市。严禁银行用信贷资金或拆借资金买卖股票及其他直接投资，严禁通过占用银行联行资金买卖股票，严禁用银行资金垫交股票交割清算资金。严肃清理、纠正和查处证券经营机构经营银行业务等违规行为。

三是继续查处违规经营和私设账外账。

四是加强现金和储蓄账户的管理。为减少现金投放，减少有可能引发的违规犯法活动，必须建立大额现金提现备案、审批制，对违反规定者，要从严处理。

五是坚决抑制不良贷款的上升。要求1997年各国有独资商业银行不良贷款比例比1996年下降2～3个百分点。这是首次对商业银行的不良贷款提出化解任务指标。

2000年以后允许符合条件的证券公司和基金管理公司到资金市场拆

借资金，以证券回购资金，开办了股票质押贷款业务。但是，随后发现信贷资金通过流动资金贷款、证券公司或上市公司担保贷款、个人股票质押贷款、未指定用途消费贷款等方式，直接或间接违规流入股市。2001 年初，再次要求注意防止和纠正信贷资金违规进入股市。

（三）实行分业经营、分业监管的金融体制

在中国金融改革发展的初期，确立一个什么样的金融体制，确实是一个具有战略意义的问题。1994 年《国务院关于金融体制改革的决定》明确指出，国有商业银行"在人、财、物等方面要与保险业、信托业和证券业脱钩，实行分业经营"。根据这一规定，在 20 世纪 90 年代以后的发展中，中国金融业建立了分业经营和分业监管的体制。

1. 关于中国金融改革与发展的总体要求。1997 年 11 月 17—19 日，在亚洲金融危机已经爆发的情况下，中央召开了全国金融工作会议，会后，中共中央、国务院发布了《中共中央　国务院关于深化金融改革，整顿金融秩序，防范金融风险的通知》（以下简称《通知》）。这个《通知》总结了 1993 年以来治理整顿金融秩序，化解金融风险的经验。中央提出，力争用三年左右时间大体建立与社会主义市场经济发展相适应的金融机构体系、金融市场体系和金融调控监管体系，显著提高金融业经营管理水平，基本实现全国金融秩序明显好转，消除金融隐患，增强防范和抗御金融风险的能力，为进一步全面推进改革开放和现代化建设创造良好的条件。

《通知》提出了 15 条重大措施，归纳起来，就是要建立现代金融体系、金融制度和良好的金融秩序。

第一，建立现代金融体系。金融体系由金融机构体系、金融市场体系和金融调控监管体系组成。中央要求，力争用三年左右的时间大体建立与社会主义市场经济发展相适应的金融机构体系、金融市场体系和金融调控监管体系。为此，提出了人民银行分支机构改革、对金融体系的干部实行垂直领导、国有商业银行和中保（集团）公司的省级分行、分公司与省会城市的分行、分公司合并、加快地方性金融机构建设、健全金融监管体系，证券、期货业改由中国证监会统一监管，在适当时机成立国家保险监管机构等措施。

第二，建立现代金融制度。建立现代金融体系，必须有现代金融制度作保证，必须按企业的基本属性建立健全金融企业的管理制度，必须处理好金融企业与政府、与工商企业、与客户以及金融企业之间的关系。提出的要求包括：力争在两年内使国有银行资本充足率达到 8% 以上，中保集团公司的资本金也要达到法定水平；健全金融企业的治理组织结构；完善监事会和股东大会、董事会监督下的行长（总经理）负责制；在国有企业中建立监事会；切实加强金融机构内控制度建设；完善资产负债比例管理制度、贷款审贷分离和贷款担保抵押制度、信贷资产质量管理责任制度等；参照国际惯例，结合我国实际，完善现行信贷资产分类和考核办法；抓紧修改金融机构呆坏账准备金提取和核销制度等；建立统一、严格的财务会计、统计报表制度和信息披露制度。

第三，建立良好的金融秩序。良好的金融秩序，是保证金融机构功能互补、分工合作、有序竞争的基本条件。要求任何部门和任何人不得干预金融企业的业务经营；彻底取缔一切非法金融机构，严禁任何非法金融活动和各种名义的乱集资，整顿农村合作基金会；严格实行银行、信托、证券、保险业的分业经营，逐步实行分业管理，继续清理、查处金融机构一切违法违规经营活动。

2. 中国分业经营、分业监管的特点。

第一，银行、证券、保险机构所经营的业务分离。1993 年，人民银行规定，银行可按规定购买国债、金融债，但不能经营其他证券业务，银行可按规定办理对金融机构之间的委托业务和代收代付业务，不得面向企业和个人办理信托委托业务。证券公司不得以任何形式发放信用贷款，不得通过证券回购、买空卖空等变相拆借资金。信托投资公司要坚持以信托委托业务为主，严禁以办理信托存款为名，变相吸收一般存款和超比例进行贷款和投资。各家银行自办的证券部限期清理撤销，房地产部、国际业务部、信用卡部只能作为银行内部的职能部门，实行统一核算，不能办成独立核算、自成体系的法人机构，不得逃避信贷监督管理，超业务范围搞违章经营。

严格界定商业保险和社会保险业务范围，各单位不得以社会保险的名义，直接或变相办理商业保险业务，也不得以商业保险方式办理社会保险。已开办的，要立即停下来。坚决取缔越权或非法设立的保险公司分支机构及保险中介机构。

第二，金融机构不得兴办经济实体。银行可按资本金的一定比例向金融机构投资，但不得向工商企业投资，银行要与其所办的经济实体脱钩。其他金融机构均不得直接兴办经济实体。

1998 年人民银行再次对分业经营、分业管理提出了要求，同时，督促有关地区、部门对非法从事金融业务的各类基金会、互助会、储金会、股金服务部、结算中心、投资公司进行清理整顿、处理。积极配合有关部门组织好对农村合作基金会的整顿清理工作。对非法集资活动，要依靠当地政府，严格查处。

第三，设立分业监管机构。在银行、证券、保险逐步实现了分业经营之后，相关的监管机构也相继成立。1992 年，中国证券监督管理委员会成立，负责上市公司和证券交易方面的监管，1998 年，对证券公司的监管职能也从人民银行划出。1998 年 11 月，中国保险监督管理委员会成立，负责对保险业和保险业机构的监管。2003 年 4 月，中国银行业监督管理委员会成立，专门行使对商业银行的监管职能，对银行业的监管职能从人民银行划出。

从近十年的发展来看，分业经营和分业监管是适应中国金融发展水平的，也是适应监管水平的，是中国金融安全的一个制度性保障。

## 三、加强金融监管，有效降低不良贷款

### （一）不良贷款问题现状

银行信用风险是指借款人到期不能或不愿履行还贷付息协议致使银行不能按期收回本息而遭受损失的可能性。银行信用风险主要表现为银行贷款中不良资产的比例较高。近年来，中国的不良贷款状况有以下

特点：

1. 不良贷款率高，余额仍然较大。贷款仍是中国金融市场的主要融资渠道。2002 年，国内非金融企业（包括住户、企业和政府部门）融资中，银行贷款占比为 79.4%，国债占比为 15.3%，股票占比为 4%，企业债占比为 1.3%。

四家国有独资商业银行是商业银行的主体。截至 2002 年末，四家国有独资商业银行资产总额 13.55 万亿元，其中，各项贷款 9.25 万亿元，占银行业资产和贷款的比重均为 70% 左右。同时，中国银行业的不良贷款问题主要集中在国有独资商业银行。近些年来，四家银行不良贷款比率一直高于规定水平。不过，目前我国银行业不良贷款已呈逐年下降趋势。截至 2002 年末，按五级分类口径计算，不良贷款率是 26.1%。

2. 不良贷款损失严重。根据 2001 年财政部关于贷款损失的认定标准，据 2001 年 12 月人民银行在全国 30 个省（自治区、直辖市）对四家银行的 120 个二级分行全部呆滞贷款的损失情况进行的调查，四家银行呆滞贷款平均损失率为 57.57%。总损失额占全部不良贷款的 34.7%。按照《贷款损失准备计提指引》规定的比例估算，11 家股份制商业银行的贷款损失总额将达到 1250 亿元。

3. 资本充足率低。1997 年末，金融机构的资本充足率为 3.72%，比 1994 年下降 1.02 个百分点。1998 年，由于发行 2700 亿元特种国债，充实了国有银行的自有资本，资本充足率回升到 6% 左右，但仍明显低于警戒水平。2002 年末，股份制商业银行平均资本充足率为 7.31%，有些银行资本充足率已严重不足。业务规模过快扩张和不良资产大量侵蚀资本是导致股份制商业银行近年来资本充足率不断下降的主要原因。

4. 一些中小金融机构出现流动性风险。流动性风险是指没有足够的现金清偿债务和保证客户提取存款，而给银行带来损失的可能性。主要表现是资产和负债不匹配，资产变现能力不强。由于不良贷款问题严重，一些中小银行、非银行金融机构出现了支付困难，最终倒闭，被迫清盘。

（二）不良贷款问题产生的主要原因

我国的不良贷款问题是多年积累起来的，是国民经济深层次矛盾和种种体制性缺陷的综合表现。概括起来分析，有以下几个方面的原因。

1. 国有企业经营的影响。虽然国有企业的运行机制在不断地进行改革，国有企业的资产负债率很高，必然会造成偿债能力的下降。企业经营周转主要依赖银行贷款，由此形成企业不良债务和银行不良债权，国有企业负债比率高达 70% ~ 80%，而其中银行贷款占比为 85%。据统计，1997—2002 年 8 月，仅四家国有独资商业银行支持国有企业实施破产兼并，直接冲销呆坏账和资产管理公司债权 2664 亿元。

尽管非国有经济的效益比国有经济好，偿债能力也较强，但识别其偿债能力的难度较大，并且故意逃避债务的可能性也较大。

2. 金融机构改革滞后，内控机制不健全。据人民银行一项调查显示，主要由于内部管理原因形成的不良贷款占全部不良贷款的 19.3%，其中贷款"三查"不落实的占比为 5.8%，决策失误的占比为 1.9%，向自办实体贷款形成的占比为 2.6%，账外经营并账形成的占比为 5.9%。

3. 社会信用观念淡薄。长期以来，我国社会信用的法制保护存在严重问题，一些企业借转制之机逃废银行债务，信用意识淡薄，有钱不还，一些地方和司法部门与借债企业结成利益共同体，实行地方保护主义，致使执法不严，执法不力，据统计，2000 年末，在四家国有独资商业银行开户的企业中，逃废债的企业达 32140 户，悬空银行贷款本息达 1851 亿元。

4. 国家政策性因素。如企业兼并破产，纺织、煤炭、军工、森工、外贸、供销等企业的改制等，都形成了大量的不良贷款。如 2001 年末，纺织行业不良贷款为 1250 亿元，不良贷款率为 53.49%；流通体制改革后，供销系统经营环境发生了重大变化，经营状况恶化，导致大量银行贷款无法收回。2001 年末，全国供销系统不良贷款达 685 亿元，不良贷款率为 79.74%。

另外，20 世纪 90 年代初期，对金融监管重视不够，金融监管力量不足，查处不力，也是金融风险产生的一个原因。

（三）化解不良贷款的政策措施

近十年来，中国一直把降低不良贷款作为金融工作的一个重要部分，采取了以下措施并取得了一定的成效。

1. 政策性金融与商业性金融分离。1994 年，分别成立了三家政策性银行，即国家开发银行、中国进出口银行和中国农业发展银行，标志着政策性金融与商业性金融业务分离初步完成。根据规定，国家开发银行承担国家支持的基础设施、基础行业和国民经济支柱产业中限额以上政策性建设和技术改造贷款；中国农业发展银行承担国家粮棉油储备和农副产品收购、农业开发等业务中的政策性贷款；中国进出口银行经营大型成套设备和机电产品出口的买方和卖方信贷。

截至 2002 年末，三家政策性银行的本外币贷款总规模是 17212.91 亿元，其中，国家开发银行是 8951.84 亿元，进出口银行是 894.78 亿元，农业发展银行是 7366.28 亿元。政策性银行本外币贷款占全部金融机构（不含外资）贷款总额的 12.1%。

2. 成立四家资产管理公司，剥离不良贷款。为了解决四家国有独资商业银行的不良贷款问题，1999 年，成立了四家金融资产管理公司，即华融资产管理股份有限公司、长城资产管理股份有限公司、东方资产管理股份有限公司和信达资产管理股份有限公司，分别处理工商银行、农业银行、中国银行和建设银行的不良贷款。截至 2002 年末，共剥离四家国有独资商业银行的不良资产 1.4 万亿元，共处置资产 3014.42 亿元，回收资产 1013.18 亿元，其中，回收现金 674.82 亿元，资产回收率和现金回收率分别为 33.61% 和 22.39%。

3. 实行资产负债比例管理。根据国际上通用的管理要求和我国银行的实际情况，1994 年，人民银行下发了《关于对商业银行实行资产负债比例管理的通知》，规定了资本充足率、存贷款比例、中长期贷款比例、流动性比例、备付金比例、单个贷款比例、拆借资金比例、对股东贷款比例、贷款质量指标九个比例管理指标，并规定了资产风险权重。人民银行要根据这些比例要求加强对商业银行信贷资金的管理，商业银行要根据这些比例并结合各行的情况加强内部资金营运管理。

1994 年，人民银行陆续批准工商银行、农业银行、中国银行、建设银行、交通银行根据人民银行的规定而制定的资产负债比例管理实施办法，对其他金融机构实行资产负债比例管理也作了具体规定。

4. 实行贷款的五级分类，加强风险管理。1998年，参照国际银行界资产质量管理的先进经验与技术，结合我国实际情况，中国人民银行要求所有银行在当年初步推行资产质量五级分类和考核办法。在此之前，我国银行贷款质量划分为正常贷款和不良贷款，其中不良贷款按逾期长短和财政部有关规定，又划分为逾期、呆滞和呆账三类。这种贷款质量划分办法，比较简单地反映了贷款质量，对于改进贷款管理起过一定作用。但是，这种划分办法反应滞后，不能及时反映企业生产经营变化对贷款风险的影响。按实际风险程度，把贷款质量划分为正常、关注、次级、可疑、损失五类，并通过对企业生产经营活动的及时分析，可以准确反映贷款质量，并对各种不正常的贷款按不同比例提取呆账准备金。人民银行要求，经过试点，各国有商业银行和其他商业银行，按新的标准初步划分和反映贷款质量。经过一两年的努力，到2000年使贷款质量五级划分和信贷管理达到较高的水平。

2002年人民银行提出，要严格监督贷款质量五级分类管理制度的全面实施，促进不良贷款余额和比例的继续下降。督促各家银行按照《贷款风险分类指导原则》，结合本行不良贷款的种类和特征，制定贷款质量五级分类的具体标准，并按季汇报贷款质量五级分类的结果；建立商业银行信息披露制度，提高经营信息透明度；继续做好中小金融机构风险化解工作，健全市场退出机制；加大现场检查力度，查处违规经营行为，整顿金融秩序。

5. 规范不良贷款的处理。为了防范经营风险，增强金融企业抵御风险能力，及时处置资产损失，提高资产质量，2001年5月，财政部颁布了《金融企业呆账准备提取及呆账核销管理办法》，明确了金融机构在提取呆账准备金和呆账核销方面的业务规范。该办法规定，金融企业应当根据提取呆账准备的资产的风险大小确定呆账准备的计提比例。呆账准备期末余额最高的为提取呆账准备资产期末余额的100%，最低为提取呆账准备资产期末余额的1%。呆账准备必须根据资产的风险程度足额提取。呆账准备提取不足的，不得进行税后利润分配。呆账核销必须按照严格认定条件，提供确凿证据，严肃追究责任，逐户、逐级上报，审核和审批。对于未按规定足额提取呆账准备，不符合规定条件核销呆账，以及应当核销呆账而不核销隐瞒不报、长期挂账等行为，应当及时进行制止和纠正。

这一规定，大大改变了过去金融企业发生呆坏账之后，提取准备金不足，长期不能核销的状况，对于切实化解金融风险，发挥了重要作用。

6. 解决不良贷款的成效。据银监会统计，2003 年上半年，境内银行业主要金融机构贷款五级分类数据显示：在贷款快速增加的情况下，贷款质量相应提高，不良贷款余额和比率出现"双下降"。银监会分析指出，2003 年上半年金融机构资产质量提高主要呈现两大特点。

一是贷款风险分类结构出现良性变化。6 月末，主要金融机构各项贷款余额为 12.95 万亿元，比年初增加 1.56 万亿元。其中，正常贷款（包括正常类和关注类贷款）余额 10.41 万亿元，正常贷款所占全部贷款的比例为 80.40%，比年初上升 3.51 个百分点。正常贷款中，正常类贷款余额为 8.88 万亿元，占全部贷款的比例为 68.59%，比年初上升 5.74 个百分点；关注类贷款 1.53 万亿元，占全部贷款的比例为 11.80%，比年初下降 2.23 个百分点。

二是不良贷款余额和不良贷款率出现"双下降"。6 月末，主要金融机构不良贷款（次级类、可疑类和损失类贷款）合计为 2.54 万亿元，占全部贷款的比例为 19.60%，比年初下降 3.51 个百分点。分类别看，次级类贷款 3738 亿元，占全部贷款的比例为 2.89%，比年初下降 1.10 个百分点；可疑类贷款 1.47 万亿元，占全部贷款的比例为 11.34%，比年初下降 1.71 个百分点；损失类贷款 6965 亿元，占全部贷款的比例为 5.38%，比年初下降 0.7 个百分点。

分机构看，国有独资商业银行不良贷款余额 20070 亿元，不良贷款率为 22.19%，比年初下降 4.02 个百分点；政策性银行不良贷款余额 3340 亿元，不良贷款率为 18.61%，比年初下降 1.18 个百分点；股份制商业银行不良贷款余额 1967 亿元，不良贷款率为 9.34%，比年初下降 3.51 个百分点。

另外，在市场退出管理环节上，人民银行努力建立一套符合中国实际情况、监管要求和法律程序的金融机构市场退出制度，包括接管、收购、兼并、破产、倒闭及取缔等方面的具体制度或办法，以实现金融体系的优胜劣汰、健康发展。十几年来，清理整顿了部分高风险信托投资公司、城乡信用社和城市商业银行，化解了一批中小金融机构的支付风险。

## 四、建立适合的汇率制度、有效管理资本流动

（一）对外开放中的风险

1. 国际游资的冲击。国际游资对中国金融市场的冲击和其他国家金融危机传递的风险，是近年来对外开放中所面临的主要风险。一般来说，直接投资和贸易性融资对世界经济的发展能起到巨大的推动作用，而短期投机性资本会因市场环境变化而引发无序的资本输入或严重的资本外逃，从而伤害相关国家的经济稳定。短期国际游资与外国企业的直接投资不同，不能增加引入国的生产能力，也不能带来发达国家的先进技术和管理经验，一般是向非贸易部门投资，获取短期投机利润。其首要目标便是证券和房地产市场，导致房地产和股票价格上涨，形成一种人为的虚假经济繁荣，即泡沫经济。近年来，已经发现有大量的短期资本通过各种渠道进入我国，对金融稳定构成了威胁。

2. 国际收支风险。国际收支风险是指一国国际收支状况的恶化所带来的风险。如外汇买卖风险、交易结算风险，它可以引起国内金融危机和某种程度上的经济危机。我国近十年来主要是国际收支顺差，储备不断积累，国际收支风险还不严重。但是，从长期来看，我们对国际收支风险还不能轻视。外国直接投资引致的利润汇出会使我国外汇储备相应减少，不利于我国的国际收支平衡。

3. 汇率风险。在我国外汇管理体制改革之前，外汇调剂市场上的汇率是波动的，构成了实际上的汇率风险。1994年外汇管理体制改革后，建立了以市场供求为基础的、单一的、有管理的浮动汇率制度，名义汇

率逐步升值，达到 1 美元兑 8.30 元人民币后，一直保持稳定。十几年来，对于居民来讲，名义汇率风险是不存在的。

但是，目前，由于我国外汇储备逐步增加，国内金融机构的外汇资产也在不断增加，汇率的贬值或升值，都会给国家和金融机构带来汇率收益或汇率损失。最近 1 年，短期资本大量通过经常项目的交易流入中国，对人民币汇率形成了直接的升值压力，使我国金融机构所面临的汇率风险大大增加。

（二）防范外汇风险的措施

1. 建立适合中国国情的汇率体制。1993 年以前，我国实行的是固定汇率和外汇调剂市场并存的管理体制，外汇额度的调剂价格是波动的。1993 年年中，外汇调剂价格曾高达 1 美元兑 11 元人民币。

在 1994 年进行的外汇管理体制改革中，我国建立了以市场供求为基础的、单一的、有管理的浮动汇率制。这一汇率形成机制是以企业结售汇制度、外汇指定银行结售汇周转头寸限额和中央银行外汇市场供求管理"三位一体"为基础的。企业的外汇收入必须按照公布的汇率出售给外汇指定银行；企业在经常项目下支出的外汇，必须凭有效单据向外汇指定银行购买。中央银行对各外汇指定银行的结售汇周转头寸实行上下限管理，当外汇指定银行持有的结算周转头寸低于下限时，要及时到银行间外汇市场补足；当外汇指定银行持有的结算周转头寸超过上限时，要及时在银行间外汇市场抛出。中央银行随时在银行间外汇市场上吞吐外汇，平抑供求，保证市场出清和汇率稳定。1994 年以来，这一机制较为有效地保证了人民币汇率的稳定，对于促进对外贸易发展，鼓励外商投资，防范国际金融风险对我国经济的可能冲击，发挥了积极作用。

1998 年，人民币汇率在亚洲金融危机中受到了考验。在亚洲金融危机中，东南亚国家的汇率纷纷贬值，人民币相对于周边国家的汇率出现了大幅度的升值。面对亚洲金融危机后的严峻形势，我国政府确定了保持人民币不贬值的政策。当时，保持人民币汇率稳定是非常必要的，如果人民币贬值，将会损害外商投资者的信心，加重我国外债负担，也不利于亚洲金融的稳定。表 3 是 1993—2002 年人民币汇率和外汇储备统计，表中的数据反映了汇率稳定状况。

**表 3** **人民币汇率和外汇储备**

| 年份 | 汇率（人民币/美元） | 外汇储备（亿美元） |
|------|------|------|
| 1993 | 869.00 | 212 |
| 1994 | 844.62 | 516 |
| 1995 | 831.74 | 736 |
| 1996 | 829.82 | 1050 |
| 1997 | 827.98 | 1399 |
| 1998 | 827.87 | 1450 |
| 1999 | 827.93 | 1547 |
| 2000 | 827.74 | 1656 |
| 2001 | 827.66 | 2122 |
| 2002 | 827.70 | 2864 |

资料来源：1993—1999 年数据：《中国金融展望》1994—2000 年各期。

2000—2002 年数据：《中国人民银行年报》。

同样，现在我国汇率水平面临升值的压力。但是，稳定的汇率会有助于中国经济的发展。我们要保持人民币汇率的稳定，同时，探索完善人民币汇率形成机制。2003 年上半年，我国贸易顺差只有 45 亿美元，而银行结售汇的顺差有 600 多亿美元，可见，外汇储备大量增加的主要原因不是贸易顺差，而是短期资本流入，是因为国内外利差引起国际资本的投机性流动，产生了人民币汇率升值预期。在这种情况下，仅仅调节汇率是不适当的，只会对我国实体经济产生不必要的影响。对于资本流动，应该用其他办法来解决。

无论是亚洲金融危机后的坚持人民币不贬值的政策，还是目前坚持人民币不升值的政策，都是从维持世界经济稳定和中国经济稳定的根本利益出发的。人民币汇率的稳定，为国内企业消除了汇率风险，创造了良好的发展环境。中国对外贸易发展的状况表明，稳定的汇率是有利于中国和世界经济的。

2. 把握好人民币可兑换的进程。我国已从 1996 年 12 月 1 日开始实现经常项目下人民币可兑换，比原来承诺的时间提前 3 年多，充分显示了我国政府运用间接手段调节国际收支、稳定人民币汇率的能力和信心。

为了把握人民币资本项下的可兑换进程，几年来，我们采取了以下措施：

一是坚持不懈地打击各种骗汇、逃汇和非法买卖外汇的犯罪行为；组织对信用证、托收和预付货款项下及外资银行货到付款项下涉嫌骗汇案件的查处工作。

二是加强对经常项下结售汇真实性的管理。主要是强化银行外汇收支监管，进一步落实经常项目可兑换原则；建立健全进出口核报制度，提高进出口收付汇核销监管水平。2001 年，外汇管理部门调整管理思路和政策措施，加强管理，改进服务，进行了经常项目外汇账户改革试点，简化了出口核销管理手续，规范了部分服务贸易外汇收支管理。

三是加强对外债的管理。这方面主要包括摸清外债底数，适时调整外债统计口径，将所有外债纳入统计系统，逐步建立资本项目统计监测系统；健全外资流入登记管理制度，加强对国际资本流动的真实性审核，切实强化对金融机构外汇资金流进、流出的监控，防止短期资本流动冲击；控制国际商业贷款的增长，保持适度的外债总量和合理的外债结构，特别注意控制短期外债总量、防止各种形式的隐性外债；强化对银行离岸业务的监管；严把外债登记关和还本付息核准关，限制提前购汇还贷，严格审批购汇偿还国内逾期外汇贷款。

四是切实加强国际收支统计分析工作，提高国际收支、外汇收支和银行结售汇统计数据的准确性和时效性。建立国际收支统计申报制度，执行《国际收支统计申报办法》；完善国际收支调控体系；建立外汇外债监管信息监测网络，提高对国际收支状况预测和分析的水平，为制定宏观经济政策提供科学依据。

当前，中国的经济发展与金融发展已经进入了一个新时期，继续保障金融安全仍是保持经济稳定的一个重要条件。在这方面，中国将加强国际合作，吸取其他国家的先进经验，促进中国金融业健康发展。

# 关于对重要战略机遇期问题的理解①

**【内容简介】** 江泽民同志在党的十六大报告中提出，"综观全局，二十一世纪头二十年，对我国来说，是一个必须紧紧抓住并且可以大有作为的重要战略机遇期。"正确理解和利用好这个战略机遇期，加快金融发展非常重要。本文阐述了对"重要战略机遇期"的理解，说明了金融业在战略机遇期可以大有作为，分析了应该注意的问题。本文提出，经济发展和人民生活水平的提高，催生了对金融服务的新需求。我国的金融发展已经完成了由单一的银行体制出发，模仿其他国家建立各种机构、进行数量扩张、谋求业务多元化的发展阶段，将进入提高综合竞争力、提高现代化管理水平的发展阶段。特别要注意解决银行的不良资产问题，实现城乡金融的协调发展，建立多层次资本市场，促进间接融资与直接融资的协调发展，稳步推进金融对外开放，进一步完善货币政策传导机制，增强货币政策的前瞻性、科学性和有效性。

**请您谈谈对"重要战略机遇期"是如何理解的？**

我认为，从国内经济发展的角度来看，可以从下述几个方面来理解重要战略机遇期的问题。

第一，经过新中国成立以来 55 年的发展，特别是改革开放 26 年来的发展，我国经济规模已经进入了世界前列。2003 年的国内生产总值达到 11.67 万亿元，经济总量居世界第 7 位，人均国内生产总值达到 1087 美元。对外贸易总值达到 8512 亿美元，居世界第 4 位。累计吸引外资近

---

① 本文写于 2004 年 8 月，是为《光明日报》提供的采访稿。

5000 亿美元，成为仅次于美国的第二大利用外资的国家。有 100 多种产品的产量稳定居于世界第一位。这些都说明，我国的经济总体规模已经达到了一定的水平，为下一步发展奠定了坚实的物质基础。我们的目标，不仅是从小到大，而且是要从大到强。

第二，我国经济体制已经从计划经济体制转变为社会主义市场经济体制。在两个方面表现得最为突出：一是大部分的商品价格已经由市场决定。1980 年，我国全部的生产资料和绝大部分个人消费商品价格都是由国家定价的，国家定价商品种类有 660 种之多。目前，由国家定价的商品仅限于中央储备物资，还有烟叶、食盐、重要药品、部分化肥、天然气、水、电、重要交通运输、邮政、电信基本业务等商品和服务。95% 以上的商品资源都由市场来配置。二是企业的所有制形式更加多元化。国有工业资产在社会工业资产总额中所占比重已由改革开放初期的四分之三左右下降为不到五分之二，国有工业总产值的比重由四分之三强下降为不到四分之一。按产业领域划分，国有经济成分大部分集中在电力、航空、铁路、公路、矿山、钢铁等基础产业领域，以及银行、教育、电信等服务部门。按照国际公认的标准测定，2001 年我国市场经济发展程度为 69%，超过了划分市场经济国家的临界水平。我国已经加入世界贸易组织，现在又在国际上争取承认完全市场经济地位，充分说明了这一点。

第三，我国经济已经具有很高的对外开放程度。1990 年，中国对外贸易总额对国内生产总值的比率是 32%，到 2003 年，该比率已达 60%，其中，出口比率是 31%，进口比率是 29%。说明，目前中国国内生产总值中有 60% 是同国际市场相关的。中国的外汇储备从 1993 年末的 212 亿美元上升到 2003 年末的 4033 多亿美元，中央银行通过购进外汇投放出去的基础货币已经是基础货币投放的最主要渠道。对外开放程度的提高，不仅使国际收支状况对国民经济均衡具有重要的意义，而且对货币均衡具有重要的意义。汇率政策成为关系全局的货币政策工具之一。国际资本流动对宏观经济的影响在这一轮宏观调控中表现得更为突出。因此，国际市场和国际资源已经成为我国经济发展中的一个非常重要的因素，利用好国际市场和国际资源，将是我国在实现重要战略机遇期持续稳定发展的有利条件。

以上三个方面的变化，不仅仅是在量的方面的变化，而且是一种结构性的变化，孕育着跨越式发展阶段的到来。

**二十一世纪头二十年，对于我国金融业来说是一个"必须紧紧抓住并且可以大有作为的重要战略机遇期"。请问您是如何理解这句话的？**

我认为，可以从经济发展对金融服务的需求以及金融业所具备的发展潜力两个方面来理解。

从经济发展对金融服务的需求来看，今后二十年，金融业的发展前景是非常广阔的。

第一，人均国民收入水平的大幅度提高，对金融服务产生了新的需求。在人们收入水平较低的时候，对金融服务的需求也许仅限于银行存款，生活中有了节余，只要能存在银行，获得利息就满足了。但是，当收入提高到一定水平之后，对金融服务的需求会出现多元化的趋势。前面已经讲到，目前，我国人均收入已经超过了1000美元，按照国际上的普遍规律，在人均收入超过这一水平时，个人的消费会出现新的结构性变化，这无疑将为个人金融服务的发展提供巨大空间。具体包括：（1）围绕消费结构升级的金融服务，比如住房、汽车消费信贷等将继续得到快速发展。（2）围绕个人金融资产保值增值需要的综合理财服务。随着人均金融资产的增加，金融业发展的一个重点，就是围绕个人金融资产开展相应的保值和增值服务。预计在个人金融服务领域，金融业综合经营将率先取得突破，金融机构将为个人提供涉及银行、证券、保险等多方面的综合性金融服务。（3）围绕社会保障体系建设的金融服务。社会保障体系是国有经济改革的基础。伴随国有企业改革的深入和人口老龄化趋势的发展，社会保障体系的建设将大大提速，金融业在这方面大有可为。

第二，多元化经济体制的形成，对发展多元化的金融机构体系和多层次的金融市场体系，建立健全投资融资体制提出了需求。现在按所有制性质和企业规模划分，民营经济和中小企业已经成为国民经济中的重要组成部分。中小企业在国内生产总值、税收、就业方面的贡献率分别达到60%、50%和75%，成为国民经济发展的一支中坚力量。目前，我国的银行机构还是以国有银行为主，金融市场也主要为国有企业融资服务。随着民营经济和中小企业的发展，为中小企业和民营企业提供良好的金融服务有广阔的空间，这方面，主要包括适合于中小企业的银行信贷服务、多层次的资本市场体系、农村金融服务等。

第三，由于金融对外开放程度的提高，企业和居民对外汇业务的需求会增加。在国际收支方面，不仅传统的经常项下的外汇业务会增加，随着资本项目的可兑换进程，资本项下的业务也会增加。不仅涉及资本流入的业务会增加，涉及对外投资的业务也会增加。不仅外汇业务会增加，涉及境外人民币的业务也会增加。区域性金融合作会有更大的发展。

从金融的发展来看，已经奠定了进一步发展的基础，可以为经济发展提供需要的服务。

第一，金融资产总量已经达到了一定的规模。从货币化程度来看，近十几年来有了很大的发展。如果以货币量对国内生产总值的比率作为经济货币化程度的一个衡量指标的话，中国的货币化程度是逐步提高的。1980—2003年，M0对国内生产总值的比率由7.7%上升到16.9%，M1对国内生产总值的比率由32.3%上升到72.1%，而M2对国内生产总值的比率由41.2%上升到189.6%。截至2004年6月末，金融机构总资产达到了31.7万亿元，各项贷款余额达18.1万亿元、M2余额达23.84万亿元、股票市场流通市值达到4万多亿元，银行间债券市场各种债券流通额达到3万亿元。可以说，中国的经济不仅已经是市场经济，而且已经是充分的货币经济了。

第二，初步建成了由银行、证券、保险和信托等多种类型、不同层次的金融机构分工合作的金融组织体系。银行机构不仅包括4家国有商业银行、3家政策性银行，还有11家股份制商业银行，以及城市商业银行、农村合作银行、农村信用社、财务公司和资产管理公司等。

第三，初步建立了以货币市场、资本市场和保险市场为主的、协调发展的金融市场体系，金融市场在促进资本形成、优化资源配置等方面的功能逐步增强。

第四，货币政策调控已经从直接控制为主转向间接调控，通过适时适度、灵活主动的货币政策调控，避免了经济增长的大起大落，保持了国民经济持续快速健康发展。

第五，建立了分业经营、分业监管的金融监管体系，形成了人民银行、银监会、证监会、保监会"一行三会"的金融管理格局，强化了金融监管和金融稳定的职能。

第六，金融对外开放进一步扩大，1994 年实现了人民币汇率并轨，建立了银行间外汇市场，1996 年底宣布实现经常项目可兑换。资本项目的开放也正在稳步推进。加入世界贸易组织之后，我们已经开始允许外资银行在部分城市开办人民币业务，2006 年，我国金融将全面对外开放，外资金融机构将享受完全的国民待遇。

可以说，我国的金融发展已经完成了由单一的银行体制出发，模仿其他国家建立各种机构、进行数量扩张、谋求业务多元化的发展阶段，将进入提高综合竞争力，提高现代化管理水平的发展阶段。如果不能紧紧抓住发展机遇，金融发展就会滞后于经济发展，制约经济发展的全局。

**我国金融业在这个重要战略机遇期里应该注意哪些问题？**

为了谋求在重要战略机遇期的发展，可以制定非常庞大的金融发展规划，但是在这里，我想强调的是，金融业的发展必须坚决贯彻中央提出的全面协调可持续的科学发展观，实现金融业的全面协调可持续发展。具体来讲，解决好以下几个方面的问题，对于今后的金融发展是非常重要的。

第一，要彻底解决银行的不良资产问题。在过去的发展中，金融对经济发展提供了重要的支持，但是也形成和积累了巨额的不良资产。不论是国有商业银行、其他类别的商业银行还是政策性银行，都不同程度地有不良资产问题，最近几年，虽然加强了金融监管，但是不良资产问题仍然没有从根本上解决，成为银行业进一步发展的沉重包袱。在这方面，要消化历史遗留的不良资产，也要防止产生新的不良资产，还要使化解不良资产制度化。如果不能解决这一问题，商业银行就不能有可持续的发展，甚至会产生严重的金融安全隐患。

第二，要实现城乡金融的协调发展，下大气力发展农村金融和县域金融。最近几年，我国商业银行的内部管理水平和技术水平有了很大的提高，在城市，网上银行、电话银行服务已经非常普遍，各种金融产品也层出不穷。但是，农村的金融服务仍非常落后。由于国有商业银行收缩县级机构，一些金融机构在农村吸收存款而不发放贷款，出现了农村资金向城市转移的现象，不仅不利于农村经济的发展，对于中小企业的发展也非常不利。如果不能解决这个问题，金融二元结构的问题会更加突出，甚至会直接影响城乡经济协调发展的大局。

第三，建立多层次的资本市场，促进间接金融与直接金融的协调发展。目前，我国的资本市场已经具有了一定的规模，在深圳证券交易所也建立了中小企业板。但是，股票交易所仅仅是资本市场的一部分，而不是全部。多层次的资本市场也并不是仅仅在股票交易所中再建立几个板块。所谓多层次资本市场，主要指非交易所形式的各种场外柜台市场，要立足于满足众多非上市公司和中小企业的股权融资需求。为此不仅要发展股票市场，还要发展债券市场；不仅要发展证券形式的资本性融资，还要鼓励非证券化的资本性融资，如创业投资等。

第四，要稳步推进金融对外开放的进程，解决好人民币资本项下的可兑换问题。目前，我国已经实现了人民币在国际收支经常项下交易的可兑换，按照国际货币基金组织对资本交易43个项目的划分标准，目前我国有将近一半的资本项目交易已基本不受限制或受较少限制，有三成多交易项目受较多限制，严格管制的交易项目不到两成。我国已经实现了人民币资本项下的部分可兑换。随着我国经济发展和对外开放程度的提高，对人民币实现完全可兑换会提出更高的要求。要考虑如何引进资本，也要考虑如何引导对外投资。要学会应对国际资本的流动对我国金融所产生的影响。还需要逐步完善我国的人民币汇率机制，使汇率真正成为调节对内均衡与对外均衡的工具。在完善对外汇管理的同时，也要引导好人民币在境外的流通，加强与周边国家的区域性金融合作，促进金融对外开放与对内金融稳定协调发展。

第五，要进一步完善货币政策调控，理顺货币政策传导机制，增强货币政策的前瞻性、科学性和有效性。自从改革开放以来，我们已经积累了丰富的宏观经济调控经验，20世纪90年代实行的适度从紧的货币政策、亚洲金融危机以后实行的稳健的货币政策，以及2003年以来所采取的宏观调控政策，为保持经济持续健康发展，发挥了重要的作用。在今后二十年左右的重要战略机遇期中，因为消费结构、社会结构和工业结构的升级变化，对外开放进入新的阶段，货币政策所面对的问题可能会更加复杂。因此，我们必须不断提高决策的水平，充分发挥货币政策的作用，应对可能出现的经济波动，为经济的发展创造良好的金融环境。

# 促进金融市场发展　妥善处理
# 金融业经营与监管方式的关系①

【内容简介】经过改革初期的探索，特别是20世纪90年代的金融秩序混乱和整顿，1997年11月中央召开的全国金融工作会议，确定了金融业分业经营、分业监管的架构。本文回顾了中国金融业分业经营和分业监管体制的设立背景，分析了金融业务的发展对监管体制的挑战，以及金融机构在产品融合、业务合作、产权相互渗透、成立金融服务集团等综合经营方面的表现，提出了"合理分业、适度综合、行业自律、协调监管"的原则。本文认为，应该比较明确地把金融机构划分为银行、证券、保险、信托、基金管理公司等类别，明确界定业务产品的性质归属，这是监管的基础。金融控股公司是实现综合经营的最主要组织形式。在监管方面，要加强行业自律，建立分业监管机构之间的协调机制。在对机构进行分业监管的基础上，还要对综合经营的金融机构业务进行分业监管。

金融业是分业经营还是综合经营？金融监管是分业监管还是综合监管？这是伴随着中国金融发展过程的一个重要的问题。正是因为与改革开放之初的情况相比，中国当前的金融业有了巨大的发展，人们才更加关心金融业的经营方式问题；正是因为中国目前已经建立了世界上最为纯粹的分业监管体制，人们才更加关注是否综合监管更加有效率。能够讲清楚这个问题并不容易。下面，本人仅就金融业的经营与监管方式的关系问题，谈几点个人看法。

---

① 本文是笔者2004年9月在"投资连结保险与中国保险市场发展研讨会"上的讲演。

## 一、中国金融业分业经营和分业监管体制的设立背景

回顾中国金融改革与发展的历程会发现，中国金融业经营方式与监管体制是不断变化的。从起源上讲，中国金融业分业经营和分业监管体制的设计，并不是从实现金融业的效率出发的，而是从治理金融秩序混乱、防范金融风险出发的。

（一）改革开放初期的金融体制特点

中国现在的金融业是在计划经济体制下发源的。20 世纪 50 年代至 70 年代，中国的金融业架构非常简单。全国只有中国人民银行、中国银行、中国人民建设银行、中国农业银行四家银行，中国人民银行既负责货币发行，也经营城镇居民储蓄和工商信贷业务。中国银行作为经营外汇业务的专业银行，由中国人民银行管理。1979 年，中国银行从中国人民银行中分设出来，作为外汇业务专业银行。建设银行隶属于财政部，负责基本建设贷款业务，农业银行负责农村金融业务。

1984 年，居民储蓄业务和工商信贷业务从中国人民银行分离，成立了中国工商银行，专门从事城镇居民储蓄和工商信贷业务，中国人民银行成为专门行使中央银行职能的中央银行。非银行金融机构只有中国人民保险公司，负责全部的保险业务。当时，这些国有银行还是称为国有专业银行，可以说，当时是在几个国有专业银行之间实行银行业务的"分业"经营。

进入 90 年代以后，四大国有专业银行陆续向业务多元化方向发展，也就是向综合性的商业银行业务的方向发展。1994 年成立了三家政策性银行，从四家国有银行剥离了政策性业务。90 年代，国内各种股份制商业银行、地方性商业银行也相继成立。农村信用合作社脱离农业银行，在城市建立了城市信用合作社。新生的商业银行全都是从事综合性的银行业务，彻底改变了原来国有专业银行的格局。

可以说，在改革开放之初，在商业银行领域，首先实现了商业银行

业务的综合经营，而仅由中国人民银行一家监管机构对银行业实行综合监管。

（二）20 世纪 90 年代的金融秩序混乱与整顿

在经过 20 世纪 80 年代银行业的发展与分化之后，中国的非银行金融机构开始发展。中国的股票市场建立于 1990 年。1990 年末，上海证券交易所和深圳证券交易所相继成立。随着资本市场的发展，证券公司、信托投资公司、财务公司等非银行金融机构先后建立。因此，在金融业的发展中，第一次遇到了在出现丰富的金融业务的条件下，如何进行金融机构之间的分工问题。

90 年代初期，我国经济在发展中出现了一些新的矛盾和问题，伴随着投资需求膨胀和货币投放过多，还出现了金融秩序混乱的情况。在治理金融秩序混乱方面，90 年代有两次较大的整顿。

第一次是 1993 年治理"三乱"。金融秩序混乱的主要表现概括为"三乱"，即乱设金融机构、乱办金融业务、乱搞集资活动。

为了扭转当时的混乱状况，党中央、国务院及时采取措施，在 1993 年 7 月召开的全国金融工作会议上，时任国务院副总理兼中国人民银行行长朱镕基在会议的总结讲话中，提出了"约法三章"：第一，立即停止和认真清理一切违章拆借，已违章拆出的资金要限期收回。第二，任何金融机构不得擅自或变相提高存贷款利率。第三，要继续抓"脱钩"，要求银行与所办的各种经济实体彻底脱钩。

1994 年发布《国务院关于金融体制改革的决定》明确指出，国有商业银行"在人、财、物等方面要与保险业、信托业和证券业脱钩，实行分业经营"。根据这一规定，在 90 年代以后的发展中，中国金融业建立了分业经营和分业监管的体制。

第二次是 1997 年规范金融业务。1994—1996 年，"三乱"问题有所好转，但是，银行业和信托业业务交叉问题、银行资金进入股市问题、财务问题、不良贷款问题日渐突出。为此，中国人民银行在 1997 年提出了防范与化解金融风险的新的任务。特别提出坚决、彻底地取缔非法设立的金融机构，严格执行银行与信托等行业的分业管理原则。严禁银行资金进入股市。严肃清理、纠正和查处证券经营机构经营银行业务等违规行为。

2000 年以后允许符合条件的证券公司和基金管理公司到资金市场拆借资金，通过证券回购获得资金，开办了股票质押贷款业务。但是，随后发现信贷资金通过流动资金贷款、证券公司或上市公司担保贷款、个人股票质押贷款、未指定用途消费贷款等方式，直接或间接违规流入股市。2001 年初，再次要求注意防止和纠正信贷资金违规进入股市。

可见，在初步建立了分业经营的情况下，防止银行资金进入股市，一直是困扰监管当局的一个问题。

（三）建立分业监管机构

1997 年 11 月 17—19 日，在亚洲金融危机已经爆发的情况下，中央召开了全国金融工作会议，会后，中共中央、国务院发布了《中共中央 国务院关于深化金融改革，整顿金融秩序，防范金融风险的通知》（以下简称《通知》）。这个《通知》总结了 1993 年以来治理整顿金融秩序、化解金融风险的经验。中央提出，力争用三年左右时间大体建立与社会主义市场经济发展相适应的金融机构体系、金融市场体系和金融调控监管体系，显著提高金融业经营管理水平，基本实现全国金融秩序明显好转，消除金融隐患，增强防范和抗御金融风险的能力，为进一步全面推进改革开放和现代化建设创造良好的条件。

在银行、证券、保险逐步实现了分业经营之后，相关的监管机构也相继成立。

1992 年 8 月，国务院决定成立证券委员会（国务院证券委）和中国证券监督管理委员会（证监会），将证券业的监管职能从中国人民银行分离出来。1997 年，国务院决定将上海证券交易所、深圳证券交易所划归证监会直接管理。1998 年，根据全国金融工作会议关于防范和化解金融风险的要求，确立了实行集中统一的证券监督管理体制的改革目标，在机构改革中，撤销了国务院证券委，职能并入中国证监会，由中国证监会统一负责全国证券期货市场的监管。中国人民银行的证券监管职能移交给中国证监会，地方证券监管部门也改由中国证监会垂直领导，并选择中心城市设立证券监管办公室，作为中国证监会的派出机构，对辖区内上市公司和中介机构进行监管。

中国保险监督管理委员会（保监会）于 1998 年 11 月 18 日成立，根据国务院授权履行行政管理职能，依照法律、法规统一监督管理全国保险市场。

中国银行业监督管理委员会（银监会），是根据党的十六大精神，经第十届全国人民代表大会第一次会议批准设立的国务院银行业监督管理机构。2003 年 4 月 26 日，十届全国人大常委会第二次会议通过决议，授权银监会履行原由中国人民银行履行的银行业监督管理职责。4 月 28日，银监会对外挂牌并正式履行职责。

至此，中国建立了彻底的金融分业经营与分业监管的体制。从改革开放时计算，用了 25 年的时间。

从金融业分业经营和分业监管形成的历史过程可以看出，我们设立分业经营与分业监管的体制，不是源于为了实现金融业的最优效率，而是源于治理金融秩序混乱，防范和化解金融风险。因此，对现有体制的任何调整，必须考虑是否有利于保证金融秩序，是否有利于防范和化解金融风险。

## 二、当前金融业务的发展对监管体制的挑战

生产力决定生产关系，这是马克思历史唯物主义理论的一个基本理论观点。金融业的发展也离不开这个观点所揭示的规律。生产力有三个要素：劳动工具、劳动对象和劳动力，三者的不同形态，代表不同的生产力水平。生产力水平的发展，往往是从生产工具和生产对象的变化开始的。可以设想，一个职员只有简单银行知识、用算盘计算、用账簿记账、仅处理存贷款业务的银行，与职员具有现代金融知识、利用计算机和电脑网络处理业务、从事金融衍生产品交易的银行是大不相同的，银行业生产力水平不同，对于银行的组织形态与监管机制有完全不同的

需求。

目前，世界上主要发达国家都出现了金融综合经营的趋势，对我国有很大的影响。我国金融业务的发展，也对分业经营提出了挑战，主要表现在以下几个方面。

（一）金融机构种类与金融资产规模已经有了很大的发展

银行金融机构。截至 2003 年末，我国的银行机构共有 130 多家，其中包括政策性银行 3 家、国有独资商业银行 4 家、股份制商业银行 12 家、城市商业银行 112 家、农村商业银行 3 家。银行业金融机构境内本外币资产总额达到 27.64 万亿元。

非银行金融机构。非银行金融机构主要有信托投资公司、财务公司、金融租赁公司、汽车金融公司等。截至 2003 年底，全国共有 160 家持续经营的非银行金融机构，其中，已重新登记的信托投资公司 57 家，拟保留但尚未重新登记的信托公司 17 家，企业集团财务公司 74 家，金融租赁公司 12 家，年底首批获准筹建的汽车金融公司 3 家。这 160 家非银行金融机构的资产总额 8250.21 亿元，负债总额 7324.32 亿元，所有者权益 925.89 亿元，利润总额为 56.46 亿元。

邮政储蓄。截至 2003 年末，全国已拥有邮政储蓄经营网点 32239 个、储蓄存款余额 9700 多亿元，从业人员 12 万人，已经成为仅次于四家国有独资商业银行的重要存款机构。

保险机构。截至 2003 年末，我国共有保险公司 61 家，6 家保险集团（控股）公司，2 家保险资产管理公司。专业保险中介机构 705 家。保险业总资产 9122.8 亿元。截至 4 月末，保险业总资产首次突破 1 万亿元大关，达到 10125 亿元。

证券机构。截至 2003 年末，我国共有证券公司 133 家，总资产约为5618 亿元，营业网点约 3000 个；基金管理公司 34 家，证券投资基金 95只，基金规模 1650.09 亿份，基金总净值为 1744.31 亿元。

如此众多的金融机构，已经在银行、保险、证券业，形成了竞争格局。这对各类机构的经营管理提出了严峻的挑战，迫使金融机构开拓新型业务，推出新的产品。这些新产品，往往涉及综合经营问题。

（二）金融市场体系基本形成

货币市场。我国货币市场法规体系逐步完善，更多新类型的金融机构加入市场，交易主体的数量大幅增加，市场交易工具多样化。2003年，银行间同业拆借市场全年累计成交2.4万亿元，比2002年增加约1.2万亿元，增长约100%，比2001年增长近2倍。银行间债券市场交易十分活跃，成交金额屡创历史新高，国债、金融债券、中央银行票据等发行和交易良好，已成为中国金融市场的重要组成部分。2003年，银行间债券市场成交金额再创历史新高，累计成交14.8万亿元，同比增加4.2万亿元，增长39.62%。近年来票据市场逐步规范，运行平稳，票据转贴现业务日渐活跃，成为金融机构融通资金、改善资产结构的有效工具。票据市场的价格形成机制市场化程度也进一步加深。

外汇市场。由于我国外贸增长迅速、境内外美元利差扩大及本外币利差变化等原因，银行间外汇市场交易量显著增加。2003年，各外币币种累计成交折合1511亿美元，同比多成交539亿美元，日均成交6.02亿美元，同比增长54.4%。其中，美元品种成交1478亿美元，日均成交5.89亿美元，同比增长54.2%。

保险市场。1999—2003年，我国保险业保费收入以年均29.2%的速度持续增长，其中人身险保费收入年均增长36.3%，增幅比财产险保费收入高22.6个百分点。随着保险市场的快速发展，保险公司的可运用资金不断增加，资金运用渠道主要为银行存款和国债投资。到2003年末，保险公司的银行存款和投资资金合计余额为8379亿元，比1999年增长3.6倍。

股票市场。股票市场在上市公司的数量、融资金额和投资者数量等方面，已经具备了相当的规模。在产品以及法规制度方面，市场的基本要素和基本框架已经形成。技术系统建设方面成果显著。截至2003年末，我国境内上市公司总数达1287家，总市值42457.71亿元，流通市值13178.51亿元。

金融市场的发展，为银行、保险、证券机构开发跨市场的业务产品，提供了发展的空间和诱惑，也对资金在各个市场间流动提出了需求。

（三）对外开放程度大大提高

截至 2003 年 12 月末，在华外资银行营业性机构为 192 家，其中，外国银行分行 156 家、下设支行 13 家，外资法人机构（包括外国独资银行、合资银行、外（合）资财务公司）15 家、下设分支行及附属机构 8 家；代表处 209 家。在华外资银行资产总额为 488.44 亿美元；贷款总额为 224.1 亿美元，负债总额为 439.33 亿美元。

截至 2003 年末，我国共有保险公司 61 家；共有 13 个国家和地区的 37 家外资保险公司在华投资，设立了 62 个保险营业机构，其中寿险类营业机构 34 个、产险类营业机构 25 个、再保险类营业机构 3 个；有 19 个国家和地区的 128 家外资保险机构在华设立了 192 个代表机构和办事处。外资保险公司保费收入占全国保费收入比重也在逐年增加，在开放较早的上海，外资保险公司的市场份额有 12% 左右。

截至 2003 年末，获得 QFII 资格的境外机构投资者已有 15 家，包括瑞士银行有限公司、花旗环球金融有限公司、摩根士丹利国际有限公司、野村证券株式会社、高盛公司、摩根大通银行、汇丰银行、荷兰商业银行、日兴资产管理有限公司、瑞士信贷第一波士顿、德意志银行等，投资总额达到 17 亿美元。此外，5 家外国银行分行经批准已获得 QFII 托管人资格。

在加入世界贸易组织的过渡期结束后，外资金融机构将在我国享受完全的国民待遇。在外资金融机构中，有许多机构的母公司是金融控股公司，母国金融业实行的是综合经营，它们在经营管理与资金运作方面具有明显优势。为应对外资金融机构的挑战，我国金融业也需要做大做强，增强竞争力，这也对综合经营提出了要求。

## 三、当前金融机构综合经营的主要表现

（一）产品的融合

在从事综合经营方面，最容易取得突破的是产品创新，而目前产品

创新的最主要形式便是产品融合。如在保险业内，最具代表性的融合性产品便是平安保险、中宏人寿保险、太平洋保险等率先推出的投资连结保险。投资连结保险是指包含保险保障功能，并至少在一个投资账户中拥有一定资产价值的人身保险。目前，商业银行业务更加多元化，有价证券投资业务得到较快的发展。商业银行也已经可以从事货币市场基金类的业务。虽然还是一种货币市场上的产品，但已经向综合经营迈出了实质性的一步。

（二）金融机构间的业务合作

金融机构间业务合作基础是对业务网络与客户信用信息的共享。我国发展较快的是银保之间的合作。其形式包括银行发行保险联合借记卡代为销售保险产品，通过质押具有一定现金价值尚未到期的保单发放个人贷款，以及全方位实现更为便捷的相互结算及信用业务等。商业银行的代理业务已有很大的发展，如代理证券业务、代理保险业务等。

（三）金融机构产权的相互渗透

在国内实行较严格的分业经营原则的情况下，保险公司与国内其他金融机构较难在产权的层次上达成合作。1993 年平安保险公司引入摩根、高盛两个知名投资银行产权投资，已经拉开了外资投资公司、银行、金融集团与保险业的产权合作的序幕。与此同时，国内金融机构之间也开始出现产权的间接交叉。

（四）综合性的金融服务集团

就我国而言，组建综合性的金融服务集团即打破目前的"分业经营、分业管理"的原则，将产险、寿险、信托、证券、银行业务纳入统一的经营框架之下。这种集团的组织形式一般是金融控股公司。在目前没有相关法律支撑的情况下，我国已存在几个金融控股公司，如中信集团、光大集团等。部分国内保险公司也一直在通过引入策略性股东等方式，为组建金融服务集团的长远目标而努力。

## 四、妥善处理金融业经营方式与监管方式的关系

如果将经营方式分为分业经营与综合经营，将监管方式分为分业监管与综合监管，那么从组合上，经营方式与监管方式会有四种组合，但实际上，各国的金融业经营方式与监管方式只存在三种组合，即分业经营与分业监管、综合经营与综合监管、综合经营与分业监管。

分业经营与分业监管模式。在这种模式下，银行、证券、保险等金融机构，只能从事各自的主要业务，不能从事其他行业的业务，泾渭分明，而监管机构则按机构设立，一般分别设立银行监管部门、证券监管部门和保险监管部门。我国目前的状况即是如此。

综合经营与综合监管模式。在这种模式下，银行、证券、保险实行综合经营，同时，也只有一个综合监管部门，统一管理各类金融机构，如德国等一直实行综合经营的国家。另外，20 世纪 70 年代以来，英国、日本、韩国等都实行了改革，允许银行从事非银行业务，同时，建立了统一的金融监管部门，如英国的金融服务管理局（FSA），日本、韩国也有类似的机构。

综合经营与分业监管的模式。在这种模式下，银行、证券、保险等金融机构可以适度综合，同时，有独立的银行监管当局、证券业监管当局和保险业监管当局。在各个监管当局之间，建立必要的协调机构。我国香港特别行政区实行的就是这种模式，而内地对这类模式的研究并不多。

前面已经讲过，我国用了整整 25 年的时间建立了比较完整的分业经营和分业监管的体制。这个体制与我国的金融业发展程度和监管能力是比较符合的。虽然现在金融业的发展对综合经营提出了一定的要求，但是，在短期内，要改变分业监管的格局是不现实的，也是不必要的。

总结各国的经验，我认为，在今后一段时期内，在处理经营方式与监管方式的关系方面，应该把握以下四个原则。

### （一）合理分业

合理分业是指应该比较明确地把金融机构划分为银行、证券、保险、

信托、基金管理公司等类别，明确界定业务产品的性质归属。因为，这几类金融业务的运作机制是完全不一样的。将金融业务分为这几类，有利于设立不同的业务准则和监管标准。这是从事综合经营的基础，也是进行监管的基础。大型的金融控股公司不可能简单确定其类别，但这不应该是大多数金融机构所采取的模式。如果把所有金融产品或业务排列在一起，应该是一个谱系，虽然连续，但是总能在某一个点，区分为不同的业务类型。

（二）适度综合

适度综合是指在银行、保险公司和证券公司从事其他类别的业务方面，综合要有个限度，不是随便怎么做都可以。

这里有三个层面的问题要说明：

第一，综合的兼容方向，应该是由银行向保险和证券方向进行综合经营，也就是允许银行从事保险和证券业务，保险机构可以从事证券业务，而不是反方向，如保险机构可以从事银行业务，或证券机构从事保险或银行业务。在这方面，银行更像一个超市，而保险和证券机构更像专门店。如在我国香港地区，在从事证券业务方面，银行具有豁免地位，无须另行申请经营证券业务的牌照。但保险公司和证券公司却没有从事银行业务的豁免地位。

第二，综合经营的组织形式可以是多样的，但主要应该采取金融控股公司的形式，也就是集团综合，而法人分业。事实上，在实行综合经营的国家，金融控股公司是实现综合经营的最主要的组织形式。

全能银行是指在银行内部设置业务部门、全面经营银行、证券和保险等业务，金融业务混合、交叉经营，"一个法人、多块执照、多种业务"，又称作"一级法人制"。全能银行源于德国，是在银行角度进行的综合经营，也是综合经营的一种极端的形式。

金融集团有三种模式。一是松散合作模式。集团内各金融机构相对独立运作，在组织结构上没有联系，相互之间只有形式松散的合作协议，如交叉销售协议等。一体化程度较低的金融集团多采用此种模式。二是子公司模式。商业银行对保险公司和证券公司直接控股，以子公司的方式进行业务渗透和扩张。此模式由于资金调度的"黑箱"操作性，不仅放大了银行的经营风险，而且增大了金融监管的难度。三是金融控股公司模式。在相关的金融机构之上建立金融控股公司，形成母子公司的架构。各金融机构相对独立运作，但在诸如风险管理和投资决策等方面以控股公司为中心；子公司之间实行完全的分业经营、分业管理，商业银行、证券公司和保险公司等以控股公司的方式相互进行业务渗透，在集团层面形成综合形式的联合经营。

第三，并不是所有的机构都可以从事综合性业务。在这方面，往往只是较大的银行从事多元化的业务，而其他类别的机构更多的是从事专业化的业务。并不是所有金融机构都自然有从事其他类别业务的豁免资格。从事综合经营的机构，可以由不同的监管部门发放专门的牌照，而不是凭借一个牌照从事多种业务。

（三）行业自律

行业自律是指由金融机构成立行业性组织，对本行业的业务标准和行为进行有效的约束，保持合理竞争。

对金融机构来讲，无论实行什么样的经营方式还是监管方式，自律是非常重要的，没有自律，什么样的监管都要打折扣。这方面，应该有两个层面的自律。一是金融机构本身的自律。对于从事综合经营的机构，特别是银行，一定要有严格的内部监管机构。在实行综合经营的国家，即便在一个从事综合经营的银行内部，从事银行业务与从事证券业务或投资业务的部门之间，也要建立一个"中国墙"（chinese wall），为的是防止信贷部门与投资部门对上市公司进行操控。

二是行业自律。金融监管当局也有其局限性，金融市场化程度越高，潜在的问题就越多，管理就越难。监管者与被监管者、加强管制与要求放松管制的矛盾日益突出，单一的政府行政管理已经出现了滞后于市场发展的问题。解决这一问题需要采取多方面的措施，其中重要的是加强金融业的自律，包括建立和完善金融业的自律组织。金融业自律的方式主要是建立金融各个行业的同业公会。在其他国家，同业公会自律的工作内容主要有：（1）对会员的管理，包括会员的注册管理以及从业人员的资格管理；对会员的内控制度进行检查；要求会员定期或不定期提供财务状况的报告，重点检查会员财务状况和内部风险管理运作以及业务经营水平；为会员服务，倾听反映会员的意见和解决内部纠纷。（2）对会员交易活动进行监督。包括制定行规，监督会员的规范化运作、负责市场交易规则的顺利推行，通过市场监视系统追踪市场最新动态，及时制止和制裁市场违规者。（3）利益保护。同业公会作为政府与会员之间的桥梁，代表行业积极从事社会公益活动，以保护和促进行业的发展。同时，为了预防金融市场的重大损失和意外事故，还可自行出资或配合政府有关部门建立各种基金，如市场平准基金等，以稳定市场和保护存款人、投资人、消费者以及内部会员的利益。

（四）协调监管

协调监管是指政府的各种监管当局，在对金融机构监管方面进行协调与合作。

我国现行的制度是分业经营和分业监管机制，但是，面对金融产品之间的界限更加模糊，金融机构之间在经营方面的协作更加普遍，金融监管机构之间的协调也日益重要。在金融监管机构之间应该建立几个层面的监管机制。

1. 妥善处理中央银行与监管机构之间的职能分工。在金融监管机构的协调方面，首先要明确各自的分工。中央银行的职责是保持金融稳定，应该加强宏观审慎监管，主要应对系统性金融风险，在必要的时候执行最后贷款人的职能。而行业监管当局的职能是微观层面的监管，防范个体机构的风险，进行日常监督和保障金融机构的稳健运作。在这方面，应该强调监管的专业性质，而不是机构的整合。设立一家机构和设立几家机构的性质是一样的，即便在一家机构中，也要按行业安排不同的人员进行专业的监管。

2. 监管机构之间建立实质性的组织安排。第一，在不同监管机构之间建立必要的代理关系。如果银行可以经营多种业务，这就涉及银行监管当局与其他监管当局之间的协调问题。从香港的经验看，可以实行按机构进行分业监管，而业务监管方面，是由主监管机构按照另一个监管机构制定的规则进行日常的和现场的监管，同时在两家机构之间进行充分的协调。金融管理局负责对银行业务进行全面的监管，不仅监管银行业务，而且监管证券业务，而证监会负责监管投资银行的证券业务和证券公司的业务。保险业监管处负责对保险业的监管，各个监管之间建立必要的协调和合作机制。

第二，建立监管当局的联系机制。监管机构间应该建立密切合作的机制，通常采取面对面的会见，建立联席会议制度以及签订谅解备忘录等。一些国家的中央银行、监管者采取交叉任职的办法加强联系。例如英格兰银行负责金融稳定的副行长是金融服务局的董事会成员，同时金融服务局的主席是英格兰银行的董事会成员。

第三，建立信息交流机制。在防范金融风险方面，建立监测体系和预警体系是非常重要的，由于在综合经营的情况下，一家机构所形成的风险会涉及多家监管机构的职能范围，建立监管机构之间的信息共享机制显得非常重要。

3. 加强中国人民银行、监管机构与其他政府部门之间的合作。各监管机构应当与财政部等政府部门保持密切的联系和良好的合作关系。因为，金融业的问题往往要涉及其他宏观经济管理部门，如国有独资商业银行和四大资产管理公司均由财政部划拨资本金。应当建立发展改革委、财政部等宏观经济管理部门与中国人民银行、银监会、证监会、保监会的部际联席会议制度，为有效防范和处置金融风险、堵塞监管漏洞、切实维护国家金融安全形成合力。

# 优化金融环境　改善金融生态①

【内容简介】2004 年，中国人民银行行长周小川创造性地提出了"金融生态"的概念，立刻在理论界和实践层面引发了广泛关注。本文介绍了金融生态环境的概念，分析了改进信贷政策实施方式与构建良好的金融生态环境的关系，提出了改善金融生态环境，推动金融市场发展的思路。本文认为，信贷政策在引导信贷资金合理配置方面可以发挥明显作用，从而改善金融生态环境。从现实条件看，我国中央银行的信贷政策将在未来较长时期内继续发挥重要作用。良好的金融生态环境，对于推动金融市场充分发挥资源配置功能、降低金融交易成本、促进经济健康发展具有重要的作用。改善金融生态环境需要改造金融市场的微观基础，完善法律制度、信用体系、中介服务体系和监督管理体系。

金融生态环境建设是目前经济金融界的一个热点问题。优化金融生态环境，不仅关系到经济金融发展的"血液循环"，也是党中央提出的以人为本，全面、协调、可持续的科学发展观在金融领域的体现。理解金融生态的深刻内涵、创造良好的金融生态、促进经济的可持续发展，在当前具有十分重要的意义。

## 一、金融生态、金融主体和金融生态环境

2004 年，中国人民银行行长周小川创造性地提出了"金融生态"的概念，并强调以此来考虑金融发展问题。将生态概念引申到金融领域，是金融理论研究的一项创造性成果，一经提出，立刻在理论界和实践层

---

① 本文是笔者 2005 年 10 月 13 日在"2005 淄博市优化金融生态论坛"上的讲演。

面引发了广泛关注。

金融生态指金融内外部因素之间相互依存、相互制约的有机联系。金融生态是一个仿生的概念，参照生态学对生态系统的分析，我们可以把金融生态界定为由金融主体及其赖以存在、发展的金融生态环境构成的一个彼此依存、相互影响、共同发展的动态平衡系统。

金融主体指的是金融产品和金融服务的生产者。它既包括金融机构和金融市场这些直接提供金融产品和金融服务的主体，也包括那些以制定政策、确定规范、进行调控和实施监管为职能，从而直接影响金融机构和金融市场运行的金融决策机构和金融监管机构。

金融生态环境指的是由居民、企业、政府和国外等方面构成的金融产品和金融服务的消费群体，以及金融主体在其中生成、运行和发展的一系列外部基础条件，主要包括宏观经济环境、法治环境、信用环境、市场环境和制度环境等方面。

创造良好的金融生态，重点是创造良好的金融生态环境。良好的金融生态环境可以包括以下几个方面。

一是稳定的经济环境。经济决定金融，稳定的宏观经济环境是改善金融环境的重要前提。经济运行的大起大落，对金融业稳健经营产生不利影响。经济运行不稳定，出现恶性通货膨胀或是通货紧缩，经济增长的货币金融环境就会受到损害，使银行产生大量不良贷款，导致全社会不良资产增加，甚至诱发金融风险。

二是完善的法治环境。法治环境是金融生态的主要方面。金融法治建设直接影响着金融生态环境的有序性、稳定性、平衡性和创新条件，决定了金融生态环境将来的发展空间。完善的法律可以有效保护债权人、投资人的合法权益，打击金融违法行为，树立诚信意识和道德规范。

三是良好的信用环境。信用环境在金融生态中占有十分重要的地位。信用体系建设滞后，缺乏对债务人履约所必需的制约，企业诚信意识和公众金融风险意识比较淡薄，金融诈骗和逃废金融债权的现象严重，将极大地威胁银行资金安全。

四是协调的市场环境。协调、健康发展的金融市场，对于提高资源配置效率、降低金融交易成本、促进经济健康发展具有重要的作用。融资结构比例失调，过度依赖银行间接融资，将使企业风险对银行风险构成显著影响，不仅不利于分散金融风险，而且会弱化市场本身对金融风险的调节功能，破坏金融市场的整体稳定。

五是规范的制度环境。市场经济是法治经济。从这个意义上讲，在完善的市场经济条件下，规范的制度环境的核心内容之一是执法环境，它对金融生态环境各项功能的充分发挥具有重要意义。当前，直接或间接的行政干预、执法不力等，是我国制度环境方面存在的薄弱环节，也是影响我国金融生态的重要因素。

创造良好的金融生态环境，从宏观层面看，有利于从根本上解决影响金融安全稳健运行的突出矛盾和问题，从而更好地发挥金融业促进国民经济持续快速协调健康发展的重要作用。从微观层面看，对降低金融机构不良贷款，优化区域环境，更好地促进地区经济发展以及促进社会信用体系建设等都有积极的意义。具体到企业来说，不仅有利于提高企业的诚信意识和风险意识，更主要的是，金融生态环境的改善，有利于促进信贷资金的合理配置、促进金融市场发展，从而拓宽企业融资渠道，提高综合竞争能力。

## 二、改进信贷政策实施方式与构建良好的金融生态环境

加强金融生态环境建设是市场导向型经济转型过程中信贷政策工作的重要内容。制定和实施信贷政策与加强金融生态环境建设，两者相互依赖、相互促进，共同构成一个有机的联动整体。制定和实施信贷政策，取决于现实的金融生态环境状况，信贷政策的执行和实施效果对于促进金融生态环境发展优化又发挥着直接的作用和影响。总的来看，实施信贷政策和建设金融生态环境的目标都是完善和发展市场，增强货币政策传导效率，培育和建立适应市场经济发展的宏观调控运行机制和信贷文化，发挥和提高市场在资源配置中的基础性作用。

（一）信贷政策从四个方面作用于金融生态环境

信贷政策作用于金融生态环境的实质，是通过调节信贷资金的分布，

调整不同市场行为主体的经济利益，渐进性地改变金融生态环境各微观利益主体的发展方向和动力，并在演进中形成新的金融生态环境的动态平衡。

信贷政策通过机制、工具创新和制度规范"挖渠引水"，消除信贷市场分割和流动性约束，减弱信贷配给对货币资金在构成金融生态环境的不同产业、不同经济领域、不同企业、不同社会群体间的流动进行调整，促进或制约金融生态环境不同组成部分的发展。获得或便利获得信贷资金的产业、行业、经济领域、企业和社会群体能得到更迅速、更良好的发展；反之，其发展会受到严重的阻碍和制约。

从近年我国信贷政策的实践和作用看，信贷政策在引导信贷资金合理配置方面发挥了明显作用：

第一，促进了信贷资源在不同产业、行业和地区的合理分布配置。一是引导和鼓励信贷资金向"三农"经济有序流动。针对农民收入低、农业投入不足、农村基础设施薄弱的情况，中央银行出台了一系列政策措施，对农村信贷加强指导，加大对农户、农业生产以及农村基础设施建设的投入。二是通过信贷资金支持，鼓励出口和吸引外资。中央银行允许商业银行以出口退税应收款为还款保证，向出口企业发放短期流动资金贷款，鼓励扩大出口；允许对外商投资企业的中方投资人增加股本金的不足部分发放中长期贷款，允许发放外汇担保项下人民币贷款，对外商投资企业提供更多的融资选择，便利吸引外资和外商投资企业的经营。三是通过引导信贷资金流向促进产业结构调整，鼓励信贷资金向国家产业发展支持的重点行业流动，禁止和限制信贷资金流向国家产业发展不支持的行业，通过充分利用信贷杠杆，推进产业结构优化升级。四是及时根据经济运行周期，调整重点行业资金状况。如针对房地产业投资增加过快、房地产价格持续大幅上扬等不利于整体经济金融平稳运行的情况，2003 年 6 月 5 日中国人民银行发布了《中国人民银行关于进一步加强房地产信贷业务管理的通知》（银发〔2003〕121 号），会同其他政府部门共同出台防止房地产投资过快增长和调控房地产价格的举措等。五是出台配套金融支持政策，积极支持西部大开发、东北振兴和中部崛起。

第二，注重及时解决不同规模、不同所有制企业的融资困难。通过银团贷款和封闭贷款的运作尝试，引导信贷资金向政府决定救助的国有工业企业和有订单、有效益的国有亏损外贸企业流动，支持国有企业改革。通过完善政策法规，鼓励、支持和引导信贷资金向非公经济和中小企业流动，放宽对企业信贷的利率浮动幅度，增加对银行放贷的内在激励，努力改进对非公经济和中小企业的金融服务。

第三，促进信贷资金在不同社会群体间的合理分布，维持信贷资源供给机会的公平。通过助学贷款，特别是国家助学贷款的运作和不断创新，引导信贷资金投向经济有困难的高校学生，不断完善国家助学贷款管理办法，帮助经济有困难的学生完成学业。通过下岗失业人员小额担保贷款的运作，引导信贷资金投向经济有困难的下岗失业人员，支持下岗失业人员扩大就业和再就业。通过扶贫贷款、农户小额信用贷款、农户联保贷款以及培育和发展农村小额贷款组织，增加对老少边穷地区农民的信贷支持。

第四，积极引导扩大消费，促进消费和投资协调发展。主要是推出消费信贷政策，不断扩大消费信贷品种和业务范围，鼓励信贷资金向消费领域流动，支持扩大消费。相关政策措施重点支持住房和汽车行业的加速发展，并在扩大和发展消费信贷的同时，及时防范和化解消费信贷领域的风险。

（二）积极发挥信贷政策的作用，改进信贷政策实施方式，促进金融生态环境改善

金融生态环境建设是通过塑造金融体系动态平衡的内外环境，强化金融业自我调节、自我适应、自我发展的生态功能，为金融业的稳健和谐发展创造条件。

从现实条件看，我国中央银行的信贷政策将在未来较长时期继续发挥重要作用。加强金融生态环境建设，培育和发展市场化经济运作机制和与此相适应的金融生态文化，促进我国金融生态环境不断完善和发展，

积极提升市场优化配置金融资源的功能和作用，是新时期、新形势下信贷政策的主题内容和发展导向。既要保证市场效率，又要实现市场公平；既要保证市场发挥在资源配置中的基础性作用，又要防止市场失灵，防范和化解金融风险。

创建适应社会主义市场经济发展需要的金融生态环境，需要信贷政策、财政政策、产业政策、就业政策等多项宏观经济政策加强协调配合，形成合力。信贷政策着眼于构建金融生态环境有着广阔丰富的内涵，需要在实践中不断升华认识，总结经验。

一方面，要坚持贯彻"区别对待、有保有压"的方针，着力于发展和完善信贷市场。要通过加强信贷政策制度建设和信贷产品创新，消除信贷市场人为分割，弱化信贷配给，提高信贷资源配置效率。

另一方面，要适应金融创新、金融改革和金融文化不断深化发展的新形势，积极改进信贷政策实施方式，完善信贷预警监测体系建设，加强信贷资金结构性分析和监测指导，积极开拓信贷政策有效发挥作用的新路子，与时俱进地探索新工具、新机制、新手段，努力提高信贷宏观指导政策的科学性、针对性和有效性，及时发现和消除信贷运行中的不健康、不稳定因素，提高信贷政策调控的前瞻性，防止局部性、苗头性问题发展演变为系统性金融风险。

## 三、改善金融生态，推动金融市场发展

我国金融市场的发展，得益于金融生态的不断改善。对金融市场而言，金融生态就是指影响金融市场运行的外部环境和基础条件。良好的金融生态，对于推动金融市场充分发挥资源配置功能、降低金融交易成本、促进经济健康发展具有重要的作用。

近年来，在人民银行和各金融监管部门的政策引导和监督管理下，我国金融市场持续快速健康发展，各个子市场在参与主体、市场规模等方面都取得了令人瞩目的进步。根据人民银行有关统计，截至 2004 年末，银行间债券市场交易主体达 4298 家，而 1997 年刚刚建立时只有 16 家；债券市场托管量达 4.53 万亿元，而 1997 年只有 4781 亿元；2004 年

全年，债券市场交易额 11.96 万亿元，而 1997 年只有 316.7 亿元。截至 2004 年末，股票市场共有上市公司 1377 家，上交所和深交所市价总值达 3.71 万亿元，流通市值达 1.17 万亿元，2004 年全年成交金额达 4.23 万亿元。截至 2004 年末，保险市场的资产总额达 1.19 万亿元，2004 年全年保费收入达 4318 亿元。[①] 金融市场的快速健康发展，使得市场配置金融资源的能力极大增强，企业融资渠道进一步拓宽，为推动国民经济持续发展、推进国有企业和金融机构改革、充分防范金融风险和维护金融稳定等起到了重要作用。企业短期融资券，就是金融生态环境改善与企业融资渠道拓宽的"双赢"范例。

今年 5 月 24 日，人民银行公布了《企业短期融资券管理办法》。短短几个月内，短期融资券的规模超常规发展。截至 9 月 20 日，短期融资券总发行量已达 512 亿元。就目前的情况来看，1 年期短期融资券发行利率仅为 2.92%，而同期银行贷款利率高达 5.58%，发行相同期限短期融资券平均为企业节约财务成本高达 48%，受到企业的普遍欢迎。短期融资券的推出，直接挑战传统的企业融资结构，促进企业融资的多样化。在这一过程中，利率市场化的进程明显加速，金融市场的信用建设也得以促进，整个金融生态也因此得到优化。

金融市场整体发展虽已取得明显进步，但我们也应该清醒地看到，与发达国家的金融市场相比，我国金融市场还存在许多问题。主要包括：金融市场发展仍然相对滞后，表现为我国融资结构中间接融资仍占绝对比重，股票、债券等直接融资的规模所占比重较小；金融市场发展缺乏深度和广度，如债券市场信用层次债券较少，国债、政策性金融债券等政府债券和准政府债券发展较快，比重较大，公司和企业债券发展相对缓慢，比重较小；金融市场各子市场发展不均衡，金融衍生产品市场缺乏，影响了市场避险功能的发挥。

在金融市场发展中产生这些问题的原因是多方面的，不过，对市场运行影响重大的金融生态存在有待改善之处，无疑是一个重要原因。

---

① 中国人民银行金融市场司，中国人民银行上海总部金融市场管理局 . 2005 中国金融市场发展报告 [M]. 北京：中国金融出版社，2006：123 – 131.

首先，作为金融生态微观基础的公司、企业和投资者尚不成熟，相当部分参与主体的经济行为未完全市场化，现代化和专业化程度不够，自我约束机制薄弱，创新意识和风险意识缺乏。其次，作为金融生态重要组成部分的市场制度性建设仍待加强，如企业制度尤其是企业破产制度不够健全，不能实现对债权人合法权益的充分保护，部分子市场的制度如会计税收制度等不明确甚至缺失，影响业务开展和金融创新，各类中介机构欠缺公信力，信用评级制度还不能真正发挥评优示劣的作用。

要解决这些问题，进一步推动金融市场的发展，就必须加快经济和金融体系改革，大力改善金融生态，具体来说，应该主要从以下几个方面采取措施。

第一，改善金融生态需要改造金融市场的微观基础。对金融市场而言，就是要从对金融市场参与主体的培养与改造入手。首先，要加强市场开放程度，丰富市场参与主体的数量与类型，促进参与主体行为的市场化与需求的多元化，防止行为趋同导致市场缺乏活力或波动太大。其次，要大力培育金融市场的参与者与主力军——机构投资者群体，培养其风险意识和信用意识，增强其风险分析与管理能力。最后，要进一步扩大金融市场的外延，采取措施使个人投资者进入金融市场的渠道更为通畅，为企业年金、社保基金、住房公积金等集合性资金的投资运作创造条件。

第二，改善金融生态应该完善金融市场的法律制度环境。完善金融法律是建设良好金融生态的根本。要完善金融法律体系，特别是与银行债权保护密切相关的《破产法》和《担保法》。《破产法》应成为债权人依法保护其债权的最后底线。应强化债权人在企业破产和重组中的法律地位，特别是赋予债权人主动申请将债务企业破产清偿的权利。在完善《担保法》方面，应强化担保债权的优先受偿顺序，使担保确实成为规避债权风险的有效屏障。应将动产主要是企业应收账款和存货等纳入担保物范围，充分发挥抵押、担保在支持广大中小企业融资中的积极作用。同时，优化执法环境，消除行政对法律的干预。

第三，改善金融生态需要完善金融市场信用体系。金融市场是一个信用市场，信用体系的完善与否决定着金融市场交易成本的大小和运行效率的高低。完善信用体系，应该将建立与完善金融市场信用体系作为建立与完善整个社会信用体系的一部分，统筹考虑，协调安排。要做好金融市场内部的相关制度安排，包括建立和完善信用评级机制，引导与培育信用评级机构，加强市场参与主体信用记录和数据的积累和管理等。此外还应该加强信用宣传，增强市场参与主体的信用意识，培养市场信用文化。

第四，改善金融生态需要规范与完善金融市场中介服务体系。应该充分重视和发挥会计师事务所、律师事务所、信用评级机构等中介服务机构在金融市场运行中的重要作用。一方面，应制定完善统一的相关市场制度规章，对中介服务机构的执业行为进行规范和引导。另一方面，应积极创造条件，逐步加大市场对外开放程度，引进外国中介服务机构的先进管理技术与经验，增强市场竞争，提升我国中介服务机构的专业化服务水平。

第五，改善金融生态还应该完善金融市场的监督管理体系。金融市场监管部门的监管理念与监管方式对金融市场的发展有着重大影响。对我国金融市场而言，金融监管部门应该继续坚持市场化的监管理念，尊重市场发展的一般规律。并且，在建立了完善的市场法律法规制度之后，监管当局应该坚持严格依法行政，提高行政管理透明度。

我国金融市场发展的历史经验已经充分证明，金融生态的改善是金融市场发展的重要前提与基础，没有近年来金融生态的不断改善，就不可能有我国金融市场的快速健康发展。因此，要进一步推动我国金融市场的发展，综合地、渐进地改善我国金融生态，为金融市场的快速健康发展提供良好的外部环境和基础条件，使金融市场在拓宽企业融资渠道、保证货币政策顺利实施、推动国民经济快速发展等方面发挥更大的作用。

优化金融环境、改善金融生态是促进金融业健康发展的必要条件，也是推动经济社会健康发展的必要前提。我们既要看到这一任务的紧迫性，也要看到这一任务的长期性和艰巨性。我们要从多方面入手，汇聚全社会方方面面的力量，共同努力，像对待我们的空气环境、水环境等生存环境那样，净化我们的金融环境，努力打造一个诚实守信的健康的金融生态。

# 巨灾应对和金融支持<sup>①</sup>

【内容简介】2008 年 5 月 12 日发生了汶川特大地震，在抗震救灾和灾后重建过程中，金融支持发挥了重要的作用。本文结合抗震救灾经验，分析了建立金融应对巨灾体系的必要性和紧迫性，介绍了我国金融应对巨灾的实践做法，提出了建立金融应对巨灾体系需要建立的主要机制。本文认为，金融应对巨灾体系应该包括金融应对的灾后应急机制、灾后重建机制和灾前防御机制。在金融应对的灾前防御机制中，建立巨灾保险制度、存款保险制度、灾后重建的资金保障制度和通过金融市场分散转移巨灾风险制度具有特别重要的意义。

四川省政府和保监会召开这次建立巨灾风险管理体系与保险机制国际论坛，非常必要，也很有意义。今年 7 月初，人民银行在江苏召开了一次关于金融应对巨灾的国际研讨会，当时还处于抗震救灾的关键时期，讨论的重心是围绕金融如何紧急应对巨灾，当时论坛给我留下一个很深刻的印象，就是很多国外专家都提到了建立巨灾保险的问题。目前，抗震救灾已转入灾后恢复重建阶段，此时认真总结和研究建立我国的巨灾保险问题非常必要。下面结合我国金融系统应对这次地震巨灾的实践，就建立金融应对巨灾体系谈几点看法。

## 一、建立金融应对巨灾体系的必要性和紧迫性

在现代社会，地震、飓风、海啸、雨雪、干旱等各类自然灾害，给人类的生命和财产造成了巨大的损失。一是全球自然灾害的数量呈现不

---

① 本文是笔者 2008 年 9 月 25 日在"建立巨灾风险管理体系与保险机制国际论坛"上的讲演。

断上升趋势。据统计，1970—2006 年，全球自然灾害的数量从每年 40 起增加到 136 起，2007 年达到 405 起（包括人为的灾害）。二是巨灾发生的频率不断增加。根据世界银行统计，巨灾发生的频率由 20 世纪 50 年代的平均一年 2 次，增加到近年来的平均每年发生 7 次。三是目前的技术水平还无法准确预报巨灾的发生，灾后的应对工作非常必要。尤其是对于地震等瞬间发生的自然灾难，其准确预测更加困难，目前在国际上还没有成熟的经验和成功的先例。

我国历来是自然灾害多发的国家，巨灾发生种类多，频率高，损失大。据联合国统计，20 世纪全球范围内 54 次较严重的自然灾害就有 8 次发生在我国。近年来，随着我国国民经济社会的快速发展，人口和财富日趋集中，灾害事件造成的损失呈高速增长的趋势。中国每年有 1/6 的人口受到自然灾害的影响，20 世纪中国地震死亡人数 69 万人，占全球地震死亡人数的 1/2，巨灾问题已成为我国构建社会主义和谐社会过程中必须高度关注的重大问题。

如何科学应对这些突发性巨灾，特别是有效地减少人民生命财产的损失，快速恢复灾后经济与社会活动，是当今各国政府必须面对的一个重大课题。同时，随着金融业和金融市场的持续快速发展，各类巨灾也给金融业造成了巨大的损失，如何建立和完善金融应对巨灾机制，做好巨灾金融服务，是我们金融业面临的一个急需研究解决的问题。

## 二、近年来我国金融应对巨灾的实践做法

近年来，我国金融系统在多次突发灾害应对中不断探索，逐步完善，主要有以下做法：

一是逐步建立金融体系应对突发灾害事件的应急预案。2005 年 4 月 17 日，在总结几年来我国应对巨灾经验的基础上，国务院颁布实施《国家突发公共事件总体应急预案》，对地震等公共突发事件应对的应急预案体系、组织体系、运行机制、应急保障、监督管理等进行了明确。根据这一总纲，国务院办公厅于 2005 年 6 月 11 日颁布实施了《国家金融突发事件应急预案》，明确了各部门的职责和协作任务，有利于整合资

源、协调配合、提高时效性，提高金融系统应对公共突发事件的能力。2005 年 10 月 28 日，人民银行制定实施了《金融机构突发事件应急预案（试行）》，进一步明确了中央银行应对公共突发事件的职责和组织、运行体系。这些应急制度的安排，对于金融系统快速、有序应对这次四川汶川特大地震，起到了重要的制度保障作用。

二是运用多种货币政策工具缓解受灾地区金融机构的流动性问题。今年初，我国南方发生严重的雨雪冰冻自然灾害，人民银行紧急安排 50 亿元支农再贷款，重点解决重灾区中小金融机构发放救灾贷款的流动性需求。这次汶川特大地震发生后，人民银行紧急安排 95 亿元再贷款（再贴现）。随着抗震救灾和灾后恢复重建的进展，2008 年向灾区增加 200 亿元再贷款（再贴现）。同时加大全国各省（自治区、直辖市）之间支农再贷款的调剂力度，每年再适当向灾区增加一部分支农再贷款额度，并相应拓宽其使用范围。同时，对受灾地区地方法人金融机构执行倾斜的存款准备金政策，允许灾区金融机构提前支取特种存款等多种政策措施，以确保灾区金融机构抗震救灾和灾后恢复重建发放贷款的流动性需求。

三是采取紧急应对措施，确保支付清算、国库、现金发行等系统满足救灾的需求。在 2003 年"非典"期间，人民银行要求金融系统采取应急措施，保障支付清算系统的稳定运行，确保资金及时清算。如遇特殊情况，商业银行在人民银行发行库提款可不受次数限制，确保市场现金供应。为确保此次汶川特大地震抗震救灾款项及时支付，人民银行要求金融系统采取紧急应对措施，要求小额支付系统 24 小时不间断运行，大额支付系统、国库部门在 5 月 17—18 日、23—24 日周末休息时间保持正常运行，建立救灾款项汇划绿色通道，加强受灾地区支付系统运行应急管理，加强发行基金调拨，一旦需要，立即实施跨行政区划调拨，确保灾区现金供应。

四是采取倾斜的信贷政策，加大对救灾的信贷支持力度。在 2003 年"非典"期间，各金融机构对受"非典"疫情影响较大的行业和地区实施适当信贷倾斜，按照特事特办、急事急办的原则，及时足额提供必要的信贷支持。为做好防控禽流感疫情，各金融机构对国家确定的重点家禽养殖业、禽产品加工企业和禽流感疫苗定点生产企业所需流动资金贷款，及时给予必要支持。这次汶川特大地震发生后，国家出台了一系列金融支持政策，要求金融机构从授信审查、资金调度等多方面给予优先支持，将信贷资源向灾区倾斜，加大对灾区重点基础设施、"三农"、中小企业、失业人员创业等信贷支持力度。

五是采取特殊措施，确保受灾地区客户的金融权益。在禽流感疫情发生期间，各金融机构可视企业实际困难，适当延长还款期限，对已经到期并发生流动性贷款拖欠的受损企业，银行免收贷款罚息。对因雨雪冰冻灾害而出现还贷困难的企业，各金融机构可视情况予以展期，并对同意展期的逾期贷款免收罚息。对四川汶川特大地震灾前已经发放、灾后不能按期偿还的各项贷款，各金融机构可延期 6 个月还款，在 2008 年 12 月 31 日以前不催收催缴、不罚息，不作为不良记录，不影响其继续获得灾区其他信贷支持。

## 三、关于建立金融应对巨灾体系的几点看法

结合各国应对巨灾的经验和我国近年来金融应对巨灾的实践做法，建立我国金融应对巨灾体系应包括三个层面。

### （一）金融应对的灾后应急机制

巨灾发生后，如何有序、高效开展救灾工作，尽可能减少人员伤亡和财产损失，建立一个科学的应急机制非常必要。应急机制中首先要做的是成立中央政府部门的救灾指挥部，直接负责灾区指挥，加强和地方政府迅速有效沟通，使灾害应对能够迅速适当。另外，应急机制还包括各项应急服务，如人员搜救、伤员救治、灾民安置等。对于金融服务而言，主要是采取临时营业场所或者公休日营业等紧急措施，为灾后的受灾群众提供急需的金融服务，确保电子汇兑等业务畅通。如这次汶川特大地震后，人民银行、银监会紧急出台了对四川、甘肃、陕西、重庆、云南等重灾省（直辖市）实施恢复金融服务的八项特殊政策，应急政策

对于在第一时间稳定灾区金融服务秩序，满足灾区基本的金融服务需求起到了重要的指导作用。

（二）金融应对的灾后重建机制

一般在巨灾发生 5~10 天后，应急工作就基本结束了，这个时候就需要考虑灾后的恢复重建工作，这个工作可能会持续一个相当长的时间。重建机制首先是对受灾人口、经济损失等进行评估，这是灾后重建的依据。其次是重建规划。灾后重建不是推倒重来，一定要确定在灾区哪些地方重建、哪些地方恢复建设等，这些都需要完整的规划。最后是国家的财政支持和金融支持政策。这在灾后重建机制中非常重要，特别在受灾严重的地区，政府必须制定一些特殊的支持措施。

对金融业的灾后重建机制也一样，我们首先应该对金融损失做一个科学评估。这包括两方面的内容：一是个人金融债权、债务的确认和处理问题。如对于凭证遗失、客户死亡等，其金融权益如何确认；对于父母双亡或者子女死亡的，其个人金融财产如何继承；对于个人住房抵押贷款的抵押房屋毁损，其贷款如何处理；对于农民以订单或者其他农作物收益权作抵押的贷款，其农作物毁损的，其贷款如何处理。二是对于自身损失的评估工作。信贷损失是一个动态变化过程，这方面工作应该做得更加扎实、细致，才能拿出一个可信的数据。其次是灾后的恢复重建规划，目前这方面工作已基本完成。最后是金融支持恢复重建的政策措施，目前《国务院关于支持汶川地震灾后恢复重建政策措施的意见》和《中国人民银行、银监会、证监会、保监会关于汶川地震灾后重建金融支持和服务措施的意见》两个文件已经出台了一些支持政策和措施，一定要落实好。同时，随着灾后恢复重建的进展，可能会出现一些新情况和新问题，也需要我们金融部门进一步完善相关政策措施。

（三）金融应对的灾前防御机制

首先是巨灾的日常性防御。通过历史资料和科学预测，基本上能够大致知道什么地方是地震断裂带，哪些地区是灾害频发区，这样人们在重要的基础设施、工厂、住宅、医院、学校等选址方面，应该有所防备。如中国东南沿海一带，湖南、江西、湖北等中部省份，经常发生台风、洪水等自然灾害，就应该事前做好防洪防汛的准备。其次是加强对巨灾应对的模拟演习，提高房屋、公路等基础设施的抗震能力等。在这次汶川特大地震中，有一个学校就是因为平时对地震进行过模拟演习，在这次地震中，学生知道发生地震往哪跑，所以损失不大。最后是灾前预防的制度性建设。这对于预防突发事件非常重要。如日本不仅对自然灾害防御立有一般法，还有对地震防御的专业法，以及对国民利益的保护法等。

对于金融而言，应对巨灾的灾前防御机制就是如何有效分散和化解巨灾风险的制度安排，根据国际经验，主要包括以下几个方面。

一是建立巨灾保险制度。这也是本次国际论坛的重点。目前，西方发达国家大多已建立了巨灾保险制度以分担巨灾损失，各国还专门通过了相应的法律法规保证巨灾保险的顺利实施。如美国于1956年通过了《联邦洪水保险法》、1968年通过了《全国洪水保险法》、1973年通过了《洪水灾害防御法》；日本于1966年通过了《地震保险法》，后来又相继颁布了《地震保险相关法律》《有关地震保险法律施行令》等法律文件。但各国在巨灾保险承保主体、风险控制、运作模式等方面存在一定差异。如何具体建立我国的巨灾保险制度，与会的国际专家和学者将会给我们带来很好的经验。

二是建立存款保险制度。存款保险制度的核心在于通过建立市场化的风险补偿机制，合理分摊政府、股东和存款人因存款类金融机构倒闭而产生的财务损失，保护大多数小额存款人的利益，避免危机的扩散和传递，增强公众对金融体系的信心，维护金融体系的稳定。这次汶川特大地震后，很多受灾严重的地方法人金融机构已经资不抵债，如何确保受灾群众的合法存款权益得到足额、及时支付，也为我国加快建立存款保险制度提出了新的课题。

三是建立灾后重建的资金保障机制。在国外，政府每年都有防灾预算资金或专项资金。如日本自1962年开始，每年防灾预算在财政预算中始终保持在6%左右，发生特大灾害时比例会明显提高，如阪神大地震的1995年财政防灾支出高达630亿美元，占当年财政预算的9.7%。美国也设有专门的美国救灾基金。另外，在灾后重建的信贷资金方面，也大多有特别规定，如日本设立中长期重建金融救助贷款，由各金融机构办理，偏重于个人灾后救助，贷款额度受到家庭成员多寡的限制，期限及利率等在《灾害救助法》中被规定，而且对于偿还困难者的债务豁免也有明确规定。美国设有由美国小企业管理局（SBA）负责发放的灾后恢复重建企业贷款和个人贷款，主要是补助企业和个人恢复到发生灾害前的状态，贷款项目的范围是以未保险的项目为主，避免利益重复。而我国在巨灾应对的资金保障方面没有制度安排，此次四川汶川特大地震损失严重，灾后恢复重建资金巨大，因此，如何保障这些资金的来源，需要在制度和机制上进行创新安排。

四是通过金融市场分散转移巨灾风险。目前，国际上主要有三种做法，第一种是保险公司通过巨灾期货、巨灾期权、巨灾掉期等金融工具分散自身承担的保险风险。第二种是金融机构通过信用衍生产品等金融工具分散信贷风险。第三种是发行巨灾债券。巨灾债券是一种场外交易的债券衍生物，是保险公司或再保险公司通过直接发行公司债券，利用债券市场来分散风险的风险证券化形式。这样承保巨灾损失的保险公司和再保险公司就将自身的巨灾损失风险转移给了市场投资者，投资者的收益完全取决于巨灾损失是否发生。近几年来，我国金融市场取得了长足发展，能否引入有关金融工具来分散和转移巨灾也值得我们金融领域研究探讨。

# 香港金融管理局关于住房按揭贷款审慎监管的主要措施①

【内容简介】1997 年后，香港金融管理局多次出台加强住房按揭贷款审慎监管措施，抑制房地产过分投机和投资，有些措施很有特色，有一定的借鉴意义。本文介绍了香港金融管理局关于住房按揭贷款的管理措施，提出了完善内地住房抵押贷款管理的建议。本文认为，香港金融管理局的措施对于完善内地银行住房抵押贷款的管理是有参考价值的，特别是关于按照购买的物业价值总额来确定按揭贷款成数的规定很有特色。参考香港的经验，内地应该完善住房贷款首付款比例管理，可以考虑按照建筑面积分档次确定首付款比例。同时，加强对借款人月供收入比的监测，对借款人的个人债务进行更加严格的核查。

香港的房地产市场分为土地市场和房产市场。土地市场由政府控制及主导，根据市价和供求情况以公开拍卖或公开招标形式为主推出土地。房产市场按用途可分为住宅楼宇市场、写字楼市场、零售物业楼宇市场和工业楼宇市场四种类型。其中，住宅楼宇市场是香港房地产业最重要的组成部分。1996 年以来，香港房地产市场有回归前的急升，也有亚洲金融危机中的暴跌。2008 年 12 月，香港私人住宅价格跌入谷底后出现反弹，截至 2016 年末上涨幅度已经达到 220% 以上，平均每年升幅高达 18.5%。由于银行的房地产贷款和香港房地产市场的发展变化有相当紧密的联系，为了防范房地产市场的风险，1997 年以

---

① 本文原载于《央行参事文集》（2017 年卷），中国金融出版社，2018 年 4 月第 1 版。

来，香港金融管理局多次出台加强按揭贷款审慎监管的措施，抑制房地产过分投机和投资，有些措施很有特色，有一定的借鉴意义，本文略作简单介绍。

## 一、香港金融管理局关于住房按揭贷款的管理措施

香港金融管理局在调控按揭贷款方面的措施，主要包括以下几个方面。

### （一）关于按揭贷款成数的规定

香港金融管理局控制按揭贷款的第一个工具是按照交易总额分档次确定按揭贷款的成数，即按揭贷款占交易额的比率，100% 减去贷款成数，就是内地的首付款比例。最早引入这项措施的时间是 1997 年，以后于 2009 年 10 月、2010 年 8 月、2010 年 11 月、2011 年 6 月进行了 4 次调整，成为抑制按揭贷款需求的重要手段。2010 年 8 月之前，按揭贷款的成数分为两个档次，分别是六成按揭和七成按揭。2010 年 11 月以后，按揭贷款的成数分为三个档次，分别是五成按揭、六成按揭和七成按揭。表 1 是按揭贷款成数的档次及其变化。

表 1　　　　　　　　香港按揭贷款成数的档次及其变化　　　　单位：港元

| 时间 | 五成按揭 | 六成按揭 | | 七成按揭 | |
|---|---|---|---|---|---|
| | 交易额 | 交易额 | 最高贷款额 | 交易额 | 最高贷款额 |
| 1997 年 1 月 | — | 1200 万港元以上 | 或最低 840 万港元 | 1200 万港元以下 | — |
| 2009 年 1 月 | — | 2000 万港元以上 | — | 2000 万港元以下 | 1200 万港元 |
| 2010 年 8 月 | — | 1200 万港元以上 | — | 1200 万港元以下 | 720 万港元 |
| 2010 年 11 月 | 1200 万港元以上 | 800 万至 1200 万港元 | 600 万港元 | 800 万港元以下 | 480 万港元 |
| 2011 年 6 月 | 1000 万港元以上 | 700 万至 1000 万港元 | 500 万港元 | 700 万港元以下 | 420 万港元 |

1996 年，香港认可机构①的物业贷款急速上升，前三个季度上升了接近16%，按年计的比率超过了 20%。同时，住宅物业价格也迅速上升，尤其是价格比较贵的物业。为了控制物业贷款的快速增长，1997 年 1 月 28 日，香港金融管理局出台了《物业贷款准则》，首次对住宅按揭贷款成数作出了规定，提出："建议 1200 万港元以上的'豪宅'的最高按揭贷款成数，应调低至六成。"同时，为了避免贷款机构就仅仅超过 1200 万港元而归入"豪宅"类别的物业可以提供的贷款金额有所减少（如刚超过 1200 万港元的 60% 少于刚低过 1200 万港元的 70%），六成按揭贷款的规定应解释为"楼价的六成或 840 万港元，以较高者为准"。

2009 年 10 月 23 日，鉴于豪宅价格的迅速上升，面积超过 160 平方米或以上的物业价格已经超越 1997 年第三季度的最高水平，香港金融管理局认为，为豪宅市场提供按揭贷款的风险已经明显增加。因此，要求认可机构将价值 2000 万港元或以上的物业的按揭成数上限调低至六成。至于价值 2000 万港元以下的物业将适用七成按揭成数上限，但同时规定最高贷款额。为避免出现楼价略低于 2000 万港元的物业的买家，可以借得的贷款金额会高于楼价略超出 2000 万港元的物业的买家，因此，楼价低于 2000 万港元的物业在采用七成按揭上限时，其实际贷款额最高不可超过 1200 万港元。

2010 年 8 月 13 日，香港金融管理局发出了"住宅按揭贷款的审慎监管措施"的通告，提出了加强住宅按揭贷款审慎监管的措施。2010 年 8 月 19 日，香港金融管理局再次发出通告，对 8 月 13 日所发出的指引中有关压力测试措施的影响，作了进一步的说明。扩大 2009 年推出的六成按揭成数上限的适用范围至包括价值 1200 万至 2000 万港元的物业。

2010 年 11 月 19 日，香港金融管理局再次就降低按揭贷款成数发出指引，最终将按揭贷款成数分为三档管理：

第一档是所有价值 1200 万港元或以上住宅物业的按揭贷款最高成数从六成下调至五成。

---

① 香港认可机构指由香港金融管理局发放牌照的金融机构，分为持牌银行、有限制牌照银行和接受存款公司。

第二档是所有价值 1200 万港元以下至 800 万港元之间的住宅物业的按揭贷款最高成数从七成下调至六成，但贷款额不可超过 600 万港元（1200 万港元×5%）。

第三档是所有价值在 800 万港元以下的住宅物业按揭贷款最高成数则维持在七成，但贷款额不能超过 480 万港元（800 万港元×60%）。

2011 年，香港特区政府继续实施 2009 年以来密集推出的多项房地产市场调控措施。在此基础上，通过进一步收紧按揭贷款、增加土地和公共住宅供应来强化对房地产市场的调控，并首次针对海外人士推出措施。2011 年 6 月 10 日，香港金融管理局推出新的收紧按揭贷款的规定。按照该规定，1000 万港元以上住宅，按揭成数上限下调至五成；700 万～1000 万港元住宅，按揭成数上限下调至六成，贷款上限为 500 万港元；700 万港元以下物业，按揭成数上限维持在七成，贷款上限为 420 万港元。

由此可见，2010 年 11 月以来，香港金融管理局对自住物业所规定的按揭贷款最低成数，由最低六成降到五成，适用于最低成数的交易额，已经从 2000 万港元降到 1000 万港元；目前，适用于七成按揭贷款的交易额仅为 700 万港元以下，而且最高贷款额还不得超过 420 万港元。这样做的好处是，交易额越大，按揭贷款成数越低，可以得到的按揭贷款不会按比例增高，因此，对房价的上升和过高的住房面积需求起到了抑制作用。

在对自住物业实行按档次确定按揭贷款成数的基础上，香港金融管理局还对一些特殊情况的借款人实行更严格的规定，下调按揭贷款成数。

第一，对非自住物业实行更为严格的按揭贷款成数限制。2010 年 8 月 13 日，香港金融管理局规定，非自住物业的按揭成数上限为六成。2010 年 11 月 19 日的指引规定，所有非自住的住宅物业、所有以公司名义持有的物业和所有工商物业的按揭，无论物业的价值，贷款最高成数一律下调至五成。由业主的直系亲属家庭成员（父母、配偶、子女及兄弟姊妹）占用的物业，以及由空壳公司持有并由该等公司的大股东（或其直系亲属家庭成员）占用的物业，可视为业主自住物业。认可机构应要求借款人就按揭物业是否用作自住用途（或继续用作自住用途）作出正式声明，并提醒借款人作出虚假声明可能带来的法律后果（例如，若借款人为取得贷款而作出虚假声明，可能会犯了欺诈罪）。认可机构应在贷款申请表内印上有关的提醒字句，并促请借款人留意。

第二，对收入来源于香港以外地区的申请人实行更低的按揭贷款成数。2011 年 6 月 10 日的通告，首次针对海外人士推出措施，若按揭申请人的主要收入来源于香港以外地区，按揭成数上限在适用于本地居民自住物业按揭贷款成数指标基础上再减一成。比如，1000 万港元以上的按揭贷款的成数就是四成。2012 年 9 月 14 日，香港金融管理局向银行发出指引，要求收紧涉及多于一个物业按揭贷款的审批条件及贷款期限。凡是申请新住宅或工商业楼宇按揭贷款时，申请人已经拥有一套或以上未完全偿还按揭物业，若按揭贷款申请人主要收入并非来自香港，按揭贷款最高成数由原来下调一成改为下调两成。

（二）关于供款与收入比率的规定

香港金融管理局对于按揭贷款的借款人的偿还能力一直非常重视，指导商业银行充分评估借款人的还款能力。2009 年 10 月发布的《住宅按揭贷款的审慎措施》规定，在提供住宅按揭贷款时，认可机构应采用稳健的贷款办法，充分评估借款人的还款能力，并审慎计算借款人的供款与入息比率（月供收入比）及物业的价值。2010 年 8 月 13 日修订的《住宅按揭贷款的审慎监管措施》规定，为了确保借款人能应付利率上升引致供款额增加的情况，无论借款人是否被视为高收入人士，认可机构都应将供款与入息比率（月供收入比）统一确定为 50%，以及假设按揭贷款利率上升至少 2 厘对借款人的还款能力进行压力测试，并将压力测试下借款人的供款与入息比率（月供收入比）确定为 60% 以内。

由于美联储宣布推出第三轮量化宽松措施，为防止楼市进一步升温给银行体系带来风险，2012 年 9 月 14 日，香港金融管理局向银行发出指引，要求收紧涉及多于一个物业按揭贷款的审批条件及贷款期限。凡是申请新住宅或工商业楼宇按揭贷款时，申请人已经拥有一套或以上未完全偿还按揭物业，申请人供款与入息比率（月供收入比）上限由原来的五成下调至四成。同时，在利率压力测试下，上限由六成下调至五成；若申请人只有一套物业，未完全偿还按揭贷款而新申请按揭贷款物业为自用物业或者以楼换楼，则不受影响。

（三）关于以借款人资产净值为依据进行按揭贷款的规定

在香港，认可机构会向没有稳定收入或无法提供入息证明，但拥有相对按揭贷款额而言属于高资产净值的借款人提供按揭贷款。这是典型以资产值为依据来审批贷款的做法，有关贷款的偿付依赖借款人所声称其拥有的资产净值。香港金融管理局要求认可机构，对以借款人资产净值为依据批出的贷款采纳保守的批核准则。2010 年发出的几项指引规定，为减轻有关风险，部分认可机构采取以下措施：

一是将相对按揭贷款额而言所需的资产净值设定于适当高水平。

二是要求借款人就其资产净值作出书面声明，并进行适当的尽职审查以核实借款人提供的资料（如查阅土地登记册及要求查看银行或投资账户结单正本）。

三是将以借款人资产净值为依据所批出的按揭贷款的按揭成数上限定于较保守的水平。

四是将这类贷款占认可机构按揭贷款组合的百分比设定上限，并定期检讨有关上限。

关于申请人以资产净值水平为基础申请新按揭贷款的成数，2010 年的指引规定是五成，2011 年 6 月的指引规定，最高按揭成数上限由四成下调至三成。

（四）关于严格实施借款人须申报其现有债务的要求

认可机构的贷款申请表格一般都有一个部分，要求按揭贷款申请人提供有关其现有债务的资料。然而，香港金融管理局在进行专题审查的过程中发现，这个部分有时并未填妥，同时也没有证据显示认可机构曾向申请人作出适当跟进查询。香港金融管理局在 2009 年 10 月 30 日发出的通告中指出，认可机构应要求按揭贷款申请人申报其所有现有债务，并应作出合理的查核及查询，以确定申请人申报的资料属实，并妥善保存有关查核及查询的记录。此外，认可机构应要求按揭贷款申请人申报他们是否正在申请或会在短期内申请其他贷款。举例来说，买入超过一项物业的投资者可能会就不同物业向不同银行申请按揭贷款。

若申请人提供的资料显示该申请人已有按揭贷款，或正申请另一项按揭贷款，有关认可机构在计算供款与入息比率（月供收入比）时应计算该申请人的供款总额。

（五）关于评估物业估值的要求

香港金融管理局要求认可机构评估物业估值要合理，并在适当情况下调低按揭成数。部分认可机构的控制措施设有制衡机制，以确保由外聘估值公司提供的估值审慎合理。若物业价值高于指定水平（如 1500 万港元），该等认可机构会进行额外一次估值，并以较低的估值来计算按揭成数；他们也会指派独立部门（如风险管理部）负责定期评估由外聘估值公司提供的估值是否合理。部分认可机构在使用由外聘估值公司就新的物业发展项目或特色物业所提供的估值时会格外谨慎。例如，有关某个新物业发展项目的投机活动非常普遍，因而难以确定物业价值，或新发展项目的估值远高于同区其他物业的价格。假如他们认为需要采取审慎的做法，会适当地调低外聘估值公司提供的估值，或采用更保守的按揭成数。

## 二、完善内地住房贷款管理的建议

香港是个小型经济体，房地产市场相对单一，没有再分为不同区域的市场，而内地幅员辽阔，各地的房地产市场会有相当大的差异，调控措施必然应有所不同，但是，香港金融管理局的一些做法，还是可以参考借鉴的。

（一）完善住房贷款首付款比例的管理

购买住房是项长期高额投入，大部分人需要住房贷款来购买住房。

近年来，内地居民利用贷款购房的比例及贷款额与商品住房销售额的比值不断上升。2014 年，商业银行当年发放的新建房贷款金额与商品住房销售额的比值为 34.3%，比 2013 年同期提高 3.9 个百分点。2014 年发放的新建房贷款笔数与商品住房销售套数的比值为 57.3%，比 2013 年提高 9.8 个百分点。截至 2016 年 9 月末，购房贷款余额 17.93 万亿元，同比增长 33.36%，比 2015 年末高 8.63 个百分点。2016 年前 9 个月新增的个人购房贷款约 3.6 万亿元，同比多增约 1.8 万亿元。因此，控制住房贷款的需求，是房地产市场调控的主要手段。

近年来，内地在控制住房贷款方面所采取的措施，主要有限购和限贷的政策。以 2016 年 9 月以来各大城市出台的政策为例，按不同情形分别限购 1 套住房或停售。在限贷方面，按不同情形分别执行首付款比例不低于 35%、40%、50%、70% 的规定。比如，北京的政策规定，购买首套普通自住房的首付款比例不低于 35%，购买首套非普通自住房的首付款比例不低于 40%（自住型商品住房、两限房等政策性住房除外）。对拥有 1 套住房的居民家庭，为改善居住条件再次申请商业性个人住房贷款购买普通自住房的，无论有无贷款记录，首付款比例均不低于 50%；购买非普通自住房的，首付款比例不低于 70%。2017 年 3 月，北京市又将二套房首付比例上调了 10 个百分点，要求居民家庭名下在本市已拥有一套住房，以及在本市无住房但有商业性住房贷款记录或公积金住房贷款记录的，购买普通自住房的首付款比例不低于 60%，购买非普通自住房的首付款比例不低于 80%。无论购买的是否为首套房，都将暂停发放贷款期限 25 年（不含 25 年）以上的个人住房贷款（含住房公积金贷款），此前最高的期限为 30 年。这样的政策有一定的限制作用，但是，首付款比例主要是根据首套还是非首套确定的，首套住房贷款和非首套住房贷款的成数差别比较大，而在购买首套住房的情况下，普通商品住房和非普通商品住房之间的成数差别并不大，只有 5 个百分点。因此，在符合购买首套住房的条件下，价格越高、面积越大、成交额也越高的借款人，还是可以得到更高额的贷款的，住房贷款对房价的上涨和高档房的消费甚至是投机，还是会起到支持的作用。另外，普通商品住房和非普通商品住房的区别弹性也较大。关于普通商品住房的国家标准是：住宅小区建筑容积率在 1.0（含）以上，单套建筑面积在 120（含）平方米以下（北京市是 140 平方米以下），实际成交价低于同级别土地上住房平均交易价格的 1.2 倍以下。所以，什么是普通商品住房，什么是非普通商品住房，受到小区容积率、同级别地区房价水平的影响，住房面积相同的住房，是否会划为普通住房，在各省市不一样，即使在同一个城市，处于不同区域也不一样。

为了完善住房贷款管理，可以参考香港的做法，对住房贷款的首付款比例实施细化管理。因为内地各个城市的房价差别很大，全国不可能统一按交易额划分档次来确定住房贷款首付款比例，如果各个城市按本地交易额确定不同的档次，又不利于银行的操作和监管，根据内地的具体情况，可以考虑按照购房面积划分档次来确定住房贷款首付款比例。根据 2015 年人民银行对 35 个城市 2014 年个人住房贷款抽样调查，从住房面积来看，全部样本的均值为 101.6 平方米，中位数为 93.2 平方米；其中，面积在 60~90 平方米的占比最高，为 36.4%，其次是 90~120 平方米，占比为 32.84%；90 平方米以下的合计占 43.91%，120 平方米以上的占比为 23.24%。住房面积均值自 2008 年连续四年下降后有所回升，2012 年以来基本维持在 101.6 平方米，尽管房价有所上升，但购房者仍然倾向于选择较大面积的住房。因此，对于首次贷款购房者，可以考虑将住房贷款首付款比例分为三个档次：

第一档：住房面积在 90 平方米以下的，首付款比例不低于 30%。

第二档：住房面积在 90~120 平方米的，首付款比例不低于 40%。

第三档：住房面积在 120 平方米以上的，首付款比例不低于 50%。

根据抽样统计，2011—2014 年，全部样本的首付款比例基本上在略高于 41% 的水平。2014 年购买普通商品住房的借款人的首付款比例是 40.8%，购买非普通商品住房的借款人的首付款比例是 44.19%。所以，按照三个档次划分的好处是，有 45% 左右的小户型借款人可以享受 30% 的首付款比例，比现行政策要优惠；35% 左右的中等户型的借款人可以享受 40% 的首付款比例，比现行政策略紧，但与实际首付款比例相同；

20%左右的大户型借款人的首付款比例是50%，与现行政策相比，要受到较大程度的抑制。前两个档次的住房，基本上是对现在的普通商品住房进行了细分，第三个档次的住房，基本上是现在的非普通商品住房，这样划分与现有政策可以衔接。在此基础上，对于已经拥有一套住房，户籍不在本城市的购房者，多次贷款申请人，可以再增加10个百分点的首付款比例。

住房贷款的首付款比例是一个杠杆率，对购房总成本的影响是间接的，调整起来对市场影响比较大，不易频繁调整，长期稳定下来，会起到引导市场行为的作用。如果出现过度的投资或投机行为，可以通过调整利率、税收等增加购房成本的手段来抑制。

（二）加强对借款人房贷月供收入比的监测

根据2015年人民银行对35个城市2014年个人住房贷款抽样调查，2008年以来，借款人的房贷月供收入比持续回落，2014年降到35.4%，这反映出借款人家庭收入增速大于购房总价增速。但是，还是存在风险点的，主要表现在房贷月供收入比超过50%的人群。

对房贷月供收入比超过50%样本的分析显示，该类借款人的住房面积均值远高于全部样本，而家庭年收入均值却不到后者的2/3，同时这部分样本人群购买住房单价较高，导致房价收入比远超全部样本。在贷款时，上述借款人还选择了较低的首付款比例，进而加剧了还款压力。

抽样调查对利率和收入变化对借款人房贷月供收入比的敏感性分析结果显示，如果贷款利率提高1个百分点，在收入增加10%的情况下，借款人房贷月供收入比超过50%的占比基本保持不变；在收入增加5%的情况下，房贷月供收入比超过50%的占比提高60.7%，达到10.86%；在收入不变的情况下，房贷月供收入比超过50%的占比提高近1.7倍，达到18.01%。

在经历了国际金融危机以来长期的低利率后，目前美国的利率水平已经进入了上升的通道，国内的利率水平也不能排除有上升的可能性，利率一旦上升，必将加大对借款人的还款压力，房贷月供收入比必然上升。因此，商业银行要对借款人进行压力测试，分析利率上升情景下借款人房贷月供收入比的变化，对借款人工作和收入的稳定性进行评估。

（三）对借款人的个人债务进行更加严格的核查

目前，银行在进行住房贷款管理时，对于借款人在本行的负债是可以了解的，但是对借款人的负债总规模缺乏监管手段。征信报告关于借款人的债务信息有限。另外，通过其他渠道进行融资，支付首付款的现象也是存在的。如用信用卡的透支来支付首付款，也是很普遍的现象。近年来，在互联网金融发展之后，通过网络借贷公司借贷用于支付购房的首付款，更是无从查起。这些都实际上加大了住房贷款的规模，抵消了控制住房贷款首付款比例的效果。因此，需要加强个人债务收集统计的工作。银行要运用新的技术手段，如大数据技术，核实借款人的总体债务，更加科学地确定住房贷款成数和规模。

## 参考文献

香港金融管理局：

《物业贷款准则》，1997 年 1 月 28 日通告；

《住宅按揭贷款的最佳经营手法》，2009 年 10 月 30 日通告；

《住宅按揭贷款的审慎监管措施》，2010 年 8 月 13 日通告；

《住宅按揭贷款的审慎监管措施》，2010 年 8 月 19 日通告；

《住宅按揭贷款的审慎监管措施》，2010 年 11 月 19 日通告。

中国人民银行房地产金融市场分析小组：

《中国房地产金融报告 2015》

中国人民银行深圳市中心支行：

《香港经济金融年度报告》（2011）、（2012）和（2013）。

# 建设现代中央银行制度的几点思考①

**【内容简介】** 建设现代中央银行制度是推进国家治理体系和治理能力现代化的重要组成部分，党的十九届四中全会明确提出了总体目标和要求。本文回顾了我国建设现代中央银行制度取得的成绩，分析了中央银行治理和履职面临的新挑战，提出了加快建设现代中央银行制度的几点思考。本文认为，目前，我国已经基本确立了一个与国际接轨的现代中央银行制度，职能体系、机构体系、履职的基础设施都基本建立，国际地位不断提高。面对社会经济发展、金融发展、进一步对外开放、金融科技发展等方面提出的挑战，为适应中国特色社会主义新时代的要求，中国人民银行必须加快建设现代中央银行制度。主要是加快中央银行法的修改、完善中央银行的机构体系、完善中央银行基础货币投放机制的结构性改革、利用金融科技提高中央银行履职水平、加强中央银行干部队伍建设，坚持党对中央银行的领导，建设有中国特色的现代中央银行制度。

中央银行是现代国家经济体制中最重要的制度安排之一，建设现代中央银行制度是推进国家治理体系和治理能力现代化的重要组成部分，党的十九届四中全会明确提出了总体目标和要求。本文就深入学习党的十九届四中全会精神，进一步完善我国中央银行治理体系，提高履职能力，推进现代中央银行制度建设谈几点体会。

---

① 本文原载于《央行参事文集》（2019 年卷），中国金融出版社，2020 年 5 月第 1 版。

## 一、我国建设现代中央银行制度取得的成绩

中国人民银行成立于 1948 年 12 月，是新中国成立前夕在解放战争的炮火中诞生的中央政府金融管理部门，刚刚成立就发行了第一套人民币，统一了解放区的货币，履行了中央银行最重要的货币发行职能。新中国成立之后，中国人民银行一直是中央政府的重要金融管理机关，集中央银行职能和工商信贷业务于一身。改革开放刚刚起步，一些对现代国家金融体制有深入研究的老一代金融专家就率先提出，要把中国人民银行建成专门的中央银行。1983 年 9 月，国务院通过了《关于中国人民银行专门行使中央银行职能的决定》，规定中国人民银行专门行使中央银行职能，不再兼办工商信贷和储蓄业务，以加强信贷资金的集中管理和综合平衡，更好地为宏观经济决策服务。1984 年，中国人民银行和中国工商银行正式分别运作。在以后的改革历程中，中国人民银行的职能不断完善，始终向着现代中央银行迈进。回过头来看，建立中央银行制度，无疑是国家治理体系和治理能力现代化的早期实践。目前，我国已经基本确立了一个与国际接轨的现代中央银行制度，主要表现在以下几个方面。

（一）中央银行职能体系已经基本确立

经过不断改革和调整，中国人民银行的职能逐渐完善，2019 年新确定的中国人民银行"三定"（定部门职责、定内设机构、定人员编制），确立了面向新时代的中央银行职能。新"三定"全面强化了中国人民银行的职能。

第一，规定国务院金融稳定发展委员会（以下简称金融委）办公室设在中国人民银行，接受金融委直接领导，承担金融委日常工作。设金融委办公室秘书局，负责处理金融委办公室日常事务。

第二，明确规定了中国人民银行负责拟定金融业改革、开放和发展规划方面的职能。

第三，明确规定了中国人民银行在制定宏观金融政策和实施宏观审

慎监管方面的职责。

第四，明确规定了在牵头金融领域重要基础设施、金融统计和金融信息标准的规划方面的职责。

第五，再次重申了中央银行服务方面的职能，包括人民币的发行、支付管理、经理国库、反洗钱、征信管理等。

第六，就职能转变问题作出了新规定，包括要完善宏观调控体系，构建发展规划、财政、金融等政策协调和工作协同机制，增强货币政策、宏观审慎政策、金融监管政策协调性等。

新"三定"所规定的中国人民银行的职能，不仅体现了改革开放以来国内金融发展对中央银行职能的要求，也充分参考和借鉴了世界各国中央银行的职能设置，特别是吸取了 2008 年国际金融危机以来中央银行职能调整的做法，可以说中国人民银行已经是国际上职能最全面的中央银行。

### （二）中央银行机构体系已经基本建立

随着职能的不断演进，中国人民银行的机构设置不断变化，并形成了一个完备的机构体系。

中国人民银行的最高层是总行机关。按照新"三定"，总行机关共有 20 多个内设业务司局。[①] 总行各个司局都是每一个业务条线的职能管理部门，负责本业务条线政策和管理规定的制定与实施，对分支行相对应的下属部门实行领导。同时，各个司局在职能方面还会有大量的配合。

第二个层次是中国人民银行的分支机构。分支机构的职责是贯彻落实总行布置的任务，在本辖区内履行相关的中央银行职能。目前，有上海总部、大区分行、营业管理部、省会城市中心支行和副省级城市中心支行，还有地市级中心支行和县支行。[②] 中国人民银行系统在总行党委的领导下实行垂直管理，不隶属于地方政府，职工实行行员制，总行统一组织招聘，干部分级管理，是一个统一领导、分级运作的整体。

---

① 中国人民银行网站，http：//www.pbc.gov.cn.
② 中国人民银行网站，http：//www.pbc.gov.cn.

第三个层次是直属事业单位和所属企业。与其他政府部门相比，中国人民银行拥有比较多的事业单位和企业，这是由中国人民银行的履职要求所决定的。在这些事业单位和企业中，大部分与总行业务司局履职密切相关；有些机构的业务职能相对独立，如研究类机构、培训机构、内部服务机构、对外宣传机构。

（三）中央银行履职的基础设施基本建立

随着职能越来越丰富，中国人民银行不断加强履职的金融基础设施建设，主要包括银行间外汇市场、同业拆借市场、银行间债券市场、票据市场。

银行间外汇市场于 1994 年建立，不仅是商业银行间进行外汇交易的平台，也是中央银行开展外汇公开市场操作，实现有管理浮动汇率的平台。近年来，随着汇率形成机制的成熟，中国人民银行已经退出日常干预，汇率形成机制基本建立。①

同业拆借市场于 1996 年 1 月开始运行，既是金融机构进行流动性管理的平台，也是中国人民银行进行利率改革，推进利率市场化的平台，是实施和传导货币政策的重要场所。2007 年 1 月，中国人民银行依托同业拆借市场，推出了上海银行间同业拆放利率（Shibor）。②

银行间债券市场于 1997 年 6 月建立，是中央银行进行公开市场操作，实现宏观金融调控的平台。人民币公开市场操作就是依托银行间债券市场进行，于 1998 年 5 月恢复交易。目前公开市场操作已经成为中国人民银行货币政策日常操作的主要工具之一。

2016 年中国人民银行推动建设全国统一票据交易平台，成立上海票据交易所（以下简称票交所）。2016 年 12 月 8 日全国统一的票据电子化交易系统——中国票据交易系统上线运行。2017 年 9 月 23 日，再贴现业务系统正式投产上线，票交所成为中国人民银行再贴现操作重要平台。与公开市场操作不同的是，票据再贴现"精准滴灌"效应比较强，有力

---

① 中国外汇交易中心：The Manual of CFETS, 2018—2019 年。
② 纪志宏. 金融市场创新与发展 [M]. 北京：中国金融出版社，2018：174 – 177.

地支持了货币政策的传导。

另外，大额实时支付系统和人民币跨境支付系统等支付清算基础设施，征信中心、反洗钱中心和金融基础数据库中心等数据基础设施，也是中国人民银行履职的重要基础设施。

（四）中央银行的国际地位不断提高

中国人民银行的一项职能是参与和其有关的全球经济金融治理，开展国际金融合作。近年来，中国人民银行积极借助二十国集团、国际货币基金组织、国际清算银行、金融稳定理事会、金砖国家合作机制、多边开发机构、区域性合作机制等各类平台，全方位、多层次地参与全球经济治理与政策协调，推进与各国间的相互理解和交流，提升发展中国家在国际金融治理中的话语权和代表性。[①]

人民币国际化不断深入发展。2008 年以来，中国人民银行与市场机构一道，按照尊重市场需求、服务实体经济、确保风险可控的原则，有序推动人民币国际使用。特别是党的十八大以来，人民币加入 SDR，国际货币地位初步奠定，资本项目可兑换有序推进，金融市场开放成效显著。目前，人民币已连续 8 年成为中国第二大国际支付货币，全球第五大支付货币、第三大贸易融资货币、第八大外汇交易货币、第六大储备货币。全球已有 60 多个中央银行或货币当局将人民币纳入外汇储备。超过 32 万家企业和 270 多家银行开展跨境人民币业务，与中国发生跨境人民币收付的国家和地区达 242 个。[②]

## 二、中央银行治理和履职面临的新挑战

（一）社会经济发展提出的挑战

目前，中国的经济规模和生产能力已处于世界前列。2011 年国内生产总值超过日本，成为世界第二大经济体。同时，我国也是货物贸易第

---

① 易纲. 全面参与国际金融体系改革 提高中国话语权 [J]. 中国金融, 2019 (10)：14.
② 中国人民银行. 2019 年人民币国际化报告 [M]. 北京：中国金融出版社, 2019：1.

一大国、服务贸易第二大国、使用外资和对外投资第二大国。一些主要农产品和工业品产量居世界首位。我国经济结构复杂，经济发展不平衡。社会经济结构的复杂程度是世界各国，包括发达国家所没有的。庞大的经济总量和复杂的经济结构对中央银行提出了新的挑战。

一是经济规模大增加了中央银行货币政策发挥作用的难度。经济总量越大，经济层级多，产业部门多，使货币政策传导阻力大，时滞长。这对以逆周期调节为特征的货币政策工具选择，时机和力度把握，都增加了难度。中央银行对宏观经济和金融形势的预判，政策操作的预调和微调，都需要更深厚的理论基础和实践经验。

二是经济结构的复杂性使得统一的总量型和价格型货币政策工具不能充分适应不同层面、不同地区的经济情况，市场化调节手段在某些领域和地区会失灵，需要中央银行采取更多的结构性政策工具，分配金融资源，弥补市场不足。这与经典中央银行理论所提倡的货币政策操作手段有很大区别。

三是我国面临的一些非货币因素和几个长期性的趋势性变化，会导致成本推进型的物价上涨，货币政策会面临两难选择。

（二）金融发展提出的挑战

与改革开放之初相比，我国的金融业目前已经比较成熟。[①] 一是金融机构体系已经高度完善。目前，已经形成了覆盖银行、证券、保险、基金、期货等领域，种类齐全、竞争充分的金融机构体系。2019 年，全国金融业机构总资产达 318 万亿元，其中银行业总资产达 290 万亿元，规模位居全球第一。二是金融市场已经高度发展。逐步建立了功能相互补充、交易场所多层次、交易产品多样化的金融市场体系。股票市场、债券市场和保险市场均已成为世界第二大市场。三是新型金融形态层出不穷。比较突出的是互联网金融，如金融机构创新型互联网平台、互联网支付、网络借贷、网络小额贷款、股权众筹、基于互联网的基金销售、

---

① 易纲. 新中国成立 70 年金融事业取得辉煌成就 [J]. 中国金融，2019（19）.

互联网保险等。

金融发展给中央银行提出的挑战，主要体现在以下几个方面：

一是增加了货币政策中间目标的调控难度。货币层次之间的界限变得模糊，货币和其他非货币金融资产之间的界限也变得模糊，比如货币与货币市场基金。银行和非银行之间的竞争加剧，企业获得融资的渠道增加，货币供应量的指标不能反映社会实体经济获得资金的状况，利率市场化机制不完善，还有大量市场机制失灵的领域。

二是对宏观审慎管理和维护金融稳定提出了更高要求。系统重要性金融机构不仅包括银行，还有一些金融控股公司。系统性金融风险不仅会在一个金融子市场发生，还有可能跨市场传导，需要有效地监管系统重要性金融机构、实施对金融控股公司的并表监管和跨市场的监测，才能更好地发现风险隐患。

三是金融创新在带来效率提高的同时，也蕴含着新的风险隐患。在互联网金融发展的同时，违规事件大规模出现。对新型金融业态风险的认识，还有待深化。

（三）对外开放提出的挑战

党的十八大以来，对外开放的步伐不断加快，金融对外开放已经达到新水平。2018 年 4 月，习近平主席在博鳌亚洲论坛宣布，中国将大幅度放宽市场准入，相关措施落地"宜早不宜迟，宜快不宜慢"。中国人民银行代表金融系统立即宣布了 11 条对外开放举措，银保监会、证监会随后陆续推出 40 条具体开放措施。2019 年 7 月，国务院金融稳定发展委员会办公室再次公布新的 11 条金融开放措施。①

金融业的进一步对外开放，对中央银行提出了新的要求，主要表现在：

一是对防范风险提高了要求。金融业开放可以带来新的竞争，促进管理水平的提高，但开放可能提高金融风险防范的复杂性，因此需要不

---

① "关于进一步扩大金融业对外开放的有关举措"，载中国人民银行网站，http：// www. pbc. gov. cn，2019 年 7 月 20 日。

断完善与开放相适应的金融风险防控体系，特别是防范跨境资本流动对中国金融市场的冲击。

二是要履行好具体的管理职能。在国务院金融稳定发展委员会办公室发布的 11 条扩大金融业对外开放的有关举措中，有 4 条涉及银行间债券市场。要落实这些措施，需要进一步完善银行间债券市场内部管理规定，使银行间债券市场管理向更高层次的国际化水平提升。

三是面对国际保护主义和逆全球化的势力，特别是中美经贸摩擦所带来的冲击，在进一步推进人民币国际化方面，面临的环境更加复杂。

（四）金融科技发展提出的挑战

在新一轮科技革命和产业革命中，人们把大数据、云计算、区块链、生物识别、人工智能、物联网等新技术在金融领域的应用称为金融科技应用。[①] 目前，我们对于金融科技的认识还有待深入，仅就近几年的发展来看，金融科技对中央银行提出的挑战有以下几个方面。

一是在宏观经济金融分析与货币政策实施中还没有应用金融科技手段。长期以来，宏观经济和金融分析所依赖的大部分是资产负债表数据、国民经济统计或行业统计数据，新的属于"大数据"范畴的数据还没有进入中央银行的分析框架。中央银行所占有的大量支付数据、国库数据、金融市场交易数据等，都还没有进行深度挖掘。

二是金融科技企业往往是跨界经营，需要综合监管，而在分业经营分业监管框架下，监管空白地带大量存在。传统的金融监管理念、模式、手段已不能适应金融科技发展的需要，亟待借助现代化科技成果优化金融监管模式，提升金融监管效率。[②]

三是现有的金融基础设施都是基于集中式账本设计的，依托于异地灾备，面对分布式数据储存的区块链技术，怎样实现技术提升，可以应

---

[①] 费方域 . FinTech：国际趋势与中国战略［M］//中国人民银行清算总中心 . 支付清算文集（2019 年第 1 辑）. 北京：中国金融出版社，2019.

[②] 费方域 . FinTech：国际趋势与中国战略［M］//中国人民银行清算总中心 . 支付清算文集（2019 年第 1 辑）. 北京：中国金融出版社，2019.

用到哪些领域，都需要研究。

## 三、加快建设现代中央银行制度的几点思考

为适应中国特色社会主义新时代的要求，应对面临的各方面挑战，落实党的十九届四中全会提出的建设现代中央银行制度的任务，完善中央银行治理体系，提高履职能力，应该从以下几个方面做好工作。

（一）加快修改《中国人民银行法》

在中央银行的法制建设方面，最急迫的工作就是加快修改《中国人民银行法》。

《中国人民银行法》是一部组织法，中国人民银行也是国内唯一根据专门法律设立的金融管理机构，按照全面依法治国的要求，为了落实党的十九届四中全会提出的建设现代中央银行制度的任务，要立法先行，及时修改《中国人民银行法》，在法律层面完成顶层设计。2008年和2019年中国人民银行"三定"方案对中国人民银行职责进行了两次重新规定。2019年新"三定"增加了几项重要职责，需要加快修改《中国人民银行法》，将两次"三定"方案规定的职责上升为法律层面的规定。

现行的《中国人民银行法》于1995年经第八届全国人大第三次会议审议通过并实施。2003年，在银监会分设之后，全国人大常委会对原《中国人民银行法》进行了修订。2013年，在对《中国人民银行法》修改问题开展系统研究的基础上，中国人民银行向国务院、全国人大等部门申请将《中国人民银行法》修改列入立法规划。国务院和全国人大曾将《中国人民银行法》修改列入立法规划，随后，中国人民银行就修改《中国人民银行法》开展了具体的工作。2018年，全国人大常委会又将修改《中国人民银行法》列入《十三届全国人大常委立法规划》第二类项目，需要加快完成。

（二）完善中央银行的机构体系

在完善机构体系方面，最重要的是改革大区分行体制，恢复中国人

民银行省级分行。实践证明，1998 年中国人民银行实行的大区分行体制是不符合中国国情的。长期以来，中国人民银行一直在争取改革大区分行体制，在内部管理上逐步恢复了业务分省管理体制，实际上仅剩下组织人事和内审工作还是按大区分行辖区管理。2017 年的全国金融工作会议也确定改革中国人民银行大区分行体制，应该加快落实。

目前，大区分行体制的最大问题是不利于加强党的建设。由于各业务条线已经实行分省管理，而在组织人事上还实行大区分行的管理体制，形成了大区分行对各个地市中支"管人不管事"，省会城市中心支行"管事不管人"的割裂状态。有的分行管理半径大，辖区内管理的地市级领导班子多达 50 余个，考察干部，进行日常监督，都非常困难，越来越不利于加强辖区党的建设。

另外，在省域经济金融管理方面，需要中国人民银行参与协调的事项还非常多，中国人民银行在省一级缺乏对等机构，造成了金融监管和服务的缺位。恢复省级分行，有利于完善中国人民银行组织体系的中间枢纽，加强中国人民银行对地方金融的监督和管理。

### （三）完善中央银行基础货币投放机制的结构性改革

当前，要完善基础货币投放机制，就是要进一步推进基础货币投放机制的结构性改革，重点是创设有效的结构化货币政策工具。

长期以来，中国人民银行已经形成了丰富的货币政策工具，其中，使用最多的是总量调节工具，如公开市场操作、基准利率。近年来，面对外汇占款增速趋势性放缓，在运用好传统货币政策工具的同时，为了引导优化流动性和信贷结构，支持经济重点领域和薄弱环节，不断创新和丰富结构性货币政策工具，陆续创设了中期借贷便利（MLF）、常备借贷便利（SLF）、信贷支持再贷款（包括支农支小再贷款、扶贫再贷款）、抵押补充贷款工具（PSL）等，运用定向降准，发挥好宏观审慎评估的逆周期调节和结构引导作用，优化流动性的结构和布局，实行"精准滴灌"。① 在 2020 年抗击新冠病毒疫情中，中国人民银行设立了 3000 亿元专项再贷款，定向精准支持保供企业；新增 5000 亿元普惠性再贷款、再贴现，对符合条件的企业采取市场化方式支持。②

今后，要进一步完善结构性货币政策工具，特别是充分发挥信贷支持再贷款和再贴现的作用。实践证明，这些具有中国特色的结构化货币政策工具，不应作为临时的、特殊的权宜之计，而应作为推进基础货币投放机制改革的手段。这样，中国人民银行能够一手掌握总量调节工具，保持货币供应总量的适度增长，一手掌握结构性政策工具，支持经济结构调节，支持薄弱环节和特殊领域的资金需求。

（四）利用金融科技提高中央银行履职水平

为了提高中央银行的履职能力，必须大力推进金融科技在中央银行业务中的应用。

一是推进金融科技在"数字货币"研发中的应用。面对"数字货币"的冲击，各国中央银行都在开展法定"数字货币"的研究。中国人民银行是最先开展这方面研究的中央银行之一。2014 年以来，中国人民银行主导进行了深入的"数字货币"研究，2016 年，中国人民银行成立数字货币研究所，专门负责开展中国法定"数字货币"的研发，并取得重要进展，具体的技术方案和实施方案已经基本成形，应该加快推出。

二是推进金融科技在宏观经济金融分析与货币政策执行中的应用。宏观经济模型是中央银行制定货币政策的重要依据，也是对经济体运行状况进行精确监测和预测的基础。在宏观经济分析方面，国外已经有学者将大数据分析技术和滤波技术结合在一起，形成了一个完整的高维度实时宏观经济分析框架，并根据实时性的特点在宏观经济分析中引入了实时预测的概念。③ 另外，中国人民银行有几个业务系统积累了大量的

---

① 易纲. 坚守币值稳定目标，实施稳健货币政策 [OL]. 《求是》手机报，2019 - 12 - 01.

② 刘国强. 在全国强化疫情防控重点保障企业资金支持电视电话会议上的讲话 [OL]. [2020 - 02 - 09]. http://www.pbc.gov.cn.

③ 贾卢魁. 高维度数据信息分析与现代中央银行宏观经济模型 [M]//中国人民银行清算总中心. 支付清算文集（2019 年第 2 辑）. 北京：中国金融出版社，2019.

数据，如支付系统数据、国库系统数据，对这些数据可以进行深度挖掘。

三是推进金融科技在宏观审慎监管、金融市场监测、征信、反洗钱等领域的应用。宏观审慎监管的对象是防范系统性风险，与监督个体金融机构的个别风险和违规行为相比，系统性风险所涉及的因素多、范围广，利用大数据技术，金融监管部门通过金融大数据，能够以动态、实时、互动的方式，对金融系统内的行为及其潜在风险进行系统性和前瞻性的监管。① 大数据技术可以用于金融市场中风险的分析，特别是跨市场、跨产品之间风险传递的监测与分析，建立自动报警机制。此外，需要利用大数据技术来提高对个人征信水平的判断，提高反洗钱分析的效率。

四是推进金融科技在金融市场基础设施中的应用。金融市场基础设施包括重要支付系统、中央证券存管、证券结算系统、中央对手方和交易数据库五类金融公共设施。② 传统的金融市场基础设施的运营基础，都是集中式的记账方式，灾备方式大都是异地备份。区块链是分布式数据存储、点对点传输、共识机制、加密算法等计算机技术的新型应用模式，有信息不可删除、不可更改、透明度高和交易具有可追溯性等特点，在中央银行的金融市场基础设施中，可以探讨利用区块链技术。

五是推进金融科技在行政管理领域中的应用。区块链技术将有助于解决多个部门之间的信息共享问题，消除由信任和信息导致的风险问题。中国人民银行目前还有 13 项行政许可，在履行行政许可过程中，在需要中国人民银行与其他部门共同审批、共享数据的领域，都可以探讨利用区块链技术。

此外，像人工智能技术在经济数据分析、风险监测判断、反洗钱可疑线索的判断等方面，也应该能够得到应用。

---

① 伍旭川. 金融科技的发展趋势及展望［M］//中国人民银行清算总中心. 支付清算文集（2019 年第 1 辑）. 北京：中国金融出版社，2019.

② 曾菊儒. 浅析大数据技术对支付清算系统的影响［M］//中国人民银行清算总中心. 支付清算文集（2019 年第 1 辑）. 北京：中国金融出版社，2019.

（五）加强中央银行干部队伍建设

建设现代中央银行制度，不仅要有完善的组织体系和职能，还要有一支具有高素质的干部队伍。全面提升中国人民银行员工的素质，主要有以下四个方面。

一是提高中国人民银行干部队伍的政治素质。中国人民银行员工必须自觉用习近平新时代中国特色社会主义思想武装头脑，自觉贯彻党中央关于金融工作的路线方针和政策。

二是提高中国人民银行干部队伍的业务素质。中国人民银行员工必须不断学习新的金融理论知识，学习多领域的专业知识和金融科技知识，努力充实和提高自身的才干。

三是丰富中国人民银行干部队伍的实践经验。通过基层锻炼和岗位交流，增加基层工作经验和多领域工作经验，不仅让总行和分行的干部有基层工作经历，增加实际感性知识，也要让基层行的干部有上级行的工作经历，提高理论水平，了解政策制定的全过程。

四是提升中国人民银行干部队伍的国际化水平，扩大国际视野。通过选派年轻干部到国外大学留学、培训，选派有一定资历的干部到国际金融机构做访问学者或交流任职，充分利用中国人民银行在国外的代表处开展专项调研等渠道，加大国际化、专业化领导干部培养力度。

（六）坚持党对中央银行的领导

习近平总书记指出，中国特色社会主义最本质的特征是中国共产党的领导，中国特色社会主义制度的最大优势也是中国共产党的领导。回顾中国人民银行发展的历程，中国现代中央银行制度能够在改革和对外开放中越来越完善，国际地位越来越高，就是坚持了党对中央银行的领导，这也是中国人民银行区别于世界上其他任何中央银行的显著特征。今后，在建设现代中央银行制度的过程中，必须坚持党的领导。

一是坚持党对中央银行的领导。中国人民银行要坚决贯彻落实党中央关于金融工作的方针政策和决策部署，在履行职责过程中坚持和加强党对金融工作的集中统一领导。

二是坚持总行党委对系统的垂直领导，坚持实行干部统一管理的体制，按照党管干部原则，对干部的提拔、任命、调动由各级党委负责，分级管理。保证中国人民银行分支机构的干部不受任何组织与个人的干预，使中央银行各项管理的统一和高效执行有组织上的保障。

三是坚持总行党委对企业事业单位和挂靠协会党组织的领导。这些单位都承担着与总行履职密切相关的职能，正是因为总行党委对企业、事业和挂靠协会党组织的领导，不仅保障了党的建设方面的任务能够顺利贯彻执行，在业务方面也保障了总行的管理方针能够顺利贯彻执行。

中国现代中央银行制度建设已经取得了显著的成绩，但离党中央的要求、离新时代的要求还有差距。我们相信，经过不懈努力，一定会建设好职能完整、体系健全、运行高效的现代中央银行制度。

## 参考文献

［1］纪志宏．金融市场创新与发展［M］．北京：中国金融出版社，2018.

［2］谢众．支付体系创新与发展［M］．北京：中国金融出版社，2018.

［3］中国人民银行．2019 年人民币国际化报告［M］．北京：中国金融出版社，2019.

［4］上海票据交易所．中国票据市场：历史回顾与未来展望［M］．北京：中国金融出版社，2018.

［5］上海票据交易所．中国票据市场发展报告（2018）［M］．北京：中国金融出版社，2019.

［6］中国人民银行清算总中心．支付清算文集（2019 年第 1 辑）［M］．北京：中国金融出版社，2019.

［7］中国人民银行清算总中心．支付清算文集（2019 年第 2 辑）［M］．北京：中国金融出版社，2019.

［8］中央国债登记结算有限责任公司．中债指数专家指导委员会委

员通讯，2019（1）.

［9］外汇交易中心：The Manual of CFETS.

［10］关于进一步扩大金融对外开放的举措［OL］.［2019－07－20］. http：//www. pbc. gov. cn.

［11］易纲. 全面参与国际金融体系改革　提高中国话语权［OL］.［2011－01－13］. http：//www. pbc. gov. cn.

［12］易纲. 继续扩大金融业开放，推动经济高质量发展［J］. 中国金融，2019（4）.

［13］易纲. 新中国成立70年金融事业取得辉煌成就［J］. 中国金融，2019（19）.

［14］易钢. 坚守币值稳定目标，实施稳健货币政策［OL］.《求是》手机报，2019－12－01.

［15］刘国强. 在全国强化疫情防控重点保障企业资金支持电视电话会议上的讲话［OL］.［2020－02－09］. http：//www. pbc. gov. cn.

［16］费方城. FinTech：国际趋势与中国战略［M］//中国人民银行清算总中心. 支付清算文集（2019年第1辑）. 北京：中国金融出版社，2019.

［17］贾卢魁. 高维度数据信息分析与现代中央银行宏观经济模型［M］//中国人民银行清算总中心. 支付清算文集（2019年第2辑）. 北京：中国金融出版社，2019.

［18］曾菊儒. 浅析大数据技术对支付清算系统的影响［M］//中国人民银行清算总中心. 支付清算文集（2019年第1辑）. 北京：中国金融出版社，2019.

［19］伍旭川. 金融科技的发展趋势及展望［M］//中国人民清算总中心. 支付清算文集（2019年第1辑）. 北京：中国金融出版社，2019.